Copyright © 2021 MH Publishing

All rights reserved. No portion of this book may be reproduced in any form without permission from the publisher, except as permitted by U.S. copyright law. For permissions contact: mark@mark-humphreys.com

All Van Gogh Paintings in this publication are
in the Public Domain.
The line art and cover design however, are not.

Purchasing the print edition of this book entitles you to a free PDF download so you are able to print and resize the line art as many times as you need.
Please visit Mark-Humphreys.com/vangogh

Copyright © 2021 MH Publishing

Contents

- Almond blossom (1890) by van Gogh
- At Eternity's Gate (1890) by van Gogh
- Café Terrace at Night (1888) by van Gogh
- Fishing Boats On The Beach (1888) by van Gogh
- Le café de nuit (The Night Café) (1888) by van Gogh
- Self-Portrait with a Straw Hat (1887) by van Gogh
- The Bedroom (1889) by van Gogh
- The Church at Auvers (1890 - 1888) by van Gogh
- The Drinkers (1890) by van Gogh
- The Starry Night (1889) by van Gogh
- The Yellow House (1888) by van Gogh
- Vase with Twelve Sunflowers (1888–1889) by van Gogh
- Landscape with Olive Trees (1889) by van Gogh
- Wheatfield with Crows (1890) by van Gogh
- Red Vineyards at Arles (1888) by van Gogh
- Road with Cypress and Star (1890) by van Gogh
- Irises (1889) by van Gogh
- Starry Night Over the Rhone (1888) by van Gogh
- Vase with Daisies and Poppies (1890) by van Gogh

Almond blossom (1890)

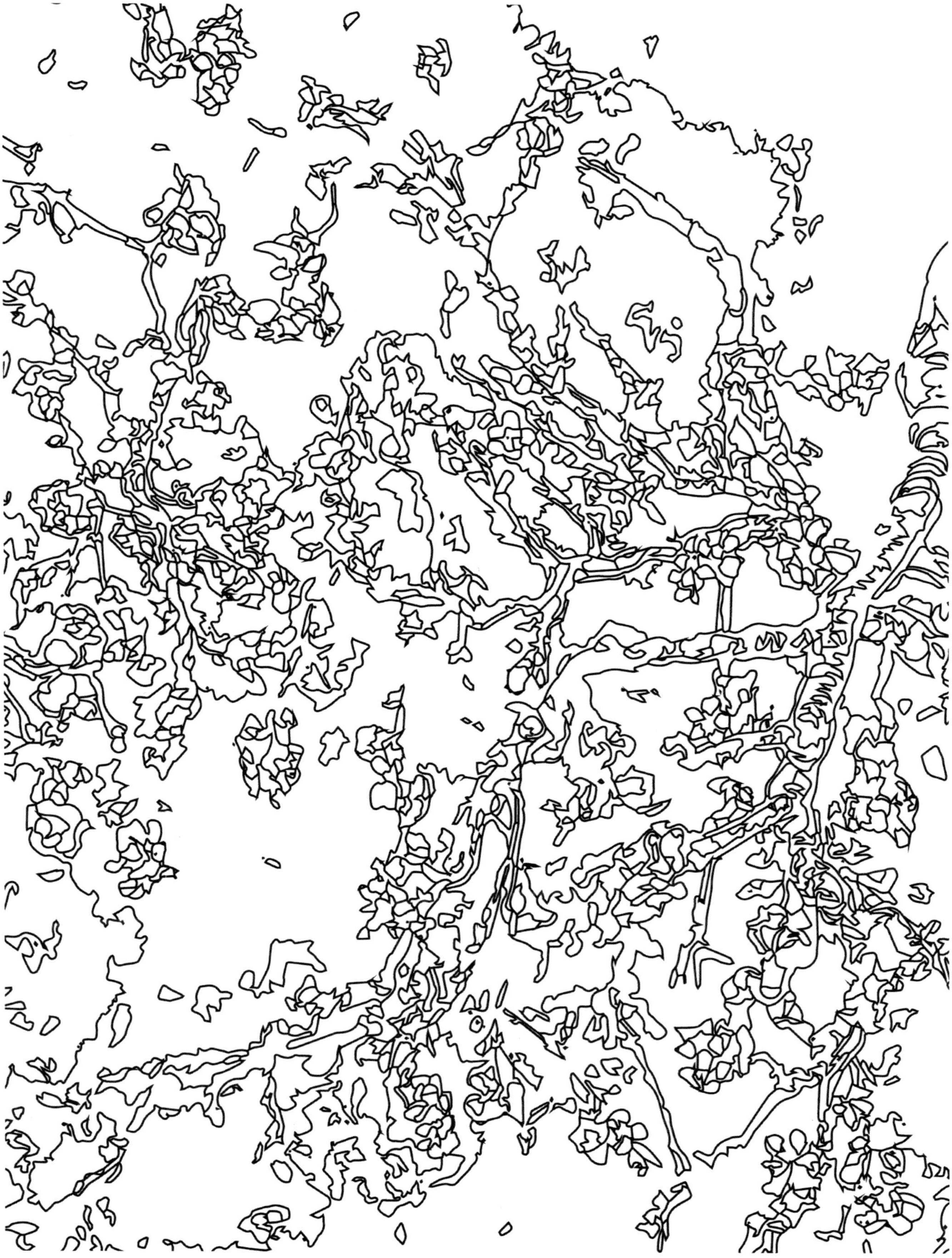

At Eternity's Gate (1890)

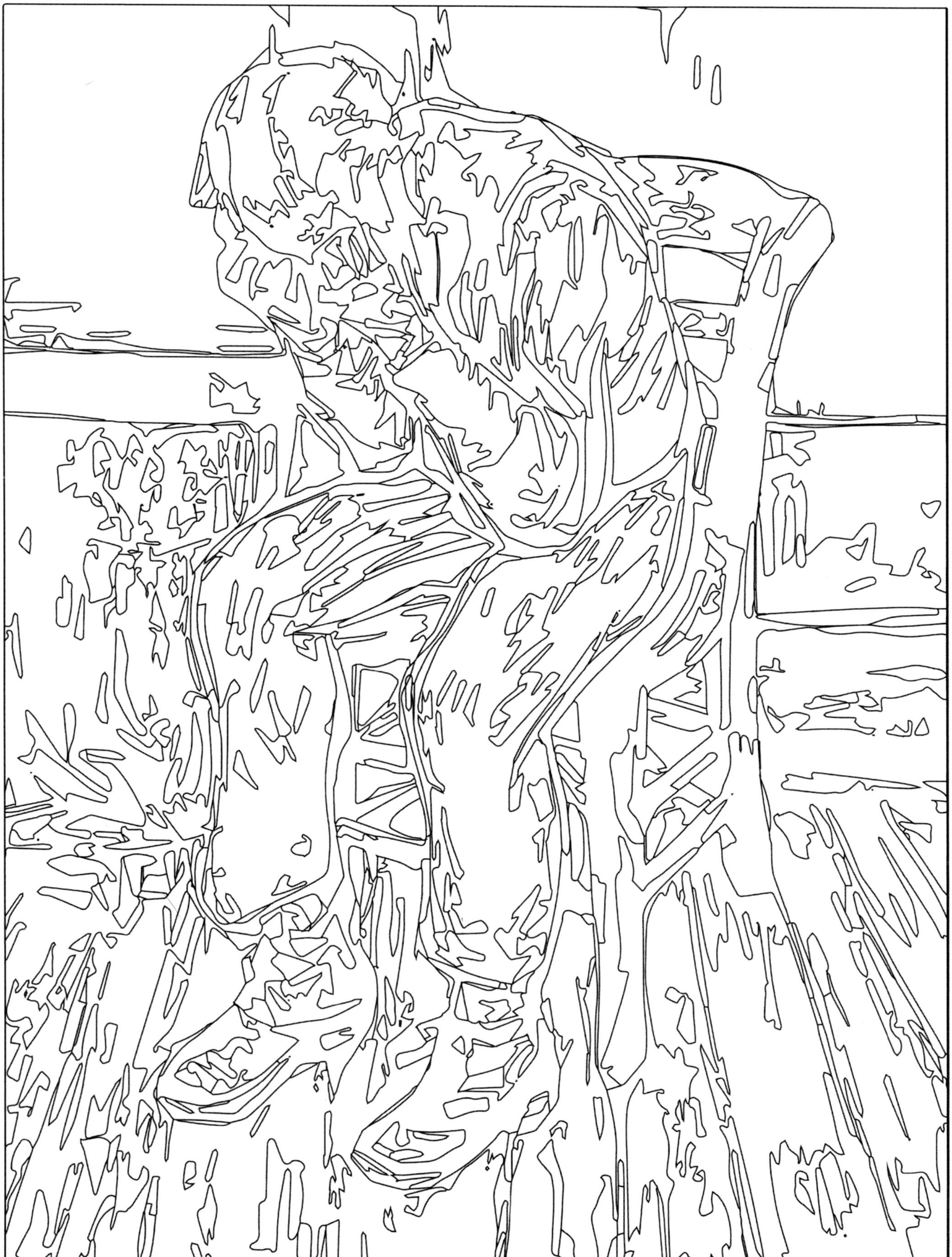

Café Terrace at Night (1888)

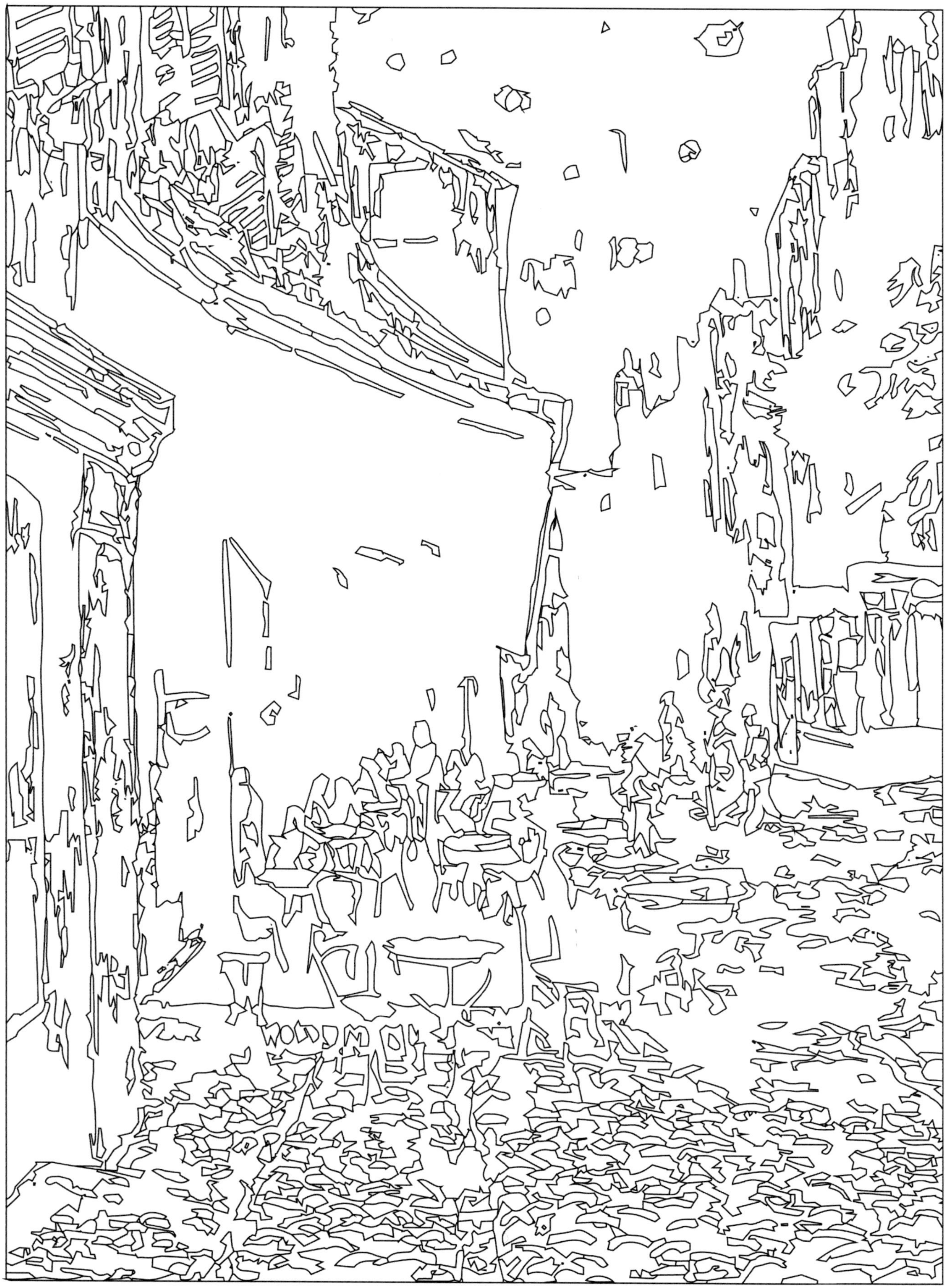

Fishing Boats On The Beach (1888)

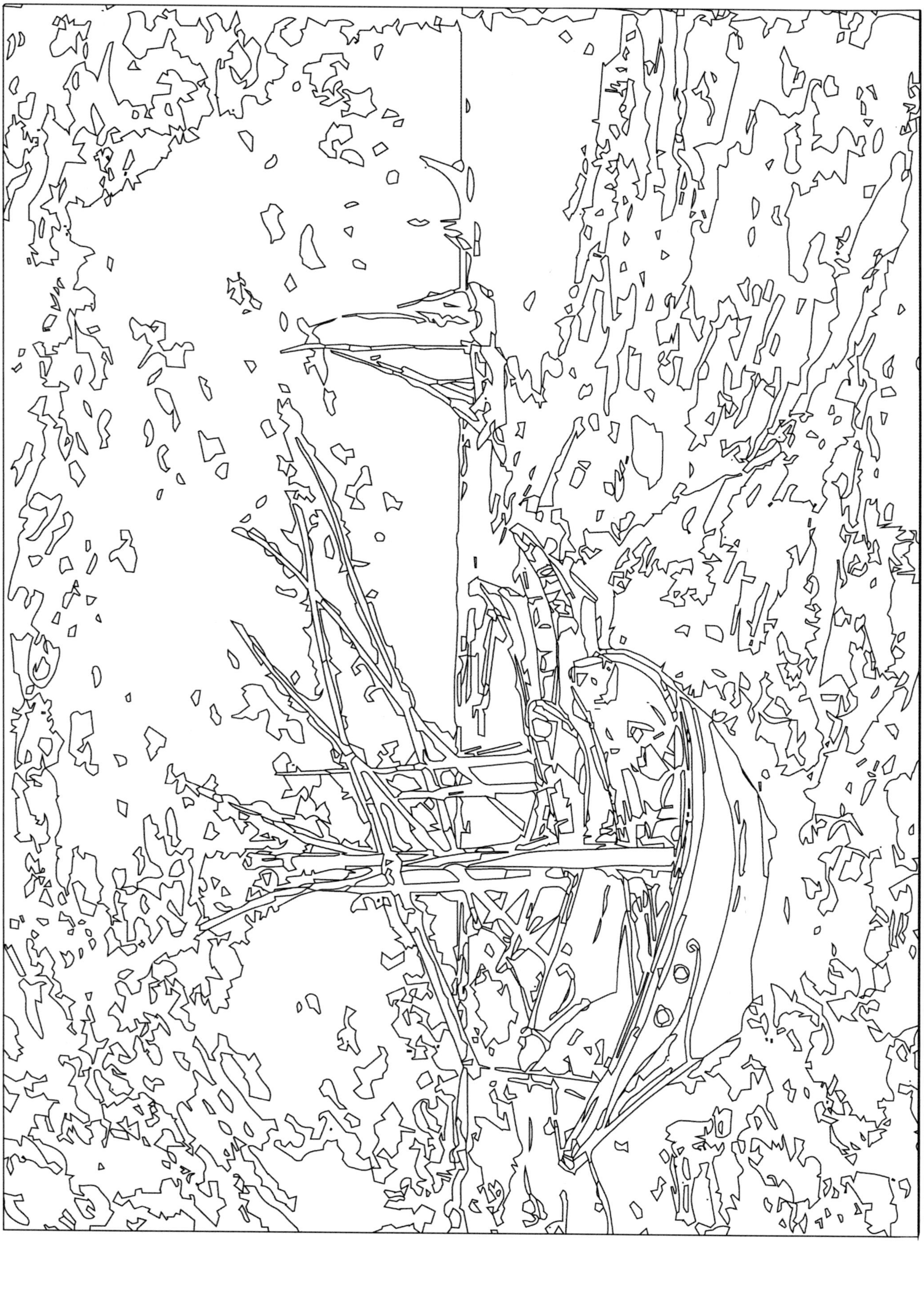

Le café de nuit (The Night Café) (1888)

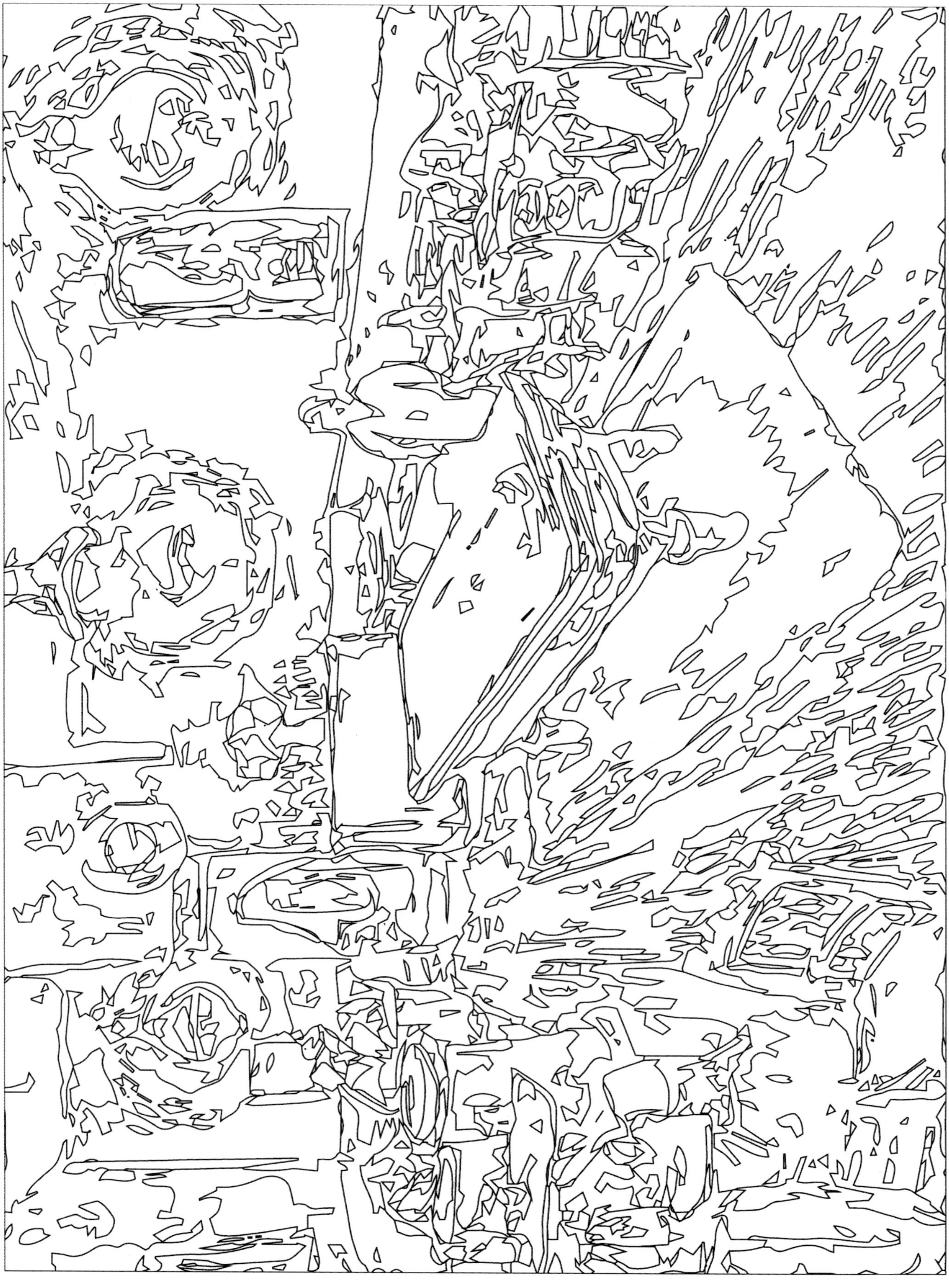

Self-Portrait with a Straw Hat (1887)

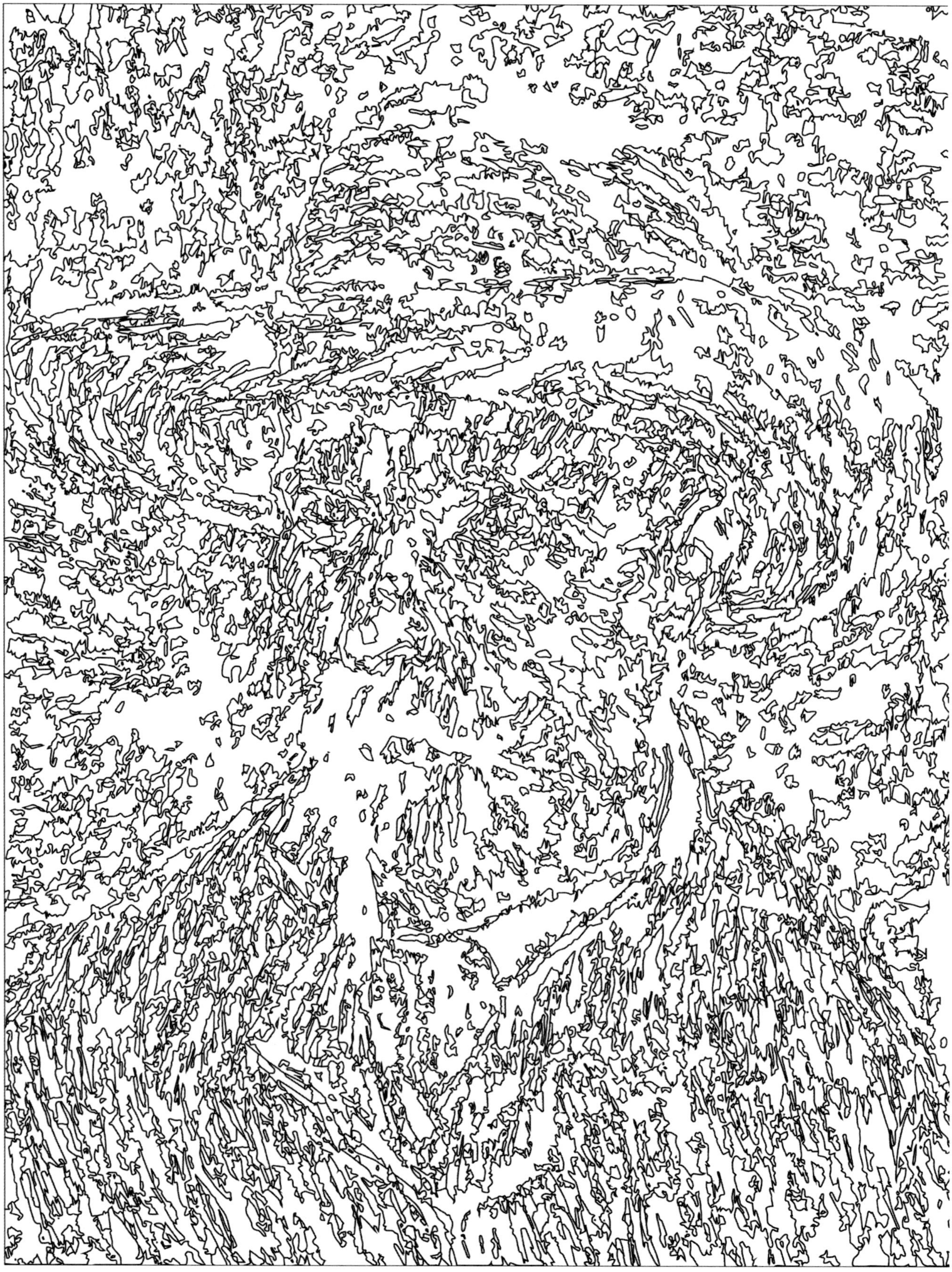

The Bedroom (1889)

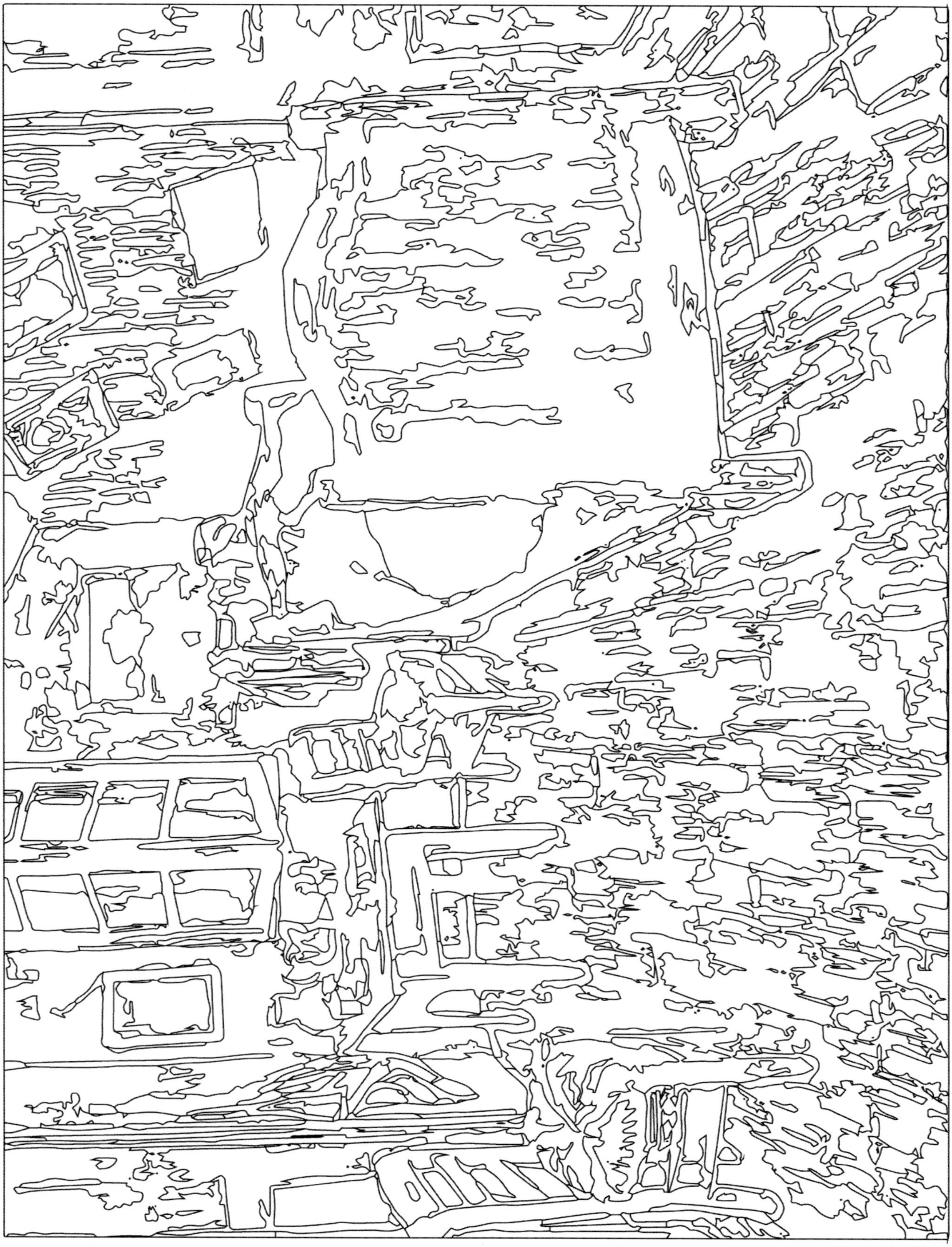

**The Church at Auvers
(1890 - 1888)**

The Drinkers (1890)

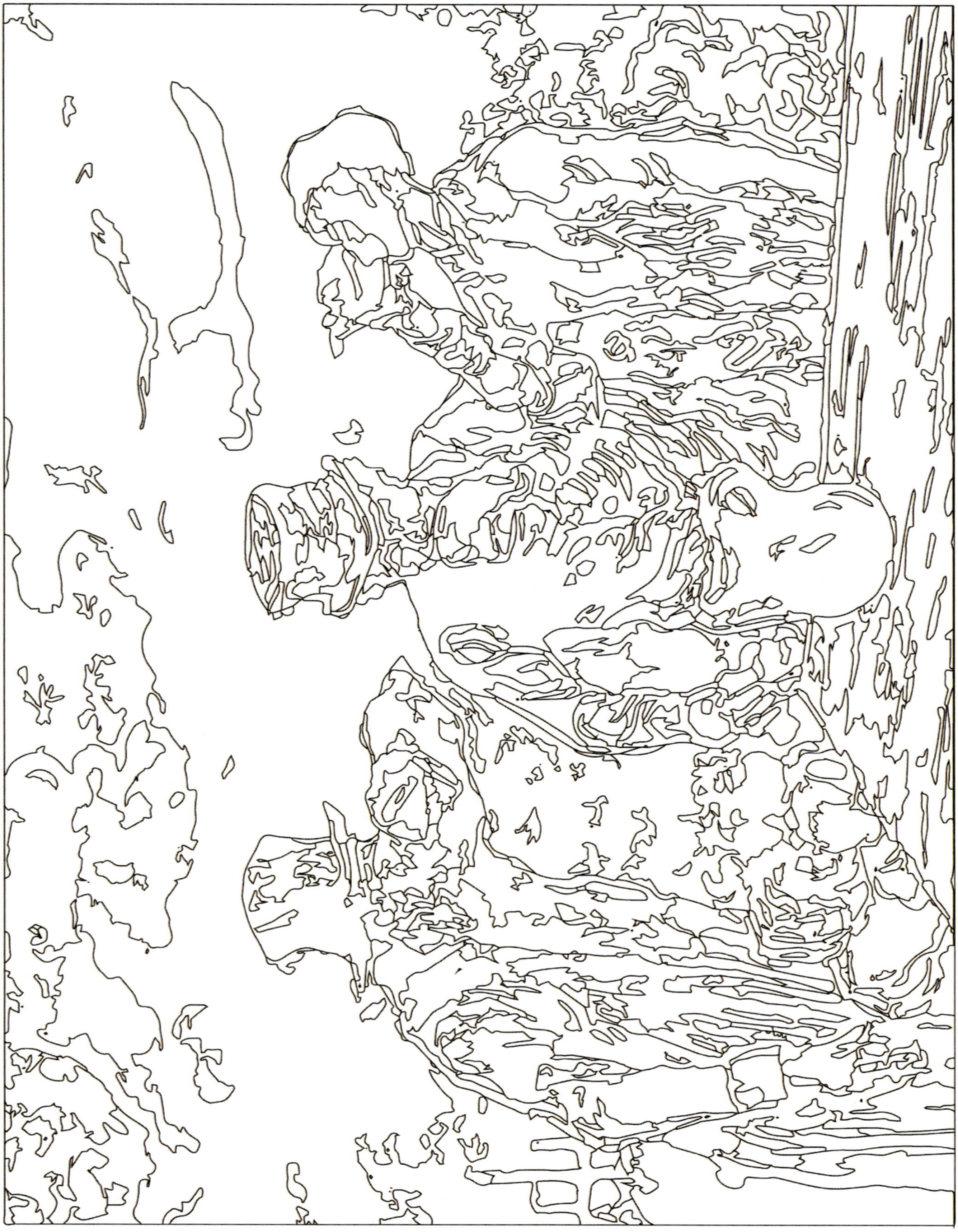

The Starry Night (1889)

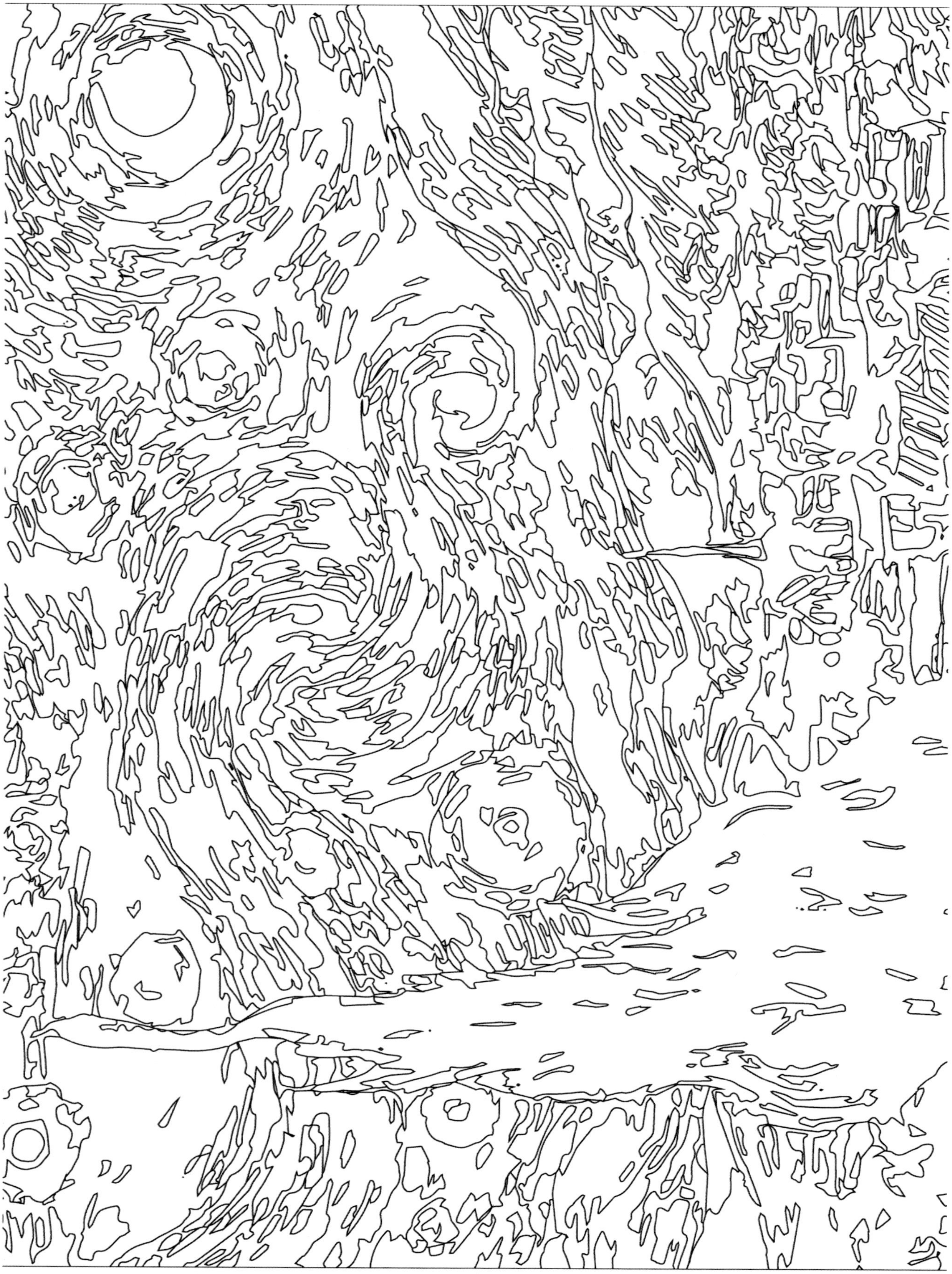

The Yellow House (1888)

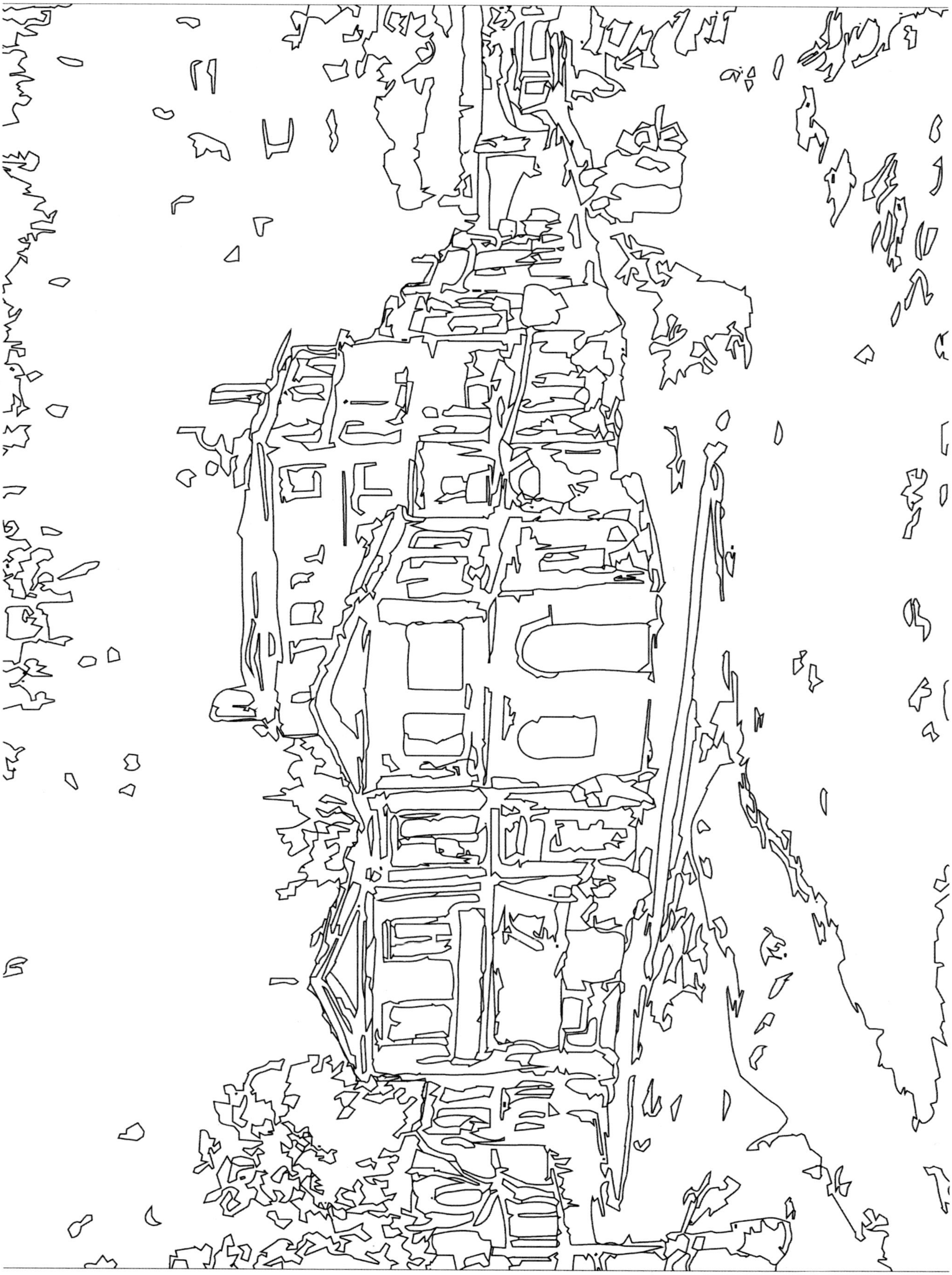

Vase with Twelve Sunflowers (1888–1889)

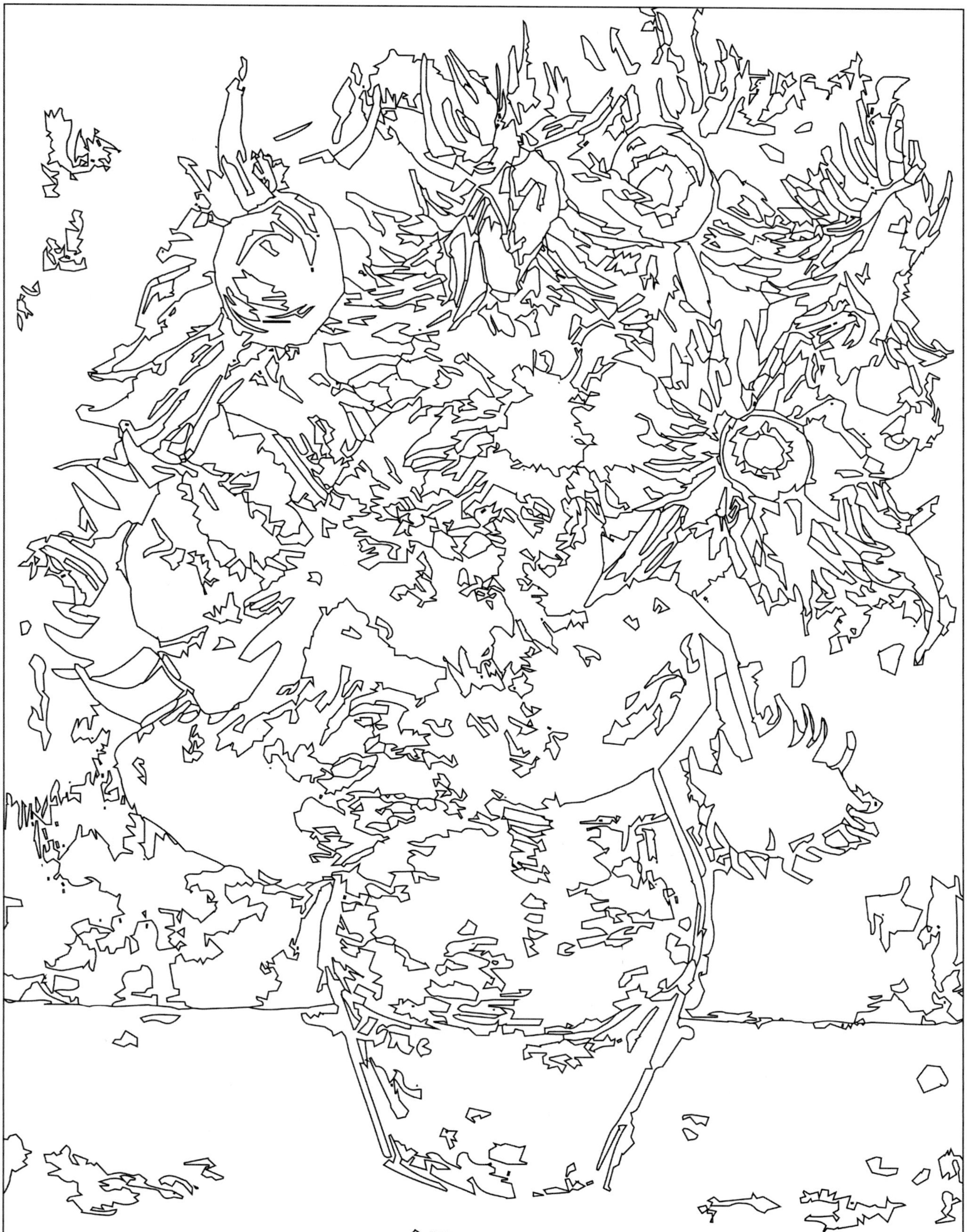

Landscape with Olive Trees (1889)

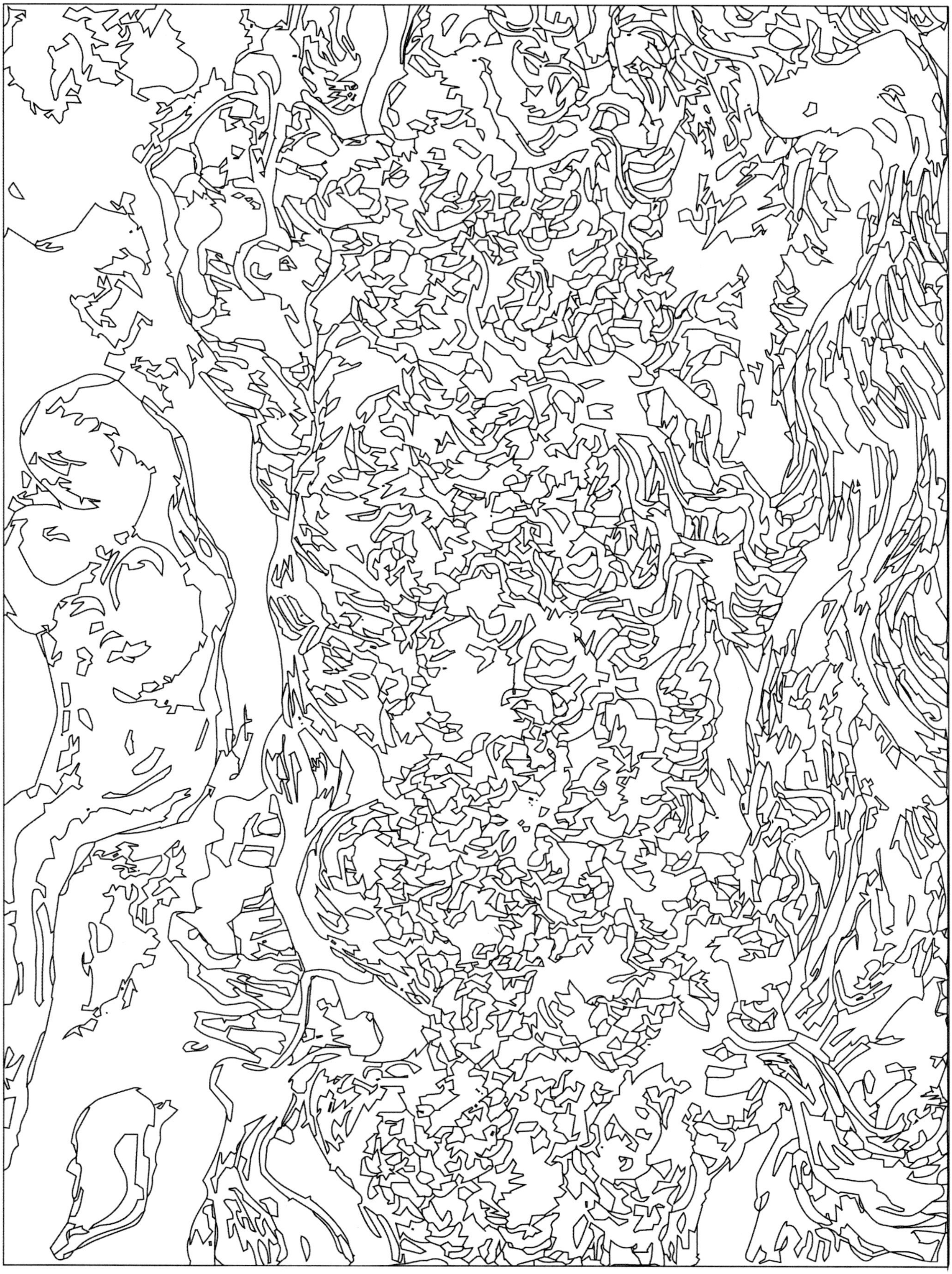

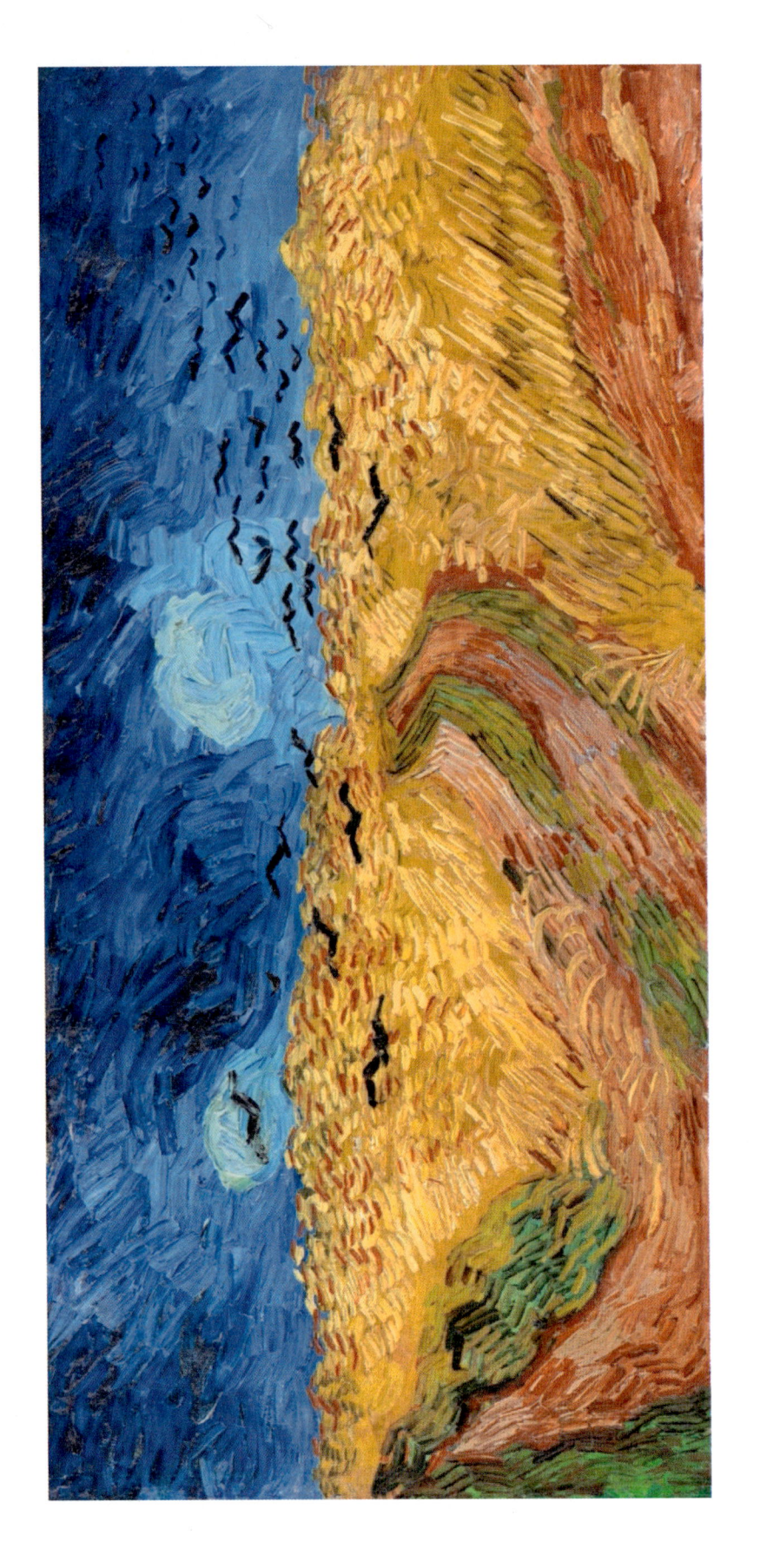

Wheatfield with Crows (1890)

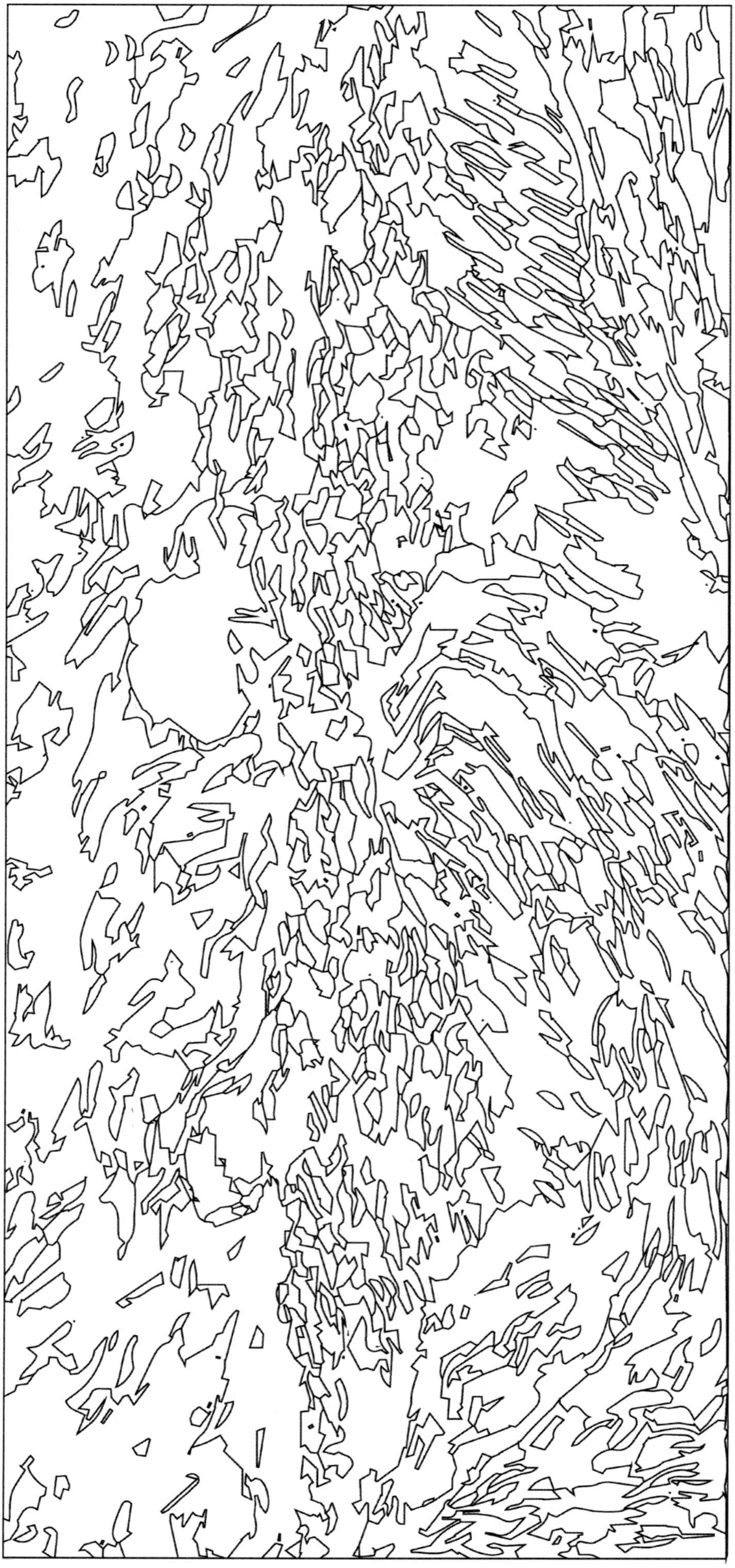

Red Vineyards at Arles, 1888

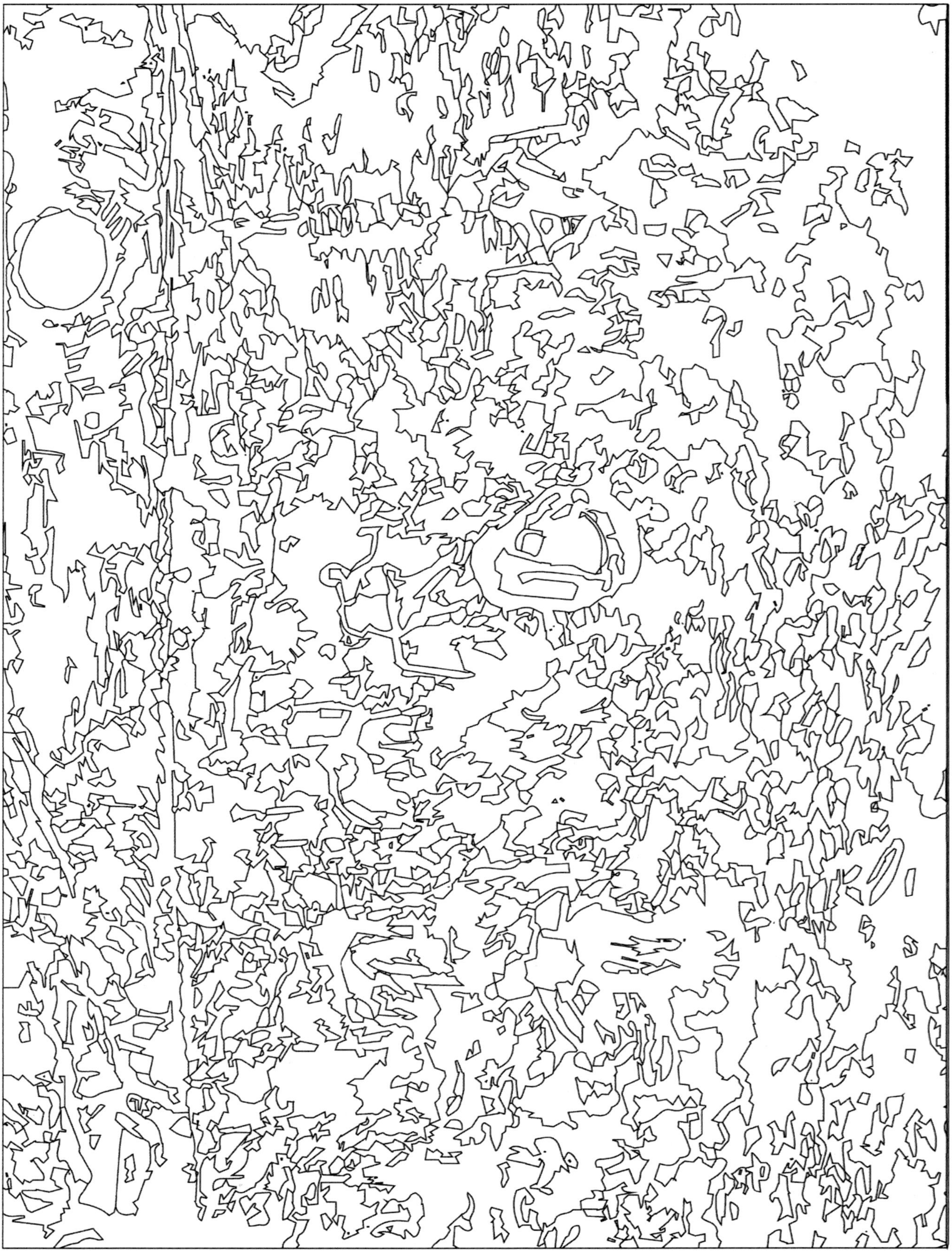

Road with Cypress and Star (1890)

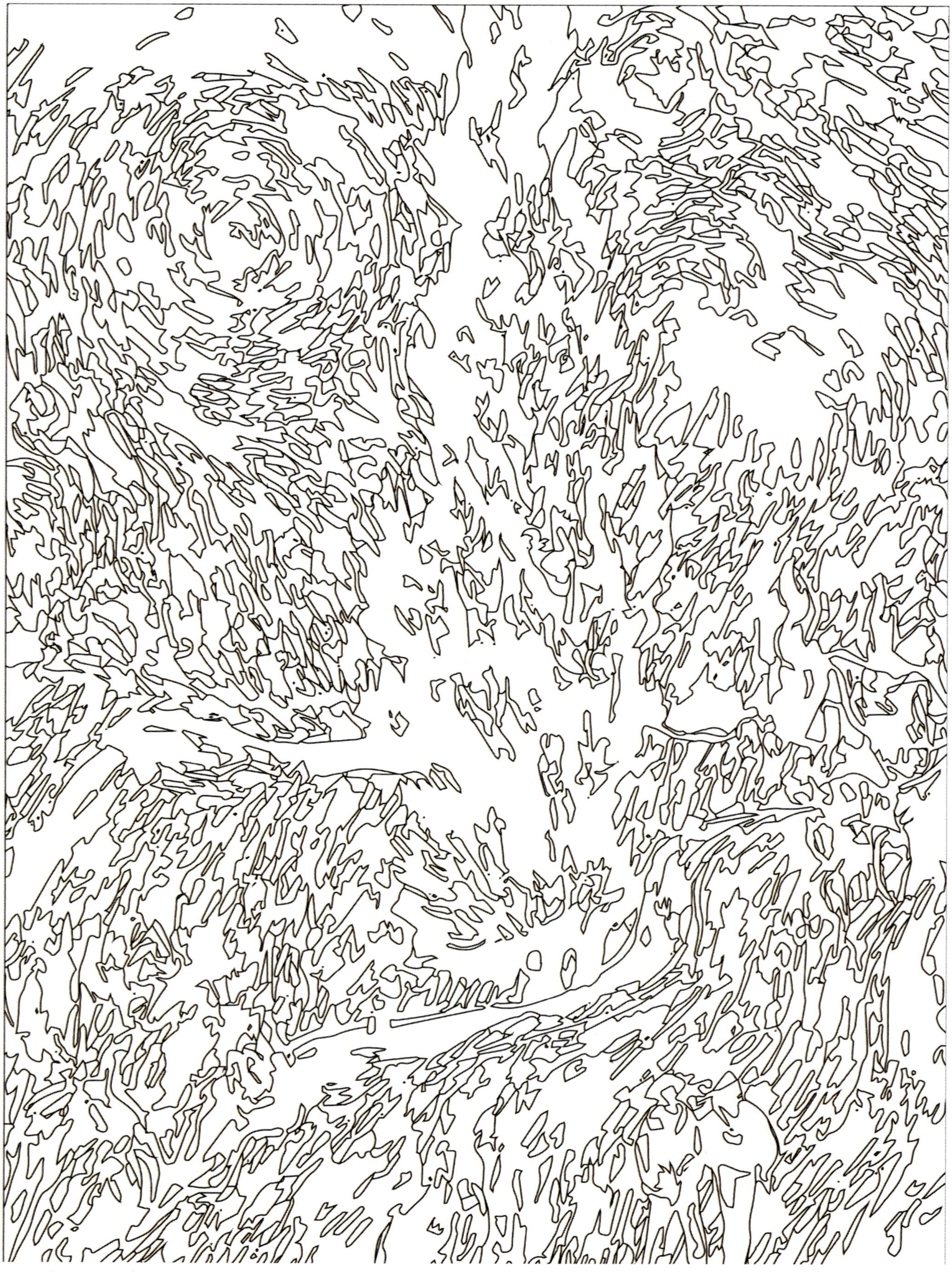

Irises (1889)

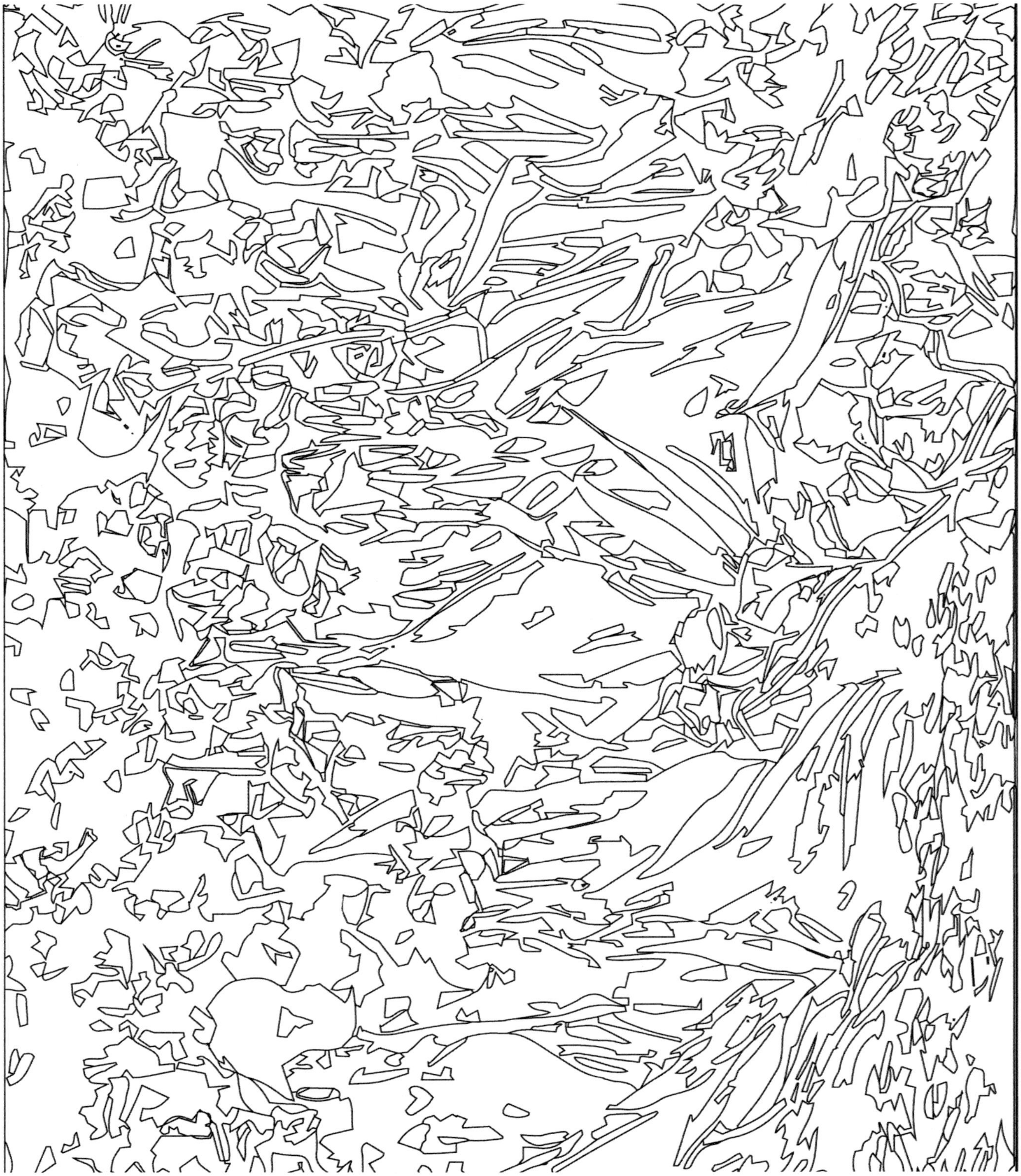

Starry Night Over the Rhone (1888)

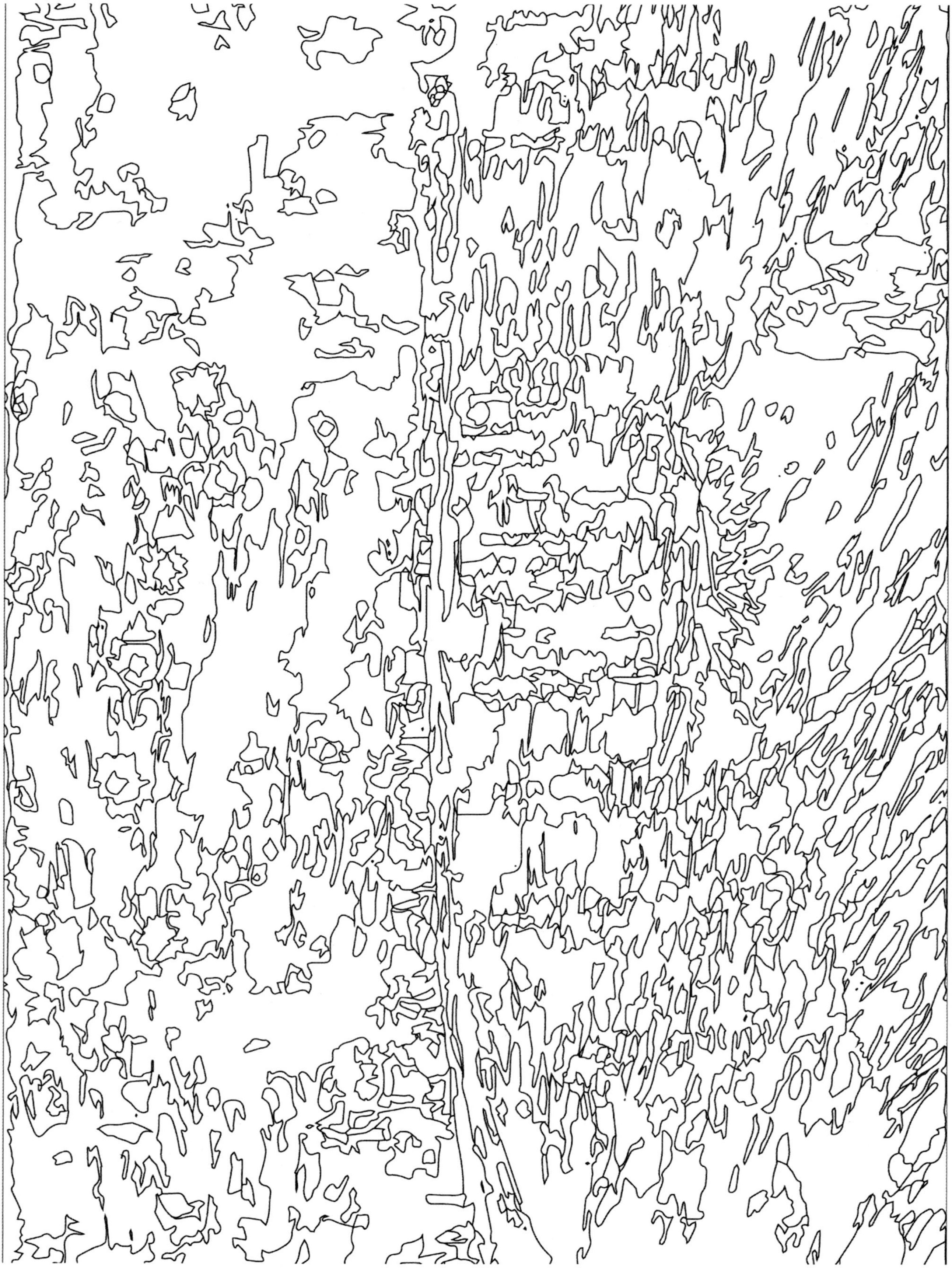

Vase with Daisies and Poppies (1890)

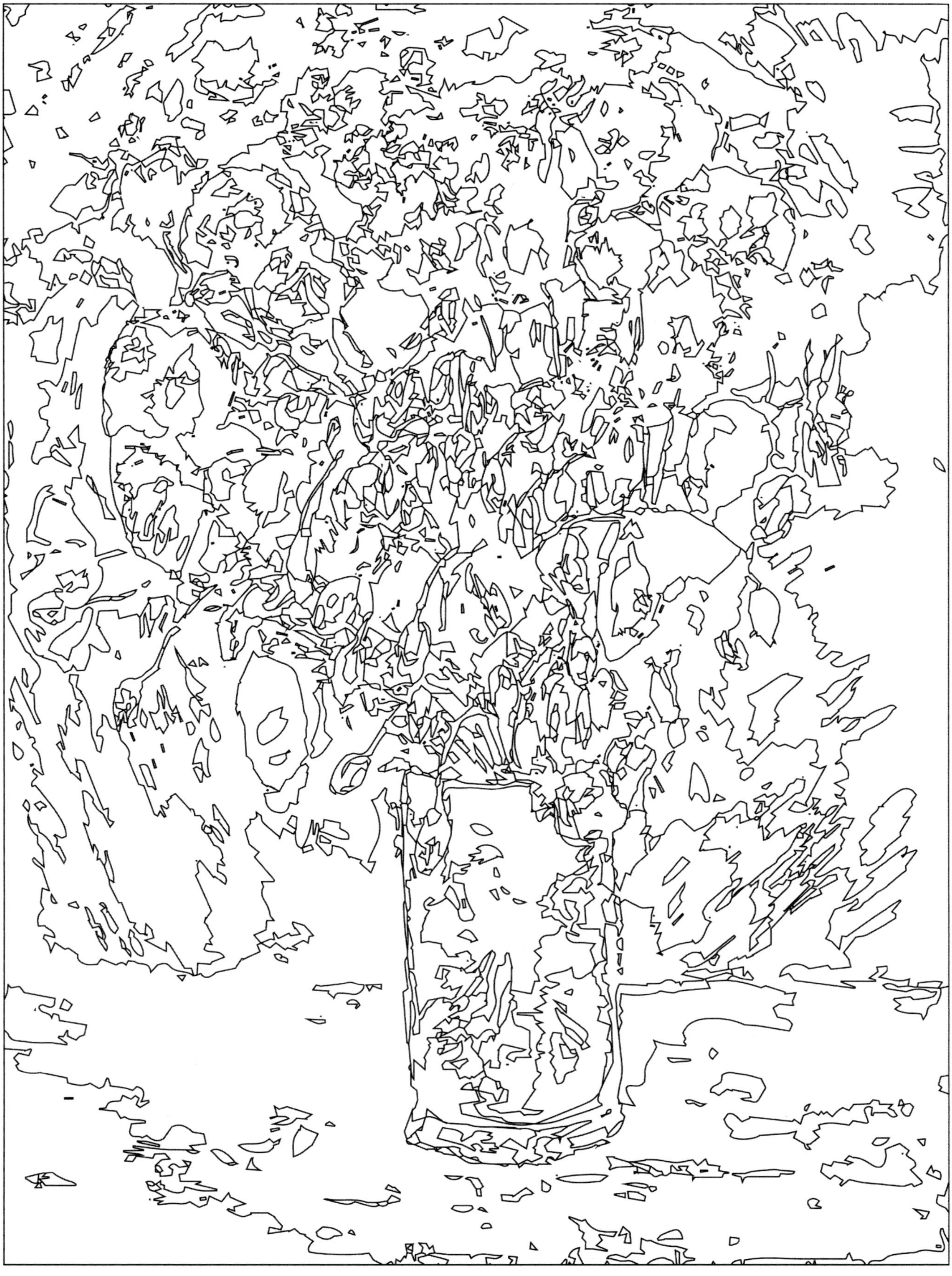

Bring out your inner van Gogh here

Bring out your inner van Gogh here

Bring out your inner van Gogh here

Bring out your inner van Gogh here

Made in United States
Orlando, FL
09 September 2022

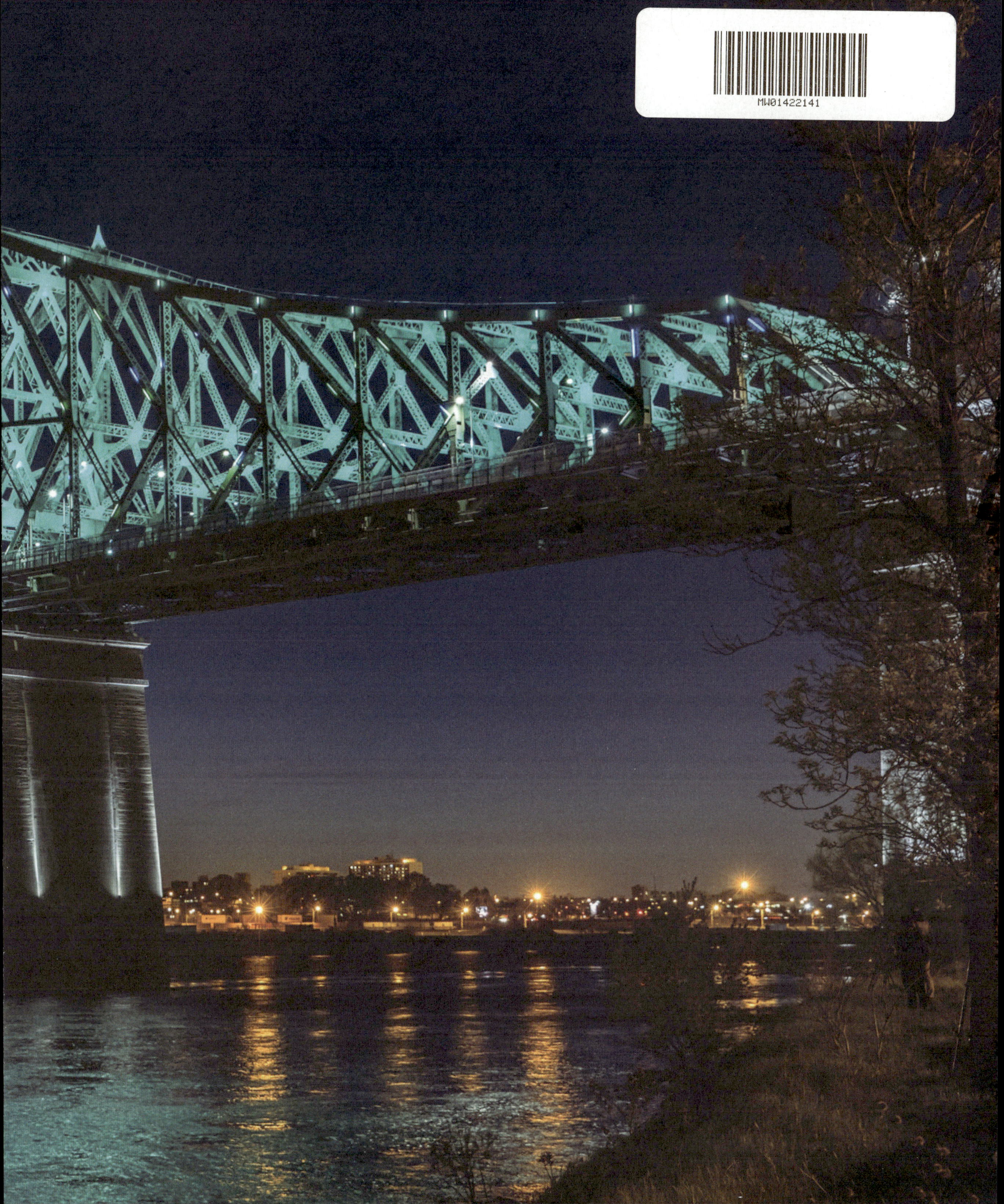

MW01422141

The "Innovate Montreal" Team would like to give a special thanks to all the participants and the following companies for their support and assistance in making this project a reality.

Meet the people that are building a better Montreal for tomorrow

INNOVATE MONTRÉAL

"INNOVATE MONTREAL" IS MUCH MORE THAN MEETS THE EYE
SVEN BOERMEESTER - INTERNATIONAL GROUP PUBLISHER

"Innovate Montreal" is a very special 300 plus page in-depth study and showcase of the best of Montreal's innovation and entrepreneurial ecosystem. Embedded in its pages you will find augmented reality videos. By using the free GLOBAL VILLAGE AR app the world of the future will open up before your very eyes.

"Innovate Montreal" is a multimedia experience centered around the deluxe hardcover coffee table book you are now holding, along with embedded Augmented Reality video, online web platform, and multilevel social media networking. Online, the full e-book will be viewed in the millions through the www.Innovationsoftheworld.com online library.

This publication is not just aimed at those involved in the Montreal ecosystem, it is meant for all business leaders and decision-makers who can affect change in their industries throughout the world. "Innovate Montreal" is for open-minded folk who want to know more about the exciting changes that have recently transpired in the Montreal ecosystem, and play an active role in its growth and development.

This inaugural edition of "Innovate Montreal" is just part of a global series. We are currently launching volumes in cities throughout the www.GlobalVillage.world publishing partnership network.

By experiencing "Innovate Montreal", we are happy to have you as part of our Global Village network.

I trust you will join us.

Sven Boermeester
Global Village World

Sven Boermeester
International Group Publisher

Callie Van Graan
VP Innovation

Belinda Van Graan
Global Village CMO

Gia Bischofberger
Production & Project Manager

JR Griggs
Web Development Partner

INNOVATE MONTRÉAL

14 — CHAPTER ONE
THOUGHT LEADERS

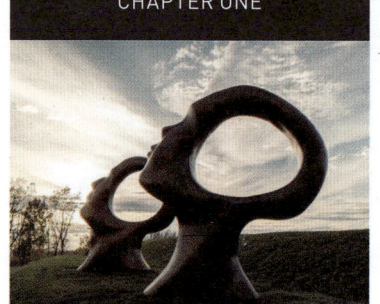

38 — CHAPTER TWO
PIONEERS OF INNOVATION

46 — CHAPTER THREE
INNOVATION ECOSYSTEMS

72 — CHAPTER FOUR
ACADEMIC INSTITUTIONS

152 — CHAPTER NINE
ARTIFICIAL INTELLIGENCE

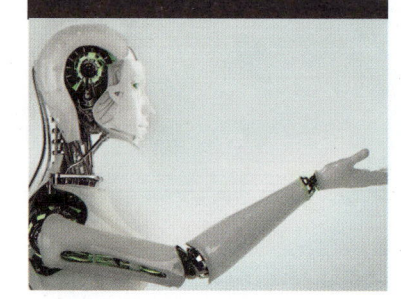

178 — CHAPTER TEN
EDUCATION

188 — CHAPTER ELEVEN
ENTERTAINMENT AND LIFESTYLE

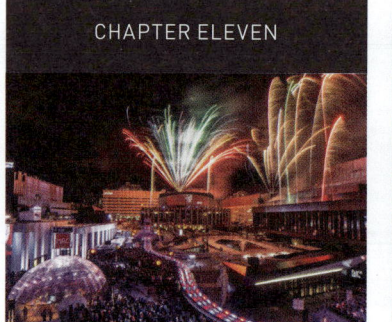

224 — CHAPTER TWELVE
GAMING STUDIOS

350 — CHAPTER SEVENTEEN
MARKETING AND HUMAN RESOURCES

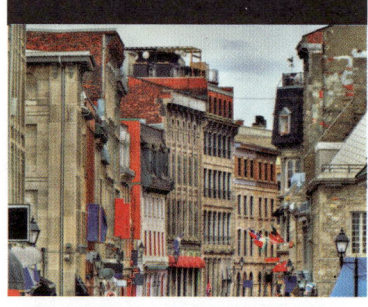

364 — CHAPTER EIGHTEEN
TRANSPORTATION

International Group Publisher
Sven Boermeester

VP Innovation
Callie Van Graan

Associate Publisher
Brahm Glickman

Project Manager and Production
Gia Bischofberger
GVPedia Communications

Art Direction and Design
Susan Heiman, iMedi8 Creative

Global Village CMO
Belinda Van Graan

Web Development Partner
JR Griggs

Email: info@globalvillage.world
www.GlobalVillage.world
www.InnovationsOfTheWorld.com

Copyright © Global Village Partnerships
ISBN: 978-1-949677-03-4

Disclaimer: Every effort has been made to ensure accuracy of the information in The 'Innovate Montreal'. Neither 'Innovate Montreal', nor Global Village assume any responsibility for errors or omissions. All rights reserved: No part of this publication shall be reproduced, copied, transmitted, adapted or modified in any form or by any means. This publication shall not be stored in whole or in part in any form in any retrieval system.

GLOBAL VILLAGE.WORLD
CONNECTING MINDS · BUILDING COMMUNITIES

INNOVATE MONTRÉAL

90 CHAPTER FIVE 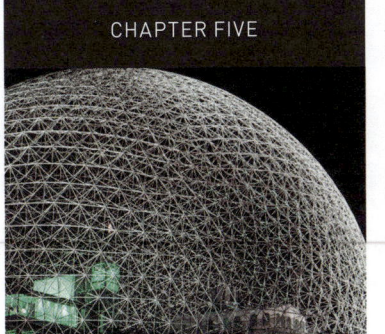
DRIVERS OF INNOVATION

116 CHAPTER SIX 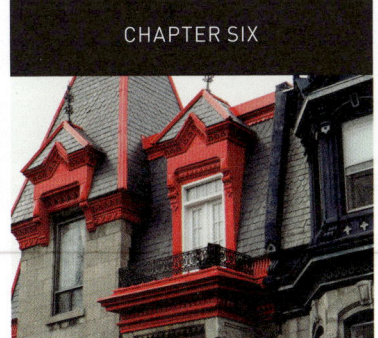
INCUBATORS AND ACCELERATORS

128 CHAPTER SEVEN 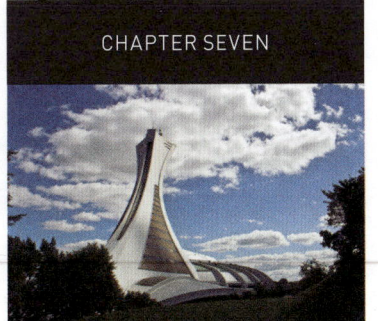
INNOVATION EVENTS

140 CHAPTER EIGHT 
INVESTORS AND FINANCIAL TECHNOLOGY

256 CHAPTER THIRTEEN 
ENVIRONMENTAL INNOVATION

270 CHAPTER FOURTEEN 
INFORMATION TECHNOLOGY

286 CHAPTER FIFTEEN 
TECHNOLOGY AND MANUFACTURING

328 CHAPTER SIXTEEN 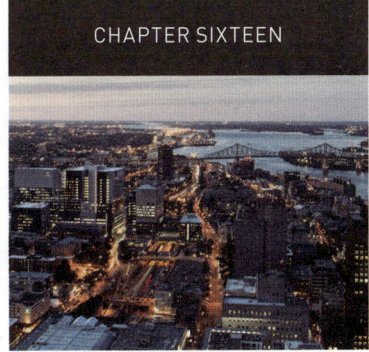
HEALTH AND PHARMA

IT'S A KIND OF MAGIC...

Look for the Global Village Play Logo

Scan and watch images come alive

DOWNLOAD THE GLOBALVILLAGE AR APP
TO VIEW 100 AUGMENTED REALITY VIDEOS IN THIS BOOK!

To experience the future of print, **download the Global Village AR App** from the IOS or Android App stores. Open the App and hold it about 30cm above any page that contains an image with the "play" Icon.

Make sure your back camera is pointing at the page. Click the Play button that appears onscreen and immerse yourself in the latest updated content with reference to that page.

INN**O**VATE MONTRÉAL

PUBLISHER'S FOREWORD

Brahm Glickman
Associate Publisher | Éditeur associé
Global Village World

The Time is Right...
Can you live in a city your entire life, and be totally unaware of its transformation into a world class hub of Innovation and technology?

Can you spend your entire working life in that same city and not see major geographic areas and districts evolve from obsolescence to thriving communities and robust centres of business and development?

With more than a slight tinge of embarrassment, I confess, it is indeed possible.

When I embarked on the Innovate Montreal project, I, like many others I have since conversed with, were mostly unaware of how our fair city was in the midst of a rebirth. Montreal is currently going through a wonderful transformation driven by innovation and technology. Districts that had been in steady decline are now flourishing and experiencing growth not seen in years.

The time is right to tell the story of the innovators and their respective startups, companies, organizations, and institutions that are coming together in Montreal to create the most significant changes that the city has seen in decades.

This is the story of Innovate Montreal
By telling the individual stories of the best and brightest who collectively, are the catalysts for this change, the book you are now holding will help those unknowing (like myself) traverse the new roadmap of the Montreal innovation ecosystem.

Enjoy the ride...

L'heure est venue...
Est-ce possible de passer une vie entière dans une ville et d'ignorer totalement sa transformation en une plaque tournante de classe mondiale en matière d'innovation et de technologie?

Peut-on passer son entière vie active dans la même ville et ne pas remarquer que des zones géographiques et quartiers importants se sortent de l'obsolescence pour devenir des communautés prospères et des centres de commerce et de développement florissants?

INNOVATE MONTRÉAL

Je dois avouer avec un certain degré d'embarras que c'est très possible.

Lorsque je me suis engagé dans le projet Innovate Montréal, je n'étais pas vraiment conscient, à l'instar de plusieurs personnes avec qui je me suis entretenu depuis, de la renaissance que connaît notre magnifique ville. En effet, Montréal subit actuellement une transformation majeure axée sur l'innovation et la technologie. Des quartiers qui étaient en déclin constant sont désormais en plein essor et connaissent une croissance inédite depuis plusieurs années.

L'heure est venue de raconter le récit des innovateurs et de leurs entreprises en démarrage, sociétés, organisations et institutions respectives qui s'implantent à Montréal pour créer des changements d'une ampleur sans précédent depuis des décennies dans notre ville.

Voici l'histoire d'Innovate Montréal

Grâce aux histoires individuelles de ces personnes talentueuses et brillantes qui collectivement catalysent ce changement, le livre que vous tenez entre vos mains aidera les personnes non initiées (dont je fais partie) à naviguer la nouvelle feuille de route de l'écosystème montréalais de l'innovation.

Bonne découverte...

MYLÈNE GAGNON
VICE-PRÉSIDENTE, VENTES ET SERVICES AUX CONGRÈS
VICE-PRESIDENT, SALES AND CONVENTION SERVICES

Centuries before the earliest French explorers realized that the (now) Island of Montréal was the kind of place where you could really get things done, First People had already established what could be considered, in those times, a major metropolitan trade and meeting centre, around a sacred site; the mountain. Mohawks, various Iroquois groups, Algonquins from up the Ottawa River and Innu from the northern territories would converge on the island and trade knowledge and wares. Today, people come to Montréal from all over the world.

Montréal's European chic, our powerhouse cultural offering, palate-popping culinary scene and next-level year-round festivals continues to be an irresistible draw for visitors, many of whom choose to stay. Indeed, La belle ville's openness to new cultures and reputation for excellence globally and across industries steadily attracts a unique blend of business leaders, academics, entrepreneurs and artists who have helped it emerge as a savvy, innovation-driven city that dares to do things differently. Creative, curious and keenly business-minded, I can say from firsthand experience that Montréal is a city where ideas flourish.

Located at the confluence of major rivers and historic trade routes, and shaped by influences both European and North American, Montréal was a natural geographic, economic and cultural hub for centuries before use of the term "hub" became de rigueur. But today it's the confluence of three other crucial factors – creativity, capability and affordability – that sees the city's tech and startup ecosystems booming, putting Montréal at the forefront of innovation initiatives in several key economic sectors and making it one of the most innovative cities in the world today.

For years, Montréal has led the international community in a number of tech domains and has been a major aerospace industry hub. It's also considered one of the best places in the world for gaming and visual effects, boasting industry giants like Ubisoft and Framestore. Because of its unique urban heritage and abundance of skilled workers, Montréal is also a major film and TV production destination, with more than 600 films shot here every year, providing approximately 35,000 direct industry jobs.

In addition to these strongholds, it's been breathtaking watching the rapid growth of the Artificial Intelligence (AI) industry in Montréal, which has seen the city emerge as a global leader. We have a research talent pool that is unmatched elsewhere in the world and a startup ecosystem that is exploding, with 91,000 qualified workers in ICT in 5,000 facilities. Industry giants have taken notice, as Google, Facebook and Microsoft, to name a few, now have a footprint here.

All of this is due in no small part to a vibrant life sciences sector. We're Canada's number one city for research centres and research investment in fields such as biotechnology, pharmaceuticals, neuroscience, cardiology, oncology and more. The city supports 56,000 industry jobs in 650 organizations, and 10,000 students graduate yearly from health-related programs. Indeed, Montréal is home to 11 well-respected institutions of higher learning, including four internationally recognized universities, totalling over 155,000 students.

Montréal's thriving innovation ecosystem hasn't gone unnoticed on the world stage, either. It was the first North American city to be designated a UNESCO City of Design, is a member of the international organization's Creative Cities Network, and received the 2017 Smart Cities Award in recognition of the city's efforts in green transportation.

With its unique combination of joie de vivre and savoir faire, Montréal is a welcoming city where creative lights shine brightly and innovation is deep in our DNA; a place where, as its earliest inhabitants and settlers knew well, great things can get done. I invite you to come and see, and explore for yourself.

Photo: © Tourisme Montréal - Monic Richard

Des siècles avant que les premiers explorateurs français ne réalisent que l'île qu'on nomme maintenant Montréal était un endroit où l'on peut réaliser de grandes choses, les Premiers Peuples avaient déjà établi ce qui pouvait être considéré, à l'époque, comme un important centre de commerce et de rencontre. Les Mohawks, divers groupes iroquois des environs, des Algonquins de l'Outaouais et des Innus du Nord, entre autres, convergeaient vers l'île pour échanger biens et savoir. Aujourd'hui, ce sont des gens des quatre coins de la planète qui affluent à Montréal.

Avec son chic européen, son incroyable offre culturelle, une scène culinaire palpitante et ses multiples festivals d'avant-garde, Montréal exerce une attraction indéniable pour les visiteurs, qui sont d'ailleurs nombreux à vouloir s'y installer. Il faut dire que son ouverture aux nouvelles cultures et sa réputation d'excellence dans des domaines de pointe continuent d'attirer dans la métropole québécoise des gens d'affaires, des universitaires, des entrepreneurs et des artistes qui forment une communauté brillante, qui innove et ose faire les choses différemment. Créative, curieuse et entreprenante, je peux dire par expérience que Montréal est une ville où les idées fleurissent.

À la confluence de plusieurs cours d'eau et de routes commerciales historiques, façonnée par les influences européennes et nord-américaines, Montréal est depuis des siècles un carrefour géographique, économique et culturel naturel. Aujourd'hui elle se distingue par la confluence de trois autres facteurs cruciaux : créativité, compétence et abordabilité. Elle abrite des écosystèmes grandissants de nouvelles technologies et de jeunes entreprises qui placent Montréal à l'avant-garde des initiatives d'innovation dans plusieurs secteurs économiques clés et en font l'une des villes les plus novatrices au monde.

Depuis des années, Montréal est un chef de file dans la communauté internationale dans un grand nombre de domaines technologiques et un pôle mondial de l'industrie aérospatiale. C'est aussi un épicentre des studios de jeu vidéo et d'effets spéciaux où des géants tels qu'Ubisoft et Framestore ont pris leurs quartiers. En raison de son cadre urbain unique et de l'abondance de travailleurs qualifiés, Montréal est également un haut lieu de la production cinématographique et télévisuelle, et les plus des 600 films qui y sont tournés chaque année fournissent des emplois à 35 000 personnes.

Il est époustouflant d'y voir la croissance rapide de l'industrie de l'intelligence artificielle (IA), venant positionner la ville comme un leader mondial et ainsi compléter son élogieux tableau de réalisations. Il y a dans la métropole plus de spécialistes dans le domaine que nulle part ailleurs, comme en témoigne l'explosion du nombre de jeunes entreprises des technologies de l'information et de la communication, qui représentent 91 000 travailleurs qualifiés dans 5 000 institutions. Cet essor ne passe pas inaperçu, et des géants de l'industrie, comme Google, Facebook et Microsoft, pour ne nommer que ceux-là, y sont maintenant tous établis.

La qualité et le dynamisme du secteur des sciences de la vie ne sont pas étrangers à tout cela. Montréal est la première ville canadienne en ce qui a trait aux centres de recherche et aux investissements réalisés dans les domaines des biotechnologies, des produits pharmaceutiques, de la neuroscience, de la cardiologie et de l'oncologie, entre autres. La ville compte 56 0000 emplois dans ces domaines dans 650 organismes, et 10 000 étudiants obtiennent chaque année leur diplôme dans le secteur de la santé. Montréal possède par ailleurs 11 institutions respectées d'enseignement supérieur, dont quatre universités de renommée mondiale, pour un total de plus de 155 000 étudiants.

Partout, la capacité d'innover de Montréal fait grand bruit. Elle a d'ailleurs été la première cité nord-américaine à être désignée Ville UNESCO de design. Elle est membre du Réseau des villes créatives et a remporté, en 2017, un Smart Cities Award, en récompense de ses efforts de mobilité durable.

Avec son savant mélange de joie de vivre et de savoir-faire, Montréal est une ville accueillante, où la créativité brille de mille feux et où l'innovation est au cœur de notre ADN; un lieu où, comme ses premiers habitants le savaient déjà, de grandes choses peuvent être réalisées. Je vous invite à faire sa connaissance et à vous en rendre compte par vous-même.

Montréal

www.mtl.org

INNOVATE MONTRÉAL

MONTRÉAL, TOURNÉE VERS L'INTERNATIONAL
MONTRÉAL GOING GLOBAL

MTL INTL
Montréal International

INN O VATE MONTRÉAL

Greater Montréal has all the key success factors for investors, entrepreneurs, international organizations, talent and students from around the world. According to Montréal International, Greater Montréal's investment promotion agency, the city has never been so attractive. Find out why…

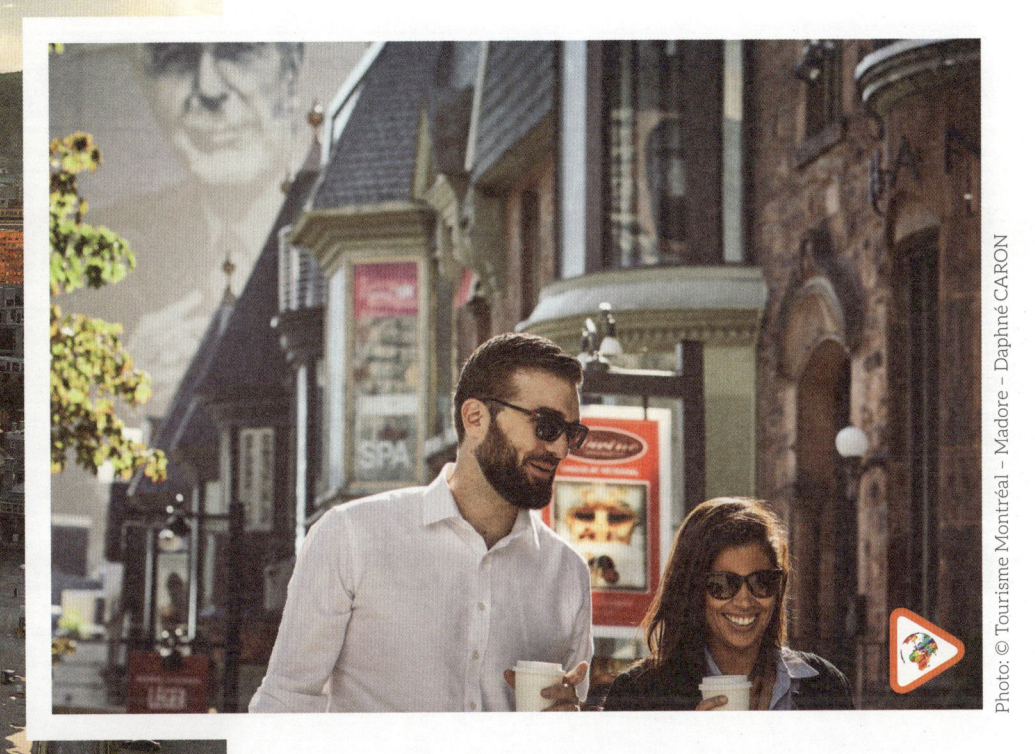

Le Grand Montréal rassemble tous les facteurs clés du succès pour les investisseurs, entrepreneurs, organisations internationales, talents et étudiants du monde entier. Pour Montréal International, l'agence de promotion économique du Grand Montréal, la métropole n'a jamais été aussi attractive ! Découvrez pourquoi…

Photo: © Tourisme Montréal – Madore – Daphné CARON

Photo: © Loïc Romer

INNOVATE MONTRÉAL

1

Strategic location
Located in northeastern North America, Greater Montréal is a hub for intermodal transportation (air, marine, road and rail). Businesses in the area can easily access markets in over fifty countries and reach nearly 1.5 billion consumers.

Un emplacement stratégique
Situé au nord-est de l'Amérique du Nord, le Grand Montréal constitue une plaque tournante du transport intermodal (aérien, maritime, routier et ferroviaire). Les entreprises de la région peuvent ainsi facilement accéder aux marchés d'une cinquantaine de pays et rejoindre près de 1,5 milliard de consommateurs.

2

A richness of talent
Investing in Montréal means choosing from a labour pool backed by a world-class higher education network. The region has 11 universities and 60 colleges, as well as 200,000 university students, including 35,000 international students.

Une pépinière de talents
Investir à Montréal, c'est privilégier un bassin de main-d'œuvre alimenté par un réseau d'enseignement de classe mondiale. Composé de 11 établissements universitaires et 60 collèges, la région compte 200 000 étudiants universitaires, incluant 35 000 étudiants internationaux.

3

An ecosystem that fuels innovation
Montréal is the city with the highest concentration of high-tech jobs in Canada. It is in a great position to leverage the digital revolution and related technologies (artificial intelligence, big data, virtual reality, visual effects, etc.). The region also has one of the best ecosystems in the world to support start-ups.

Un écosystème qui carbure à l'innovation
C'est à Montréal que l'on retrouve la plus forte concentration d'emplois dans le secteur de la haute technologie au Canada. La métropole est particulièrement bien positionnée pour tirer profit de la révolution numérique et des technologies qui lui sont associées (intelligence artificielle, mégadonnées, réalité virtuelle, effets visuels, etc.). La région offre également l'un des meilleurs écosystèmes au monde pour les entreprises en démarrage.

INN**O**VATE MONTRÉAL

Photo: © TM - Madore - Daphné CARON

4

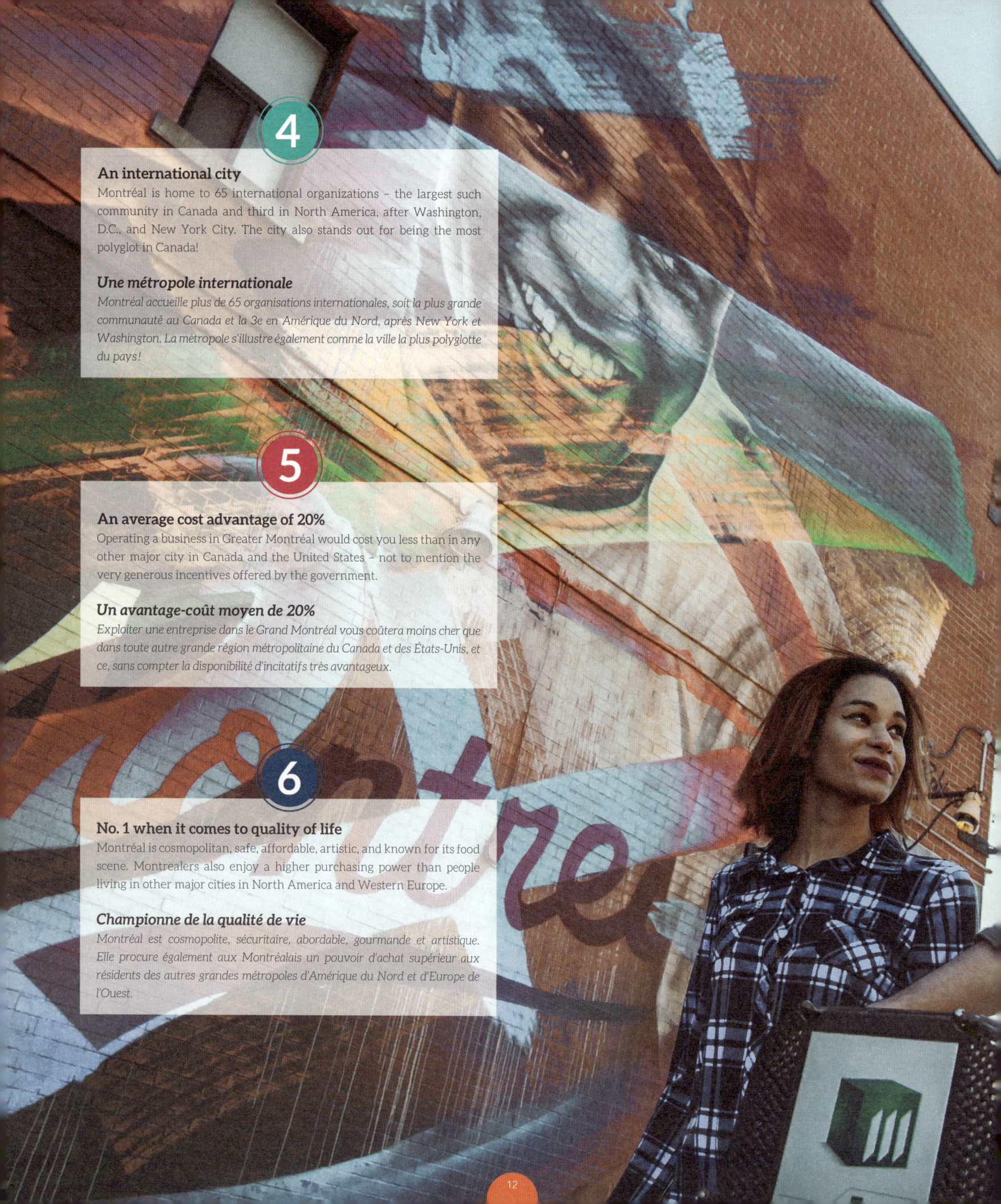

An international city
Montréal is home to 65 international organizations – the largest such community in Canada and third in North America, after Washington, D.C., and New York City. The city also stands out for being the most polyglot in Canada!

Une métropole internationale
Montréal accueille plus de 65 organisations internationales, soit la plus grande communauté au Canada et la 3e en Amérique du Nord, après New York et Washington. La métropole s'illustre également comme la ville la plus polyglotte du pays!

5

An average cost advantage of 20%
Operating a business in Greater Montréal would cost you less than in any other major city in Canada and the United States – not to mention the very generous incentives offered by the government.

Un avantage-coût moyen de 20%
Exploiter une entreprise dans le Grand Montréal vous coûtera moins cher que dans toute autre grande région métropolitaine du Canada et des États-Unis, et ce, sans compter la disponibilité d'incitatifs très avantageux.

6

No. 1 when it comes to quality of life
Montréal is cosmopolitan, safe, affordable, artistic, and known for its food scene. Montrealers also enjoy a higher purchasing power than people living in other major cities in North America and Western Europe.

Championne de la qualité de vie
Montréal est cosmopolite, sécuritaire, abordable, gourmande et artistique. Elle procure également aux Montréalais un pouvoir d'achat supérieur aux résidents des autres grandes métropoles d'Amérique du Nord et d'Europe de l'Ouest.

INN**O**VATE MONTRÉAL

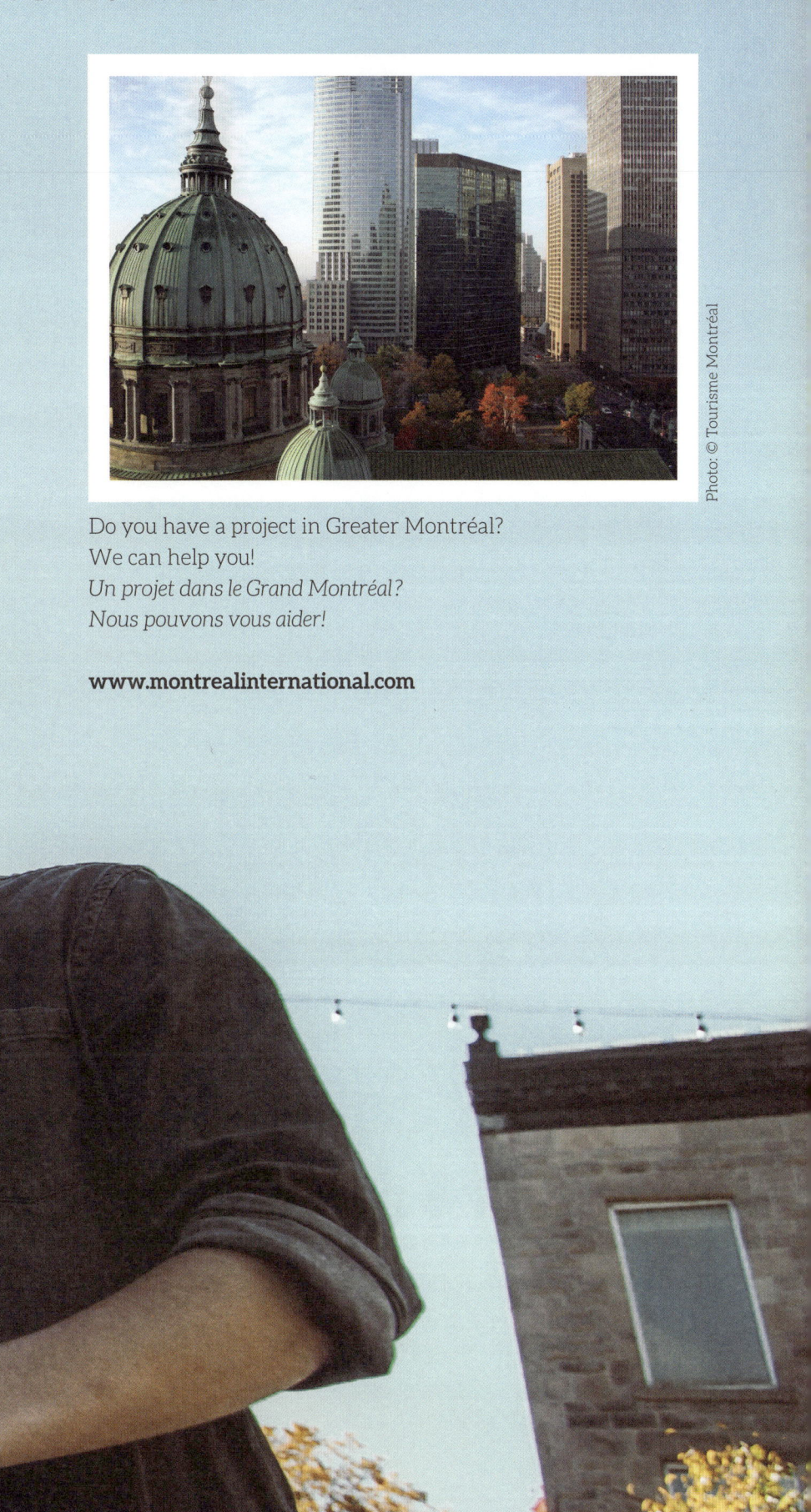

Do you have a project in Greater Montréal?
We can help you!
Un projet dans le Grand Montréal?
Nous pouvons vous aider!

www.montrealinternational.com

INN**O**VATE MONTRÉAL

CHAPTER ONE
THOUGHT LEADERS

INNOVATE MONTRÉAL

PENSER L'INNOVATION
INNOVATION IN CONTEXT
PIERRE LAROUCHE

On entend souvent dire que nous vivons dans une époque sans précédent, ce qui justifierait de ne pas se préoccuper de l'histoire. L'innovation, dit-on, a atteint un rythme tel qu'elle propulse nos sociétés vers l'inconnu, vers un monde qui ne ressemble en rien à celui où les générations précédentes ont évolué. Certains y voient une bonne chose, d'autres sont moins enthousiastes.

En fait, l'innovation est beaucoup plus liée à notre société qu'on ne le pense. C'est une vision réductrice que de ramener l'innovation à la simple invention technologique, qui bouleverserait tout sur son passage sans égard à son environnement. L'innovation, c'est bien sûr une invention, une nouvelle idée – qu'elle soit technique, commerciale, organisationnelle ou sociale – mais cette invention n'est rien si elle n'est pas diffusée au sein de notre société, si elle n'est pas adoptée par des individus et des organismes qui y trouvent un bénéfice. Ce n'est qu'à ce moment qu'on peut véritablement parler d'innovation. L'innovation est donc profondément ancrée dans la société.

Ce que nous vivons aujourd'hui, dans la foulée de l'essor de l'Internet et de l'explosion de l'économie numérique, c'est un peu la démocratisation de l'innovation, la naissance de vastes « écosystèmes » plus complexes, où il est plus facile de présenter une nouvelle idée au public, de tenter d'innover sur un élément, sur un module. Les technologies de l'information sont déjà devenues un écosystème, et des secteurs tels l'énergie, le transport ou la santé les suivent de près. Les entreprises et des organismes réunis dans ce livre innovent et contribuent à leur manière à la vitalité incroyable de ces écosystèmes.

C'est la fluidité de ces écosystèmes, la rapidité avec laquelle une invention peut être adoptée, et ainsi provoquer un changement au sein d'un élément de l'écosystème ou un autre, qui nous donne l'impression d'aller vers l'inconnu. En réalité, nous passons d'un modèle d'innovation plus gérée, qui a régné sur le 20e siècle, vers un modèle d'innovation plus spontané, tel qu'il prévalait il y a plus de cent ans, à une époque qui a aussi vécu des changements radicaux.

Pour la société, le retour vers une innovation plus imprévisible et plus chaotique demande plus de flexibilité en politique et en droit. Plusieurs innovations contribuent à l'avancement de notre société, mais certaines non, d'où la nécessité de garder une certaine distance critique.

L'innovation, de par son impact sur la société, force une remise en question des certitudes : quels objectifs visons-nous en tant que société? En quoi l'innovation contribue-t-elle ou non à ces objectifs? Si l'innovation bouleverse les structures en place, y a-t-il d'autres manières de réaliser nos objectifs socio-politiques que les solutions traditionnelles qui sont enchâssées dans notre droit et nos institutions? Les autorités publiques doivent aussi se montrer innovantes.

En fin de compte, ce n'est pas surprenant que l'innovation fleurisse dans les sociétés dynamiques, qui se distinguent à la fois par une liberté d'action, qui donne libre jeu à l'imprévisibilité de l'innovation, et par une capacité à se remettre en question, afin de pouvoir absorber l'impact de l'innovation et continuer à poursuivre des objectifs politiques. La ville et la région de Montréal ressortent du lot à cet égard, comme en fait preuve cet ouvrage. Qu'elles continuent de demeurer un foyer d'innovation encore longtemps!

INN**O**VATE MONTRÉAL

"We live in an unprecedented era", it is often said, so we need not worry about history. Innovation, we are told, is unleashed at such a fever pace that it sends our societies rushing into the unknown, into a world that bears no resemblance to the one where previous generations lived. Some see this as a good thing, others are far less enthusiastic.

In reality, innovation is far more rooted into our society than these commentators want to believe. Innovation cannot be reduced to a disembodied technological phenomenon, that would systematically upturn and overcome every obstacle in its wake. For sure, innovation starts with an invention, a new idea, which can be of a technical, commercial, organisational or social nature. That invention means nothing, however, if it is not diffused within our society, if it is not adopted by individuals and organizations that find it beneficial. Only then can we speak of innovation. Innovation is therefore a fundamentally social phenomenon.

What we are experiencing today, following the advent of the Internet and the boom in the digital economy, comes down to a democratization of innovation. Large-scale complex "ecosystems" are born, where innovators can focus on a niche, a module, and more easily bring their ideas to the public without having to change the rest of the ecosystem. The converged IT sector offers the prime example of such an ecosystem. Energy, transport and health care, to name but the main ones, are now following in the footsteps of IT. The firms and organisations featured in this book innovate in their respective ways and thereby contribute to the amazing vitality of these ecosystems.

We feel that we are lurching into the unknown because of the fluidity inherent in these ecosystems: before we know it, an invention is adopted and thus an element in the ecosystem is replaced or renewed, and then comes the next innovation, and the next one, seemingly at random. In fact, we are leaving a more managed innovation model, such as ruled over most of the 20th century, and we are going back to a more spontaneous innovation space, as it prevailed more than a century ago, in an era that also underwent massive change.

For our society, heading towards more unpredictable, more chaotic innovation requires more flexibility in our politics and our laws. Many innovations improve our lot, but some do not, hence the need to keep some critical distance and acknowledge that "bad innovation" can exist. Because of its impact on society, innovation forces us to question our assumptions: which social objectives are we pursuing? In which way does innovation contribute to the achievement of these objectives, or does not? If innovation upends existing structures, are there other means for society to realize its socio-political aims, besides the traditional solutions enshrined in our laws and institutions? Public authorities must also be willing to innovate.

At the end of the line, it comes as no surprise that innovation flourishes in dynamic societies. In these societies, freedom of action leaves room for innovation to blossom in all its unpredictability. Next to freedom of action, a willingness to engage into critical self-assessment allows these societies to absorb the impact of innovation while continuing to pursue their policy objectives. The city of Montreal, and its region, stand out among these dynamic societies, as this book shows. May they remain an innovation hotbed for the longest time!

Université de Montréal

www.umontreal.ca

INNOVATE MONTRÉAL

"TO PUT IT SIMPLY, MCGILL SUPPORTS INNOVATION, FROM THE IDEA STAGE TO ITS TRANSFER TO SOCIETY."

SYLVAIN COULOMBE, ASSOCIATE VICE-PRINCIPAL, INNOVATION AND PARTNERSHIPS

At a time when local and global challenges demand discoveries at the intersections of diverse disciplines, fostering an adaptable, agile and multi-sectorial innovation ecosystem enables universities to lead as social and economic accelerators. To set this vision in motion, McGill has established a dedicated unit, Innovation and Partnerships (I+P), a hub for R&D and technology transfer activities at McGill, in Montreal and beyond.

Working in tandem with McGill's exceptional researchers, I+P assists researchers in identifying valuable technologies, steers them through the early stages of commercialization, and helps to propel ideas into society or the marketplace. Equally important are I+P's connections with the local innovation ecosystem, including incubators that specialize in creating start-ups from university research.

Just as truly creative research happens when ideas cross-pollinate between disciplines, the technologies developed at McGill are applied to a variety of problems, benefitting society in numerous ways. Take for example the case of a start-up conceived in the lab of McGill's Professor Thomas Szkopek.

When Szkopek began researching graphene oxide, a 21st century material, he did so with the hope of contributing significantly to energy storage technology. He did not immediately consider that his work might also contribute to cutting-edge audio technology in the form of the world's first graphene headphones. That is until a student in his lab, Peter Gaskell, asked an intriguing question: could the properties of graphene oxide create the ideal conditions for professional, high-quality sound, clear of distortion across the entire band of human hearing?

Gaskell's question triggered a series of fruitful collisions, bolstered by university-led support, culminating in the launch of Ora Graphene Audio, a Montreal start-up based on a patented McGill technology.

This is just one of the many striking stories of how universities help bring the ground-breaking ideas generated in a research environment to commercial application. McGill is committed to ensuring that our researchers, like those who led the way to the creation of Ora Graphene Audio, have the time, space, and flexibility they need to keep their eyes-and-ears-open for unexpected opportunities.

Photo: Owen Egan

Les défis sociaux, environnementaux, et économiques aux échelles locales et planétaires exigent des découvertes issues de diverses disciplines. Or, l'une des meilleures façons pour une université d'être un acteur prédominant dans ces secteurs est de favoriser un écosystème de l'innovation adaptable, flexible et multisectoriel. D'où la création de l'unité mcgilloise, Innovation et Partenariats (I+P), un pôle de R.-D. et de transfert de technologie à McGill, à Montréal et ailleurs.

Avec le concours de chercheurs mcgillois exceptionnels, I+P aide des chercheurs à identifier des technologies très utiles, les oriente dans les premières phases de la commercialisation et contribue à véhiculer des idées dans la société ou sur le marché. Les liens entre I+P et l'écosystème local de l'innovation, dont les incubateurs spécialisés dans la création de jeunes entreprises à partir de la recherche menée à l'université, sont aussi importants.

Tout comme la pollinisation croisée d'idées entre disciplines génère de la recherche vraiment créative, l'application à divers problèmes des technologies mises au point à McGill avantage la société de maintes façons. À preuve, la jeune entreprise née au laboratoire du professeur Thomas Szkopek de McGill.

Lorsque Szkopek s'est penché sur l'oxyde de graphène, un nouveau matériau du XXIe siècle, il espérait améliorer la technologie du stockage de l'énergie. Il était loin de penser que son travail mènerait à une technologie audio de pointe, sous forme des premiers écouteurs au graphène au monde. Jusqu'à ce qu'un étudiant de son laboratoire, Peter Gaskell, demande si les propriétés de l'oxyde de graphène conviendraient à transmettre un son professionnel de qualité supérieure, exempt de distorsion sur toute la bande de l'audition humaine.

La question de Gaskell a occasionné des échanges fructueux qui, sous l'impulsion du soutien de l'université, ont abouti au lancement d'Ora Graphene Audio, jeune entreprise de Montréal basée sur une technologie mcgilloise brevetée.

Voilà un des nombreux exemples éclatants de la façon dont les universités accompagnent les idées novatrices issues de la recherche jusqu'à leur application commerciale. McGill tient à ce que ses chercheurs, comme ceux à l'origine de la création de Ora Graphene Audio, disposent du temps, de l'espace et de la flexibilité indispensables pour rester tout yeux tout oreilles aux possibilités inopinées.

McGill UNIVERSITY

www.mcgill.ca/research

INNOVATE MONTRÉAL

QUARTIER DE L'INNOVATION (QI)
DAMIEN SILÈS, EXECUTIVE DIRECTOR OF MONTRÉAL'S QUARTIER DE L'INNOVATION
DAMIEN SILÈS, DIRECTEUR GÉNÉRAL DU QUARTIER DE L'INNOVATION DE MONTRÉAL

In 2013, Montréal established the Quartier de l'Innovation (QI), a district focused on innovation, to promote its wealth of knowledge and expertise in this field.

The QI is now home to an evolving project, the first of its kind in Canada: the greatest open-air laboratory for smart living (LabVi.ca). Created by Videotron, Ericsson Canada, the École de technologie supérieure and the QI, this multi-million dollar infrastructure offers opportunities for on-the-ground, real-world tests of practical technologies aiming to improve and simplify people's daily lives, especially in regard to 5G and the Internet of Things. We are working with several large companies, small businesses, start-ups, incubators and business accelerators to offer the cream of the crop in the field. We have also partnered with four universities (McGill, ÉTS, Concordia and UQÀM) to develop ties with eminent researchers and increase the number of opportunities for exploration.

The future generation is the cornerstone of the Quartier de l'Innovation, which is committed to involving them in each of its actions. According to the latest statistics, half of Montréal's residents are under 39 years old, partly due to the approximately 250,000 students from 11 universities in the city. This inexhaustible source of knowledge not only fosters renewal, but also offers a strong innovative vision commensurate with the aspirations of Canada's academic capital.

In the entrepreneurship world, a paradigm shift is also taking place among younger generations, who are taking risks and innovating fearlessly. In 2009, only 7% of youth aged 18 to 34 wanted to start a business, and that number hit 21% in 2017!

The excitement can be felt all over the city, and the reason is very simple: it offers great quality of life. The cost of living is very low compared to other Canadian metropolitan centres, services are offered in French and in English, and the ambiance is unique, combining European influences with a North American feel.

The QI is no exception – this lively neighbourhood reflects each individual contributing to its growth.

Depuis 2013, Montréal s'est dotée d'un Quartier de l'innovation (QI) pour faire rayonner son savoir-faire et son expertise dans le milieu. Une zone de vie ancrée dans l'innovation.

À l'intérieur de ce Quartier, évolue un projet unique au Canada; le plus grand Laboratoire à ciel ouvert de la vie intelligente (LabVi.ca). Une initiative de plusieurs millions de dollars bâtie par Vidéotron, Ericsson Canada, l'École de technologie supérieure et le QI. Cette infrastructure permet de tester sur le terrain et dans des conditions réelles des applications technologiques concrètes qui pourront améliorer et simplifier le quotidien des citoyens, notamment dans le domaine de la 5G et de l'Internet des objets. Nous travaillons avec plusieurs grandes entreprises, PME, startups, incubateurs et accélérateurs ainsi afin d'offrir la crème de ce qui se fait dans le domaine. Nous sommes de plus associés à quatre universités (McGill, ETS, Concordia et UQAM) pour créer des maillages avec les chercheurs les plus influents, afin d'accroître les possibilités d'exploration.

La future génération est également au cœur de l'évolution du Quartier de l'innovation, qui se fait un devoir de les impliquer dans l'ensemble de ses actions. La moitié des habitants de Montréal ont moins de 39 ans selon les dernières statistiques. Un chiffre en partie dû aux quelque 250 000 étudiants, provenant de 11 universités, qui évoluent en son sein. Une source inépuisable de savoir et de connaissances qui nous permettent un renouveau, et une vision forte pour l'innovation, à la hauteur des aspirations de la capitale universitaire du Canada.

En entrepreneuriat, on sent également un changement de paradigme majeur chez les plus jeunes générations, qui n'ont plus peur de prendre des risques et d'innover. En 2009, seulement 7% des 18-34 ans avaient l'intention de créer une entreprise. C'était 21 % en 2017!

Cette effervescence se fait sentir partout. Et il y a une explication bien simple à tout cela; c'est qu'il fait bon vivre ici. Le coût de la vie est bien en deçà des autres métropoles canadiennes, on peut vivre en français ou en anglais, et l'ambiance est unique. Un vent d'Europe aux accents d'Amérique.

Le QI ne fait pas exception à la règle. Un quartier vivant, à l'image des gens qui contribuent à son essor.

Email: info@quartierinnovationmontreal.com | Tel: 438 387-3347

UNIVERSITÉ DU QUÉBEC À MONTRÉAL (UQAM)

CATHERINE MOUNIER, VICE-RECTRICE À LA RECHERCHE, À LA CRÉATION ET À LA DIFFUSION | VICE-PRESIDENT RESEARCH

Arrivée dans le paysage universitaire en 1969, l'UQAM s'est vite démarquée par son souci de servir les collectivités. Orientée vers l'entrepreneuriat et l'innovation à impact social, elle croit en la capacité concertée des acteurs sociaux d'induire des changements afin de pouvoir répondre à des enjeux ponctuels.

La coconstruction des savoirs au cœur de l'établissement

Comme de nombreuses universités, l'UQAM accorde une place importante aux partenariats, dont ceux en lien direct avec la société. Depuis près de 50 ans, l'UQAM travaille directement avec les communautés.

Grâce à son Service aux collectivités, l'UQAM accompagne non seulement les chercheurs, mais aussi les membres des collectivités, pour développer et réaliser des projets concrets, permettant ainsi une coconstruction des savoirs. Les projets sont réalisés plus particulièrement avec les syndicats et les groupes communautaires de femmes et d'autochtones afin de répondre aux enjeux propres de ces communautés.

L'UQAM au centre de la ville de l'avenir

L'UQAM est également associée au Quartier de l'innovation (QI) pour penser et créer un quartier urbain qui tire parti des nouvelles technologies et des principes de l'urbanisme durable, tout en misant sur les innovations et l'entrepreneuriat sociaux afin d'améliorer la qualité de vie des résidents. C'est un véritable prototype de la ville de l'avenir.

Grâce à ce partenariat, le QI et l'UQAM ont organisé le Sommet de Montréal sur l'innovation sociale, et ce, en collaboration avec C2 Montréal, un événement d'envergure mondiale faisant appel aux univers du commerce et de la créativité pour observer les tendances et les changements de demain.

Les chercheurs de l'UQAM ont développé une trousse d'information pour une gestion de la forêt urbaine et une autre pour aider les personnes démunies à trouver les ressources adéquates pour améliorer leur bien-être et leur santé. Parmi les autres projets stimulants on retrouve un magasin-laboratoire universitaire expérimental de consommation écoresponsable qui examine le comportement des consommateurs.

Enjeux sociaux de l'intelligence artificielle (IA)

HumanIA, un fleuron de l'UQAM, regroupe de nombreux chercheurs de différents horizons qui se positionnent en sentinelles pour effectuer une veille stratégique sur les enjeux éthiques et sociaux liés à l'IA. Ces chercheurs mènent une réflexion critique sur les pratiques humaines, notamment en communication, en éducation et en droit afin d'assurer une appropriation harmonieuse de l'IA et protéger l'humain contre toute dérive éthique.

L'UQAM est reconnue comme un leader dominant en recherche-action à impact social, et c'est de partout qu'on fait appel à son expertise. C'est pourquoi l'UQAM a signé avec ses partenaires une déclaration intitulée « L'ambition et la nécessité de soutenir, ensemble, l'innovation sociale », qui propose la cocréation à Montréal d'un écosystème d'entrepreneuriat social, collectif et collaboratif, un laboratoire d'idéation pour favoriser l'émergence de solutions innovantes et accroître leurs effets positifs sur les communautés.

1430, rue Saint-Denis, Montréal (Québec)
514 987-3000
uqam.ca

INNOVATE MONTRÉAL

UQÀM | Université du Québec à Montréal

UQAM joined the university landscape in 1969 and quickly distinguished itself through its commitment to serving society. Fostering entrepreneurship and social impact innovation, the University believes in the concerted ability of social actors to bring about change in response to issues as they arise.

Building knowledge together

Like many other universities, UQAM places a premium on partnerships, including those directly connected to the society. For nearly 50 years, UQAM has been working directly with communities.

Through its Service aux collectivités, UQAM supports both researchers and community members in the development and implementation of concrete projects that enable us to build knowledge together. These projects are pursued with unions and community groups of women and Aboriginal people, in particular, in order to respond to the issues of these communities.

At the heart of the future city

UQAM is also associated with the Quartier de innovation (QI), imagining and creating an urban neighbourhood that takes advantage of new technologies and principles of sustainable urban planning, while benefitting from social impact innovations and entrepreneurship to improve residents' quality of life. It is a true prototype of the city of the future.

Working in partnership, QI and UQAM organized the Montreal Summit on Innovation, in collaboration with C2 Montréal, a world-class event that brings together entrepreneurs, university researchers and other key actors in the field of social innovation to observe the trends and changes of tomorrow.

Researchers at UQAM have developed an information kit for urban forest management as well as a kit to help disadvantaged people find resources to improve their health and well-being. Another stimulating project is an experimental university store/laboratory for environmentally responsible consumption that explores consumer behaviour.

Social issues of artificial intelligence (AI)

HumanIA, another proud achievement of UQAM, brings together researchers from various backgrounds who act as sentinels monitoring the ethical and social issues related to AI. These researchers critically reflect on human practices, especially in communication, education and law, to ensure a harmonious appropriation of AI and to guard against any ethical drift.

UQAM is widely recognized as a leader in social impact action research, one whose expertise is called upon globally. That is why UQAM signed a declaration with its partners entitled "L'ambition et la nécessité de soutenir, ensemble, l'innovation sociale", which proposes the co-creation in Montreal of an ecosystem of collective, collaborative social entrepreneurship, a laboratory for creative thinking to foster the emergence of innovative solutions and to increase their positive effects on our communities.

1430 Saint-Denis Street, Montréal, Québec
514 987-3000
uqam.ca

INNOVATE MONTRÉAL

TECHNOPARC MONTRÉAL: IT'S A PARK
CARL BAILLARGEON, COMMUNICATIONS AND MARKETING DIRECTOR OF TECHNOPARC MONTRÉAL

It's a park. It's techno.
The Technoparc is relaxed and peaceful. The site is also green. Very green. With a huge proportion of green space and protected zones, located between areas of concrete omnipresence, the feel of nature is flagrant and fragrant. A perfect setting for companies and employees that need inspiration and a breather in their research and development activities. Scientists can resource at every moment. Engineers can get inspired on their next plans. IT developers can get the needed energy to continue their coding. It's a park and it's techno.

It's a park. It's connected.
Our planet needs special attention. We can all put in the efforts to treat the earth conveniently, respectfully and with an eco-conscience. Technoparc resident companies not only do their share to reach those goals but also initiate them. The site hosts many companies which are devoting a large portion of their employees to find better solutions for our environment. Sustainable transportation, biodiversity protection, renewable energy. These are common words heard throughout the park. Not only is it encouraging clean energy, but it is bonifying it for the future. It's a park and it's connected.

It's a park. It's design.
The Technoparc buildings not only stick out with their innovative designs, they also aim to reach LEED certifications. With several designs being recognized by respected architecture organizations, Technoparc residents are influenced to go the extra mile when it comes to building new spaces with creativity and are world class. And since the buildings are occupied by innovative men and women, it is only fitting that the design follows the trend. It's a park and it's design.

It's a park. It's me.
The Technoparc Montréal is a village within the city. Offering prime services to its residents. Beautiful parks with walkways through protected areas. Many excellent bistros, cafés, meeting rooms and an international hotel. Daycares and gyms on site for extra convenience. Bike paths and friendly jogging groups. Social activities for fun networking such as the famous "Food Truck Thursdays". Community gardens and local farm products pick-up services. Free seminars and trade shows. The services that one would expect from a location downtown. People are proud to work here. People are proud to play here. It's a park and it's me.

Carl Baillargeon is the Communications and Marketing Director of Technoparc Montréal.

With extensive experience in marketing, communications and public relations in multiple innovative industries, he was also a city councillor for the city of Montréal and commissioner on the city's both urban development commission and finance and economical development commission. Proud to work in one of the most innovative environments in Canada, he always forwards the extra effort to get the deserved recognition of Technoparc Montréal not only locally but internationally. It's a park and it's amazing.

C'est un parc. C'est techno.
Le Technoparc de Montréal est paisible et relaxant. Le site est aussi vert. Très vert. Avec une énorme proportion d'espaces verts et de zones protégées, situés entre des zones d'omniprésence de béton, la nature y est flagrante et en fragrance. Un cadre idéal pour les entreprises et les employés qui ont besoin d'inspiration et d'air pur durant leurs activités de recherche et de développement. Les scientifiques se ressourcent à tout moment. Les ingénieurs s'inspirent pour leurs prochains projets. Les développeurs obtiennent l'énergie nécessaire pour poursuivre leur codage. C'est un parc et c'est techno.

C'est un parc. C'est branché.
Notre planète a besoin d'une délicate attention. Nous devons tous faire nos efforts pour traiter la Terre respectueusement, avec finesse et éco-conscience. Les sociétés résidentes du Technoparc de Montréal font leur part des choses et initient des actions en ce sens. Le site héberge de nombreuses entreprises qui dédient une grande partie de leurs employés à la recherche de solutions structurantes pour notre environnement. Transport durable, protection de la biodiversité, énergies renouvelables. Ce sont des mots communs entendus à travers le parc. Non seulement cela encourage les énergies propres, mais cela les bonifie pour l'avenir. C'est un parc et c'est branché.

C'est un parc. C'est design.
Les bâtiments du Technoparc de Montréal ne se distinguent pas seulement par leurs conceptions innovantes, ils visent également à obtenir les certifications LEED si convoitées. Avec plusieurs conceptions reconnues par des organisations d'architectes respectées, les entreprises résidentes du site sont incitées à redoubler d'efforts pour créer de nouveaux espaces créatifs et de classe mondiale. Et comme les bâtiments sont occupés par des hommes et des femmes innovants, il est normal que le design suive la tendance. C'est un parc et c'est design.

C'est un parc. C'est moi.
Le Technoparc de Montréal est un village dans la ville. Offrant des services de qualité à ses résidents. De beaux parcs avec des sentiers traversant des zones protégées. D'excellents bistros, cafés, salles de réunions et hôtel international. Garderies et gymnases sur place pour plus de commodité. Pistes cyclables et groupes de jogging amicaux. Activités sociales pour créer des contacts tels que les fameux « Jeudis cuisine de rue ». Jardins communautaires et services de cueillette de produits d'agriculture locale. Séminaires et expos gratuits. Des services que l'on s'attend à trouver au centre-ville. Les gens sont fiers de travailler ici. Les gens sont fiers de jouer ici. C'est un parc et c'est moi.

Carl Baillargeon est Directeur communications et marketing à Technoparc Montréal.

Fort de sa vaste expérience en marketing, communications et relations publiques dans de multiples industries innovantes, il a également été conseiller municipal à la Ville de Montréal et commissaire à la commission du développement urbain et la commission du développement économique et finances de la ville. Fier de travailler dans l'un des environnements les plus novateurs au Canada, il déploie toujours des efforts supplémentaires pour obtenir la reconnaissance méritée de Technoparc Montréal non seulement à l'échelle locale, mais également à l'échelle internationale. C'est un parc et c'est super.

Phone: +1 514 956 2525 | #iamtechno | www.technoparc.com

TM
TECHNOPARC
MONTRÉAL

CENTRE HOSPITALIER DE L'UNIVERSITÉ DE MONTRÉAL (CHUM)
VERS UN SYSTÈME DE SANTÉ INNOVANT ET APPRENANT
TOWARDS AN INNOVATIVE LEARNING HEALTH SYSTEM

Le système de santé fait face à des défis majeurs et doit se transformer pour offrir les meilleurs soins et services de santé dans la trajectoire de vie de la population.

Les besoins et les demandes de tous les intervenants du système de santé, aussi bien des patients que des professionnels de la santé, ont changé dans les dernières années. Ces changements évoluent de façon exponentielle alors que le système de santé reste sur un modèle conçu dans les années 1970.

Pour s'adapter et mieux répondre à ces changements, le CHUM utilise la créativité et la capacité d'innovation de ses équipes pour améliorer la satisfaction des besoins des patients et de leur entourage. Le modèle organisationnel s'est adapté pour créer un environnement permettant à ses équipes de développer cette créativité et cet esprit novateur, en partenariat avec les patients et les citoyens, dans une démarche d'enrichissement croisé de l'intelligence individuelle et collective.

L'accélération des besoins de la population (maladies chroniques, complexité, vieillissement, etc.) et des avancées scientifiques ont nécessité l'introduction d'un nouveau modèle d'organisation agile. Cette agilité permet de s'adapter continuellement grâce à des équipes d'accompagnement dynamique du changement.

L'arrivée de l'intelligence artificielle (IA) est venue amplifier et accélérer la transformation du système de santé dans tous ses aspects. Le CHUM a rapidement intégré l'IA dans sa capacité de réponse en créant l'École d'IA en santé (ÉIAS).

Étant donné la progression rapide et constante de notre environnement, accélérée par l'IA, tant sur le marché local que mondial, un individu, des équipes ou une organisation ne peuvent plus solutionner à eux seuls les enjeux complexes d'aujourd'hui. Pour cette raison, le CHUM se mobilise et fait évoluer son écosystème d'innovation ouverte. Cet écosystème comprend de nombreux partenaires du milieu universitaire, de l'industrie publique et privée, des consortiums de recherche, des associations de patients et des organismes communautaires, des organisations du réseau de la santé, des fondations, et ce, au Québec et dans le monde.

L'ensemble des projets, réalisés par étapes, permet aujourd'hui au CHUM d'être un leader en santé des populations, en intervenant de façon proactive dans toutes les étapes de la maladie et de la santé en général. Chacune des réalisations a été accompagnée d'une mesure d'impact ayant démontré les bénéfices ultimes pour la population. Le CHUM lance une invitation à unir les forces pour qu'elles apportent une richesse économique et sociale au service de l'humain.

Dr Fabrice Brunet,
président-directeur général du CHUM

INN**O**VATE MONTRÉAL

CHUM

The health care system is facing major challenges and needs to change if it wants to provide optimal health care and services throughout the course of people's lives.

The needs and demands of all health care system stakeholders, both patients and health professionals, have changed in recent years. These changes are growing exponentially while the health care system remains stuck in a model designed in the 1970s.

To adapt and better respond, the CHUM uses its teams' creativity and innovation to improve its ability to meet the needs of patients and their families. The organizational model has adapted to create an environment that allows its teams to develop this creativity and innovation in partnership with patients and citizens through an approach involving mutual enrichment of individual and collective intelligence.

The accelerating needs of the public (e.g., chronic disease, complexity, aging) and scientific advances have necessitated the introduction of a new agile organization model. This agility allows the health care system to continuously adapt, thanks to dynamic change support teams.

The arrival of artificial intelligence (AI) has intensified and accelerated the transformation of the health care system in all aspects. The CHUM quickly added AI to its response capacity by creating the School of Artificial Intelligence in Health (SAIH).

Because of the fast and constant progress of the health care environment – accelerated by AI – on the local market and internationally, neither an individual, teams, nor an organization can find solutions to today's complex issues alone. This is why the CHUM has mobilized its open innovation ecosystem and is allowing it to grow. This ecosystem includes many partners from the university sector, public and private industry, research consortia, patient associations and community organizations, health care system organizations and foundations, both in Quebec and internationally.

All the achievements that have been made step-by-step have allowed the CHUM to be a leader today in population health by intervening proactively in all phases of disease and health in general. Each of these achievements has been accompanied by an impact measurement showing the ultimate benefits for the public. The CHUM extends an invitation to join forces to generate economic and social prosperity for the benefit of humankind.

Fabrice Brunet, MD, PhD
President and Chief Executive Officer of the CHUM

www.chumontreal.qc.ca

INN**O**VATE MONTRÉAL

ÊTRE PREMIER DANS LE CŒUR DES GENS.
DEVENIR UN LEADER SOCIO-ÉCONOMIQUE.
ENRICHIR LA VIE DES PERSONNES ET DES COMMUNAUTÉS.

VOILÀ, TOUT À LA FOIS, UNE MISSION NOBLE, HUMAINE ET AMBITIEUSE. OUI, NOUS VISONS HAUT. NOUS L'AVONS TOUJOURS FAIT. ET NOUS LE FERONS TOUJOURS PUISQUE NOTRE HISTOIRE EST MARQUÉE DE PROJETS INNOVATEURS ET SE CONSTRUIT AVEC L'AMBITION D'AIDER NOS MEMBRES ET CLIENT À RÉALISER LEURS RÊVES.

La création même du Mouvement Desjardins en 1900 relève de l'innovation. Notre fondateur, Alphonse Desjardins, a donné naissance à notre institution dans sa propre maison, à Lévis, car il voulait offrir une solution financière aux difficultés socio-économiques de ses compatriotes, malmenés par les prêts usuraires. Il croit que la coopération est le meilleur outil pour améliorer la condition des classes populaires et contribuer à la prospérité de ceux qu'on appelle à l'époque, les Canadiens français. À son décès, sa veuve Dorimène Desjardins poursuit son œuvre. À juste titre, on la reconnaît aujourd'hui comme cofondatrice du Mouvement Desjardins.

Plusieurs fois dans l'histoire, le Mouvement Desjardins a démontré sa grande capacité à innover, pavant la voie dans plusieurs domaines. En effet, alors que Montréal s'ouvre sur le monde en accueillant l'Exposition universelle en 1967, Desjardins offre des services financiers aux visiteurs et est la première institution financière au Canada à expérimenter le télétraitement des données. Puis, dans les années 1970, nous mettons en place le premier système informatique intégré reliant toutes les caisses et en 1985, nous sommes la première institution financière au Canada à implanter les terminaux aux points de vente chez les marchands.

Les innovations se succèdent et AccèsD devient, en 1996, le premier site internet financier transactionnel au Québec. En 2013, nous sommes les pionniers canadiens dans l'offre de courtage en ligne et en 2014, nous sommes les premiers à offrir le paiement mobile. Plus récemment, avec Ajusto, Alerte et Radar, nous démontrons notre capacité à mettre la technologie au service de nos membres et clients en leur permettant d'économiser sur leurs assurances auto et habitation.

En 2016, pour embrasser pleinement la révolution numérique qui transforme toutes les industries, nous avons fondé notre laboratoire d'innovation, le Desjardins Lab. Nous y accompagnons nos équipes internes dans l'exploration d'idées nouvelles pour nos membres et clients et établissons des contacts et collaborations fructueuses avec toute une communauté d'innovateurs externes qui bâtissent le monde de demain.

En plus d'accélérer les cycles d'innovation en mettant en place les conditions pour que les idées puissent éclore, l'équipe de Desjardins Lab est à l'origine du programme Startup en Résidence, qui permet aux jeunes pousses innovantes de trouver l'accompagnement nécessaire pour soutenir leur croissance.

Mais bien au-delà des produits et services financiers, chez Desjardins nous aspirons toujours à contribuer au développement des communautés. Voilà pourquoi nous avons créé en 2016 la plus grande compétition d'innovation ouverte au monde, le Coopérathon. Véritable marathon de coopération, cette compétition a permis la création de dizaines d'entreprises qui placent l'impact social au cœur de leur modèle d'affaires.

C'est ça Desjardins. L'argent au service des gens. L'humain avant le capital. Voilà pourquoi, depuis bientôt 120 ans, sans perdre notre essence si particulière qui nous distingue dans le monde des institutions financières, nous ne cessons de nous réinventer afin d'être premier dans le cœur des gens. Après tout, le meilleur moyen de prédire l'avenir n'est-il pas simplement de le créer?

FEDERICO PUEBLA

DIRECTEUR INNOVATION OUVERTE
OPEN INNOVATION MANAGER

MOUVEMENT DESJARDINS

BECOME EVERYONE'S #1 CHOICE.
BE A SOCIO-ECONOMIC LEADER.
ENRICH THE LIVES OF PEOPLE AND COMMUNITIES.

THERE, ALL AT ONCE – A MISSION THAT IS NOBLE, AMBITIOUS AND FUNDAMENTALLY ABOUT THE PEOPLE. ABSOLUTELY. JUST LIKE WE ALWAYS HAVE AND ALWAYS WILL. DESJARDINS'S HISTORY IS TEAMING WITH INNOVATIVE PROJECTS, DRIVEN BY OUR DESIRE TO HELP OUR MEMBERS AND CLIENTS ACHIEVE THEIR GOALS.

Innovation at Desjardins goes right back to our founding in 1900, when Alphonse Desjardins started a financial institution out of his home in Lévis, Quebec. He wanted to help the members of his community who were being preyed on by loan sharks. He believed that cooperation was the ideal tool to help the working class – who were predominantly French-speaking Canadians – improve their lives and get ahead. Following Alphonse's death, his wife Dorimène stepped in to continue what he started. Today, she gets due recognition as the co-founder of Desjardins Group.

Time and again throughout our history, Desjardins Group has shown its ability to innovate and break new ground. In 1967, Montreal welcomed the world to Expo 67 and Desjardins was there to provide banking services to visitors. We were the first financial institution in Canada to use remote data processing. In the 1970s, we introduced the first integrated computer system linking all Desjardins caisses. In 1985, we were the first financial institution in Canada to set up point-of-sale terminals in stores.

More innovation followed: AccèsD was launched in 1996, becoming Quebec's leading banking site. In 2013, we pioneered online brokerage in Canada and in 2014, we were the first to offer mobile payment. Recently, Ajusto, Alert and Radar have shown how we can harness technology to benefit our members and clients and help them lower the cost of their home and auto insurance.

In 2016, to fully embrace the digital revolution that transforms all industries, we founded our innovation laboratory: the Desjardins Lab. We support internal teams in exploring new ideas for our members and clients and establish connections and collaborate with a whole community of innovators who are building the world of tomorrow.

The team at the Desjardins Lab helps accelerate the cycle of innovation by creating the right conditions for ideas to flourish. They also support our "Startup in Residence" program, which provides innovative new companies with the support and guidance they need to grow.

But at Desjardins, it's not just about financial products and services. We've always strived to support the community. So, in 2016, we created the world's largest open innovation competition: the Cooperathon. A true marathon of cooperation, this competition has spawned dozens of social impact companies.

That's the Desjardins difference. Money working for people. People before profit. For nearly 120 years, we've continually reinvented ourselves to become everyone's #1 choice, never losing sight of what makes us stand out from the competition. After all, the best way to predict the future is to create it yourself.

Desjardins

DESJARDINS.COM

LET'S BUILD THE FUTURE!"

LIDIA DIVRY, CHIEF EXECUTIVE DIRECTOR, CPA-CMA, MBA | TECHNOMONTRÉAL

Greater Montréal, Québec's economic heartland, definitely beats in tune with digital innovation. We have one of the richest tech ecosystems in terms of knowledge, know-how and creativity. A source of great pride for Québec and Canada.

We stand out on the global scene with our worldclass academic institutions and research chairs; ethical approach to AI development; smart city advances; the vision and ingenuity of our technology companies, visual effects and video games; as well as our collaborative and open innovation laboratories.

Greater Montréal's technology industry is an incredible driver of productivity, growth, job creation and foreign investment. In fact, on its own, over the last few years, the industry has reached a growth rate that is twice as high as that of the whole Québec economy. It is comprised of more than 107,500 highly skilled jobs and 5,250 companies, including 400 foreign subsidiaries, that strive daily to move digital transformation forward for our society and businesses, in addition to promoting Greater Montréal as a technology hub.

TechnoMontréal acts as a catalyst, with a mobilizing impact, as it implements strategies to foster high level interaction between companies, investors, universities and research chairs. With its partners, the organization focuses on building essential connections to bridge the gaps among the various players of the industry, and to facilitate innovation, economic learning, the creation of groundbreaking companies, as well as increased international exposure. To invest in Greater Montréal is to benefit from a collaborative network, within a quality work and living environment.

Greater Montréal has all the ingredients required to establish itself on the world stage. The metropolitan area offers a vibrant entrepreneurial ecosystem, workers with state of the art technology training, competitive salaries, in addition to welcoming, energetic living environments. It also provides a growing network for collaboration that encourages the emergence of a shared strategic vision, and an innovative synergy that distinguishes Montréal from other global players.

Le Grand Montréal, cœur économique du Québec, vibre sans contredit au rythme de l'innovation en numérique. Nous possédons l'un des écosystèmes technologiques les plus riches en savoir, en savoir-faire et en créativité. Une grande fierté pour le Québec et le Canada.

Nous nous démarquons sur la scène internationale par nos institutions universitaires et nos chaires de recherche de calibre mondial, par notre approche éthique du développement de l'intelligence artificielle, par nos avancées en matière de villes intelligentes, par la créativité et l'ingéniosité de nos entreprises technologiques et de nos leaders des effets visuels et du jeu vidéo, ainsi que par nos laboratoires de collaboration et d'innovation ouverte.

L'industrie des technologies du Grand Montréal est un moteur incroyable de productivité, de croissance, de création d'emplois et d'attraction d'investissements.

D'ailleurs, à elle seule, au cours des dernières années, l'industrie a connu un taux de croissance deux fois plus rapide que l'économie québécoise dans son ensemble. Ce sont plus de 107 500 emplois hautement qualifiés et 5 250 entreprises, dont 400 filiales étrangères, qui s'affairent au quotidien à propulser la transformation numérique de notre société et de nos entreprises, ainsi qu'à faire rayonner le Grand Montréal comme plaque tournante des technologies.

TechnoMontréal a un rôle de catalyseur, ainsi qu'un impact mobilisateur qui se caractérise par la mise en œuvre de stratégies permettant un fort degré d'interaction entre les entreprises, les investisseurs, les universités et les chaires de recherche. Avec ses partenaires, l'organisation concentre son énergie sur l'établissement de ponts essentiels permettant de combler les écarts entre les joueurs de l'industrie pour favoriser l'innovation, l'apprentissage économique, la création d'entreprises innovantes et une visibilité internationale accrue. Investir dans le Grand Montréal, c'est bénéficier d'un réseau collaboratif et offrir un environnement de travail et de vie de qualité.

Le Grand Montréal possède tous les ingrédients pour prendre sa place sur l'échiquier mondial. La région métropolitaine possède un écosystème entrepreneurial dynamique, des travailleurs formés à la fine pointe des technologies, des salaires concurrentiels, des milieux de vie accueillants et dynamiques. Elle présente également un réseau collaboratif grandissant qui favorise l'émergence d'une vision globale des stratégies de développement, ainsi que la création d'une synergie d'innovation qui distingue Montréal parmi les grands joueurs mondiaux.

techno MONTRÉAL
www.technomontreal.com

OSMO FOUNDATION

ALAN MACINTOSH, PARTNER, REAL VENTURES
CHAIRMAN, OSMO FOUNDATION

The Future Starts Here

An entrepreneurial endeavour of consequence is provocatively described as the pursuit of an opportunity beyond the resources you currently control combined with challenges you have yet to imagine. Ten years ago when the Notman Project was conceived, it had many such hallmarks from the discouraging skeptics and regulatory impediments to funding challenges and unforeseen hurdles. However, Montreal's emerging startup community recognized that in this era of the entrepreneur, establishing a world class ecosystem was fundamental to achieving long term sustainable success starting with a collaborative hub where the entire Montreal technology innovation community could amplify the transfer of knowledge, experience and relationships. The renaissance of an abandoned historic property at the city's most famous crossroads in the city became the audacious Projet Phare for the OSMO Foundation - for the community by the community.

Peer-to-Peer Learning

Ten years on, the pervasive products and services of digital startups are penetrating every sector of the economy, reshaping entire industries and impacting us all. In this constantly evolving environment, universities and colleges are struggling to teach what Josh Lerner of Harvard calls the "technologies of startup production" which include the basic building blocks for digital products and services that have become extremely sophisticated yet cheap and accessible such that they can be easily combined and recombined. However, for an entrepreneur to hit the ground running, it takes a different peer-to-peer learning environment for the relevant knowledge transfer that then allows startups to use state-of-the-art tools and business models to build and innovate on top of such platforms and to power their creativity. Fortunately, today's experienced entrepreneurs embrace the idea of paying it forward: giving and sharing first, getting later. - Ask not what your ecosystem can do for you, ask what you can do for your ecosystem!

A Return on Collisions

OSMO's mission is to drive growth in Quebec's digital economy through the creation of new startups and valuable jobs by bringing the tech community together for productive exchanges, to learn and be inspired to launch bold new initiatives. Integral to the mission is to expand the community locally and globally, across disciplines and age groups, cultural background and language, and including academia and established organizations. With well north of a billion dollars of value creation, OSMO has witnessed the economic impact of the return on collisions (RoC), planned and serendipitous encounters, that happened thanks to the open collaboration permeating Notman House and all its events and activities.

OSMO

Alan McIntosh
LinkedIn: www.linkedin.com/in/alanmacintosh

INNOVATE MONTRÉAL

PROMPT & HACKING HEALTH
LUC SIROIS, EXECUTIVE DIRECTOR, PROMPT; CO-FOUNDER, HACKING HEALTH

Over the past few decades, Montreal has bloomed. Bloomed into an intricate set of innovation ecosystems. A world-class technology hub. An AI beacon. Most importantly, Montreal has blossomed into a creative metropolis, or should we say, into a metropolis of creatives that dare to think, act, and do things differently.

At Prompt, a consortium that forges and funds high-impact industrial R&D partnerships, and at Hacking Health, a grassroots healthcare innovation movement with chapters all over the world, and together with all key actors in the community, we pioneer a new model of collaborative innovation, where frontline actors work with experts to invent tomorrow, where government funds are deployed to empower collaboration in R&D.

We bring together some key ingredients. Research-driven universities. Local businesses. Major global companies. Multiple communities in healthcare, 5G, AI, cybersecurity, UX, telecom, digital media, and more. Frontline users and actors. And spaces for them to work together. With these pieces in place, we multiply people's ability to make their dream a reality.

We are proud members of Technopolys and of Quebec Innove, bringing the best of Montreal to the world. Prompt is part of a flourishing group of 9 sectoral organizations (known as RSRI – Régroupements sectoriels de recherche industrielle – in French) helping businesses and researchers work together, supporting 1,400 graduate students, 414 publications, 67 patents, and 283 technology transfer agreements, and 297 new products, in all key industrial sectors.

Join us, and help us help you make your dreams a success story.

prompt
FUNDING.
TECHNOLOGICAL INNOVATION.
PARTNERSHIPS.

<+> HACKING HEALTH

FUNDING. TECHNOLOGICAL INNOVATION. PARTNERSHIPS.   Breaking down barriers to innovation in healthcare.

"I BELIEVE MONTREAL HAS A STRONG TECHNICAL COMMUNITY THAT HAS THE POTENTIAL TO BE A DOMINANT WORLD PLAYER IN THE ARTIFICIAL INTELLIGENCE ECOSYSTEM FOR YEARS TO COME

HELGE SEETZEN - CEO AND FOUNDER OF TANDEMLAUNCH

I wish I could say that the reason behind TandemLaunch being located in Montreal was a strategic business decision due to an early understanding of the city's technical future, but the truth is that it was just a happy coincidence. My wife has a strong will and she wanted to settle down in Montreal and so we did. Regardless, operating in a technical hub carries a huge advantage especially when growing startups. When I founded TandemLaunch, artificial intelligence was basically unheard of, but it has been interesting to see Montreal bloom into the rich artificial intelligence ecosystem it is today. There are a lot of investment opportunities and Montreal is within close proximity to top universities and major tech players. Thanks to the growing startup ecosystem in Montreal, it has been pleasant and easy to attract talent to come and join TandemLaunch and our existing community. Montreal used to fly under the radar but as of late the city's tech startup ecosystem is starting to create an impact internationally, which drew a lot of attention. In return, big players in the market have opened up offices and research labs right here in Montreal and the impact has been phenomenal. The government is putting its attention into helping entrepreneurs and investors are now looking at Montreal to see what startups are being produced in the city.

Helge Seetzen is the CEO and Founder of TandemLaunch – an organization turning research from the world's best universities into exceptional consumer technology companies. Helge is also an award-winning technologist, entrepreneur, and recognized global authority on technology transfer and display technologies.

His past successes include the transformation of university intellectual property into fully commercialized LED TV technology, including selling his last company – Brightside Technologies – to Dolby Laboratories after landing partnerships with several of the largest consumer electronics companies in the world. Helge holds over 60 patents in the fields of display, camera, and video technology.

At TandemLaunch, we value the cultural diversity of Montreal since we are domain based and not geography specific, meaning that we work with smart people wherever they come from. It's satisfying to know that when we bring foreign entrepreneurs to Canada that they will have some quality of life here and even benefit from some of our cost advantages.

The actual location is also a benefit because we work with people from Europe, South America, and Asia on a regular basis, and North America acts as a great central point to all of these locations. Montreal has a strong technological community which is benefitting in a creative sense and the city carries a lot of engineering capabilities for continuous growth of the ecosystem. I'm proud to say I am helping to shape this growing community and to be a part of it!

TANDEMLAUNCH

www.tandemlaunch.com

JUST FOR LAUGHS.
CIRQUE DU SOLEIL.
VICE MEDIA.

THOSE ARE JUST SOME OF THE NAMES OF GLOBALLY-RECOGNIZED MEDIA & ENTERTAINMENT BRANDS THAT WERE BORN IN MONTREAL.

After graduating in 1999 with a degree in commerce (majoring in finance) from Concordia University's John Molson School of Business in Montreal, I gravitated in 2000 to the world of startups and media, having the privilege of joining an online men's magazine called AskMen, which, for a brief period in the mid-2000s, held the top spot as the largest men's lifestyle publisher online. We reached 5 million people per month and felt the world was ours. We did it all out of a moderately-sized space on Saint Laurent Boulevard… the Main. In 2005, AskMen was acquired by an American business behemoth and in some ways, never truly fulfilled its potential. But that's another story.

Bitten by the entrepreneurial bug, I left in 2006 and launched an incubator called Mojo Supreme. A taco bell burrito this was not. The incubator sought to launch technology and media projects. And we did: we created a search engine, as well as a neat database application with elements of what Groupon and Twitter perfected later. But in the end, unsurprisingly, the project that most organically spawned from the incubator was a video content project called… WatchMojo.

To paraphrase Steve Jobs, in 2006, there were very few crazies or misfits who produced programming for emerging platforms like the Web, let alone mobile devices, or digital out-of-home networks. But we were one such company. In the typical mindset of driven, ambitious, but paranoid entrepreneurs, I felt we were late to the game. Au contraire, we were early! Indeed, WatchMojo registered its URL at the same time YouTube did theirs. Of course they went on to sell to Google eighteen months later for $1.65 billion while my co-founders and I plugged away in the trenches. But through a mix of persistence and hard work, we grew to become the largest YouTube channel in Canada and, at one point, among the ten largest in the world, based on subscribers and views.

Entrepreneurs sometimes discount the ingredients and factors that led to their success. To me, entrepreneurial success boils down to vision, ambition, execution, persistence, luck, timing, and, once you figure it out, focus. But make no mistake about it, with so much creativity in Montreal's DNA, and the rich mix of graduates pouring out of its institutions of higher learning (combined with the city's relatively affordable base), we were given a tremendous competitive advantage that we continue to profit from to this day.

JUSTE POUR RIRE.
CIRQUE DU SOLEIL.
VICE MEDIA.

VOILÀ QUELQUES-UNS DES GRANDS NOMS DU MÉDIA ET DU DIVERTISSEMENT À MONTRÉAL RECONNUS À L'INTERNATIONAL.

Après avoir obtenu en 1999 mon diplôme de commerce spécialisé en finance à l'École de Commerce John Molson de l'Université Concordia, j'ai exercé dans le monde des start-ups et des médias. J'ai eu le privilège de faire partie de l'équipe du magazine en ligne pour hommes AskMen, plus gros éditeur lifestyle pour hommes sur internet pendant un moment au milieu des années 2000. Touchant jusqu'à 5 millions de personnes par mois, le monde semblait être à nous. Et tout ça a été accompli depuis des locaux modestes situés boulevard Saint-Laurent. En 2005, AskMen a été rattaché à

INN○VATE MONTRÉAL

**ASHKAN KARBASFROOSHAN,
FOUNDER & CEO - WATCHMOJO**

un mastodonte économique américain et d'une certaine façon, le magazine n'a jamais dévoilé tout son potentiel. Mais c'est une autre histoire.

Contaminé par la fièvre de l'entreprenariat, je suis parti en 2006 pour créer un incubateur appelé Mojo Supreme. Ce n'était pas une mince affaire. Le but de l'incubateur était de lancer des projets de technologie et de média. C'est ce qu'il s'est passé : nous avons créé un moteur de recherche, ainsi qu'une application pour données Neat qui comprenait des éléments que Groupon ou Twitter amélioreront plus tard. Mais en fin de compte, et sans que ce soit une surprise, le projet de l'incubateur qui a le mieux fonctionner était centré autour du contenu vidéo et s'appelait... WatchMojo.

Pour paraphraser Steve Jobs, en 2006, il y avait encore peu de fous ou de marginaux qui investissait dans des programmes destinés aux plateformes émergentes comme internet, et ne parlons même pas des appareils portables, ou des réseaux virtuels non-domestiques. C'est pourtant ce que nous faisions. Dans le parfait cliché de l'entrepreneur déterminé, ambitieux mais paranoïaque, j'étais persuadé que nous arrivions trop tard. C'était tout le contraire : nous étions en avance ! En effet, WatchMojo a enregistré son adresse internet en même temps que YouTube enregistrait les siennes. Bien sûr,

18 mois plus tard, Google les rachetait pour 1,65 milliard de dollars, pendant qu'avec mes co-fondateurs, nous étions dans les tranchées, à tout donner. Néanmoins, grâce à un mélange de persévérance et de dur labeur, nous sommes devenus la plus grosse chaîne YouTube du Canada, et à un moment donné, la dixième plus grande au monde, en termes de vues et d'abonnés.

Les entrepreneurs ont tendance à minimiser les ingrédients et les facteurs qui les ont mené au succès. Pour moi, il faut avoir une vision, de l'ambition, une bonne exécution, de la persévérance, de la chance, du timing et, une fois que vous avez compris ça, de la concentration. Mais ne vous y trompez pas, grâce à la fibre artistique présente dans l'ADN de Montréal et la grande variété de diplômés qui sortent de ses institutions d'enseignement supérieur (sans négliger le coût de la vie relativement abordable), nous avons bénéficié d'avantages compétitifs immenses, dont nous profitons encore à ce jour.

watchmojo
www.watchmojo.com

AI FOR FIGHTING THE PLAGUE OF DISENGAGEMENT

NARJES BOUFADEN, FOUNDER AND CEO

At the beginning of the new millennium, the Web 2.0 promised a more participatory world where people would have conversations with companies, brands and all sorts of organizations. Social media would allow users to directly impact businesses through sending comments to decision-makers like managers and CEOs. Almost two decades later, the Web is flooded with reviews, tweets and Facebook posts, and businesses are overwhelmed by massive volumes of customer and employee feedback. The anticipated meaningful participation has become a stormy sea of background noise.

The result of this broken promise of participation is not just disenchantment with a technology that failed to deliver, but disengagement from businesses and organizations that didn't take action despite the warnings. The cost has been untold dollars and opportunities lost. For example, consider the plague of employee disengagement. Employees who feel actively disconnected from their employer cost the US economy almost $550 billion per year in lost productivity. Another far-reaching example is millennials who lack any sense of brand loyalty. A recent study conducted by the management consulting firm Gallup concluded that only one in four millennials is fully engaged with a brand, product or company.

To resolve the disengagement that afflicts their bottom line, people-centric businesses have started to grasp the importance of listening attentively to their customers in the hope of understanding exactly what's being said. The last decade has seen the popularization and development of sentiment analysis tools and text analytics techniques that allow businesses to identify relevant issues conveyed in comments and feedback.

Early iterations of these technologies permitted the monitoring of preselected keywords, with the goal of associating feedback related to the keywords with positive or negative emotions. For example, a store manager could preselect the keyword fitting rooms, and then identify and monitor customers' positive and negative feedback related to that word. In this way, the business would keep its finger on the pulse of customer feeling about its fitting rooms, as well as other issues.

But what if we could do more than detect people's emotions based on their feedback? Disengagement isn't a sum total of spur-of-the-moment emotions, rather, it's a mindset that develops in a rich, broad linguistic context. To take advantage of what this context can offer, technologies are required that allow a better understanding of human language. Fortunately, these technologies are at the heart of the rapid evolution of research in artificial intelligence (AI). New algorithms such as deep learning allow natural language understanding (NLU) to go beyond keyword-based analysis to involve context.

This second wave of text analytics technologies doesn't rely on preselected keywords, which by their nature can't be all-inclusive and limit what businesses can understand. Instead, it comprehensively – and accurately – captures all the meanings in customer feedback, including people's questions and recommendations for improvement. By going further than monitoring positive and negative sentiments, AI solutions, through truly identifying what people are saying, attack the early symptoms of disengagement and provide the possibility of a cure.

To return to the example of the store manager: while a keyword-based solution could alert the manager to potential issues with the company's fitting rooms, the actual issue – that customers are unhappy about the level of cleanliness – could easily go undetected. The second wave of AI-powered text analytics will precisely inform the manager about the problem with cleanliness, who will then take corrective measures to forestall customer discontent that could lead to a loss of trust in the store. Discontent and crumbling trust is how disengagement begins.

Disengagement affects the lives of all of us in numerous ways. An obvious example is the catastrophic consequences of political disengagement in democracies around the globe. But we're approaching the next decade with technologies that will make real conversations possible and keep alive the promise of a more participatory world. With the tools to develop a clear picture of what people are saying, those in power will be able to listen, learn and respond appropriately. It's now in the hands of decision-makers to effectively fight the plague of disengagement.

"Keatext

www.keatext.ai

INNOVATE MONTRÉAL

THALES
CHRISTOPHE MURATET
DIRECTOR OF INNOVATION AND DESIGN FOR THALES IN NORTH AMERICA

The world around us is changing fast. Today's global business climate is driving organizations to review, renew and refocus their strategies and the way they approach the marketplace in a 24/7 connected world. Promising technology is not enough. Organizations have less maneuverability now that global competitors entered their geographical marketplace – digitally.

Thales recognized the shifting landscape along with the simultaneous realignment of digital transformations around the world. In October 2017, Thales announced the creation of the Centre of Research and Technology in Artificial Intelligence eXpertise (cortAIx), in Montreal. It is another building block of the company's digital strategy, and one of the key initiatives to empower our customers with decisive technologies to master all of their decisive moments – from the bottom of oceans, to the depths of space and cyberspace.

Focusing on Lean Startup, Business Model Design, Customer Development and Design Thinking, cortAIx enables organizations to approach problem-solving in ways thought impossible just years ago. By leveraging the combined expertise of MILA, IVADO, CENTECH and the rich Artificial Intelligence ecosystem consisting of individual talents and startups, Montréal is the ideal location to develop and launch cortAIx. Thales will capitalize and utilize these diverse and innovative communities by working together toward a sustainable, human-centric digital transformation future.

Christophe Muratet is Director of Innovation and Design for Thales in North America. He is a digital strategist who partners with global corporations to develop and sustain innovation strategies in a B2B environment. He has developed new products and business models that helped expand the core product portfolio of established business units around the world in several industries: aerospace, defence and transportation. In addition to his engineering and innovation experience, Christophe is a certified scrum professional, an award-winning technologist and an advisor on several boards, including UMRsu and NOOVO. He holds a MEng in Computer Systems and Software Engineering from the University of Versailles, France; and professional certifications in Platform Strategy for Business from Boston University, and Knowledge Management and Big Data in Business from Hong Kong Polytechnic University.

THALES

Thales Canada Inc.
www.thalesgroup.com/en/americas/canada

INNOVATE MONTRÉAL

HERDING CATS & CODERS

This is not a book for programmers. This book is for those who have to work with programmers and programming teams to get software built for their businesses.

Most people responsible for software projects are CEOs, marketing directors, project managers, and entrepreneurs. Not being on the same page as your development team leads to poor products, cost overruns, and project failures. "Herding Cats and Coders" will put you on the same page as the techies. This is the perfect book for a non-technical manager, whether working with an outside developer, a development team, or an agency. And to avoid boring you to death by turning this book into a dry, technical treatise, I've kept things lighthearted – and irreverent at times.

If you are a non-technical user or manager who either works with developers or plans on engaging with software engineers to build something, "Herding Cats and Coders" will help you succeed.

in gregrossmunro
🐦 gregdrm

Get it on Amazon today!

INNOVATE MONTRÉAL

DISRUPTING THE GLOBAL BOOK BUSINESS
FOUNDER/CEO, INTERNATIONAL GROUP PUBLISHER - GLOBALVILLAGE.WORLD

How is the commercial book publishing world being disrupted?
Some clients joke with us that we are bringing back a dying art form as books are cool again. The business model however has changed completely, gone are the days of pay to play by selling advertorials or advertising. A great book on an ecosystem or industry needs to be authentic and all encompassing of all the major players sharing their story, not just whoever paid to be in there. To finance that we moved to a crowd funded book buying model where the market and the participants buy the books in bulk to use as gifts to clients, visitors, investors and employees. You also need to add technology to the printed book by embedding augmented reality videos into its pages, we do that by hiding QR codes behind the images that a mobile phone can read to activate a video. The books also need to be available online as ebooks, a blog and ultimately a forum where all the participants can communicate with each other.

How do you set up your business in new cities and countries?
We look for skilled marketing professionals in each city that know their community well and form 50/50 partnerships with them where they collect the stories and we design and print the book. We are a fast growing tribe of fun and energetic publishing entrepreneurs, partners and friends. We all share a passion for innovation, beautiful places and cultures that we want to embrace, share and showcase with the rest of the world. We are always looking for marketing entrepreneurs to join our team, please reach out to me on LinkedIn or info@globalvillage.world.

How do you set up a global business quickly?
My advice is to set up a small branch in Dubai and spend some time there if you have the means to do that. Dubai even more so than Singapore is the crossroads of the world for many reasons. The top three reasons being, Dubai has more than a million business savvy expats living there from 120 different countries. When you network in Dubai you network with the world. Going Global means you have to fly constantly. When it comes to flying, the world is flat and Dubai is in the middle, you can reach more than 80% of the globe with a direct flight. That is a big deal when you add up cost, time and jet lag. Last but not least, Dubai is a tax-free country with no business or personal taxes. That being said you cannot beat the lifestyle of Tampa Bay so the head office will always remain right here.

Sven Boermeester *is a global publishing entrepreneur with a career that spans over 20 years with stops in more than 100 countries. He was Born in Antwerp, Belgium and grew up in South Africa. After completing his business studies in Cape Town, he opened his first media company and started publishing the trade and industry directories for South Africa followed by the launch of the "Best of" the World publishing series in Dubai. Fast forward 20 years and 183 'Best of' editions across 60 countries, Sven now lives in Tampa, Florida with his wife and young son. He is working on disrupting the publishing business by mapping out the Innovation ecosystems of every major city in the U.S. and around the world, through his latest Innovation books and augmented reality video series.*

GLOBAL VILLAGE.WORLD
CONNECTING MINDS - BUILDING COMMUNITIES

Email: info@globalvillage.world
sven-boermeester-8605823
www.GlobalVillage.world
www.InnovationsOfTheWorld.com

INN**O**VATE MONTRÉAL

INNOVATE MONTRÉAL

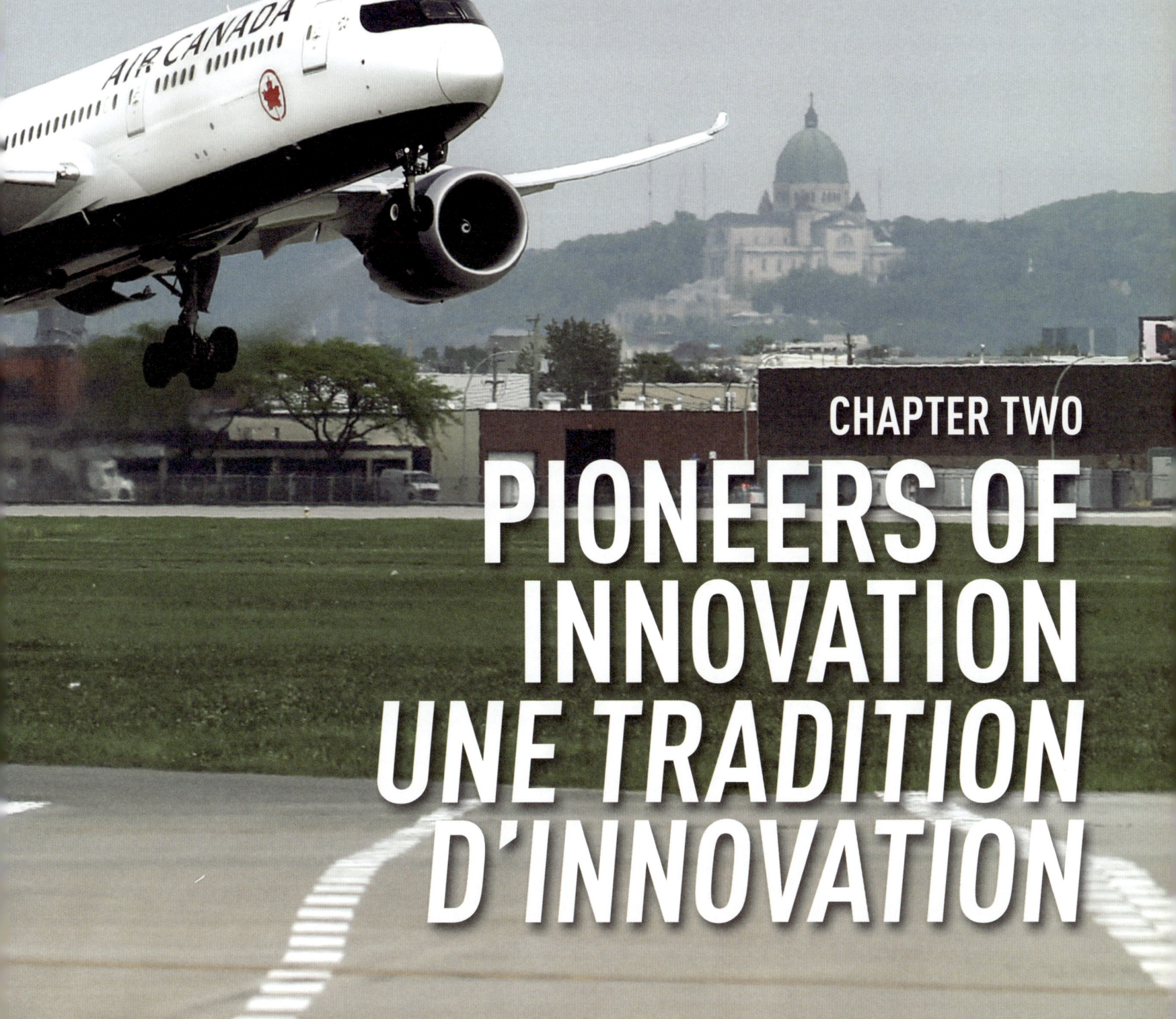

CHAPTER TWO
PIONEERS OF INNOVATION
UNE TRADITION D'INNOVATION

AIR CANADA
A TRADITION OF INNOVATION
UNE TRADITION D'INNOVATION

Air Canada has been transporting passengers around the world for 80 years, and our history as innovators dates back just as long.

In fact, you could say Air Canada is an 80-year-old startup, based on the rate of consistent innovation at the airline.

And many of the firsts Air Canada helped spearhead are now industry standards that improve the lives of our passengers and crews and ensure safety while in flight.

"Transformation best describes our journey, our culture and our future," says Air Canada CEO Calin Rovinescu. "We are in the middle of a major transformation with our reservation system – which I often compare to the intricacies of open-heart surgery and a lung transplant. And next year we will roll out our new loyalty program, which we believe will be among the best in the world. Just as important is our work on ensuring we are 'Big Data' ready so we can take advantage of the technologies of the future and become the Artificial Intelligence (AI) employer of choice in Canada. Our plan is to be one of the most proactive and ambitious participants in Big Data and AI adoption in Canada."

The culture of constant innovation at Air Canada (known as Trans-Canada Air Lines until 1965) dates back to its founding, to the days of unpressurized aircraft when, in 1939, we were one of the first to have the entire fleet of unpressurized aircraft equipped with fixed oxygen systems for use by flight crew and passengers.

Also in 1939, Air Canada was the first airline to equip its fleet - beginning with the Lockheed 1408 and 1808 aircraft - with alcohol de-icing nozzles ahead of the windscreen to obtain de-icing coverage of the complete windscreen.

In April 1, 1960, Air Canada was the first airline to use the jet engine in civil operation with the introduction of DC-8 service on the transcontinental Montreal-Vancouver route.

Then in 1965, we helped develop the multi-channel flight recorder – or the black box. Working with Royston Instruments, this game-changing black box was installed on Air Canada's DC-8 and Vanguard aircraft.

Air Canada has also been a pioneer for the use of computer systems and the Internet for its business.

In 1963, we introduced the world's first computerized reservations system, and in 2019 and 2020, Air Canada will be rolling out an entirely new reservation system that will revolutionize the way our airline operates.

Other notable technology related firsts include becoming the first airline in Canada to introduce e-tickets in 1995, the introduction of self-service Express Check-in Kiosks in 1999, and in 2009, Air Canada became the first North American airline to release mobile applications for Apple and Blackberry devices. This technology allowed travellers to retrieve electronic boarding passes, track flight information in real-time, receive notification of itinerary changes and more.

Air Canada is also innovating to become a greener airline. Not only does our fleet modernization plan provide more efficient aircraft, we are also taking part in the Biofuel Supply Chain Initiative, and we were the first airline in the world to voluntarily join the World Bank's IMF Carbon Pricing Leadership Coalition. In recognition of these and other efforts, we were named the 2018 Eco-Airline of the Year at the Air Transport World (ATW) 44th Annual Airline Industry Achievement Awards. All these firsts have helped Air Canada become one of

INNOVATE MONTRÉAL

A220-300

First Airbus A320 Welcomed to the fleet in 1990
Le premier Airbus A320, livré à Air Canada en 1990

Air Canada transporte des passagers partout dans le monde depuis 80 ans et elle fait preuve d'innovation depuis tout aussi longtemps.

En fait, nous apportons des innovations avec une telle constance que nous pouvons dire que nous sommes une jeune entreprise de 80 ans!

Et bon nombre des premières auxquelles nous avons contribué constituent aujourd'hui des normes de l'industrie qui améliorent la vie de nos passagers et de nos équipages, tout en assurant la sécurité des vols.

« Ce qui décrit le mieux notre parcours, notre culture et notre avenir, c'est la transformation, souligne Calin Rovinescu, chef de la direction d'Air Canada. Nous procédons actuellement à une profonde transformation de notre système de réservations, dont je compare souvent la complexité à une chirurgie à cœur ouvert ou à une transplantation pulmonaire. Et l'an prochain, nous lancerons notre nouveau programme de fidélisation, qui, selon nous, sera l'un des meilleurs du monde. Par ailleurs, et cela est tout aussi important, nous déployons des efforts afin d'être en mesure d'utiliser les mégadonnées pour tirer profit des technologies d'avenir et devenir un employeur de choix au Canada dans le domaine de l'intelligence artificielle. Notre objectif est de compter parmi les acteurs les plus proactifs et les plus ambitieux dans l'utilisation des mégadonnées et l'adoption de l'intelligence artificielle au Canada. »

La culture d'innovation constante qui règne à Air Canada (connue sous les appellations Lignes aériennes Trans-Canada et TCA jusqu'en 1965) remonte à la création de l'entreprise, à une époque où les appareils n'étaient pas pressurisés. En effet, en 1939, nous avons été l'une des premières sociétés aériennes à équiper tous ses avions non pressurisés d'un circuit d'oxygène fixe, à l'usage du personnel navigant et des passagers.

Également en 1939, Air Canada a été la première société aérienne à doter son parc complet, à commencer par les Lockheed 1408 et 1808, de buses pour le dégivrage à l'alcool du pare-brise entier.

Le 1er avril 1960, nous avons été le premier transporteur aérien à utiliser le turboréacteur dans l'aviation civile, en mettant en service le DC-8 sur la ligne transcontinentale Montréal–Vancouver.

Puis, en 1965, nous avons contribué à la mise au point de l'enregistreur de vol multicanal, surnommé « boîte noire ». Conçu de concert avec Royston Instruments, ce dispositif révolutionnaire a été installé dans nos appareils DC-8 et Vanguard.

En outre, nous avons fait figure de pionniers en recourant aux systèmes informatiques et à Internet dans notre exploitation.

En 1963, nous avons lancé le premier système informatisé de réservations au monde et, en 2019 et en 2020, nous mettrons en œuvre un tout nouveau système de réservations qui changera du tout au tout la façon dont nous menons nos activités.

Boeing 777-300ER

Lockheed 1808

the world's leading airlines, recognized by Skytrax in 2018 as the Best Airline in North America for the second consecutive year and seventh time in nine years.

Key to Air Canada's success as an innovator is the company's deliberate strategy to recruit diverse talent that brings new ideas and perspectives to the organization. Our commitment to diversity has earned AC the distinction of being named one of Canada's Best Diversity Employers for 2018, recognizing our Diversity Committees, Women in Aviation speaker series and Women of Air Canada Maintenance (ACM) program. In addition, the airline is also recognized as one of Canada's top 100 employers in 2019, for the sixth consecutive year.

We pride ourselves on taking care of our customers, but also their furry friends. Air Canada is the first airline in the world to be certified by the International Air Transport Association (IATA) for CEIV Live Animals transportation, meaning we operate to the highest standards when it comes to transporting animals.

With our modern fleet, including the Boeing 787 Dreamliner, Boeing 777 and Airbus A330, our passengers travel in style nearly everywhere they go. And in 2020, we will become the first Canadian airline to operate the Airbus A220-300 (known as the Bombardier CSeries when we announced our purchase), which will further enhance our customer offering through a modern narrow-body aircraft with a state-of-the-art interior while also being more fuel efficient than the aircraft it will replace.

De-icing Feb 1962
Le dégivrage en février 1962

Reservec 1963

Reservec 1963

Nous sommes à l'origine d'autres premières technologiques dignes de mention, notamment : premier transporteur aérien du Canada à mettre en place la billetterie électronique (1995); lancement de la borne libre-service Enregistrement Express (1999); et première société aérienne en Amérique du Nord à proposer une application mobile pour les appareils Apple et BlackBerry (2009). Cette technologie a permis aux voyageurs de récupérer des cartes d'accès à bord électroniques, d'obtenir des renseignements sur leurs vols en temps réel, de recevoir des avis de modification d'itinéraire, et plus encore.

Nous innovons aussi en vue de devenir une société aérienne plus écologique. Non seulement notre plan de modernisation du parc aérien nous permet d'accroître l'efficacité de nos appareils, mais nous participons également à l'Initiative canadienne de la chaîne d'approvisionnement de biocarburant, et nous avons été le premier transporteur du monde à se joindre librement à la Coalition pour le leadership en matière de tarification du carbone de la Banque mondiale et du FMI. En reconnaissance de ces efforts et d'autres encore, nous avons été proclamés transporteur écologique de l'année pour 2018 par Air Transport World (ATW) à la 44e cérémonie des Annual Airline Industry Achievement Awards. Toutes ces premières ont contribué à faire de nous l'une des plus grandes sociétés aériennes du monde, désignée par Skytrax en 2018 meilleur transporteur aérien en Amérique du Nord pour une deuxième année de suite et une septième fois en neuf ans.

Notre stratégie réfléchie consistant à recruter des talents diversifiés qui nous apportent de nouvelles idées et perspectives est essentielle à notre succès en tant qu'entreprise innovatrice. Notre engagement à l'égard de la diversité nous a valu d'être désignés l'un des employeurs du Canada les plus favorables à la diversité pour 2018, en regard de nos comités sur la diversité, de notre série de conférences Femmes de l'air et de notre programme Femmes de Maintenance Air Canada. De plus, en 2019, nous avons été inscrits au Palmarès des 100 meilleurs employeurs du Canada une sixième fois d'affilée.

Nous sommes fiers de prendre soin de nos clients, mais aussi de leurs amis à fourrure. Nous sommes le premier transporteur aérien du monde à obtenir la certification CEIV pour animaux vivants de l'Association du transport aérien international (IATA), ce qui signifie que nous respectons les plus hautes normes en matière de transport d'animaux.

Grâce à notre parc aérien moderne, qui comprend des 787 Dreamliner de Boeing, des 777 de Boeing et des A330 d'Airbus, nos passagers voyagent avec style presque partout où ils vont. Par ailleurs, en 2020, nous deviendrons la première société aérienne canadienne à exploiter l'A220-300 d'Airbus (connu sous le nom de C Series de Bombardier lorsque nous en avons annoncé l'achat). Doté d'un aménagement cabine de pointe et s'avérant moins énergivore que l'appareil qu'il remplace, ce monocouloir moderne nous permettra d'améliorer encore plus notre offre client.

« Nous achevons bientôt de transformer notre parc aérien en l'un des plus récents et des plus modernes en Amérique du Nord. L'A220 renforcera et optimisera notre réseau nord-américain et nous donnera un avantage concurrentiel marqué sur le marché », fait valoir M. Rovinescu.

En 2018, nous avons aidé plus de 50 millions de passagers à parcourir le monde pour vivre des expériences et créer des souvenirs impérissables. Et par l'intermédiaire de Vacances Air Canada, nous concevons des expériences exclusives pour les vacanciers à la recherche de voyages passionnants au Canada et à l'étranger.

Si les clients sont à même de constater ce soin et cette classe chaque fois qu'ils font une réservation et voyagent avec nous, nous continuons de travailler sans relâche en coulisse à la prochaine innovation.

Les nouvelles solutions en matière de réservation et de fidélisation seront mises en œuvre en 2019 et en 2020. Une équipe de professionnels dévoués est affectée à ces systèmes et à ces processus opérationnels complexes et s'attache assidûment à redéfinir nos méthodes

The first self-service kiosks | *Les premières bornes en libre-service*

"We are nearing the completion of the transformation of our fleet into one of the youngest and most modern fleets in North America. The A220s (formerly known as the Bombardier C-Series) will help strengthen and optimize our network within North America, and will give us a distinct competitive edge in the marketplace," Mr. Rovinescu says.

In 2018, we helped more than 50 million passengers travel the world for experiences and memories that will last a lifetime. And through Air Canada Vacations, we create exclusive experiences for vacationers looking for exciting trips in Canada and abroad.

While customers see this care and class every time they book and fly with us, Air Canada continues to work diligently behind the scenes on the next innovation.

The new reservation and loyalty solutions will be rolled out in 2019 and 2020. These complex operations systems and processes have a team of dedicated professionals working diligently to modernize the way we work. The transition will be seamless for our passengers, but many of our employees will also benefit from more efficient work tools, which will better the customer experience.

Air Canada is also working on artificial intelligence programs that will make us a more efficient airline and improve customer experience. For example, some of the artificial intelligence initiatives involve better weather impact simulation, which will assist our Systems Operations Control centre in managing the day-to-day operations and empower them to be more proactive in terms of rescheduling flights when bad weather is on the way.

Air Canada is also a member of the Innovation Superclusters Initiative through SCALE AI in Montreal. This supercluster is dedicated to building the next-generation of supply chain management and improving performance for Canadian businesses through the use of artificial intelligence technologies.

Air Canada believes artificial intelligence must become a core capability of the airline and we are striving to become a global leader for AI within the airline industry.

A Black Box | *Une boîte noire*

In 2019, Air Canada Cargo will begin to leverage artificial intelligence to optimize capacity management and ensure all customer's cargo is delivered safely and securely. The new system will allow our cargo division to better optimize how it packs pallets that are loaded onto aircraft, as well as automate the invoicing and auditing functions of the business.

Several other projects are under consideration at Air Canada, from optimizing baggage handling to, providing better prediction for flight delays, all with the end goal of providing an outstanding customer experience.

de travail. Nos passagers ne remarqueront pas la transition, sauf que bon nombre de nos employés profiteront d'outils plus efficaces, ce qui améliorera l'expérience client.

Par ailleurs, nous travaillons à des programmes d'intelligence artificielle qui feront de nous une société aérienne plus efficace et offrant une meilleure expérience client. Par exemple, certaines initiatives liées à l'intelligence artificielle permettront de mieux simuler les répercussions des conditions météorologiques. Ainsi, notre Centre de contrôle de l'exploitation réseau sera outillé pour gérer les activités quotidiennes de façon plus proactive, en remaniant les horaires lorsque du mauvais temps s'annonce.

De plus, nous faisons partie de l'Initiative des supergrappes d'innovation dans le cadre du consortium SCALE AI à Montréal. Cette supergrappe se consacre à bâtir la prochaine génération de chaîne d'approvisionnement et à améliorer la performance des entreprises canadiennes par l'utilisation de technologies fondées sur l'intelligence artificielle.

Nous croyons que l'intelligence artificielle devra constituer l'une de nos capacités fondamentales et nous nous appliquons à devenir un chef de file mondial dans ce domaine au sein de l'industrie du transport aérien.

En 2019, Air Canada Cargo commencera à tirer parti de l'intelligence artificielle pour optimiser la gestion de la capacité et garantir une livraison en toute sécurité des marchandises de sa clientèle. Avec ce nouveau système, notre division de fret optimisera la préparation des palettes chargées à bord des appareils et automatisera ses fonctions de facturation et de vérification.

Plusieurs autres projets sont à l'étude à Air Canada, qu'il s'agisse de l'optimisation du traitement des bagages ou de l'amélioration des prévisions liées aux retards de vols – tout cela, en vue d'offrir une expérience client exceptionnelle.

iPhone mobile check-in
Enregistrement mobile

INNOVATE MONTRÉAL

TM
TECHNOPARC
MONTRÉAL

INN O VATE MONTRÉAL

CHAPTER THREE
INNOVATION ECOSYSTEMS

INNOVATE MONTRÉAL

TECHNOPARC MONTRÉAL

Technoparc Montréal's official mission is to offer real estate solutions and environments that facilitates technological innovation, collaboration and success in order to expand the development of the Saint-Laurent Campus, the Quartier de la santé and the Éco-Campus Hubert Reeves.

A major player of economic growth since its foundation in 1987, Technoparc Montréal has made its mark on the development of the Quebec and Canadian economic fabric, thanks to its steady foothold in competitive clusters and in life sciences, aerospace and technology sectors.

Based on an approach combining economic development, sectoral synergy and collaborative practice, Technoparc Montréal has been able to strategically develop promotional, expansion and consolidation strategies that have contributed to its current growth.

Driven by the visionary impetus of its founder and its five successive CEOs, the site nowadays can be recognized as the most prestigious science park in Canada. A science and technology park with an international scope recognized as a promoter of the knowledge-based economy, a catalyst for innovation, a new businesses incubator and a real estate infrastructure manager, Technoparc Montréal has become a genuine symbol of Montreal's technological influence on the world stage.

The presence of many world-class, innovative groups also highlights the reputation of the science park abroad, and strengthens at the same time its attractiveness to future investors. In addition, the business model of Technoparc Montréal continues to attract the admiration and esteem of its international partners.

Technoparc Montréal was born initially in 1984 out of an idea of combining the knowledge, influence and network of a working group made up of representatives from the academic, government and private sectors. A year later, the group's first release "Investir plus sagement" advocated creating a

INN○VATE MONTRÉAL

La mission officielle de Technoparc Montréal est d'offrir des solutions et des environnements immobiliers qui facilitent l'innovation technologique, la collaboration et le succès afin d'accroître le développement du Campus Saint-Laurent, du Quartier de la santé et de l'Éco-Campus Hubert Reeves.

Un acteur majeur de la croissance économique depuis sa fondation en 1987, Technoparc Montréal a marqué le développement du tissu économique québécois et canadien grâce à son ancrage constant dans les pôles et secteurs des sciences de la vie, de l'aéronautique et des technologies.

Fondé sur une approche combinant développement économique, synergie sectorielle et pratiques collaboratives, Technoparc Montréal a su développer de manière stratégique des stratégies de promotion, d'expansion et de consolidation qui ont contribué à sa croissance actuelle.

Porté par l'élan visionnaire de son fondateur et de ses cinq PDG successifs, le site peut aujourd'hui être reconnu comme le parc scientifique le plus prestigieux au Canada. Un parc scientifique et technologique d'envergure internationale reconnu comme promoteur de l'économie du savoir, catalyseur de l'innovation, pépinière d'entreprises et gestionnaire d'infrastructures immobilières, Technoparc Montréal est devenu un véritable symbole de l'influence technologique montréalaise sur l'échiquier mondial.

La présence de nombreux groupes innovants de classe mondiale souligne également la réputation du parc scientifique à l'étranger et renforce en même temps son attrait pour les futurs investisseurs. De plus, le modèle d'affaires de Technoparc Montréal continue de susciter l'admiration et l'estime de ses partenaires internationaux.

Technoparc Montréal est né en 1984 de l'idée de combiner les connaissances,

INNOVATE MONTRÉAL

technological park in Montreal, a project primarily inspired by world-acclaimed American technopole centers such as Silicon Valley, Route 128 or Research Triangle Park.

The history of Technoparc Montréal can be marked by five distinctive stages, each with their own successes and challenges.

These stages are:
- The initial stage (1987-1993): regrouping all forces and commit to a development plan.
- The first take-off (1994-2003): greeting of first companies and witness a boom in jobs created.
- The period of consolidation (2004-2009): diversifying real estate and building a quality of life.
- The relaunching phase (2010-2013): more companies move in and new cluster concepts emerge.
- The second take-off (since 2014): new head offices and futuristic outlook.

As its 30th anniversary was celebrated in 2017, Technoparc Montréal's next stage is marked by its strong will to generate a desirable environment for the development of the industry 4.0. Many resident companies have already initiated the essential steps and the site has seen more companies moving in, creating a new evolution in the business development for Montréal and Canada.

Ready for the changes and evolution of the market and industries, Technoparc Montréal has applied rigorously its strategic plan based on 4 main axes: social and demographic tendencies, industrial tendencies, real estate tendencies and tendencies inside companies. The future of the science and technology park is definitely promising.

Technoparc is located in the west-island section of Montréal, at the crossing of two major highways connecting east to west and north to south, a few minutes away from the international airport and about 20 kilometers from downtown. It is in the second largest employment zone in Québec with 350,000 workers, right after the downtown Montréal area and provides a great resource of specifically trained employees for the area. Technoparc is home to some well-known multinational names such as Bombardier, ABB, Genetec, Hewlett Packard Enterprise, Thales, Bristol-Myers Squibb and GC Biotherapeutics, to name a few. More than 116 companies are present, employing over 7,200 people.

The location of where the companies are installed in the site is methodical and well planned, following a micro-cluster approach, which attracts companies of a similar nature to be grouped together. The Technoparc is very specific and branded: being a scientific and technology park, a minimum of 25% of a company's employees must be dedicated to research to be a good fit amidst all the other high value, innovative companies that are now doing business in the heart of the site.

Several high-end industries are present on the site and of these industries, aerospace is a large component which accounted in 2017 for 39% of all jobs. Information Technology (IT) made up about 29%, life sciences were about 15%, miscellaneous technologies were 13% and diverse services occupied the rest.

During the last couple of years, there has been a major expansion taking place at the Technoparc with almost half a billion dollars investment into new installations for three large companies that will create in the end about a thousand more jobs on the site. ABB, a world leader in power and automation technologies chose to establish its Canadian headquarters at the Technoparc. Also, another significant development was the construction of the North

l'influence et le réseau d'un groupe de travail composé de représentants des secteurs universitaire, gouvernemental et privé. Un an plus tard, la première publication du groupe, «Investir plus sagement», préconisait la création d'un parc technologique à Montréal, un projet principalement inspiré par des centres de technopoles américains de renommée mondiale tels que Silicon Valley, Route 128 ou Research Triangle Park.

L'histoire de Technoparc Montréal peut être marquée par cinq étapes distinctes, chacune avec ses propres succès et défis. Ces étapes sont:
- La phase initiale (1987-1993): regrouper toutes les forces et s'engager dans un plan de développement.
- Le premier décollage (1994-2003): accueil des premières entreprises et essor rapide des emplois créés.
- La période de consolidation (2004-2009): diversification de l'immobilier et création d'une qualité de vie sur le site.
- La phase de relance (2010-2013): plus d'entreprises s'installent et de nouveaux concepts de grappes apparaissent.
- Le deuxième décollage (depuis 2014): nouveaux sièges sociaux et perspectives futuristes.

Alors que son 30e anniversaire a été célébré en 2017, la prochaine étape de Technoparc Montréal est marquée par sa forte volonté de créer un environnement propice au développement de l'industrie 4.0. De nombreuses entreprises résidentes ont déjà entamé les étapes essentielles et le site a vu s'implanter de nouvelles entreprises, créant ainsi une nouvelle évolution dans le développement des affaires pour Montréal et le Canada. Préparé aux mutations et à l'évolution du marché et des industries, Technoparc Montréal a appliqué de manière rigoureuse son plan stratégique basé sur 4 axes principaux: tendances sociales et démographiques, tendances industrielles, tendances immobilières et tendances au sein des entreprises. L'avenir du parc scientifique et technologique est définitivement prometteur.

Le Technoparc de Montréal est situé dans la partie ouest de l'île de Montréal, au croisement de deux autoroutes majeures reliant est en ouest et nord au sud, à quelques minutes de l'aéroport international et à environ 20 kilomètres du centre-ville. C'est la deuxième plus grande zone d'emploi au Québec avec 350 000 travailleurs, juste après le centre-ville de Montréal, et constitue une excellente ressource d'employés spécialement formés pour la région. Le Technoparc de Montréal héberge des multinationales bien connues telles que Bombardier, ABB, Genetec, Hewlett Packard Enterprise, Thales, Bristol-Myers Squibb et GC Biothérapeutiques, pour n'en citer que quelques-unes. Plus de 116 entreprises sont présentes, employant près de 7 200 personnes.

Le lieu d'implantation des entreprises sur le site est méthodique et bien planifié, suivant une approche en micro-grappes, qui permet de regrouper des entreprises de nature similaire. Le Technoparc de Montréal est très spécifique et doté d'une image de marque: en tant que parc scientifique et technologique, au moins 25% des employés d'une entreprise doivent être dédiés à la recherche pour s'intégrer parfaitement à toutes les autres entreprises innovantes qui exercent actuellement dans le cœur du site.

Plusieurs industries de hautes technologies sont présentes sur le site et parmi celles-ci l'aéronautique est une composante importante qui représentait en 2017 39% de tous les emplois. Les technologies de l'information (TI) représentaient 29%, les sciences de la vie 15%, les technologies diverses 13% et divers services occupaient le reste.

Au cours des deux dernières années, le Technoparc de Montréal a connu une expansion majeure avec près d'un demi-milliard de dollars d'investis dans de nouvelles installations pour trois grandes entreprises, ce qui créera finalement environ mille emplois supplémentaires sur le site. ABB, un chef de file mondial des technologies de l'énergie et de l'automation, a choisi d'établir son siège social canadien au Technoparc de Montréal. Par ailleurs, la construction du siège social nord-américain

American headquarters for South Korea's GC Biotherapeutics. The project, whose infrastructures include a research centre and a blood plasma fractionation facility, is the largest life science investment in Canada in the last ten years. The arrival of ABB and GC Biotherapeutics enhances the status of Montréal and Quebec as a leader in the life sciences and technology sectors and once again attests to Technoparc Montréal's capacity to attract international businesses. Also, Technoparc Montréal welcomed the new data center for the company Vidéotron/4Degrés. Representing an investment of more than $40 million, the data centre is a 43,000 sq ft building with an available load of 16 megawatts. It serves to meet the ever-growing data processing and management needs of today's businesses.

An e-logistics zone is located on the western side of the Technoparc, where there are some larger facilities that can accommodate shipping. Technoparc Montréal is looking now at targeting more companies in e-commerce to get them into this e-logistics zone.

To attract SMEs and startups that evolve in the four main industries of the site, Technoparc Montréal has opened two innovation centers with variable and flexible working spaces available. It transformed the physical spaces of the centers to offer co-working spaces, open space offices, closed offices, team offices and laboratories. More than 40 companies have moved in and both centers are filled to their full capacities. Also, the resident company NEOMED Institute recuperated a facility that belonged to a life sciences multinational to create an innovation center open to smaller size research companies. Not only do the new occupants benefit from a cluster-type environment with enormous networking possibilities, but they can also share high-end sophisticated laboratories and analysis instruments at a fraction of the cost they would have incurred if they had to invest in such installations alone. Rapidly, NEOMED Institute's building was filled, thus enabling them to plan an extension whose construction will

de la sud-coréenne GC Biothérapeutiques est un autre fait marquant. Le projet, dont les infrastructures comprennent un centre de recherche et une installation de fractionnement du plasma sanguin, représente le plus important investissement en sciences de la vie au Canada au cours des dix dernières années. L'arrivée d'ABB et de GC Biothérapeutiques renforce le statut de chef de file des secteurs des sciences de la vie et des technologies de Montréal et du Québec et témoigne une nouvelle fois de la capacité de Technoparc Montréal à attirer des entreprises internationales. De plus, le Technoparc de Montréal a accueilli le nouveau centre de données de la société Vidéotron / 4Degrés. Représentant un investissement de plus de 40 millions de dollars, le centre de données est un bâtiment de 43 000 pieds carrés avec une charge disponible de 16 mégawatts. Il répond aux besoins de plus en plus importants des entreprises d'aujourd'hui en matière de traitement et de gestion des données.

Une zone de e-logistique est située du côté ouest du Technoparc, où se trouvent de plus grandes installations pouvant accommoder des activités de livraisons. Technoparc Montréal envisage maintenant de cibler davantage d'entreprises du commerce électronique pour les amener dans cette zone de e-logistique.

Pour attirer les PME et les jeunes entreprises qui évoluent dans les quatre principales industries du site, Technoparc Montréal a ouvert deux centres d'innovation offrant des espaces de travail variables et flexibles. La société a transformé les espaces physiques des centres en offrant des espaces de cotravail, des bureaux ouverts, des bureaux fermés, des bureaux d'équipe et des laboratoires. Plus de 40 entreprises ont emménagé et les deux centres affichent complet. Aussi, l'Institut NÉOMED, résident du Technoparc de Montréal, a récupéré un établissement appartenant auparavant à une multinationale en sciences de la vie afin de créer un centre d'innovation ouvert aux entreprises de recherche de plus petite taille. Les nouveaux occupants bénéficient non seulement d'un environnement de type « grappe » avec d'énormes possibilités de mise en réseau, mais ils peuvent également partager des laboratoires et des instruments d'analyse sophistiqués à un coût bien inférieur au coût qu'ils auraient dû investir dans de telles installations. Rapidement, le bâtiment de L'Institut NÉOMED a été rempli, ce qui leur a permis de planifier une extension dont la construction sera achevée d'ici 2020. Cette nouvelle addition offrira un espace supplémentaire aux entreprises du secteur des sciences de la vie à la recherche d'un espace de travail de laboratoire dynamique et abordable, ainsi qu'une offre complète d'espace de cotravail. Cela deviendra très certainement le carrefour montréalais des startups et des PME

INNOVATE MONTRÉAL

be finished by 2020. This new addition will add extra space for life sciences companies looking for a dynamic and affordable office-lab space and will also offer a full-serviced co-working space. This will most certainly become Montréal's hub for startups and SMEs in life science, allowing them to grow and expand eventually into other areas of the Technoparc.

Technoparc reflects a community dynamic, focused on creating a quality of life for all its residents. Being a suburban scientific park (i.e not located downtown), Technoparc offers services that would typically be in the core of downtown like daycare, summer day camps, drycleaner, gym, yoga lessons, Lufa farms (local produce) pickups, beehive hosting, e-bikes tryouts and promo pricing, ATM, restaurants and bistros, food truck events, accompanied by concerts, seminars, trainings and much more... all services an employee wishes to have close to their workplace.

Bike paths run accross the Technoparc and connect to the other parts of the city. These paths are widely used not only by bikers but also by joggers and walkers who use them during their lunchtime. There is also a green approach to things where workers are encouraged to use alternative means of transport, with active, collective and electric transportation being the focus of the Technoparc's transportation committee, comprised of several volunteers from many companies of the site.

Also, coming soon, the REM (Réseau Express Métropolitain-electric train) station into the Technoparc, a short three minutes away from the airport and 20 minutes from downtown. The REM will offer an integrated, efficient and reliable service for commuters and will encourage the use of electric public transportation. This new station reinforces the strategic location of the site and will thereby facilitate the access to the site via transportation means other than the car. This is beneficial for Technoparc and the City of Montreal for potential investors that want to move into the area and it shows a dynamic first image of the city for foreign travellers using the REM when arriving through the airport.

In the southern area of the site lies the Eco-campus Hubert Reeves. A site that targets research companies specializing in cleantech, nanotech, biomaterials and other eco-industries. More than 46% of the land in the Eco-campus Hubert Reeves is maintained as a nature-park conservation zone and borders the International airport. To maintain that environment and water levels, there are levies and walkways in the area. The buildings that are being built are geared towards being recognized as LEED (Leadership in Energy and Environmental Design) and favor the recuperation of water to forward it towards the wetlands. Technoparc Montréal prides itself on being a few years ahead of what's being done in industrial parks in North America and follows an emerging current currently seen in many European countries. With a very beneficial approach for both the environment and employees, Technoparc Montréal is creating a perfect symbiosis between nature and workplace.

Technoparc Montréal is fully committed to increase strategic local and international partnerships and alliances with an objective to build bridges between businesses and increase innovation and creativity in Montréal. The vision and constant innovation has solidified the position in being recognized as a world-class centre of excellence in science, technology and eco-industries.

Répartition de l'emploi par secteurs

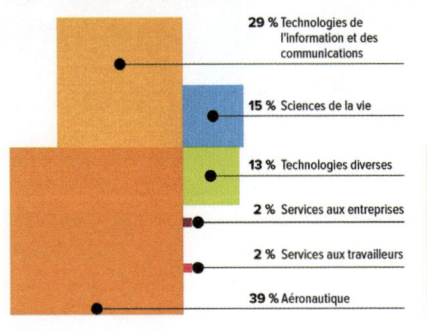

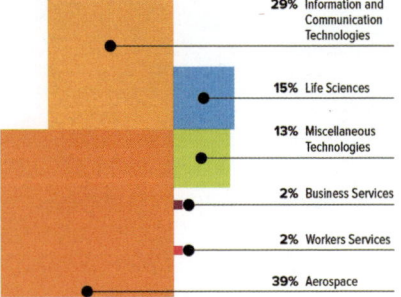

- 29 % Technologies de l'information et des communications
- 15 % Sciences de la vie
- 13 % Technologies diverses
- 2 % Services aux entreprises
- 2 % Services aux travailleurs
- 39 % Aéronautique

Breakdown of employment by sector

- 29% Information and Communication Technologies
- 15% Life Sciences
- 13% Miscellaneous Technologies
- 2% Business Services
- 2% Workers Services
- 39% Aerospace

TM
TECHNOPARC
MONTRÉAL

INNOVATE MONTRÉAL

du secteur des sciences de la vie, leur permettant de se développer et d'agrandir leurs installations à même le site du parc scientifique.

Technoparc Montréal mise également sur une dynamique communautaire axée sur la création d'une qualité de vie pour tous ses résidents. En tant que parc scientifique de banlieue proche (c'est-à-dire non situé au centre-ville, mais toujours sur l'île de Montréal), Technoparc Montréal propose des services qui seraient généralement accessibles au cœur du centre-ville, tels que garderies, camps de jour, essais et ventes de vélos électriques, guichets automatiques, restaurants et bistros, événements de camions de cuisine de rue, concerts, séminaires, formations et bien plus encore… tous les services qu'un employé souhaite obtenir à proximité de son lieu de travail.

Des pistes cyclables traversent le Technoparc de Montréal et se connectent aux autres quartiers de la ville. Ces sentiers sont largement utilisés non seulement par les cyclistes, mais également par les joggeurs et marcheurs qui les utilisent pendant leurs pauses du midi. Il existe aussi sur le site une approche écologique dans laquelle les travailleurs sont encouragés à utiliser des moyens de transport alternatifs à l'auto-solo. Le comité de transport du Technoparc de Montréal, composé de plusieurs volontaires provenant de nombreuses entreprises du site, s'intéresse au transport actif, collectif et électrique.

De plus, la future station du REM (Réseau express métropolitain - train électrique) du Technoparc de Montréal sera à seulement 3 minutes de l'aéroport et 20 minutes du centre-ville. Le REM offrira un service intégré, efficace et fiable aux voyageurs et encouragera l'utilisation de transports en commun électriques. Cette nouvelle station renforce l'emplacement stratégique du site et facilitera ainsi son accès par d'autres moyens de transport que la voiture. Cela profitera non seulement au Technoparc de Montréal mais aussi à la ville pour attirer d'éventuels investisseurs souhaitant s'implanter dans la région. Il offrira une première image dynamique et innovatrice de la ville de Montréal aux voyageurs étrangers lorsqu'ils arriveront via l'aéroport.

Dans la partie sud du Technoparc de Montréal se trouve l'Éco-campus Hubert Reeves (ECHR). Un site dédié aux entreprises spécialisées dans la recherche en technologies propres, nanotechnologies, biomatériaux et autres éco-industries. Plus de 46% du territoire de l'ECHR est protégé en tant que zone de conservation pour un parc-nature et borde directement les pistes de l'aéroport international de Montréal. Pour maintenir cet environnement et le niveau d'eau d'un important marais, Technoparc Montréal a consolidé un sentier-digue dans la zone de l'ECHR. Les bâtiments en cours de construction visent à être reconnus LEED (Leadership in Energy and Environmental Design) et favorisent la récupération de l'eau pour l'acheminer vers les zones humides. Technoparc Montréal est fier d'avoir plusieurs années d'avance sur la conception éco-responsable des parcs industriels en Amérique du Nord, suivant un courant émergent actuellement observé dans de nombreux pays européens. Grâce à une approche très bénéfique pour l'environnement et les employés, Technoparc Montréal crée une parfaite symbiose entre la nature et le lieu de travail.

Technoparc Montréal s'est pleinement engagé à accroître les partenariats et alliances stratégiques locaux et internationaux dans le but de créer des ponts entre les entreprises et d'accroître l'innovation et la créativité à Montréal. La vision et l'innovation constante ont consolidé le positionnement de centre d'excellence de classe mondiale dans les domaines de la science, la technologie et les éco-industries.

Phone: +1 514 956 2525
www.technoparc.com

INNOVATE MONTRÉAL

3 km²

BOUL. RENÉ-LÉVESQUE
RUE ATWATER
CANAL DE LACHINE

INNOVATE MONTRÉAL

QUARTIER
DE L'INNOVATION

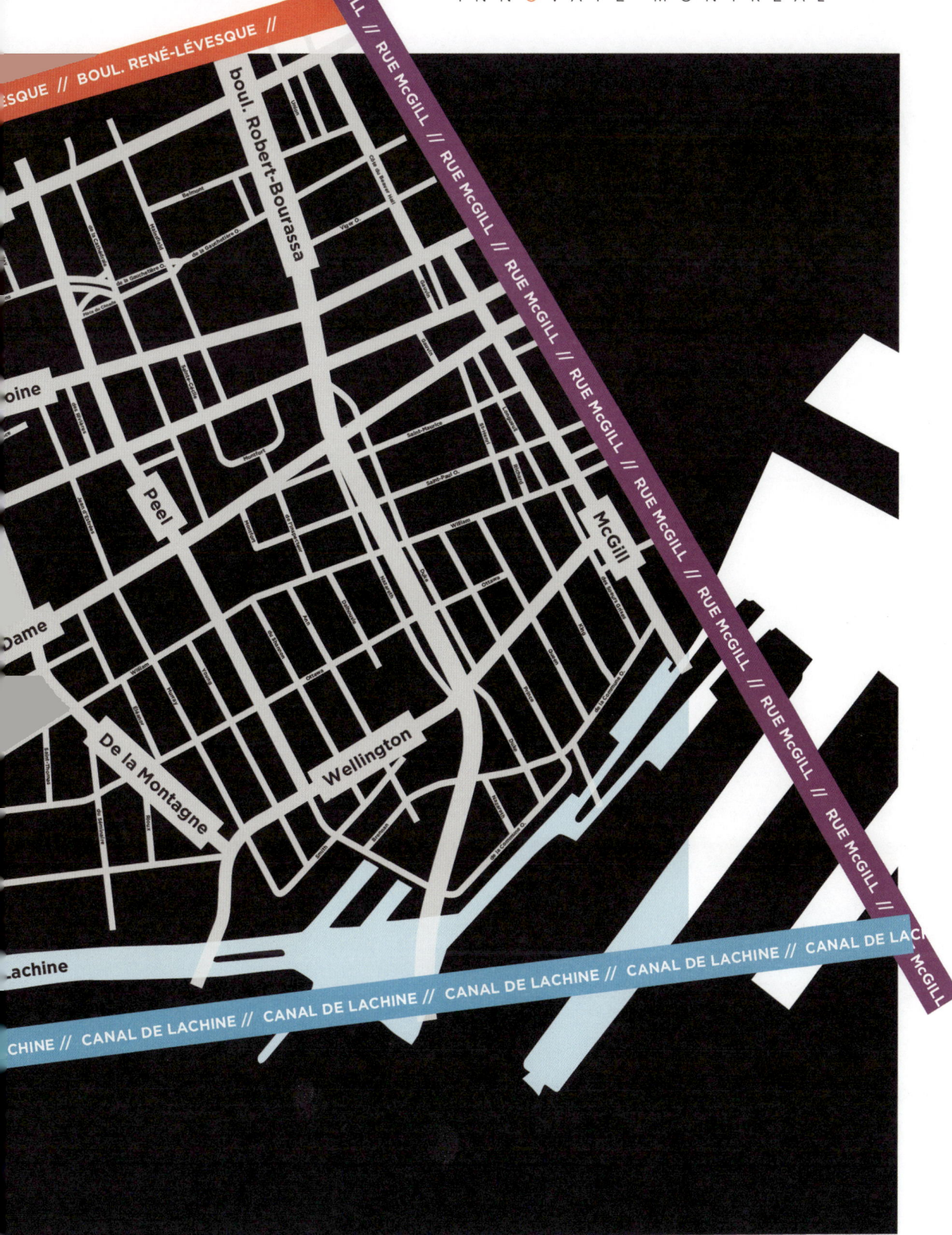

MONTREAL'S QUARTIER DE L'INNOVATION
LE QUARTIER DE L'INNOVATION DE MONTRÉAL

INNOVATE MONTRÉAL

THE QUARTIER DE L'INNOVATION IS BOOMING!
UN QUARTIER DE L'INNOVATION EN PLEINE EFFERVESCENCE!

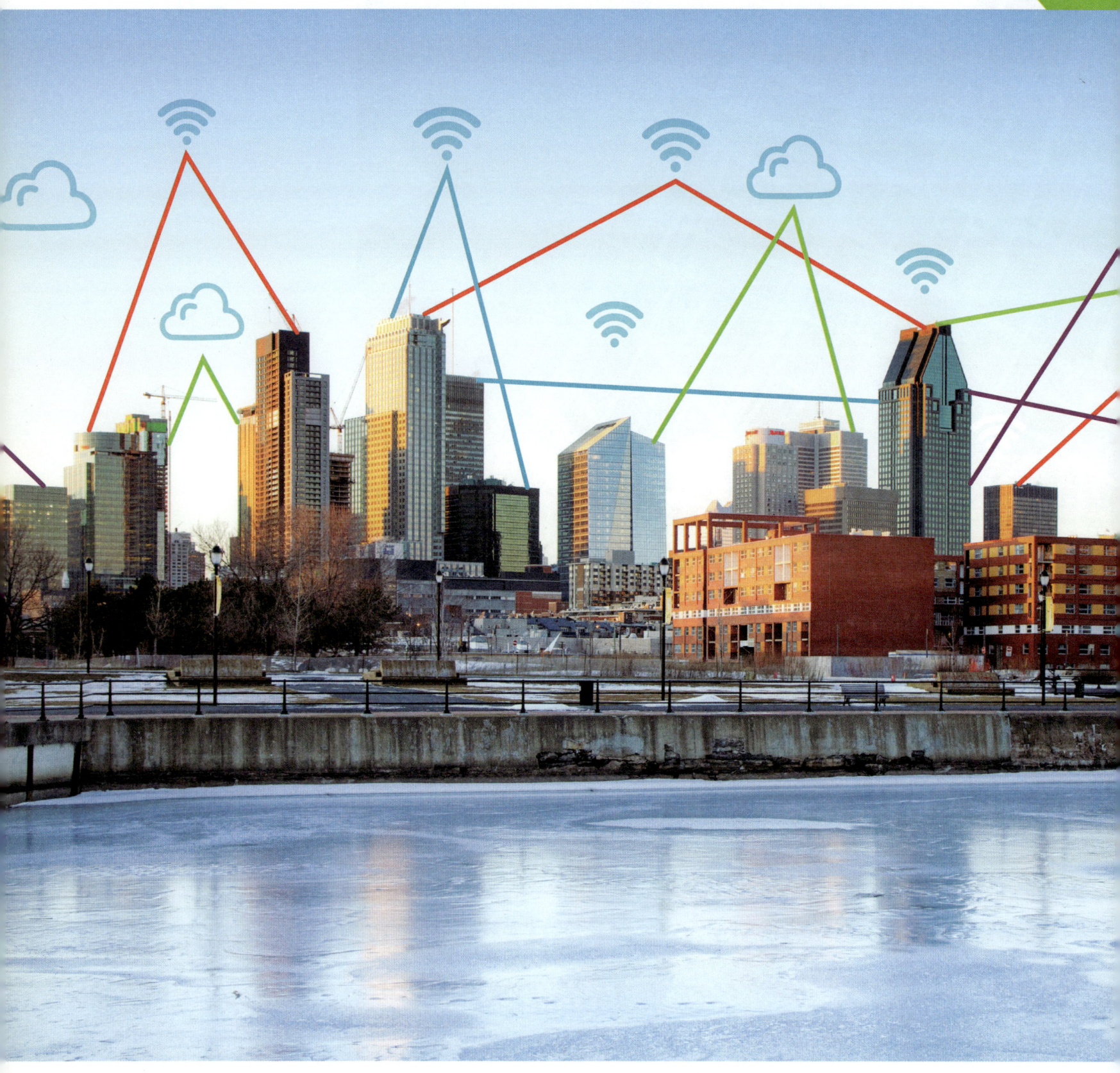

QUARTIER DE L'INNOVATION

INNOVATE MONTRÉAL

The Quartier de l'Innovation (QI) is a 3 km² world-class experimental area in the heart of Montréal.

Its mission is to foster a one-of-a-kind innovation ecosystem where experimentation and collaboration between academics, entrepreneurs and residents generate benefits for society. Its boundaries stretch from René Lévesque Boulevard to the Lachine Canal from north to south, and from McGill Street to Atwater Avenue from east to west. The QI is supported by the Government of Canada, the Government of Quebec, the City of Montréal, four universities (École de technologie supérieure (ÉTS), McGill University, Concordia University and Université du Québec à Montréal (UQAM)) and close to 30 private partners.

What distinguishes the Quartier de l'Innovation from other ecosystems is the cutting edge connectivity of its Open-Air Lab infrastructure and its team in support of innovators.

An Open-Air Laboratory for Smart Living that serves residents

The Quartier de l'Innovation is home to the first Open-Air Laboratory for Smart Living (http://quartierinnovationmontreal.com/en/open-sky-laboratory-smart-life), launched by Videotron, Ericsson Canada, ÉTS and the Quartier de l'Innovation. This infrastructure allows the field testing of tech applications that could simplify the daily lives of Quebecers thanks to 5G and other next-generation networks.

The Lab also receives support from K2 Geospatial, the tech giant IBM and the ENCQOR partnership. These partners are essential to the development of forward-looking projects, including:

- Emotion measurement technology, in collaboration with the Montréal startup MoodShine;
- Smart bus shelters;
- An autonomous shuttle pilot project.

The lab is in constant motion. Several other major projects will be announced during the year.

An area bursting with creativity

The Quartier de l'Innovation's ecosystem evolves daily. Here are a few companies that moved in this last year:

- FACTRY the school of creativity, chose to settle in the QI a year ago and has quickly become an essential part of the Quartier. Its creative approach teaches entrepreneurs to view their problems from new perspectives.
- CENTECH has set up shop in the old Dow Planetarium: Centech is a cutting-edge technology incubator that recently moved to the Quartier de l'Innovation and, more precisely, into the historic building that once housed the Dow Planetarium. Centech's mission is to host entrepreneurs whose projects show strong commercial potential in order to help them become world leaders in their industry.
- LA PISCINE a cultural accelerator: La Piscine is a cultural and creative business accelerator that is preparing to join the Quartier de l'Innovation. One of La Piscine's mandates is to facilitate collaboration between people from various backgrounds – e.g., fashion, architecture and new media – so that they can experiment with the human experience together.

This innovative ecosystem's community can also count on our team to support them in carrying out projects that will shape the Quartier and help make Montréal a leader in the field. Come work with us!

Le Quartier de l'innovation (QI) est un territoire d'expérimentation de calibre international de 3 km² au cœur de Montréal.

Il a pour mission de cultiver un écosystème d'innovation unique où la collaboration et l'expérimentation entre les milieux académique, entrepreneurial et citoyen favorisent des retombées positives pour la société. Son territoire est délimité par le boulevard René Lévesque et le canal de Lachine, du nord au sud, et de la rue McGill à l'avenue Atwater, de l'est à l'ouest. Le QI est soutenu par le gouvernement du Canada, le gouvernement du Québec, la Ville de Montréal, quatre universités (École de technologie supérieure [ÉTS], Université McGill, Université Concordia et Université du Québec à Montréal [UQAM]), et près d'une trentaine de partenaires privés.

Ce qui distingue le Quartier de l'innovation des autres écosystèmes est notamment le Laboratoire à ciel ouvert offrant des infrastructures à la fine pointe de la connectivité et une équipe au service des acteurs de l'innovation.

Un Laboratoire à ciel ouvert de la vie intelligente au service des citoyens

Le Quartier de l'innovation abrite le premier Laboratoire à ciel ouvert de la vie intelligente (LabVI.ca), initié par Vidéotron, Ericsson Canada, l'ETS et le Quartier de l'innovation. Cette infrastructure permet de tester sur le terrain des applications technologiques visant à simplifier le quotidien des Québécois grâce au réseau 5G et autres réseaux de prochaine génération.

INNOVATE MONTRÉAL

Le LabVI peut également compter sur le soutien de K2 Geospatial ; le géant technologique IBM et le consortium ENCQOR. Ces derniers sont essentiels dans la mise sur pied de projets tournés vers l'avenir, dont :

- Une technologie de mesure des émotions vécues, en collaboration avec la startup montréalaise MoodShine ;
- Un concept d'abribus intelligent ;
- Un projet pilote de navette autonome.

Et le Laboratoire est en constant mouvement. Plusieurs autres grands projets seront annoncés au cours de l'année.

Un territoire bouillonnant de créativité

L'écosystème du Quartier de l'innovation évolue également de jour en jour. Voici quelques entreprises qui se sont installées dans la dernière année:

- LA FACTRY L'école de créativité La Factry a choisi de s'installer sur le territoire du QI il y a un an de cela et est rapidement devenue une adresse incontournable dans le Quartier. Son approche créative apprend aux entrepreneurs à voir leurs problématiques sous de nouvelles perspectives.
- L'aménagement du CENTECH dans l'ancien planétarium dow : le CENTECH est un incubateur de technologies de pointe qui a tout récemment emménagé dans le Quartier de l'innovation, et plus précisément dans l'historique édifice qui abritait autrefois le Planétarium Dow. La mission de Centech est d'accueillir des entrepreneurs ayant des projets dotés d'un fort potentiel commercial afin de les aider à devenir des leaders mondiaux dans leur secteur d'activité.
- LA PISCINE, un accélérateur culturel : La Piscine est un accélérateur d'entreprises culturelles et créatives qui se prépare à faire son entrée dans le Quartier de l'innovation. L'un des mandats de La Piscine est de faciliter la collaboration entre les gens de divers milieux – par exemple de la mode, de l'architecture et des nouveaux médias – afin qu'ils expérimentent ensemble autour de l'expérience humaine.

Les parties prenantes de l'écosystème de l'innovation peuvent également compter sur l'accompagnement de notre équipe afin de réaliser des projets qui façonneront le Quartier et participeront à faire de Montréal un leader dans le domaine. Venez travailler avec nous!

Email: info@quartierinnovationmontreal.com
Phone: 438 387-3347

MAISON NOTMAN HOUSE

The Vision
A sustainable and world-class entrepreneurial ecosystem powering the knowledge economy and nurturing a pipeline of high-growth companies to help Montreal compete on the global stage.

The Foundation
OSMO is a non-profit foundation created in 2009 by Montreal entrepreneurs, to grow a local startup community with an open, inspiring and collaborative approach. As the Montreal innovation hub, OSMO serves ecosystem players such as organizations, institutions, accelerators, OBNLs, startups and entrepreneurs. Notman House, it's flagship project turned into an instrumental community space for startups.

La Maison
La Maison Notman est l'un des plus beaux édifices patrimoniaux de Montréal. Elle est située à la croisée de la créativité du Quartier des spectacles, de l'effervescence du centre-ville et de la quiétude du Plateau-Mont-Royal.

La Maison a été construite en 1840 à la demande de William Collis Meredith. William Notman devient propriétaire de la maison en 1876 jusqu'à sa mort en 1891. Notman est alors un des photographes les plus renommée de son temps. Il est même nommé le photographe officiel de la reine Victoria! Innovateur et homme d'affaires aguerri, il fait rayonner Montréal et le Canada.

INNOVATE MONTRÉAL

Le coeur du quartier de l'innovation de Montréal

Grâce à la Maison Notman, OSMO offre un milieu vibrant et accessible à tous. Ce pôle d'excellence favorise la collaboration, le transfert des connaissances et le partage des savoir-faire entre les différents acteurs de la communauté entrepreneuriale.

Depuis sa création, la Maison Notman a contribué au démarrage de startups majeures dans l'écosystème montréalais telles que PasswordBox, Sonder, Bus.com et Element AI. Le campus a hébergé plus de 200 entreprises en démarrage; des entreprises qui ont généré 350 M$ en capital de risque, 1 100 emplois et 1,1 G$ en évaluation d'entreprises.

Depuis 7 ans, la Maison Notman a reçu plus de 70 000 visiteurs; accueilli au-delà de 1000 activités de formation entrepreneuriale et hackathons. Chaque année la maison s'anime de plus de 400 événements, faisant vivre toute l'ambition et l'esprit innovateur de son illustre locataire William Notman.

51 rue Sherbrooke O. | Montreal, Québec, H2X1X2
info@notman.org
https://www.facebook.com/NotmanHouse/
http://notman.org/

INNOVATE MONTRÉAL

CONNECTING INNOVATORS FOR BREAKTHROUGH RESULTS

Following his Mitacs internship experience with CM Labs, McGill University alumnus Kamran Ghaffari launched Touché Technologies. The new company is developing precision robotic devices that assist surgeons in complex tasks with force feedback.

Mind Alive partnered with McGill University researcher Derek Albert through a Mitacs internship to examine an audio-visual training technology for its potential to reduce test-taking anxiety among students.

As a Mitacs intern and PhD candidate, Helge Seetzen and his team developed a new way to control the brightness of visual screens; they sold their research technology to audio and cinema giant Dolby Laboratories. Drawing on his Mitacs experience in R&D, in 2010 Helge formed a new company, TandemLaunch, which helps young scientists and entrepreneurs transform their ideas into profitable businesses. TandemLaunch received the Mitacs Industry Award for Outstanding Leadership.

Mitacs is a not-for-profit organization that fosters growth and innovation in Canada by solving business challenges with research solutions from the best academic institutions at home and around the world.

For 20 years Mitacs has built an ecosystem of partners that helps businesses achieve breakthrough results, supports essential talent acquisition for growing companies, and prepares researchers for rewarding industry-focused careers. Not to mention, Mitacs provides a blueprint for entrepreneurial-minded researchers to forge their own paths.

INNOVATE MONTRÉAL

The dedicated business development team in Montreal has supported thousands of internships by connecting innumerable partners. Talented graduate students and academic researchers from universities work with companies and organizations of all sizes to advance research and development.

At Desjardins, for instance, Mitacs projects support research-focused talent acquisition in the finance and insurance sectors. Mitacs interns address challenges – they take real-world, industry concerns and provide data-driven, empirically tested solutions to the company. In smaller companies, Mitacs interns address a host of challenges, providing individualized solutions specific to the business client's needs. For example, Mitacs interns developed robotic drones to support humanitarian efforts, high-tech headphones that prevent hearing loss, customized ice skates, and a mental health treatment that's like a "GPS for the brain."

With a focus at the crux of R&D, Mitacs proudly supports innovation in Montreal and across Canada. Together with our ecosystem of researchers and industry partners, we look forward to a prosperous future.

92% of companies recommend Mitacs internships

MITACS BY THE NUMBERS

66% of projects have been/will be commercialized

31% of companies saw market segment expansion

CCM Hockey partnered with École de téchnologie supérieure researcher Anne-Laure Ménard to develop new, customized ice-skate designs using 3-D scanning technology, supported by a Mitacs fellowship.

Mitacs

INNOVATE MONTRÉAL

eSight a collaboré avec la chercheuse de l'Université de Montréal Marie-Céline Lorenzini pour un stage Mitacs afin d'élaborer un programme de formation pour les malvoyants afin d'utiliser une technologie révolutionnaire qui peut être utilisée dans les théâtres, les concerts et les activités quotidiennes.

CONNECTER DES INNOVATEURS POUR DES PERCÉES INÉDITES

Mitacs a jumelé Jintronix de Montréal à la chercheuse Martine Lauzé (à droite) de l'Université du Québec à Montréal afin de concevoir des jeux interactifs qui encouragent les personnes aînées à faire de l'activité physique dans des centres de soins et des résidences pour retraités.

À titre de stagiaire Mitacs et de candidat au doctorat, Helge Seetzen et son équipe ont développé une nouvelle façon de contrôler la luminosité des écrans visuels; ils ont vendu leur technologie de recherche au géant du son et du cinéma Dolby Laboratories. Tirant profit de son expérience Mitacs en R-D, Helge a lancé une nouvelle entreprise en 2010, TandemLaunch, qui aide les jeunes scientifiques et entrepreneurs à transformer leurs idées en entreprises rentables. TandemLaunch a reçu le Prix Mitacs pour leadership exceptionnel – entreprise.

Mitacs est un organisme sans but lucratif qui favorise la croissance et l'innovation au Canada en solutionnant des défis d'entreprise avec des solutions de recherche des meilleurs établissements d'enseignement ici et dans le monde.

Depuis 20 ans, Mitacs crée un écosystème de partenaires qui aide aux entreprises à atteindre des percées inédites, soutient l'acquisition essentielle de talent pour des entreprises en croissance et prépare des chercheurs pour des carrières enrichissantes

INN0VATE MONTRÉAL

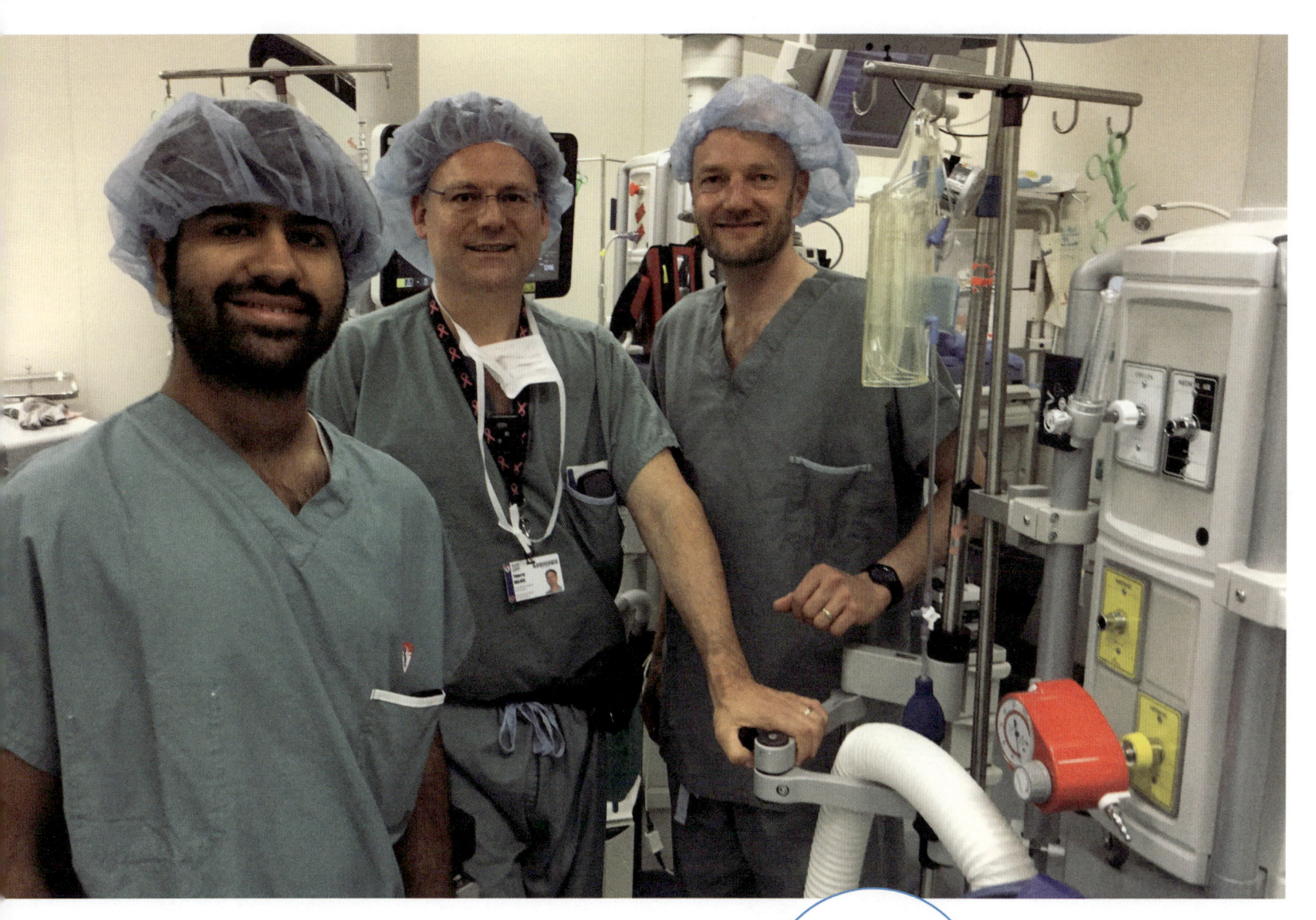

axées sur le secteur privé. Sans mentionner que Mitacs fournit un plan pour aider les chercheurs entreprenants à tracer leur voie.

L'équipe dévouée de développement des affaires à Montréal a soutenu des milliers de stages en faisant le lien entre d'innombrables partenaires. Des étudiants diplômés talentueux et des chercheurs postsecondaires d'universités travaillent avec des entreprises et des organismes de toutes les tailles pour faire progresser la recherche et le développement.

Par exemple, chez Desjardins, les projets de Mitacs soutiennent l'acquisition de talent axé sur la recherche dans le secteur des finances et des assurances. Les stagiaires Mitacs abordent des défis, ils prennent des problèmes pratiques de l'industrie et fournissent des solutions fondées sur les données et soumises à des essais empiriques à l'entreprise. Auprès de plus petites entreprises, les stagiaires Mitacs abordent une foule de défis, fournissant des solutions individualisées pour les besoins de l'entreprise cliente. Par exemple, les stagiaires Mitacs ont développé des drones robotisés afin de soutenir l'aide humanitaire, des casques d'écoute de haute technologie qui préviennent la perte auditive, des patins à glace sur mesure et un traitement de santé mentale qui est comme un « GPS pour le cerveau ».

En ciblant le cœur de la R-D, Mitacs soutient fièrement l'innovation à Montréal et dans l'ensemble du Canada. En collaboration avec notre écosystème de chercheurs et de partenaires industriels, nous envisageons un avenir prospère.

MITACS EN CHIFFRES

92 % des entreprises recommandent les stages Mitacs

66 % des projets ont été ou seront commercialisés

31 % des entreprises ont constaté un élargissement de leurs segments de marché

Le professeur de l'Université McGill, Jérémie Voix (extrême droite) a collaboré avec EERS Technologies, l'hôpital Royal Victoria et un stagiaire Mitacs afin de raffiner une technologie intra-auriculaire afin d'aider les infirmières et les équipes de soins à gérer les alarmes des patients dans les hôpitaux.

Mitacs
www.mitacs.ca

Institute NEOMED

INNOVATE MONTRÉAL

The NEOMED Institute is a non-profit Research & Development (R&D) organization created in 2012, when AstraZeneca closed their pharmaceutical research center in Montreal. AstraZeneca donated the purpose-built R&D site, equipments and three therapeutic discovery programs. The NEOMED Institute has created a true innovation center welcoming a multitude of companies in the LSHT (life sciences and health technologies) sector, for the benefit of the Montreal ecosystem and providing funding for innovative academic research projects through a fund whose contributions come from pharmaceutical companies as well as the governments of Quebec and Canada.

This collaborative economic development initiative is a concrete response from the LSHT community to the global restructuring of the biopharmaceutical industry. NEOMED has provided employment opportunities and support to scientists affected by the closure of pharmaceutical research centers in the Greater Montreal area over the past 10 years.

Today, the NEOMED Institute is composed of two complementary business divisions: NEOMED Therapeutics, which promotes the commercialization of innovative academic research by supporting project funding from the early stage and by providing leading-edge experience and expertise in project management; and the NEOMED Innovation Center, which operates two drug development sites in Montreal, providing their tenants with access to state-of-the-art laboratories and equipment as well as services essential to drug development.

NEOMED Therapeutics has nine licensed therapeutic programs, three of which have been successfully commercialized, and the NEOMED Innovation Center hosts 32 local and international resident companies employing more than 450 people. The NEOMED Institute is supported by AstraZeneca, Pfizer Canada, GlaxoSmithKline, the City of Montreal, and the provincial and federal governments.

NEOMED Innovation Center, a world-class facility that is expanding

The NEOMED Innovation Center offers tenant companies turnkey laboratories and offices, including shared support services such as in vivo facilities and analytical services. The size of the site and the concentration of companies has allowed NEOMED to significantly contribute to the growth and development of a truly dynamic community in the LSHT sector. NEOMED's facilities and services include efficient laboratories that maximize the number of researchers per square foot and a range of support services and shared equipment under one roof. The sharing of common spaces (cafeteria, conference and meeting rooms, etc…) also promotes a collaborative spirit and the large number of companies and scientists under one roof contributes to creating a real and vibrant ecosystem.

With a current occupancy rate close to 100%, the innovation center has announced an additional 100,000 square feet of expansion project, planned in two 50,000 square feet phases, on the Technoparc Montreal site. This new building will provide turnkey laboratories for chemistry, biology, offices and collaborative spaces for professionals in the LSHT sector in 2020. At the end of Phase 1 of this expansion project, the Innovation and Commercialization Complex specialized in life sciences and health technologies will welcome more than 200 new scientists, technicians and professionals!

NEOMED Therapeutics, a driver of the growth of the life sciences sector in Quebec

NEOMED Therapeutics' mission is to identify and transform promising scientific discoveries and advance these programs until they can be commercialized for the benefit of the researcher, the NEOMED Institute Quebec and Canada. NEOMED's virtual business model employs experienced project managers who maximize the value of promising therapeutic approaches by developing and implementing an effective and realistic project plan, clearly defining the decision-making process, as well as the financing strategy to advance these approaches towards a successful commercialization phase. Development work is outsourced and often entrusted to the resident companies of the NEOMED Innovation Center.

NEOMED is committed to becoming the Canadian benchmark as an innovation center for LSHT companies. More concretely, NEOMED intends to increase the critical mass of the community by enhancing its offer in laboratories and offices, including shared spaces on the Borough of St-Laurent site, while consolidating its role as a facilitator and catalyst for the economic and commercial development of the LSHT sector in Montreal.

Thanks to the development plans for its infrastructure and those located nearby, as well as the addition of related tools and services, NEOMED intends not only to become the Montreal region's LSHT Innovation and Commercialization Complex, but certainly the largest and most diversified centre of its type across Canada.

INNOVATE MONTRÉAL

L'Institut NÉOMED est un organisme sans but lucratif dédié à la recherche et au développement créé en 2012, à la fermeture du centre de recherche pharmaceutique d'AstraZeneca situé à Montréal. AstraZeneca a fait don du site de R-D, des équipements ainsi que de trois programmes de recherche thérapeutique. L'Institut NÉOMED a créé un véritable centre d'innovation accueillant une multitude de sociétés du secteur des SVTS (sciences de la vie et technologies de la santé) au bénéfice de l'écosystème montréalais et assure également un financement pour des projets de recherches académiques innovants par l'entremise d'un fonds dont les contributions proviennent de sociétés pharmaceutiques ainsi que des gouvernements du Québec et du Canada.

Cette initiative d'économie collaborative est une réponse concrète de la communauté des SVTS à la restructuration mondiale de l'industrie pharmaceutique. NÉOMED a permis d'offrir des opportunités en matière d'emploi ainsi qu'un soutien aux scientifiques affectés par la fermeture des centres de recherche pharmaceutiques de la grande région de Montréal au cours des 10 dernières années.

Aujourd'hui l'Institut NÉOMED se compose de deux divisions commerciales complémentaires : NÉOMED Thérapeutiques qui favorise la commercialisation des recherches académiques innovantes en supportant le financement des projets et ce dès le stade précoce ainsi qu'en fournissant une expérience et une expertise de pointe en gestion de projet ; et le Centre d'innovation NÉOMED qui opère deux sites de développement de médicaments à Montréal, offrant à leurs locataires l'accès à des laboratoires et des équipements à la pointe de la technologie ainsi que des services de support essentiels au développement de médicaments.

NÉOMED Thérapeutiques compte neuf programmes thérapeutiques sous licence, dont trois d'entre eux ont été commercialisés et le Centre d'innovation NÉOMED recense quant à lui 32 compagnies résidentes locales et internationales employant plus de 450 personnes. L'institut NÉOMED est soutenu par AstraZeneca, Pfizer Canada, GlaxoSmithKline, la Ville de Montréal ainsi que le Gouvernement provincial et fédéral.

Le Centre d'Innovation NÉOMED, une infrastructure de calibre mondial en croissance

Le centre d'innovation NÉOMED offre des laboratoires et des bureaux clés en main, incluant des services de soutien en partage tels des installations in vivo et des services analytiques. La taille du site et la

concentration d'entreprises a permis à NÉOMED de contribuer à la croissance et au développement d'une véritable communauté dynamique du secteur des SVTS. Les installations de NÉOMED et les services proposés comprennent des laboratoires efficients qui maximisent le nombre de chercheurs au pied carré, une offre de services de soutien et des équipements en partage sous un même toit. Le partage des espaces communs (cafétéria, salle de réunions et de conférence) favorise en outre un esprit collaboratif et le nombre important d'entreprises et de scientifiques sous un même toit contribue à créer un écosystème réel et dynamique.

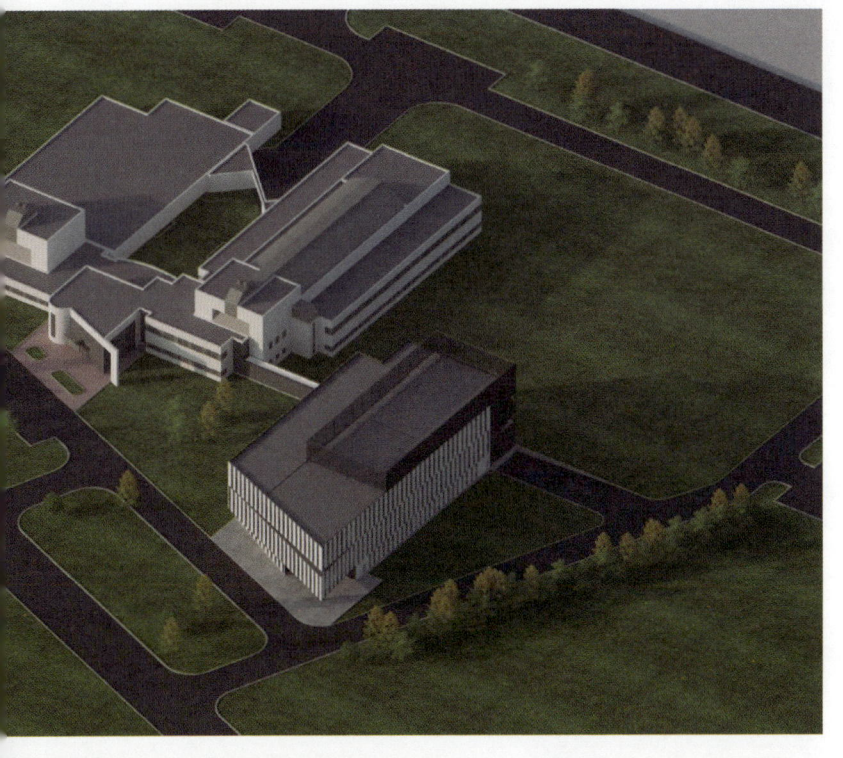

Avec un taux d'occupation actuel proche de 100%, le centre d'innovation a annoncé un projet d'agrandissement de 100 000 pieds carrés supplémentaires, prévu en deux phases de 50 000 pieds carrés, sur le site du Technoparc de Montréal. Ce nouveau bâtiment fournira en 2020, des laboratoires clé en main pour la chimie, la biologie ainsi que des bureaux et des espaces collaboratifs pour les professionnels du secteur des sciences de la vie et des technologies de la santé. À l'issue de la phase 1 de ce projet d'expansion, le Complexe d'Innovation et de Commercialisation spécialisé en sciences de la vie et technologies de la santé accueillera plus de 200 nouveaux scientifiques, techniciens et professionnels!

NÉOMED Thérapeutiques, un moteur de la croissance du secteur des sciences de la vie au Québec

La mission de NÉOMED Thérapeutiques est d'identifier et de transformer des découvertes scientifiques prometteuses et de faire progresser ces programmes jusqu'à ce qu'ils puissent être commercialisés, au profit du chercheur, de l'Institut NÉOMED, du Québec et du Canada. Le modèle d'affaires virtuel de NÉOMED implique des chefs de projet chevronnés qui maximisent la valeur des approches thérapeutiques prometteuses en élaborant et en implémentant un plan de projet efficace et réaliste, en définissant clairement le processus décisionnel, ainsi que la stratégie de financement afin de faire progresser ces approches vers une phase de commercialisation réussie. Le travail de développement est externalisé et souvent confié aux compagnies résidentes du Centre d'innovation NÉOMED.

NÉOMED est déterminé à devenir la référence canadienne en tant que centre d'innovation pour les entreprises des SVTS. Plus concrètement, NÉOMED entend grossir la masse critique de la communauté en rehaussant son offre en laboratoires et bureaux, incluant des espaces en partage sur le site de l'arrondissement St-Laurent, tout en consolidant son rôle de facilitateur et de catalyseur du développement économique et commercial du secteur des SVTS à Montréal.

Grâce aux plans de développement de son infrastructure et de celles situées à proximité, ainsi que l'ajout d'outils et de services connexes, NÉOMED entend non seulement devenir le Complexe d'innovation et de commercialisation des SVTS de la région montréalaise, mais certainement le centre le plus grand et le plus diversifié de ce type au Canada.

Institute NÉOMED
www.neomed.ca

INNOVATE MONTREAL

McGill UNIVERSITY

CHAPTER FOUR
ACADEMIC INSTITUTIONS

INNOVATE MONTRÉAL

MCGILL UNIVERSITY
EXCELLENT RESEARCH FUELS INNOVATION AND ENTREPRENEURSHIP ON CAMPUS AND BEYOND
EN RECHERCHE, L'EXCELLENCE NOURRIT L'INNOVATION ET L'ENTREPRENEURIAT SUR LES CAMPUS ET AU-DELÀ

McGill is an innovative university nearly 200 years in the making. From Nobel Laureate Ernest Rutherford's discovery of radioactivity, to groundbreaking neuroscience research at The Neuro, McGill's renowned research institute and teaching hospital, our campuses have always been home to world-changing ideas.

Today, in 11 Faculties and 13 professional schools, more than 40,000 students and 5,000 faculty members strive to bring their great ideas from the lab and the classroom to Montreal – and beyond – through the dissemination of knowledge and technologies, licensing of research outcomes, social and commercial start-ups, and numerous creative partnerships.

We are a global research institution with deep roots in Montreal – McGill has consistently ranked first in Canada among medical-doctoral universities and, since 2007, as one of Montreal's Top Employers.

The Innovation Mindset at McGill
At McGill, we use the term "innovation" to mean, "campus-driven creation for the benefit of society." Our approach includes the development of scientific and technological solutions to problems, as well as novel ways of contributing to local and global communities. Bolstered by an innovation and entrepreneurship ecosystem that is growing every year, McGill's students and faculty members live, work, and play in an eclectic and challenging academic environment, where they develop the confidence to take risks, as well as an openness to learning from each other.

"Innovation emerges when creative and open-minded people from various disciplines get together, by design or serendipity, with a common goal to work on a complex problem," says Professor Sylvain Coulombe, Associate Vice-Principal of Innovation and Partnerships (I+P).

I+P is the heart of partnership-driven research and technology transfer activities at McGill. Here, researchers and inventors meet with partnership builders and those skilled at forging new opportunities, as well as specialists in technology transfer and patents. Their shared goal is to ensure that McGill ingenuity ultimately benefits the greater community.

Among the daring ideas to have emerged recently from McGill, which has produced hundreds of patents and products over the years, are the world's first graphene high-performance headphones, as well as socially responsible cosmetics based on nanomaterial technology.

This innovative, entrepreneurial mindset flourishes in every corner of the University. For example, step inside the McGill EngInE, the Faculty of Engineering's Innovation and Entrepreneurship Hub, and Manager Katya Marc enthusiastically greets you. "It's my job to help the next generation of technological innovators and entrepreneurs to think like entrepreneurs – to be curious, creative, solution-seeking, and impact-focused," says Ms. Marc. "The McGill EngInE is able to provide a multitude of resources and support to our students and professors thanks to our generous alumni donors."

Professor Derek Nowrouzezahrai (left/à gauche), and/et Yves Jacquier, Executive Director, Production Studio Services at Ubisoft Montreal (Normand Blouin)

Two competitions help McGill start-ups get venture-ready. At the Dobson Cup, hosted by the McGill Dobson Centre for Entrepreneurship in the Desautels Faculty of Management, students and researchers are winning international acclaim for inventions such as solar backpacks for children in Africa, biomaterials for bone implants, and bespoke suits tailored from 3D body scans. Thanks to the Clinical Innovation Competition (CLIC), innovative thinkers in the Faculty of Medicine are imagining new devices, diagnostics, platforms, programs, and processes that will improve health care, in Canada and globally.

At McGill's Macdonald Campus, the Faculty of Agricultural and Environmental Science's Entrepreneurship and Innovation Program, with support from the Martlet Foundation and the McGill Centre for the Convergence of Health and Economics, offers seed money to ventures, including those that are reducing food waste by creating compost from commercial coffee grounds.

An Adaptive Research Ecosystem Drives Innovation on – and off – Campus
Renowned for its biomedical research strengths, McGill's innovative spirit takes place in world-class facilities, including the Life Sciences Complex, defined by bright, interconnected spaces and labs that encourage the easy flow of people and ideas.

Thanks to a transformational donation from the Lawrence and Judith Tanenbaum Family Foundation, The Neuro has become the first and only open-science institute in the world. This model promises to accelerate the translation of scientific discoveries into tangible benefits for patients, attracting partnerships with pharma and other drug discovery organizations at the same time. The results of these unique collaborations are available to all scientists around the world, thereby increasing the chances a study will lead to drug development.

Cybertheque

McGill researchers are also trailblazers in the rapidly expanding fields of robotics and machine intelligence. McGill professors Joëlle Pineau and Doina Precup have emerged as new forces in artificial intelligence systems as the leads of Montreal-based research labs for Facebook and Google's DeepMind. Moreover, at its Montreal location, the French gaming company, Ubisoft, collaborates with McGill professor Derek Nowrouzezahrai on an Industrial Research Chair to improve the believability of virtual characters.

An Eye on the Future

McGill's excellence in research, combined with a strong on-campus support network, including I+P, Dobson, and EngInE, as well as a variety of Faculty-led initiatives and a global network of successful alumni, empower McGill's students and researchers – our innovators – to think about their impact and responsibilities beyond the University's walls. Working together, we are bringing the incredible energy, talents, and ideas of the McGill community to Montreal and the world.

McGill EngInE (Owen Egan)

INNOVATE MONTRÉAL

L'Université McGill innove depuis près de 200 ans. De la radioactivité découverte par Ernest Rutherford, scientifique nobélisé, à la recherche novatrice réalisée en neurosciences au Neuro, célèbre institut de recherche et hôpital universitaire de McGill, nos campus sont de formidables viviers d'idées qui transforment le monde.

De nos jours, les quelque 40 000 étudiants et 5 000 membres du corps professoral qui s'activent dans nos 11 facultés et 13 écoles professionnelles mettent tout en œuvre pour propager leurs brillantes idées du laboratoire et des salles de cours à Montréal – et au-delà – par la diffusion du savoir et des technologies, la concession de licences d'utilisation de résultats de recherche, le démarrage de jeunes entreprises sociales et commerciales, et nombre de partenariats créatifs.

Notre établissement de recherche mondial est profondément enraciné dans Montréal. McGill se classe régulièrement en tête des universités offrant des programmes de médecine et de doctorat au Canada et, depuis 2007, comme l'un des meilleurs employeurs de Montréal.

La mentalité d'innovation à McGill

À McGill, le terme « innovation » s'entend de « toute création réalisée sur nos campus dans l'intérêt de la société ». À cette fin, nous privilégions la mise au point de solutions scientifiques et technologiques à des problèmes, et des façons originales de contribuer à la collectivité à l'échelle locale et mondiale. Forts d'un écosystème d'innovation et d'entrepreneuriat sans cesse grandissant, les étudiants et membres du corps professoral de McGill vivent, travaillent et jouent dans un environnement universitaire éclectique et motivant, où ils acquièrent l'assurance de prendre des risques, ainsi que l'ouverture d'esprit d'apprendre les uns des autres.

« L'innovation jaillit de la rencontre, intentionnelle ou inopinée, de gens ingénieux et réceptifs, issus de diverses disciplines et dont le trait commun est de se pencher sur un problème complexe », souligne le professeur Sylvain Coulombe, vice-principal adjoint à l'innovation et aux partenariats (I+P).

I+P est au cœur des activités de recherche et de transfert de technologie fondées sur

Photo: Ron Levine

INNOVATE MONTRÉAL

The McGill Life Sciences Complex (Claudio Calligaris)

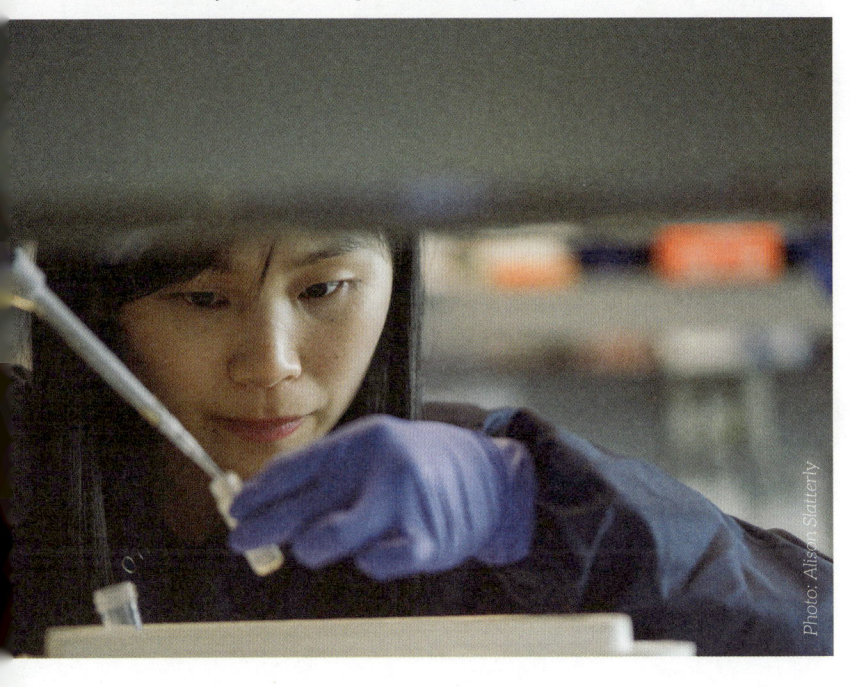

des partenariats à McGill. Ici, chercheurs et inventeurs rencontrent des bâtisseurs de partenariat et des experts dans l'art de créer de nouvelles possibilités, ainsi que des spécialistes en transfert de technologie et de brevets. Leur aspiration commune est que l'ingéniosité de McGill profite à la collectivité en général.

Véritable pépinière de centaines de brevets et de produits au fil des ans, McGill compte, parmi les idées audacieuses à avoir émergé récemment, les premiers écouteurs de haute performance au graphène, ainsi que des cosmétiques socialement responsables et basés sur la technologie des nanomatériaux.

Cette mentalité entrepreneuriale innovante prévaut aux quatre coins de l'Université. Ainsi, dès que vous entrez à EngInE de McGill, le pôle d'innovation et d'entrepreneuriat de la Faculté de génie, la gestionnaire Katya Marc vous accueille avec enthousiasme. « J'ai pour responsabilité d'aider la prochaine génération d'innovateurs technologiques et d'entrepreneurs à penser comme des entrepreneurs – c'est-à-dire à faire preuve de curiosité, de créativité, de recherche de solutions et de portée », dit-elle. « L'EngInE de McGill réussit à fournir une multitude de ressources et du soutien à nos étudiants et professeurs grâce à la générosité de nos diplômés. »

Deux compétitions aident les jeunes entreprises de McGill à être fin prêtes. À la Coupe Dobson, tenue par le Centre Dobson pour l'entrepreneuriat, de la Faculté de gestion Desautels de McGill, des étudiants et des chercheurs obtiennent une reconnaissance internationale pour des inventions telles que des sacs à dos équipés de panneaux solaires pour les enfants d'Afrique, des biomatériaux pour des implants osseux, et des habits sur mesure fabriqués à partir d'un scan en 3D du corps. Grâce au concours d'innovation clinique CLIC, des innovateurs de la Faculté de médecine conçoivent des appareils, des outils diagnostiques, des plateformes technologiques, des programmes et des processus qui amélioreront les soins de santé, au Canada et ailleurs dans le monde.

Avec le soutien de la Fondation Martlet et du Centre de convergence de la santé et de l'économie de McGill, le programme d'entrepreneuriat et d'innovation de la Faculté des sciences de l'agriculture et de l'environnement, au Campus Macdonald, offre des capitaux de démarrage à des entreprises, dont celles qui réduisent le gaspillage alimentaire par du compost créé à partir de marc de café commercial.

Un écosystème de recherche flexible, porteur d'innovation sur le campus et à l'extérieur

L'esprit d'innovation de McGill, réputée pour ses points forts en recherche biomédicale, a cours dans des installations de tout premier ordre, comme le Complexe des sciences de la vie, doté d'espaces et de laboratoires communicants et lumineux, qui sont propices à la libre circulation des gens et des idées.

Grâce à un don transformationnel de la Fondation de la Famille Lawrence et Judith Tanenbaum, le Neuro est le premier et unique institut de science ouverte au monde. Outre de traduire plus rapidement les découvertes scientifiques en avantages tangibles pour les patients, ce modèle attire des partenariats avec des entreprises pharmaceutiques et de découverte de médicaments. Les résultats de ces synergies uniques sont accessibles à tous les scientifiques du monde, ce qui multiplie les chances qu'une étude mène à la mise au point de nouveaux médicaments.

Les chercheurs de McGill sont aussi des précurseurs dans les domaines en plein essor de la robotique et de l'intelligence artificielle. Les professeures mcgilloises Joëlle Pineau et Doina Precup s'imposent en matière de systèmes d'intelligence artificielle à titre de leaders des laboratoires de recherche montréalais pour Facebook et DeepMind de Google. Par ailleurs, à sa succursale montréalaise, le développeur français de jeux vidéo Ubisoft collabore avec le professeur mcgillois Derek Nowrouzezahrai dans le cadre d'une chaire de recherche industrielle visant à améliorer la crédibilité de personnages virtuels.

Regard sur l'avenir

L'excellence de McGill en recherche, conjuguée à un solide réseau de soutien sur le campus qui englobe notamment I+P, Dobson et EngInE, ainsi que diverses initiatives facultaires et un cercle mondial de diplômés prospères, aide les étudiants et les chercheurs de McGill – nos innovateurs – à penser à leur impact et à leurs responsabilités au-delà des murs de l'Université. Ensemble, nous apportons les forces, le savoir-faire et les idées extraordinaires de la communauté de McGill à Montréal et ailleurs au monde.

McGill UNIVERSITY

www.mcgill.ca

INNOVATE MONTRÉAL

UNIVERSITÉ DE MONTRÉAL

INNOVATE MONTRÉAL

INN**O**VATE MONTRÉAL

Montréalaise par ses racines, internationale par vocation, l'Université de Montréal compte parmi les grandes universités de recherche dans le monde. C'est la première institution francophone au Canada et une des meilleures universités francophones au monde.

L'innovation est au cœur des activités de recherche et d'enseignement de toute l'Université. L'Institut de valorisation des données (IVADO) est à la fine pointe de la recherche en intelligence artificielle, et l'institut MILA se spécialise dans l'apprentissage profond et les réseaux neuronaux. Le Laboratoire d'innovation de l'Université regroupe des chercheurs en provenance de toute l'Université et de ses écoles affiliées HEC et Polytechnique, pour tisser des liens interdisciplinaires et créer une masse critique autour de quatre thèmes fédérateurs : (i) des données à l'action en santé, (ii) comprendre pour créer, créer pour comprendre, (iii) construire l'avenir durablement et (iv) la vie repensée.

Pour l'Université de Montréal, l'innovation est un thème qui touche non seulement les facultés de sciences naturelles et de la santé, mais aussi et tout autant les facultés de sciences humaines et sociales ou d'art. Nos finissants de toutes les facultés se retrouvent dans les entreprises et les organismes mentionnés dans ce livre. En effet, l'innovation va bien au-delà de la science et de la technologie, c'est un phénomène social et économique qui ne peut être compris que dans un contexte plus large. C'est dans cet esprit que des chercheurs couvrant toute la gamme des connaissances florissant à l'Université de Montréal ont mené un groupe de scientifiques à concevoir et proposer la Déclaration de Montréal pour un développement responsable de l'intelligence artificielle, en 2018.

Au sein de l'Université de Montréal, la Faculté de droit compte depuis longtemps parmi les pionniers canadiens et mondiaux de la recherche sur l'interface entre le droit, la science, la technologie et l'innovation. Elle compte plusieurs chaires de recherche en la matière, au sein de ses deux grands centres de recherche, le Centre de recherche en droit public (CRDP) et le Centre de droit des affaires et du commerce international (CDACI). La Faculté abrite plusieurs initiatives de pointe sur l'intégration de l'innovation et du droit, dont le Laboratoire de Cyberjustice et le Hub santé : Politique, organisation et droit (H-POD). Elle compte de nombreux chercheurs réputés en ce domaine, dont les professeurs Karim Benyekhlef, Julie Biron, Vincent Gautrais, Ysolde Gendreau, Pierre Larouche, Hervé Prince, Catherine Régis, Stéphane Rousseau, Pierre Trudel et Nicolas Vermeys.

En 2017, la Faculté a lancé une option en Innovation, Science, Technologie et Droit (ISTD) au sein de son programme doctoral. Au sein de l'option ISTD, les doctorants peuvent poursuivre des recherches approfondies, dans un contexte interdisciplinaire et transnational, sur des thèmes de pointe tels que l'usage de l'intelligence artificielle en droit; l'innovation sociale et la gestion des ressources naturelles; le cadre juridique des cités intelligentes; la réglementation de la FinTech; les problèmes juridiques reliés à la mobilité connectée et l'Internet des objets; ou encore les implications juridiques de la médecine personnalisée, pour n'en nommer que quelques-uns. Après avoir suivi un cursus académique unique, conçu spécifiquement pour ce programme, et avoir complété leur doctorat, les finissants et finissantes pourront essaimer dans d'autres institutions d'enseignement supérieur, ou alors se joindre à l'entreprise, à une autorité publique ou à un organisme de la société civile pour y jouer un rôle de premier plan dans l'innovation et dans son contexte socio-économique.

INN**O**VATE MONTRÉAL

With its roots in Montreal and its sights set on the world, Université de Montréal ranks amongst the main research universities worldwide. It is the leading French-speaking university in Canada, and one of the very best French-speaking universities globally.

At Université de Montréal, innovation is at the heart of research and education. Our Institute for Data Valorization (IVADO) conducts leading-edge research in artificial intelligence. The

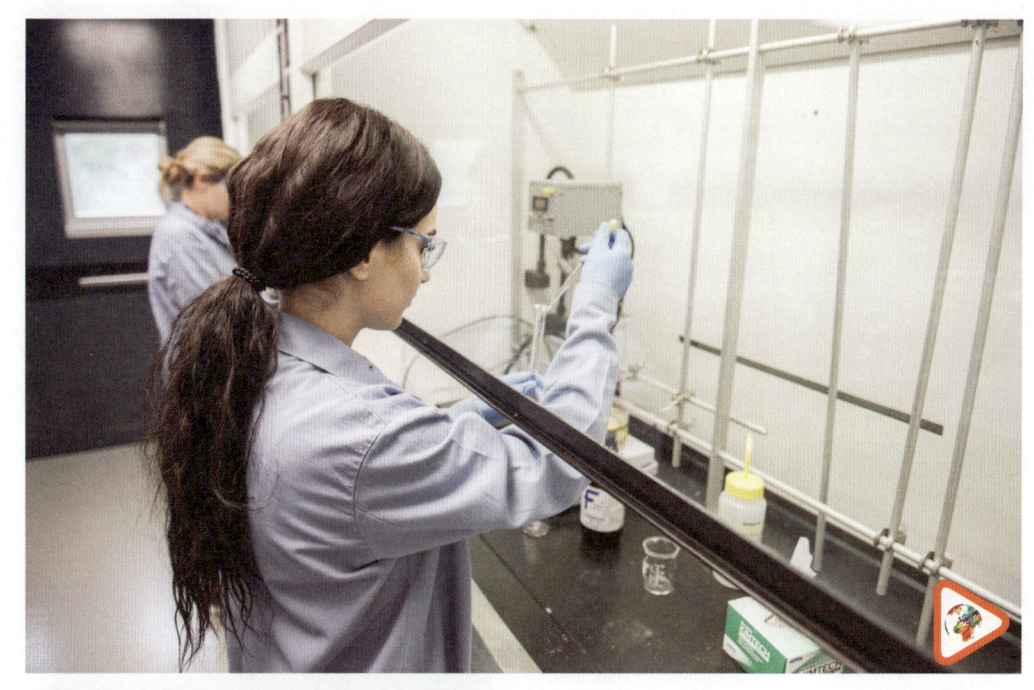

INN○VATE MONTRÉAL

For Université de Montréal, innovation is a matter not just for natural and health sciences, but also for social sciences, humanities and arts. Graduates from across the whole university are active in the firms and organizations featured in this book. Indeed, innovation is more than science and technology. It is a social and economic phenomenon that can only be understood in its broader context. Against that background, researchers from the whole university led a larger group of scientists in the conception and release of the Montreal Declaration for a Responsible Development of Artificial Intelligence in 2018.

Within Université de Montréal, the Law Faculty is a long-standing pioneer in research on the interplay between law, science, technology and innovation, in Canada and worldwide. It counts a number of research chairs in this area, within its two major research centres, the Centre de recherche en droit public (CRDP) and the Centre de droit des affaires et du commerce international (CDACI). The Faculty also houses many cutting-edge initiatives relating to the integration of innovations into law, among which the Cyberjustice Laboratory and the Health Hub: Politics, Organizations and Law (H-POD). Its research staff includes many top-level researchers in this area, including Profs. Karim Benyekhlef, Julie Biron, Vincent Gautrais, Ysolde Gendreau, Pierre Larouche, Hervé Prince, Catherine Régis, Stéphane Rousseau, Pierre Trudel and Nicolas Vermeys.

In 2017, the Law Faculty launched its Innovation, Science, Technology and Law (ISTD) variant within its PhD programme. Within the ISTD variant, PhD candidates can carry out fundamental research in an interdisciplinary and transnational context, on topical issues such as the use of AI in law; social innovation and natural resource management; the legal framework for smart cities; regulation of FinTech; legal problems in connection with connected mobility and the Internet of Things; or the legal implications of personalized medicine, to name but a few. A unique educational component has been designed especially for this programme. When combined with the PhD work, graduates will go on to careers in other institutions of higher learning, in the private sector, in public authorities or in a non-governmental organisation. There they will play a central role in innovation and its socio-economic context.

MILA institute is a world leader in deep learning and neural networks. At university level, the Innovation Lab brings together researchers from the whole university and its affiliate schools HEC and Polytechnique. The Lab builds interdisciplinary bridges, in order to reach a critical mass around four major themes: (i) from data to action in health, (ii) understanding and creating, creating to understand, (iii) building a sustainable future and (iv) life rethought.

Université de Montréal

www.umontreal.ca

UQÀM | Université du Québec à Montréal

UNIVERSITÉ DU QUÉBEC À MONTRÉAL (UQAM)
50 ANS D'INNOVATION À IMPACT SOCIAL
50 YEARS OF SOCIAL IMPACT INNOVATION

Université urbaine par excellence, l'Université du Québec à Montréal (UQAM), qui accueille près de 40 000 étudiants annuellement, place l'innovation à impact social au cœur de son identité et de son développement. L'UQAM est fière de participer au positionnement de Montréal, grâce à ses expertises et à ses nombreux projets novateurs. En voici quelques-uns…

L'UQAM, catalyseur de solutions innovantes pour Montréal
Engagée dans le développement socioéconomique et culturel de Montréal, l'UQAM est particulièrement novatrice et créative, notamment grâce au talent de sa communauté et à ses collaborations avec des joueurs clés de la métropole. Que ce soit dans les domaines du patrimoine, du transport, du numérique ou du tourisme, pour n'en nommer que quelques-uns, l'expertise de ses professeurs permet d'appréhender les enjeux urbains et de mettre au point de nouvelles solutions pour les diverses communautés.

Chaque année, les professeurs et les étudiants de l'UQAM participent à l'animation des espaces publics par des installations architecturales éphémères et des projets de création qu'ils exposent dans le cadre de grands festivals montréalais. Trois façades de pavillons de l'Université sont aussi intégrées au grand réseau de projections du Quartier des spectacles.

INNOVATE MONTREAL VOL.1

An urban university par excellence, with an annual enrollment of nearly 40,000 students, the Université du Québec à Montréal (UQAM) has made social impact innovation central to its identity and development. With its expertise and its many innovative projects, UQAM is proud to play a role in strengthening Montreal's positioning. Here are just a few examples.

UQAM, a catalyst of innovative solutions for Montreal

Committed to the socio-economic and cultural development of Montreal, UQAM is an innovative creative force, thanks to the talent within its own community and its collaborations with key players in the city. Whether in heritage, transportation, numerical technology or tourism, to cite just a few, the expertise of its professors contributes to the understanding of urban issues and the development of new solutions for a diversity of communities.

Each year, UQAM professors and students enliven public spaces through ephemeral architectural installations and creative projects exhibited during Montreal's major festivals. Three facades of the University's buildings also are integrated into the large Quartier des Spectacles projection network.

In 2017, in partnership with Tourisme Montréal and the City of Montreal, the University established MT Lab, the first incubator in North America devoted to tourism, culture and entertainment. Its mission is to mentor fledgling startups in different fields from Quebec, Canada and abroad in order to provide innovative solutions to the challenges facing these three industries. The new ideas emerging from this incubator will enhance the city's attractiveness by exploiting the innovative energy of young entrepreneurs.

Par ailleurs, en partenariat avec Tourisme Montréal et la Ville de Montréal, l'Université a mis sur pied en 2017 le premier incubateur consacré au tourisme, à la culture et au divertissement en Amérique du Nord, le MT Lab. Ce dernier a pour mission d'accueillir de jeunes pousses du Québec, du Canada et de l'international provenant de différents domaines pour résoudre par des solutions innovantes les défis de ces trois industries.

Toutes les nouvelles idées qui émergent de cet incubateur permettront de renforcer l'attractivité de Montréal en misant sur la force d'innovation des jeunes entrepreneurs.

Pour un développement responsable de l'intelligence artificielle

L'intelligence artificielle (IA) investit la plupart des sphères de la société. Sa contribution au progrès social et économique est indéniable, mais il est indispensable d'assurer une appropriation sociale harmonieuse et responsable des nouveaux développements qu'elle va engendrer.

C'est la raison pour laquelle l'UQAM a créé HumanIA, un regroupement multidisciplinaire de chercheurs qui s'intéressent aux enjeux sociaux et éthiques associés aux développements technologiques en IA. En plus d'avoir signé un plaidoyer pour la mise en œuvre de politiques publiques à ce sujet, ces chercheurs codirigent le projet LegalIA pour un développement responsable et éthique de l'IA dans les domaines du droit et de la justice. Leur objectif premier est de mesurer les biais potentiels des données en examinant la façon dont ils sont produits.

Les chercheurs de l'UQAM se penchent également sur la question de l'accès à la justice, entre autres sur la possibilité de concevoir un robot de clavardage, capable d'utiliser le langage naturel, qui orienterait les citoyens vers des ressources et des documents juridiques pertinents, en fonction de leurs besoins.

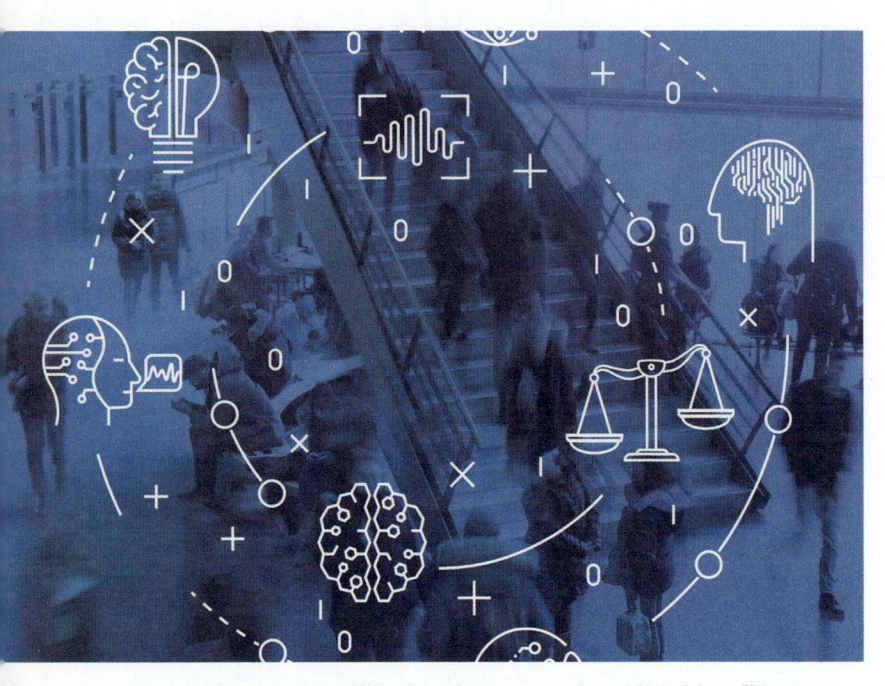

À l'avant-garde en agriculture urbaine

Située en plein cœur de Montréal, l'UQAM, à l'image de la métropole, est à l'avant-garde en agriculture urbaine. Son Laboratoire sur l'agriculture urbaine (AU/LAB) en fait foi. Ses chercheurs supervisent le laboratoire déployé sur le toit du Palais des congrès de Montréal, qui a remporté en 2017 l'AIPC Innovation Award.

Permettant l'expérimentation de nouvelles technologies, ce laboratoire vise notamment à réduire les îlots de chaleur urbaine, à améliorer la qualité de l'air au centre-ville et à encourager les propriétaires immobiliers à passer à l'action en matière de verdissement de leurs toits.

Il comprend, entre autres, une vitrine technologique de toits verts et de jardins potagers en bacs, des ruches d'abeilles pollinisatrices, un système de culture vertical permettant de densifier la production potagère sur une superficie de 6 000 pi2, de même qu'un vignoble, le deuxième du genre dans le monde.

AU/LAB coordonne de plus le Carrefour de recherche, d'expertise et de transfert en agriculture urbaine (CRETAU), dont l'objectif est de favoriser l'efficacité, la rentabilité et la compétitivité des entreprises se consacrant à l'agriculture urbaine.

Towards a responsible development of artificial intelligence

Artificial intelligence (AI) has permeated most segments of society. Although the contribution of AI to social and economic progress is undeniable, it is also essential to ensure the harmonious and responsible social appropriation of the new developments that it will engender.

For this reason, UQAM has created HumanIA, a multidisciplinary group of researchers concerned with social and ethical issues associated with the technological developments of AI. In addition to having signed an appeal for the implementation of public policies on this issue, these researchers co-direct the LegalIA project for the responsible and ethical development of AI in the fields of law and justice. Their primary goal is to measure potential data biases by examining how they are produced.

UQAM researchers are also looking into the issue of access to justice, including the possibility of designing a chatbot, capable of using natural language, who would direct citizens to the relevant legal resources and documents to meet their needs.

At the forefront of urban agriculture

Located in the heart of Montreal, UQAM, like its metropolis, is at the forefront of urban agriculture, as evidenced by its Laboratoire sur l'agriculture urbaine (AU/LAB), an urban agriculture lab. Its researchers oversee the rooftop lab at the Palais des Congrès in Montreal, which won the AIPC Innovation Award in 2017.

Enabling the testing of new technologies, this lab aims to reduce urban heat islands, improve downtown air quality, and encourage property owners to take action on greening their roofs. It includes a technological showcase of green roofs and container vegetable gardens, pollinator bee hives, a system of vertical cultivation densifying vegetable production over an area of 6,000 f.2, as well as a vineyard, the second of its kind in the world.

AU/LAB also coordinates an urban agriculture research, expertise and knowledge transfer centre, the Carrefour de recherche, d'expertise et de transfert en agriculture urbaine (CRETAU), whose objective is to promote the efficiency, profitability and competitiveness of businesses engaged in urban agriculture.

INNOVATE MONTRÉAL

Transport intelligent : des réponses inédites aux enjeux de mobilité

Les métropoles telles que Montréal cherchent des réponses inédites à leurs enjeux de mobilité. La Chaire de recherche-innovation en stratégies intégrées transport-urbanisme (In.SITU) de l'École des sciences de la gestion de l'UQAM se consacre à une problématique innovante dans le domaine des politiques urbaines : celle de l'intégration des stratégies d'aménagement, d'urbanisation et de transport durables.

In.SITU se retrouve aussi au cœur d'un partenariat de recherche qui permet d'offrir des stages aux étudiants qui s'intéressent aux enjeux de mobilité durable et intelligente. L'objectif : évaluer des outils et méthodes pour valoriser les données issues des différentes technologies, en veillant à ce que celles-ci répondent aux besoins des gens ainsi qu'à des conditions d'appropriation et d'acceptabilité sociales.

Des chercheurs de l'UQAM étudient également la logistique urbaine. Des projets de recherche visent à proposer de nouveaux modèles en étudiant le cas de Montréal et en collaborant avec des collègues aux États-Unis, en Italie et en Norvège.

La forêt urbaine : une solution pour mieux vivre en ville

L'importance de la forêt urbaine pour assurer le bien-être de la population est de plus en plus reconnue. Les arbres filtrent l'air, réduisent les îlots de chaleur, diminuent le bruit, augmentent la valeur des propriétés, contribuent à améliorer la santé mentale des gens et abritent une multitude d'organismes vivants qui agrémentent nos vies citadines.

D'où l'importance de déterminer les meilleurs assemblages d'arbres pour favoriser la croissance et la résistance aux stress environnementaux et ainsi créer de véritables mini-écosystèmes. C'est l'un des mandats de la Chaire de recherche CRSNG/Hydro-Québec sur le contrôle de la croissance des arbres.

Entre autres projets, cette chaire travaille à développer une trousse informatique qui servira d'aide à la décision pour la plantation d'arbres et la gestion forestière urbaine. Celle-ci comprendra notamment une analyse des carences en matière de diversité pour chaque municipalité concernée et une base de données géospatiales conforme aux systèmes d'information géographique utilisés dans les villes.

Intelligent transport: new answers to mobility issues

Metropolises like Montreal are seeking new answers to their mobility issues. The Chaire en stratégies intégrées transport-urbanisme (In.SITU) at the UQAM School of Management (ESG UQAM) is dedicated to a new area of research in the field of urban policy: the integration of planning, urbanization and sustainable transport strategies.

In.SITU is also at the heart of a research partnership that offers internships to students interested in issues of sustainable, intelligent mobility. The objective is to evaluate tools and methods to make the best use of data from different technologies, ensuring that they meet people's needs as well as conditions of social appropriation and acceptability.

Researchers at UQAM are also investigating urban logistics, with research projects that offer new models by studying the case of Montreal and collaborating with colleagues in the United States, Italy and Norway.

Urban forests improving the quality of city life

The importance of urban forests for the well-being of the population is increasingly recognized. Trees filter the air, reduce heat islands, diminish noise, increase property values, contribute to mental health, and shelter a multitude of living organisms that brighten our urban lives.

It is therefore important to determine the best tree assemblages to promote growth and resistance to environmental stresses and thus create true mini-ecosystems. This is one of the mandates of the Chaire de recherche CRSNG/Hydro-Québec sur le contrôle de la croissance des arbres.

Among its projects, this Chaire is developing a computer kit that will help in decision making for tree planting and urban forest management. The kit will include an analysis of diversity deficiencies in each municipality and a geospatial database that is consistent with the geographic information systems used in cities.

1430, rue Saint-Denis, Montréal (Québec) | 1430 Saint-Denis Street, Montreal, Quebec | 514 987-3000 | uqam.ca

INNOVATE MONTRÉAL

IVADO :
L'INNOVATION PROPULSÉE PAR LES DONNÉES

En plein cœur du quartier Mile-Ex, Montréal a créé sa cité de l'intelligence artificielle, consolidant sa position comme chef de file mondial dans ce secteur. IVADO y a pignon sur rue, entouré d'un impressionnant réseau de chercheurs universitaires et d'entreprises dans le domaine.

L'Institut de valorisation des données (IVADO) est un centre d'expertise initié par l'Université de Montréal, Polytechnique Montréal et HEC Montréal, en partenariat avec l'Université McGill et l'Université d'Alberta. **Sa vision? Propulser Montréal comme un leader mondial de l'exploitation des données massives, de la donnée à la prise de décision.**

Carburant de l'ère numérique, les données contribuent grandement à la création de valeur économique et sociétale, mais seul un maillage entre le monde universitaire, les entreprises et la société permet de catalyser des projets structurants et collaboratifs concrets qui lèveront les verrous, développeront et valoriseront l'intelligence artificielle (IA).

Crédit photo / Photo credit : Yves Lacombe

> *« La mission d'IVADO est de créer un pont entre deux mondes : l'expertise universitaire et les besoins des entreprises, de la startup à la multinationale, et ce, de manière à trouver des solutions novatrices aux enjeux d'aujourd'hui. »*
>
> *– Gilles Savard, directeur général, IVADO*

UN ÉCOSYSTÈME VIBRANT

En fédérant six centres de recherches de classe mondiale (GERAD, CIRRELT, Mila, CRM, Chaire d'excellence en recherche du Canada sur la science des données pour la prise de décision en temps réel et Tech3lab), IVADO maille plus de 1200 scientifiques, dont ses codirecteurs scientifiques, Yoshua Bengio et Andrea Lodi, avec plus d'une centaine de partenaires universitaires, industriels et gouvernementaux. De la donnée à la prise de décision, leurs expertises portent sur les analytiques descriptives et prescriptives en passant par l'analytique prédictive, la base de l'intelligence artificielle.

IVADO positionne Montréal comme un pôle internationalement reconnu en recherche, en formation et en transfert technologique autour de la science des données, de la recherche opérationnelle et de l'IA. L'Institut est financé par le Fonds d'excellence en recherche Apogée Canada, le ministère de l'Économie et de l'Innovation (MEI), les Fonds de recherche du Québec (FRQ) ainsi que par ses nombreux membres industriels.

Le bassin de chercheurs et de chercheuses et les membres d'IVADO travaillent sur un grand nombre de projets innovants d'outils d'aide à la décision basés sur des modèles algorithmiques appliqués à divers domaines dont l'énergie, le transport, la finance, le commerce, la santé, les ressources naturelles et bien d'autres. IVADO est également impliqué dans des initiatives phares telles que la nouvelle supergrappe d'innovation SCALE.AI sur les chaînes d'approvisionnement propulsées par l'IA ainsi que la Déclaration de Montréal pour un développement responsable de l'IA.

IVADO transforme les découvertes scientifiques en applications innovantes concrètes et en opportunités économiques tout en s'assurant que l'avancement de la recherche en science des données bénéficie équitablement à tous et toutes.

INNOVATE MONTRÉAL

IVADO:
DATA-DRIVEN INNOVATION

Montréal has established its artificial intelligence hub in the heart of the Mile-Ex neighborhood, consolidating the city's position as a global leader in the sector. There, IVADO has taken up residence within an extraordinary network of academic researchers and companies in the field.

The Institute for Data Valorization (IVADO) is a centre of expertise that was created by Université de Montréal, Polytechnique Montréal and HEC Montréal, in partnership with McGill University and the University of Alberta. **Its vision? To make Montreal a global leader in big data mining, from data to decision making.**

Big data is the fuel of the digital era, significantly contributing to the creation of economic and social value. However, only links between academia, the business community and society will catalyze concrete growth-generating collaborative projects to remove barriers and enhance artificial intelligence (AI).

> "IVADO's mission is to bridge two spheres, academic expertise and the needs of businesses from start-ups to multinationals, and find innovative solutions to today's challenges."
>
> – Gilles Savard, CEO, IVADO

A VIBRANT ECOSYSTEM

By bringing together six world-class research centres (GERAD, CIRRELT, Mila, CRM, the Canada Excellence Research Chair in Data Science for Real-Time Decision Making and Tech3lab), IVADO has developed a network of over 1 200 researchers, including its co-scientific directors Yoshua Bengio and Andrea Lodi, and more than 100 academic, industrial and government partners. From data to decision making, their expertise covers descriptive and prescriptive analytical frameworks and predictive analysis: the foundations of AI.

IVADO positions Montreal as an internationally recognized centre for research, training and technology transfer in the fields of data science, operational research and AI. The Institute is funded by the Canada First Research Excellence Fund, the Ministère de l'Économie et de l'Innovation (MEI), the Fonds de recherche du Québec (FRQ) and several industrial members.

IVADO's pool of researchers and members are working on a large number of innovative decision making projects based on algorithmic models applied to various fields including energy, transportation, finance, health, natural resources and many others. IVADO is also involved in flagship initiatives such as the new SCALE.AI innovation supercluster on AI-powered supply chains and the Montreal Declaration for Responsible AI Development.

IVADO transforms scientific discoveries into concrete innovative applications and economic opportunities while ensuring that the benefits stemming from the advancement of data science research are shared equitably by all.

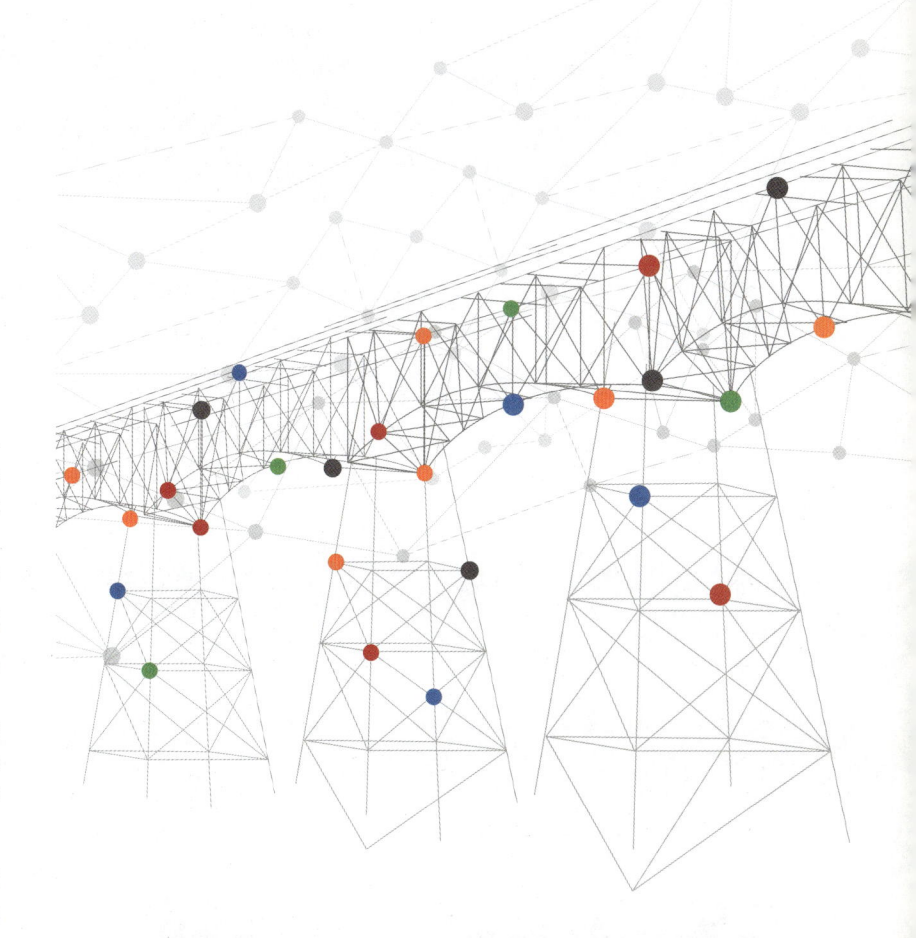

Yoshua Bengio
Directeur scientifique, IVADO
Scientific director, IVADO

Andrea Lodi
Codirecteur scientifique, IVADO
Scientific co-director, IVADO

IVADO — HEC Montréal, Polytechnique Montréal, Université de Montréal

www.ivado.ca

Suivez-nous! Follow us!

90

INNOVATE MONTRÉAL

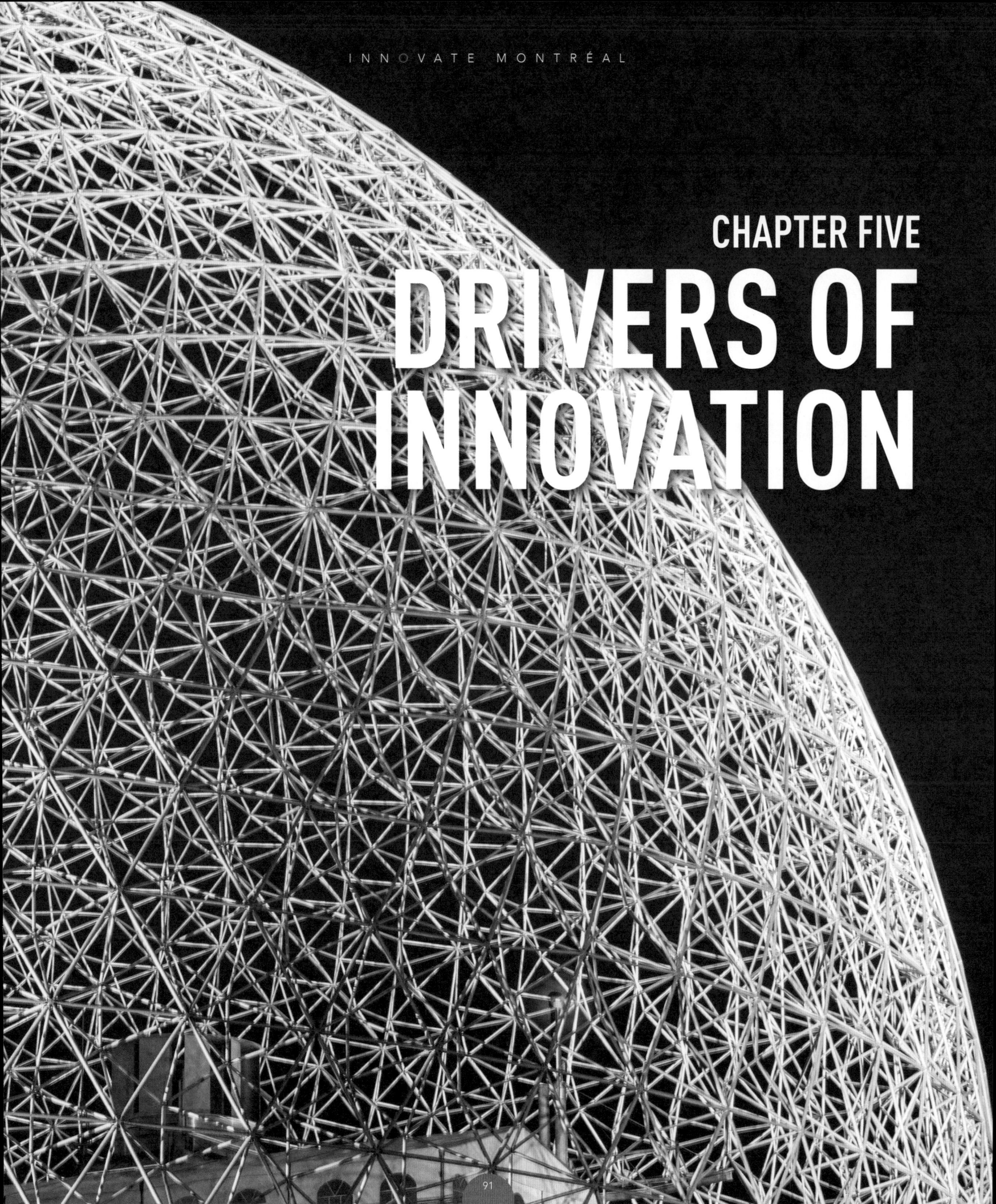

CHAPTER FIVE
DRIVERS OF INNOVATION

INNOVATE MONTRÉAL

DESJARDINS LAB

PLUS QU'UN LABORATOIRE D'INNOVATION MORE THAN JUST AN INNOVATION LAB

Le Desjardins Lab est le laboratoire d'innovation du Mouvement Desjardins. Ses services comprennent du prototypage rapide et de l'exploration technologique. Il contribue de manière engagée au développement de la culture d'innovation en réunissant des personnes qui veulent collaborer afin de créer de la valeur pour les membres et clients de Desjardins.

Se doter d'un laboratoire d'innovation, c'est définir un périmètre dans lequel expérimenter, apprendre, découvrir, repousser les limites, innover. Des mots faciles à dire, mais ô combien difficiles à réaliser. Tout commence par une équipe ayant le goût de changer le monde. La passion et la résilience nécessaires pour persévérer devant l'adversité. Transformer les choses demande d'avoir la sagesse de demeurer incompris pendant de longues périodes de temps.

Ensuite, c'est créer un environnement de travail inspirant et propice à la collaboration et à la co-création.

Enfin, c'est insuffler le leadership pour livrer cette vision!

The Desjardins Lab is Desjardins Group's innovation lab. Its services include fast prototyping and technology exploration. The Lab actively supports the creation of a culture of innovation by bringing together people interested in using innovation to create value for Desjardins members and clients.

Opening an innovation lab means creating a space to experiment, learn, discover, push boundaries and innovate. But that's all easier said than done.

First, you need a team that is driven and resilient in the face of adversity and wants to change the world. A team that understands that it might just take awhile for the rest of the world to catch up. Next, it's about creating a space that inspires, a space for collaboration and co-creation. Finally, you need leadership to execute the vision.

> « Le lab n'est pas l'endroit d'où l'innovation émane nécessairement. Il est composé par des personnes passionnées cherchant à éveiller et à accompagner le créateur en chacun de nous. »
>
> "The lab isn't necessarily the source of innovation. Innovation comes from enthusiastic people working to spark and support the pioneer in each of us."

LE LAB EST DIVISÉ EN QUATRE GRANDS PÔLES :
THE LAB IS DIVIDED INTO FOUR AREAS:

PÔLE EXPÉRIMENTATION
EXPERIMENTATION

Explorer les **technologies** nous permettant de créer un maximum de valeur pour nos membres et clients.
Exploring technology to create maximum value for members and clients.

- **RECHERCHE & DÉVELOPPEMENT** Research & Development
- **PREUVES DE CONCEPTS** Proof of Concept
- **PROTOTYPES FONCTIONNELS** Working Prototypes
- **BREVETS** Patents

PÔLE ACCÉLÉRATION
ACCELERATION

Accompagner les équipes dans leurs projets d'innovation afin de favoriser la créativité et faciliter leur réalisation.
Supporting teams in their innovation projects in order to promote creativity and facilitate their implementation.

- **PROTOTYPES UX** UX Prototypes
- **ACCOMPAGNEMENT** Support & Guidance Design Thinking
- **MISE EN RELATION AVEC L'ÉCOSYSTÈME D'INNOVATION** Ecosystem Mapping

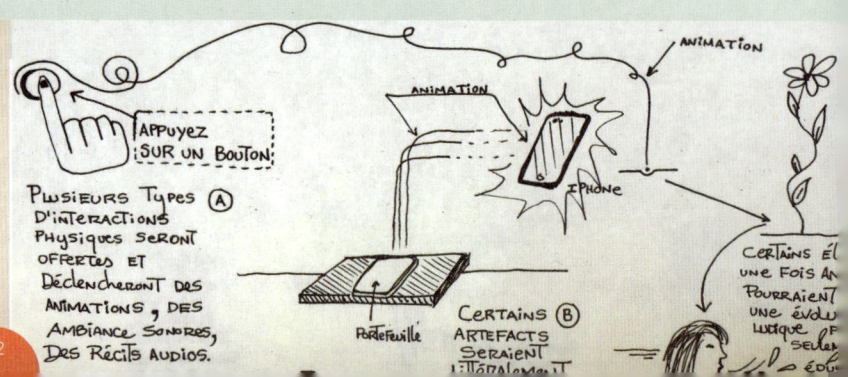

PÔLE EXCELLENCE
EXCELLENCE

Bâtir les **capacités humaines** nécessaires a l'innovation chez nos **employés**. Promouvoir la **culture d'innovation** de l'organisation.
Building the **human skills** needed for innovation to thrive among Desjardins **employees** and promoting an **innovation culture** within the organization.

LES RDV DE L'INNOVATION DU DESJARDINS LAB

- **INSPIRER** par des conférences
  Inspiring talks
- **OUTILLER** par des ateliers
  Workshops
- **CONNECTER** à l'écosystème d'innovation
  Ecosystem Relationships

PÔLE INNOVATION OUVERTE
OPEN INNOVATION

Catalyser l'**intelligence collective** et démocratiser l'accès à **l'entrepreneuriat** afin d'avoir un impact **socio-economique durable.**
Using **collective intelligence** and democratizing **entrepreneurship** to create a positive socio-economic impact.

START**UP** EN RÉSIDENCE
Desjardins

DATACUP BÊTA

Coopérathon

INNOVATE MONTRÉAL

Radio-Canada
DE MÉDIA QUI RASSEMBLE...

LE MANDAT DU DIFFUSEUR PUBLIC

De la radio à la télévision en passant par les appareils mobiles et les assistants vocaux, Radio-Canada fait partie du quotidien des Canadiens, et ce, de leur naissance jusqu'à la fin de leur vie. Éclairer, informer, divertir : tel est son mandat en toutes occasions.

Vivre des histoires • Assister à des moments historiques • Être au courant de l'actualité • Échanger des idées • S'ouvrir au monde • Participer au débat • Être diverti • Comprendre les enjeux • Découvrir de nouveaux talents

---

PARCOURS UTILISATEUR ÉTUDE DE CAS

La démarche de création d'un produit numérique place l'utilisateur au cœur de la stratégie. Le citoyen numérique interagit dans un contexte et un environnement précis, et Radio-Canada l'accompagne dans sa vie au quotidien, peu importe l'endroit. Suivons un parcours fictif, imaginé dans un futur rapproché.

Jovana, 34 ans, enseigne dans une école secondaire de Villeray, un quartier multiethnique de Montréal. Elle consulte le site de Radio-Canada chaque jour afin de préparer un atelier quotidien sur l'actualité pour ses élèves. Cette semaine, **elle souhaite vulgariser la crise mondiale des réfugiés climatiques**, mais en braquant les projecteurs sur le cataclysme qui frappe Haïti et ses habitants. Depuis un an, l'île antillaise est ravagée par moult tremblements de terre et tsunamis, ce qui force sa population à s'exiler plus au nord, aux États-Unis et au Canada. Puisque Jovana est d'origine haïtienne, plusieurs de ses élèves l'ont questionnée à ce sujet. Considérant que cinq de ces jeunes ont de la famille en Haïti et sont directement touchés, elle désire conscientiser toute la classe à cette tragédie qui les ébranle.

6 h

Jovana **se réveille avec la voix de Céline Galipeau sur son haut-parleur intelligent.** L'animatrice du *Téléjournal* l'informe de l'actualité et lui rappelle que le premier ministre annoncera aujourd'hui combien d'Haïtiens entreront au pays ce mois-ci. Pour chasser son anxiété, Jovana lance sa **liste d'écoute matinale personnalisée**, qui comprend des albums exclusifs d'ICI Musique ainsi que des entrevues d'ICI Première et de Radio-Canada.ca. Pour la créer, elle n'a eu qu'à indiquer ses préférences dans l'application audio de Radio-Canada.

En déjeunant, Jovana reçoit une **alerte sur sa montre intelligente** concernant un reportage sur de jeunes étudiants du Québec qui ont créé un site Internet destiné à informer les Haïtiens en exil de la progression géographique de leurs proches. Elle sauvegarde le lien afin de pouvoir l'écouter en route vers l'école.

INNOVATE MONTRÉAL

7 h 30

Le téléphone de Jovana se connecte automatiquement dans sa voiture. **Par une commande vocale**, elle active le reportage, suivi d'un deuxième sauvegardé sur la page Facebook de Radio-Canada. Celui-ci dresse le bilan de tous les séismes ayant secoué Haïti dans la dernière année.

8 h

En classe, avant l'arrivée de ses élèves, Jovana **consulte le site de Curio** sur son téléphone et **lance une recherche** pour trouver des contenus qui portent sur la crise en Haïti. Une vidéo de *Découverte* attire alors son attention. On y explique en détail les phénomènes climatiques qui terrassent son pays d'origine. Elle **ajuste le niveau de langage** en fonction du groupe d'âge de ses élèves. Ceux-ci pourront **regarder la vidéo avec leurs lunettes de réalité augmentée**, puisque l'école participe à un projet pilote technologique.

12 h

À l'heure du lunch, Jovana consulte le site de Radio-Canada. Une webdiffusion du premier ministre lui apprend que ce seront finalement 10 000 Haïtiens que le Canada accueillera, dont 3000 au Québec; elle espère que son oncle et sa cousine seront du nombre. Jovana crée une **liste de contenus vidéo sur l'appli Info de Radio-Canada et détermine l'heure du visionnement** : cinq minutes avant le début de l'atelier, chaque élève recevra une alerte sur sa tablette.

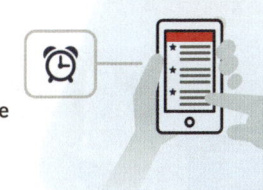

13 h

Avant de commencer l'atelier, Jovana demande à ses élèves s'ils ont fait leur devoir : **visionner un reportage de Rad**, dont le format et le ton plaisent beaucoup aux adolescents. Cette vidéo jette les bases du projet de l'enseignante. Comme les élèves répondent par l'affirmative, l'atelier peut commencer.

15 h 30

À la fin de l'atelier, les élèves échangent entre eux. « Je ne réalisais pas à quel point la crise était importante. J'ai une plus grande compassion pour Jean, Franklin, Amina, Dorothée et Charles, nos cinq compagnons d'origine haïtienne. C'est terrible ce qui arrive à leur famille », témoigne un élève avec émotion.

19 h 30

En soirée, Jovana, exténuée, a grand besoin de se détendre. Elle ouvre Instagram et découvre une *story* qui l'interpelle : la nouvelle saison de sa websérie favorite est offerte en exclusivité aux abonnés ICI Tou.tv Extra. Jovana active l'Apple TV sur sa télé intelligente et **ouvre l'application ICI Tou.tv en s'identifiant à l'aide de l'outil de reconnaissance faciale**. Une fois connectée, elle voit ses contacts en ligne au même moment qu'elle. Son amie Maria est active : ensemble, elles regardent le premier épisode et commentent au moyen de Messenger.

22 h

Il se fait tard; **la voix de Charles Tisseyre rappelle à Jovana qu'il est bientôt l'heure d'aller au lit**. Elle **s'endort au son du livre audio** *L'énigme du retour* de son auteur préféré, Dany Laferrière, offert sur ICI Première.

...À TECHNOLOGIE QUI CONNECTE

UNE MISSION INNOVANTE ET HUMAINE

Radio-Canada a pour mission de faire vivre des expériences humaines. Les algorithmes, l'automatisation et les robots optimisent la vie, mais peu importe les technologies, l'humain aura toujours une place importante.

- Utiliser les données de masse pour mieux comprendre les besoins des utilisateurs
- Concevoir des expériences innovantes pour engager l'auditoire
- Créer des écosystèmes intelligents et complets afin d'acquérir un nouveau public

J'ÉCOUTE JE LIS JE REGARDE
NOS RÉALISATIONS AU FIL DU TEMPS

1995 — Premier site de Radio-Canada.ca

1997 — Lancement de la chaîne audio numérique GALAXIE

2001 — Bandeapart.fm : première webradio

2004 — Premier balado

2007 — Premier SMS lancé par le Centre de l'information

2008 — Jeux olympiques de Pékin : première couverture olympique en ligne au Canada

2009 — Application radio (musicale et parlée) — Application de résultats de hockey — m.radio-canada.ca : le site mobile de nouvelles

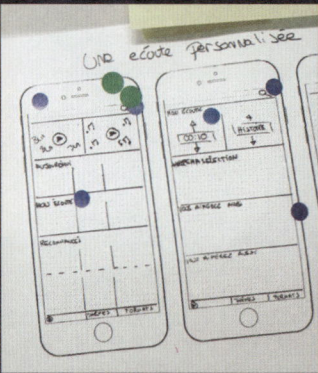

2010 — Application de la Coupe du monde de soccer, suivie de l'application Sports — Site et application ICI RDI — Lancement de la plateforme de divertissement ICI Tou.tv

INNOVATE MONTRÉAL

| 2011 | 2013 | 2014 | 2015 | 2016 | 2017 | 2018 | 2019 |

2019 — Poursuite du mandat qui consiste à faire vivre des expériences humaines et à mettre au point des produits innovants pour le citoyen numérique

2018
- Application Pyeongchang
- Application Radio-Canada Info
- Refonte de l'écosystème d'ICI Tou.tv, avec les plateformes connectées
- Offre audio sur Siri et Alexa

2017
- Refonte de Radio-Canada.ca
- Robots conversationnels : Radio-Canada Info et Jean-Droïde Dufort
- Offre audio sur Google Home

2016
- Création de Rad, le laboratoire de journalisme de Radio-Canada
- Application ICI Première
- Application ICI Musique

2015
- Premier Hackathon des Médias numériques
- Création du RC Lab et de l'Accélérateur d'idées

2014
- Élections Québec : premier tableau de bord électoral interactif

2013
- Curio.ca : portail de contenu pédagogique pour les enseignants
- Audio fil d'ICI Première : écoute en continu et rattrapage
- *C'était Bourgault* : premier livre numérique

2011
- Lancement d'Espace.mu
- ICI Tou.tv : site mobile, application et nouvelle génération de téléviseurs LG

Pour innover, il faut explorer, oser, évoluer et relever tous les défis que cela comporte. Les médias de demain s'imaginent aujourd'hui.

RADIO-CANADA
www.radio-canada.ca

INNOVATE MONTRÉAL

L'INNOVATION DANS L'ŒIL DU RÉGULATEUR
INNOVATION: A REGULATOR'S PERSPECTIVE

Patrick Déry, surintendant de l'encadrement de la solvabilité et responsable exécutif de la stratégie d'innovation; Lise Estelle Brault, directrice principale, fintech, innovation et encadrement des dérivés; Louis Morisset, président-directeur général; Jean-François Fortin, directeur général du contrôle des marchés et responsable exécutif de la stratégie fintech.

Patrick Déry, Superintendent, Solvency and Head, Innovation Strategy; Lise Estelle Brault, Senior Director, Fintech, Innovation and Derivatives; Louis Morisset, President and Chief Executive Officer; Jean-François Fortin, Executive Director, Enforcement and Head, Fintech Strategy

L'Autorité des marchés financiers a pour mission d'encadrer le secteur financier québécois de manière à favoriser son bon fonctionnement et à protéger les consommateurs de produits et services financiers.

Imaginez que vous deviez nommer au moins trois activités liées à la mission de l'Autorité des marchés financiers (AMF). Il est probable que les mots réglementer, surveiller ou enquêter vous viennent spontanément en tête, et que le mot innover ne vous effleure pas l'esprit.

« Pour bien des gens, l'innovation semble incompatible avec la mission d'un organisme de réglementation », reconnaît Patrick Déry, surintendant de l'encadrement de la solvabilité. « Alors que c'est tout le contraire! Pour encadrer un secteur en constante transformation, les régulateurs se doivent d'évoluer en continu. »

Pour les quelque 800 employés de l'AMF, l'innovation évoque trois défis bien circonscrits : améliorer en continu la performance organisationnelle; soutenir le rythme de la transformation numérique de l'industrie; et adapter en conséquence l'encadrement des marchés. Des défis considérables au vu de la vitesse croissante à laquelle déferlent les fintech, ces innovations technologiques appliquées dans l'industrie des services financiers.

« Le rythme accéléré de l'innovation dans le secteur financier nous incite à réévaluer en profondeur nos pratiques, à diversifier nos expertises et à investir davantage dans notre capacité d'innover : en somme, il nous pousse à nous surpasser. » – Louis Morisset, président-directeur général

The mission of the Autorité des marchés financiers (AMF) is to regulate Québec's financial sector to promote its efficiency and protect consumers of financial products and services.

If you were asked to name at least three activities related to the AMF's mission, *regulate, oversee* and *investigate* would likely come to you right away. The word *innovate* probably wouldn't cross your mind.

"For many people, innovation seems incompatible with a regulator's mission," says Patrick Déry, Superintendent, Solvency. "And yet, nothing could be further from the truth. To effectively supervise an ever-changing sector, a regulator has to continually evolve."

INN O VATE MONTRÉAL

For the approximately 800 employees of the AMF, innovation calls to mind three clearly defined challenges: continually improving organizational performance, keeping pace with the digital transformation of the industry, and adapting market regulation accordingly. Given the increasing speed at which technological innovations known as fintech are altering the financial services landscape, these challenges are considerable.

"The accelerated pace of innovation in the financial sector is causing us to thoroughly review our practices, diversify our expertise, and invest more in our ability to innovate. In short, it's pushing us to do better!"
— Louis Morisset, President and Chief Executive Officer

Un groupe de travail fintech qui change les perceptions

En 2016, nous avons mis sur pied un groupe de travail multisectoriel dédié aux fintech qui compte aujourd'hui près de 80 membres. Nos travaux portent notamment sur les registres distribués, les cryptomonnaies, les solutions de paiement mobile, les plateformes de financement, les regtech, les outils automatisés, les mégadonnées et les objets connectés.

Les membres du groupe de travail se sont engagés dans une démarche d'apprentissage, de représentation, de consultation et d'échanges qui a permis à l'AMF de se positionner dans l'écosystème fintech comme un régulateur ouvert au dialogue et à l'innovation.

« Une telle ouverture n'est pas si naturelle pour les régulateurs de ce monde », souligne Jean-François Fortin, directeur général du contrôle des marchés. « Elle est cependant essentielle pour connaître et comprendre les fintech. Nous sommes fiers du travail accompli pour aider les start-up québécoises à naviguer dans l'encadrement réglementaire, comme nous sommes fiers des efforts investis pour contrer les pratiques frauduleuses émergentes sur les marchés. »

A fintech working group that is changing perceptions

In 2016, we set up a multi-sector working group dedicated to fintech. Today, the working group is made up of nearly 80 members. Its work focuses, in particular, on distributed ledgers, cryptocurrencies, mobile payment solutions, funding platforms, regtech, automated tools, big data, and connected devices.

The members of the working group have participated in a process of learning, representation,

INNOVATE MONTRÉAL

consultation and discussion, enabling the AMF to position itself in the fintech ecosystem as a regulator open to dialogue and innovation.

"Being open doesn't come very naturally to the regulators of this world," explains Jean-François Fortin, Executive Director, Enforcement. "But you have to be open if you want to know and understand fintech. We're proud of the work we've done to help Québec start-ups navigate the regulatory environment, just as we're proud of our efforts to fight emerging fraudulent practices."

Un laboratoire fintech pour développer expertise et performance

En 2017, nous avons mis sur pied un laboratoire fintech afin d'analyser les nouvelles technologies utilisées dans l'industrie et d'en tester les possibilités d'application dans nos propres champs d'activités. Nous y innovons en continu avec des étudiants universitaires passionnés par l'intelligence artificielle et l'analyse de données, et mobilisés par notre mission de protéger les consommateurs de produits et services financiers.

INNOVATE MONTRÉAL

« Le laboratoire nous donne accès à des expertises technologiques de pointe que peu d'organismes publics peuvent s'offrir. C'est une formidable plateforme d'échange de connaissances et d'expériences entre l'AMF et le milieu universitaire montréalais. » — Lise Estelle Brault, directrice principale, fintech, innovation et encadrement des dérivés

A fintech lab to develop expertise and performance

In 2017, we established a fintech lab to analyze new technologies used in the industry and test their potential application in our own areas of activity. Our lab, drawing on the skills of university students who are passionate about artificial intelligence or data analysis and motivated by our mission to protect consumers of financial products and services, is a source of constant innovation.

"The lab gives us access to leading-edge technological expertise few public bodies can afford. It's an excellent platform for knowledge and experience sharing between the AMF and Montréal's academic community." — Lise Estelle Brault, Senior Director, Fintech, Innovation, and Derivatives

Un incubateur d'innovation mobilisant

Parce que l'innovation n'est pas que technologique, nous avons mis en œuvre un incubateur d'innovation ouvert à tous. Des employés issus de nos différents secteurs d'activités y relèvent des défis soumis par nos équipes, suivant une démarche agile et créative. Notre incubateur produit des solutions innovantes, favorise le développement des connaissances et génère de l'enthousiasme à profusion!

A motivating innovation incubator

Because innovation has more than just a technological side, we've created an innovation incubator that is open to everyone. Employees from across all our areas of activity use an agile and creative approach to tackle challenges submitted by our teams. Our incubator yields innovative solutions, promotes knowledge building, and generates lots of enthusiasm!

AUTORITÉ DES MARCHÉS FINANCIERS

www.lautorite.qc.ca

INNOVATE MONTRÉAL

INSTITUT NATIONAL DU SPORT DU QUÉBEC

At the Olympic and Paralympic Games, differences that are often minimal separate medallists from other competitors. To stand out from other competitors, our athletes need to focus not only on their talent and efforts, but also on scientific and technological advances.

Supporting nearly 3,000 high-level and next-generation athletes who are preparing for the Olympic and Paralympic Games, Institut national du sport du Québec has an ambitious three-pronged scientific and technological program: specialized support, research and innovation.

The Institut's sports medicine and scientific staff and network of regional multi-sport centres offer a range of highly specialized services on a daily basis: performance determinants assessment tests, training load feedback, recovery techniques, strategies to reduce the negative impact of environmental factors (heat, jet lag, altitude, etc.), injury prevention and reathletization strategies, customized physical preparation and nutrition, etc.

Research (physiology, biomechanics, nutrition, psychology, neuroscience, medicine, etc.) and innovation work (engineering, computer programming, etc.) are conducted in the Institut's laboratories and sports platforms at the Montreal Olympic Park, or with academic or industrial partners. The focus is on cutting-edge areas such as data science, artificial intelligence, virtual reality and augmented reality. Robotics will be added in the medium term.

The Institut's many current research and innovation activities include:
- programming a phone application to help athletes and coaches reduce the negative impact of overseas travel;
- development of artificial intelligence to assess the technique of high-performance divers using simple video recordings; and
- machine-learning assessment of training to further improve performance while reducing the risk of injury.

In short, at Institut national du sport du Québec, research and innovation with a focus on cutting-edge fields boosts support for elite athletes.

INNOVATE MONTRÉAL

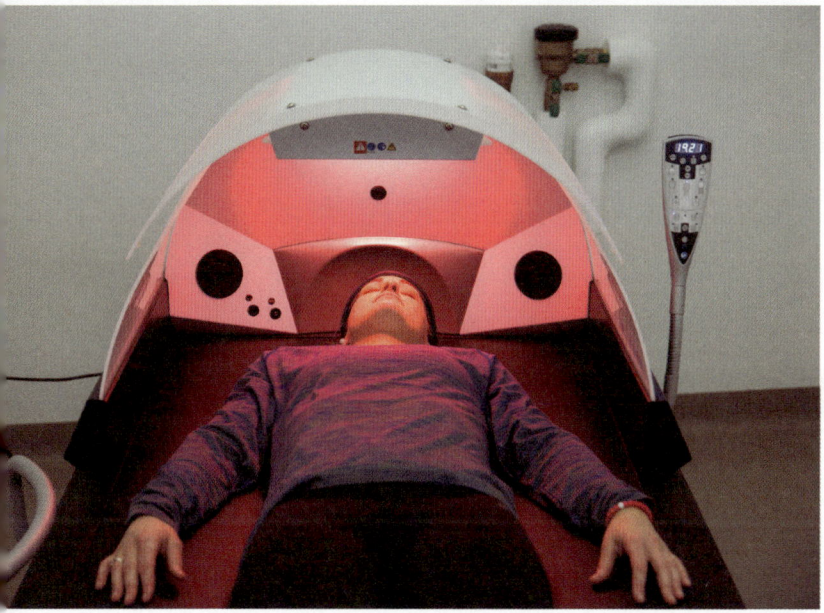

Aux Jeux olympiques et paralympiques, des différences souvent minimes séparent les médaillés des autres compétiteurs. Pour se démarquer des autres concurrents, nos athlètes ont donc besoin de miser non seulement sur leur talent et leurs efforts, mais aussi sur des avancées scientifiques et technologiques.

Soutenant près de 3000 athlètes de haut niveau et de la relève qui se préparent pour les Jeux olympiques et paralympiques, l'Institut national du sport du Québec a un ambitieux programme scientifique et technologique en trois volets : soutien spécialisé, recherche et innovation.

Le personnel médico-sportif et scientifique de l'Institut et de son réseau de centre régionaux multisports offre au quotidien une panoplie de services hautement spécialisés : tests d'évaluation de déterminants de la performance, rétroaction sur la charge d'entraînement, techniques de récupération, stratégies pour réduire les effets négatifs de facteurs environnementaux (chaleur, décalage horaire, altitude, etc.), stratégies de prévention de blessures et de réathlétisation, préparation physique et nutritionnelle personnalisée, etc.

Les travaux de recherche (physiologie, biomécanique, nutrition, psychologie, neurosciences, médecine, etc.) et les travaux d'innovation (ingénierie, programmation informatique, etc.) sont menés dans les laboratoires et les plateaux sportifs de l'Institut au Parc olympique de Montréal, ou chez des partenaires universitaires ou industriels. L'accent est mis sur des domaines d'avant-garde comme la science des données, l'intelligence artificielle, la réalité virtuelle et la réalité augmentée. Des travaux en robotique s'ajouteront à moyen terme.

Parmi les nombreuses activités actuelles de recherche et d'innovation de l'Institut figurent notamment les suivantes :
- programmation d'une application pour téléphone aidant athlètes et entraîneurs à réduire les effets négatifs des déplacements transméridionaux;
- développement d'une intelligence artificielle permettant d'apprécier la technique de plongeurs de haut niveau à l'aide de simples enregistrements vidéo;
- appréciation, par apprentissage machine, des composantes de l'entraînement sportif permettant d'améliorer davantage la performance tout en réduisant le risque de blessure.

Bref, à l'Institut national du sport du Québec, la recherche et l'innovation misant sur des domaines de pointe dynamise le soutien à l'élite sportive.

Institut national du sport du Québec
4141 Pierre-De-Coubertin
Montreal, Quebec H1V 3N7
T. 514-255-1000 F. 514-255-1008
Email: info@insquebec.org
Website: www.insquebec.org
Twitter: twitter.com/INSQuebec
Instagram: instagram.com/insquebec/
Facebook: facebook.com/INSQuebec/

Montreal NewTech

> "The year 2019 will be a pivotal year for us, this is the first time we will request a grant to advance our mission within the Montreal startup community. We rely on our values and strengths, and our complementary partnerships with existing initiatives. The goal is to help accelerate initiatives, to gather, and to complete where it's needed."
>
> Ilias Benjelloun, President and Open Innovation Director at Montreal NewTech

MTL NewTech is a non-profit organization dedicated to the success of Montreal startup entrepreneurs since 2008. We passionately labour throughout the year to stimulate entrepreneurship. But, WHY we do WHAT we do and WHO we do it for?

All our initiatives such as, start-up kits, demo days, newsletters, collaborative events are crafted with a lot of careful thought and purpose that are tailored to the needs of entrepreneurs and we're thrilled to be sharing this journey with you.

In the last 20 years, sustained efforts by both government and private sectors have established Montreal as a dynamic and thriving innovation hub. With access to six world class universities and 12 of the finest colleges, our city offers top class education and global perspective – attracting the best talent and diversity from around the world. Furthermore, as a pioneer in deep learning (MILA), led by world-renowned researchers such as Yoshua Bengio, we've continued to strengthen our position as a global hub for AI research and innovation, attracting the world's most influential tech companies, including Google, Samsung, Facebook and Microsoft. We're also at the center of the Canadian gaming industry and a significant innovation hub for advanced manufacturing and robotics.

Entrepreneurship is the major driver of innovation, competitiveness and growth. As such, Montreal is supported by a strong network of incubators, accelerators, mentoring programs, and community events. However, what it lacked was the awareness and access to these resources in the Startup landscape. The lack of information on the available resources was a barrier to entrepreneurs.

We at Montreal NewTech have designed our programs to address this gap. It is our imperative that the wider community is inspired and has the opportunity to meet peers, to be trained, and to be aware of all available resources to launch and establish a startup in Montreal successfully. In particular, events and meetings are unique opportunities to learn, share, network, build trusting relationships, strengthen community connections, and create opportunities for creative collaborations.

Whether you are a first time or a serial entrepreneur, we educate and connect you with Montreal's startup ecosystem and help navigate the complex web of information and resources. We're driven by our values and mission to progressively advance these 5 key tenets that form the center of our mission:

1. Enable entrepreneurs and start-ups to connect with existing resources and infrastructure
2. Accelerate the creation of science and deep technology-based startups
3. Promote diversity and inclusion
4. Facilitate technology commercialization through creative collaborations and open innovation
5. Promote startups with social impact

This year, we've engaged and empowered our community through 22 collaborative events. Each and every one of our events can be traced to serving at least one of our 5 key tenets.

INNOVATE MONTRÉAL

MTL NewTech est un organisme à but non lucratif dédié, depuis 2008, au succès des jeunes entrepreneur.e.s montréalais.e.s. Nous travaillons avec passion tout au long de l'année pour stimuler l'entrepreneuriat. Mais, pourquoi faisons-nous ce que nous faisons et pour qui le faisons-nous?

Toutes nos initiatives telles que : les startups kits, les démos days, les infolettres et les événements collaboratifs sont conçus et réalisés, avec beaucoup de soins et de réflexion, dans un objectif adapté aux besoins des entrepreneur.e.s. Nous sommes ravis de faire ce voyage avec vous.

Au cours des 20 dernières années, les efforts soutenus des secteurs public et privé ont fait de Montréal un pôle d'innovation dynamique et florissant. Avec un accès à 6 universités de classe mondiale et à 12 des meilleurs collèges, notre ville offre une éducation de première catégorie et d'envergure internationale - attirant des talents d'une grande diversité depuis le monde entier. En outre, en tant que pionnier de l'apprentissage approfondi « deep learning » (MILA), dirigé par des chercheurs de renommée mondiale tels que Yoshua Bengio, nous avons continué à renforcer notre position de centre mondial de recherche et d'innovation en intelligence artificielle, en attirant les sociétés de technologie les plus influentes au monde telles que : Google, Samsung, Facebook et Microsoft... Nous sommes également au centre de l'industrie canadienne du jeu vidéo et d'un pôle d'innovation important pour la technologie de fabrication avancée et la robotique.

L'entrepreneuriat est le principal moteur de l'innovation, de la compétitivité et de la croissance. À ce titre, Montréal s'appuie sur un solide réseau d'incubateurs, d'accélérateurs, de programmes de mentorat et d'événements communautaires. Cependant, ce qui lui manquait était une connaissance de ressources existantes et l'accès à ces dernières. Le manque d'informations sur les ressources disponibles constituait un obstacle, dans le paysage des startups, pour les entrepreneur.e.s

À Montréal NewTech, nous avons conçu nos programmes pour combler cette lacune. Il est impératif que la communauté dans son ensemble soit inspirée et ait l'occasion de rencontrer des pairs, d'être formée et de connaître toutes les ressources disponibles pour concevoir et réussir une startup à Montréal. Événements et réunions sont des occasions uniques d'apprendre, de partager, de réseauter, d'établir des relations de confiance, de resserrer les liens avec la communauté et de créer des collaborations créatives.

Que vous soyez un.e novice ou un.e entrepreneur.e en série, nous vous informons et vous connectons à l'écosystème montréalais des startups et vous aidons à naviguer dans ce réseau complexe d'informations et de ressources. Nous sommes motivés par nos valeurs et notre mission qui reposent sur 5 principes clés :

1. Permettre aux entrepreneur.e.s et aux entreprises en démarrage de se connecter aux ressources et infrastructures existantes
2. Accélérer la création de startups scientifiques et technologiques
3. Promouvoir la diversité et l'inclusion
4. Faciliter la commercialisation de la technologie grâce à des collaborations créatives et à l'innovation ouverte
5. Promouvoir les startups à impact social

Cette année, nous avons mobilisé et valorisé notre communauté par le biais de 22 événements collaboratifs. Chacun de nos événements peut être attribué à au moins l'un de nos 5 principes clés.

bonjour@mtlnewtech.com
mtlnewtech.com

« L'année 2019 sera une année charnière pour nous, c'est la première fois que nous demanderons une subvention pour faire progresser notre mission au sein de la communauté des startups de Montréal. Nous nous appuyons sur nos valeurs et nos forces, ainsi que sur nos partenariats avec des initiatives existantes. L'objectif est d'aider à accélérer les initiatives, à rassembler et à compléter ces initiatives-là où le besoin s'en fait sentir »
– Ilias Benjelloun, président et directeur de l'innovation ouverte chez Montréal NewTech

MOBILISER
MOBILIZATION
INNOVER
INNOVATION
RAYONNER
PROMOTION

The Greater Montréal technology cluster mobilizes tech leaders by multiplying connections between the various stakeholders, enriching business climate and implementing strategies to foster innovation, competitiveness and growth, as well as to promote the industry.

techno MONTRéAL

La Grappe des technologies du Grand Montréal mobilise les chefs de file des technologies en multipliant les ponts entre les divers acteurs afin d'enrichir le climat d'affaires et de mettre en œuvre des stratégies qui accélèrent l'innovation, la compétitivité, la croissance et le rayonnement de l'industrie.

INNOVATE MONTRÉAL

TECHNOMONTRÉAL
FOCUSED ON INNOVATION | *L'INNOVATION AU CŒUR DE LA MISSION*

Collaboration

With the accelerated digital transformation and technology's increased contribution to societies' economy, TechnoMontréal, Greater Montréal's technology industry cluster, has become a key player in the region's economic development.

Greater Montréal accounts for 70% of Québec's tech industry. The sector is a pillar for the metropolis, with 5,250 companies and 107,500 highly skilled jobs, generating twice the GDP growth reached by the rest of the province's economy, and job creation in the area is growing three times as quickly than in the rest of Québec.

"It is by bringing together economic, political and academic forces that we will create added value. This collective creativity is in Montréal's DNA."

"We have been mobilizing all this energy for more than a decade now, and launched major initiatives, such as the Smart City and Montréal's Smart City application process; technopolys, the industry's greatest promotional strategy; and Centre québécois d'innovation en commerce de détail."

To meet the challenges and leverage opportunities of the digital world, TechnoMontréal is mobilizing a comprehensive network of partners to build bridges between players of the industry, such as entrepreneurs, scientists and investors. TechnoMontréal plays the role of a catalyst through the implementation of strategies that provide high level interaction among partners, in order to collectively monitor the evolution of economic conditions, adapt and benefit from them.

Innovation

Within the Innovation Working Group, actors of the cluster work closely to enhance the impact of technology on society and the transformation of the city's major sectors, such as healthcare and transportation. The Working Group aims its efforts toward the evolution of disruptive technology that are changing market business models, and establishing the organization's vision with regard to innovation.

TechnoMontréal is focused on growing the main vertical technology markets: healthcare and connected living environments, smart transportation and retail. In an aim to encourage complementarity, the strategies developed are a result of partnerships with key players of each market targeted by the cluster. Together, they put into action common projects with a structuring impact, based on user needs and driven by the industry.

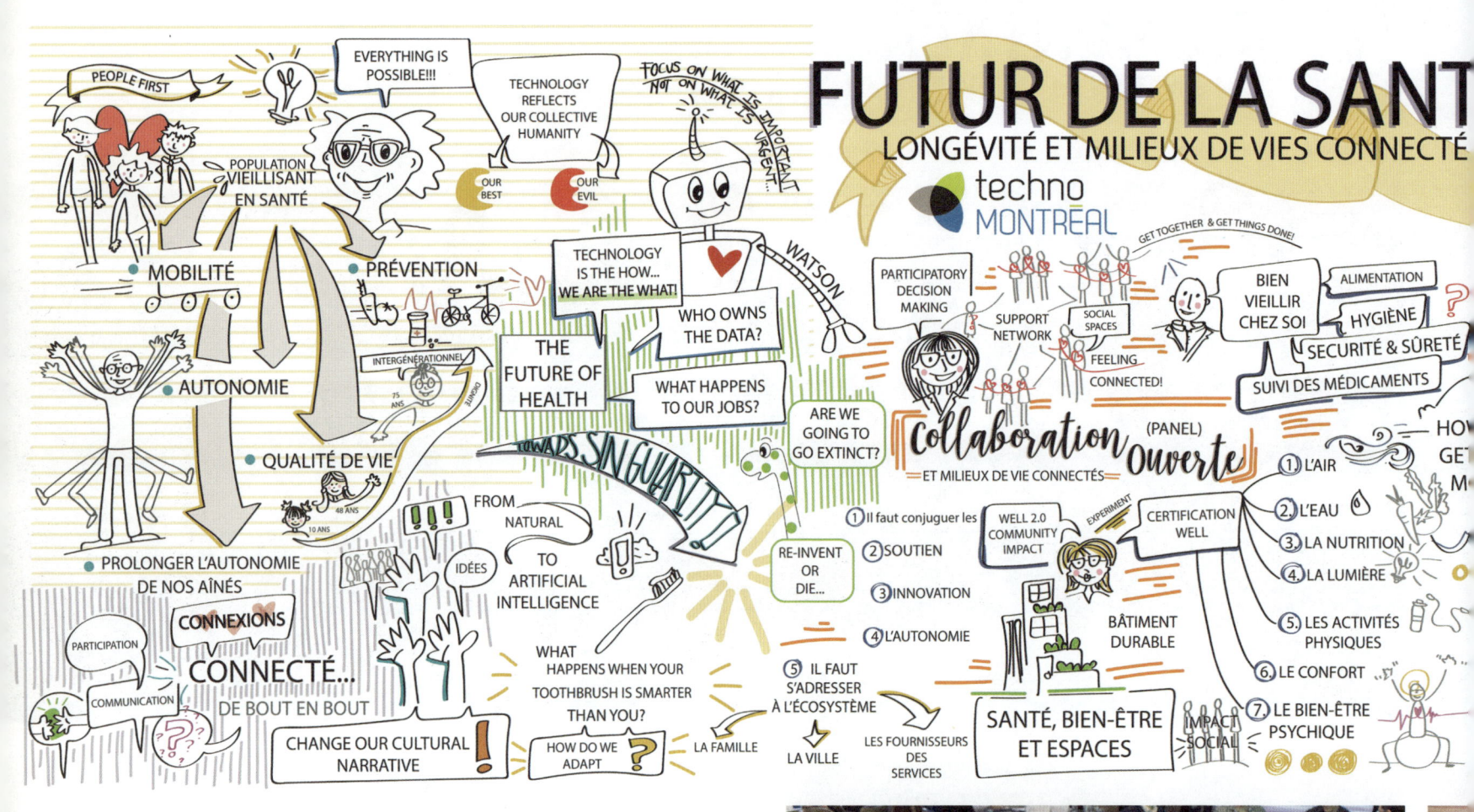

Influence

Since 2017, hundreds of technology companies joined forces to create technopolys, the greatest promotional movement of Québec's tech industry. This unprecedented strategy was launched in 2016 by TechnoMontréal's Industry Promotion Working Group. Through a series of joint actions, Technopolys is generating a sense of great collective pride and contributing to the recognition of the industry's importance, both locally and abroad.

The success of Technopolys relies on the pooling of resources among organizations that are active within the province, and in the creation of initiatives that complement existing ones, the movement acting as a powerful amplifier of individual actions. Technopolys is brought forward by the unparalleled support of the industry: in its first year of existence, it gained the support of more than 350 committed companies and organizations, and over 35 ambassadors across the province, all sharing the strong message of their pride in our industry.

The enthusiasm of the technology industry helps Technopolys stengthen its positive image with the general public. It also increases the perception that government policy and investments in the tech sector, as well as our companies' achievements, contribute to Québec's economy, the innovation ecosystem and citizens' well-being. The strategy therefore also ignites interest in technology-related careers, namely among young women. Now that attention is being drawn to Québec's technological success, Technopolys may focus on promoting the industry on an international scale.

Collaboration

Avec l'accélération de la transformation numérique et la contribution accrue des technologies à l'économie des sociétés, TechnoMontréal, la grappe industrielle des technologies du Grand Montréal, est devenu un acteur incontournable du développement économique de la région.

Le Grand Montréal représente 70% de l'industrie technologique du Québec. Le secteur d'activité représente un pilier de la métropole avec 5 250 entreprises et

« C'est en rassemblant les forces économiques, politiques et universitaires que nous créerons de la valeur ajoutée. Cette créativité collective est dans l'ADN de Montréal. »

INNOVATE MONTRÉAL

« Nous mobilisons ces énergies depuis plus de 10 ans déjà, et sommes à l'origine de grands projets, comme la Ville Intelligente et la candidature de Montréal ville intelligente, technopolys, la plus grande stratégie de promotion de l'industrie et le Centre québécois d'innovation en commerce de détail. »

Innovation

Au sein du Chantier Innovation, les acteurs de la Grappe collaborent étroitement pour accroître l'impact qu'ont les technologies en matière de transformation des secteurs clés de la métropole, tels que la santé et le transport. Ce chantier concentre ses travaux sur l'évolution des technologies de rupture qui transforment les modèles d'affaires des marchés et établit la vision de l'innovation de l'organisme.

TechnoMontréal concentre ses efforts sur le développement des principaux marchés « verticaux » des technologies : santé et milieux de vie connectés, transport intelligent et commerce de détail. Nés avant tout d'un souhait de complémentarité, les stratégies développées reposent sur des partenariats avec les acteurs clés de chacun des marchés visés par la grappe. Ensemble, ceux-ci mettent en action des projets structurants pilotés par l'industrie et répondant à des objectifs communs.

Rayonnement

Depuis 2017, des centaines d'entreprises en technologie font front commun pour former technopolys, le plus important mouvement de rayonnement de l'industrie du Québec. Cette stratégie sans précédent a été initiée en 2016 par le Chantier Promotion de l'industrie de TechnoMontréal. Par une série d'actions concertées, Technopolys génère un grand sentiment de fierté collective et une reconnaissance de l'importance de notre industrie, ici comme à l'étranger.

Le succès de technopolys, qui agit comme un levier amplificateur des actions individuelles, repose sur la mise en commun des ressources entre les organisations actives dans la province et la mise sur pied d'initiatives complémentaires à celles existantes. Le mouvement Technopolys s'appuie sur une adhésion industrielle sans précédent qui a bénéficié, dès sa première année, de l'engagement de plus de 350 entreprises et organismes, et au-delà de 35 ambassadeurs aux quatre coins de la province portant haut et fort cette fierté de l'industrie. L'enthousiasme de l'industrie des technologies permet à Technopolys d'ancrer solidement son image positive auprès du grand public. Cela favorise aussi la perception que les politiques et les investissements gouvernementaux dans le secteur des technologies, ainsi que les succès de nos entreprises, contribuent à l'économie québécoise, à l'écosystème de l'innovation et au bien-être des citoyens, créant un effet d'entraînement vers ce type de carrières, notamment auprès des jeunes femmes. C'est avec la mise en valeur des réussites en technologie que Technopolys peut aujourd'hui promouvoir l'industrie à l'international.

107 500 emplois hautement qualifiés générant une croissance du PIB deux fois plus rapide que l'ensemble de l'économie, ainsi qu'une croissance de l'emploi trois fois plus rapide que le reste de l'économie.

Pour faire face aux défis et aux opportunités du numérique, TechnoMontréal mobilise et déploie auprès des entrepreneurs, chercheurs et investisseurs, un réseau de partenaires complet afin d'établir des ponts entre les joueurs de l'industrie. TechnoMontréal joue un rôle de catalyseur par la mise en œuvre de stratégies créant un degré élevé d'interaction entre les partenaires, en vue d'anticiper collectivement l'évolution des circonstances économiques, de s'y adapter et d'en tirer profit.

techno MONTRÉAL
www.technomontreal.com

INNOVATE MONTRÉAL

technopolys

THE GREATEST PROMOTIONAL MOVEMENT OF QUÉBEC'S TECHNOLOGY INDUSTRY
LE PLUS GRAND MOUVEMENT DE PROMOTION DES TECHNOLOGIES DU QUÉBEC

Initiated by TechnoMontréal, Technopolys draws on the sense of pride within the industry. It aims to increase knowledge about its contribution to the economy, the innovation ecosystem and citizens' quality of life; promote entrepreneurship, technology careers and the teaching programs that lead to them; as well as increase international recognition of Québec as a digital innovation hub.

Leveraging our pride in this high growth industry and its amazing team work, the Technopolys strategy is now supported by 350 partner companies and organizations. This unprecedented mobilization shows the extraordinary impact of the vibrant ecosystem that is the Québec technology industry.

Québec: at the heart of the digital revolution

According to the 2018 ICT Industry Workforce Analysis issued by TECHNNOCompétences, this sector, that is comprised of our universities, college networks and specialized schools; research centres; governments; 7,530 companies; and 210,000 IT professionals, generates $31.8B in revenue.

A driving force for job creation, the growth of the technology industry in 2017 was three times faster than for the rest of the Québec economy, with $16.1B; its GDP increased twice as quickly as for the overall economy; it received $860M in venture capital investment, i.e. 65% of all dollars invested in Québec.

Montréal, a digital metropolis with a multitude of thriving startups

Based on a 2016 report, Montréal's startup ecosystem includes:
- 1,800 to 2,600 startups
- A $382.4M GDP

> "We are extremely creative in Québec! Sometimes we joke, suggesting there must be something in the water here... We have a good reputation, we're well recognized on the international front for our vision and our innovative solutions. Naturally, we must come together, instead of working in silos. When you have common challenges, you're stronger as a team to convey a message. A single voice to build a powerful Québec brand!"
> – Isabelle Bettez, 8D Technologies Co-Founder and Technopolys ambassador

- $360M in invested funds
- 8,000 employees, including 41% who are born in other countries
- The highest number of Living Labs in North America

The Technopolys movement is embodied by the leaders of our industry

Technopolys ambassadors are calling upon their respective networks to ensure the growth of the movement and to promote the industry in Québec and around the world:
- Sylvain Carle – Partner, Real Ventures
- Yoshua Bengio – Scientific Director - Quebec Artificial Intelligence Institute (Mila)
- Isabelle Bettez – Co-Founder of 8D Technologies and Board Member, Motivate
- Louis-Philippe Maurice – Busbud Co-founder and CEO
- Serge Godin – CGI Founder and Executive Chairman of the Board

The Technopolys network of ambassadors is growing and should reach the 100 mark soon, with a strong team of leaders committed to the movement throughout Québec and abroad.

StarTech

As part of our promotional efforts for Québec technology, a series of articles was published online to showcase companies and entrepreneurs from the industry, as well as promote their achievements. Through the StarTech program, Technopolys met with a number of leaders in 2017-2018, telling each of their fascinating stories to Quebecers.

StarTech Videos were launched in November 2018, featuring a new lineup of companies, with CEO interviews and an overview of the organizations' activities and culture.

Women and Technology

The greater the diversity within the ecosystem, the stronger it will be on the world stage, especially considering the major challenge the talent race currently poses for many tech companies and those that are using technology as part of their growth strategy.

The Technopolys movement therefore speaks to women, encouraging them to choose careers in technology sectors and to take on key roles, and it is targeting young girls, the leaders of the future.

INNOVATE MONTRÉAL

Initié par TechnoMontréal, Technopolys mise sur la fierté de son industrie et vise une connaissance accrue de sa contribution à l'économie, à l'écosystème de l'innovation et au bien-être des citoyens; la valorisation de l'entrepreneuriat, des carrières technologiques et des programmes d'enseignement qui y conduisent; ainsi que la reconnaissance internationale du Québec en tant que bastion d'innovation numérique.

Misant sur la fierté de notre industrie en pleine croissance et le travail d'équipe de celle-ci, la stratégie Technopolys compte à ce jour 350 entreprises et organismes partenaires. Cette mobilisation sans précédent démontre la force d'impact de l'écosystème dynamique que représente l'industrie des technologies du Québec.

Le Québec, au cœur de la révolution numérique

Selon le Diagnostic sectoriel de la main-d'oeuvre en technologie 2018 émis par TECHNNO-Compétences, ce secteur formé de nos universités, réseaux de collèges et d'écoles spécialisées; de centres de recherche; gouvernements; 7 530 entreprises; et 210 000 professionnels en TI, génère 31,8 G $ de revenus.

Moteur de création d'emploi, la croissance de l'industrie des technologies en 2017 a été 3Xplus rapide que celle du reste de l'économie québécoise, avec 16,1 G $; son PIB a augmenté 2Xplus rapidement que celui de l'ensemble de l'économie; et elle a reçu des investissements de 860 M $ en capital de risque, soit 65 % de la totalité des dollars investis au Québec.

Montréal, une métropole numérique de startups prospères et diversifiées

Selon un portrait de 2016, l'écosystème de startups de Montréal compte :
- 1 800 à 2 600 startups
- 382,4 M $ de PIB
- 360 M $ de fonds investis
- 8 000 employés, dont 41 % sont nés à l'étranger
- le plus grand nombre de Living Labs en Amérique du Nord

> « Nous sommes extrêmement créatifs au Québec! Parfois on rigole, en disant qu'il doit y avoir quelque chose dans l'eau ici… On est bien perçus, reconnus à l'international pour notre créativité, nos solutions innovantes. On a tout intérêt à se regrouper plutôt que de travailler en silos. Quand on a des enjeux communs, on a plus de force en équipe pour porter un message. Une seule voix pour créer une marque forte du Québec! »
> – Isabelle Bettez, cofondatrice de 8D Technologies et ambassadrice technopolys

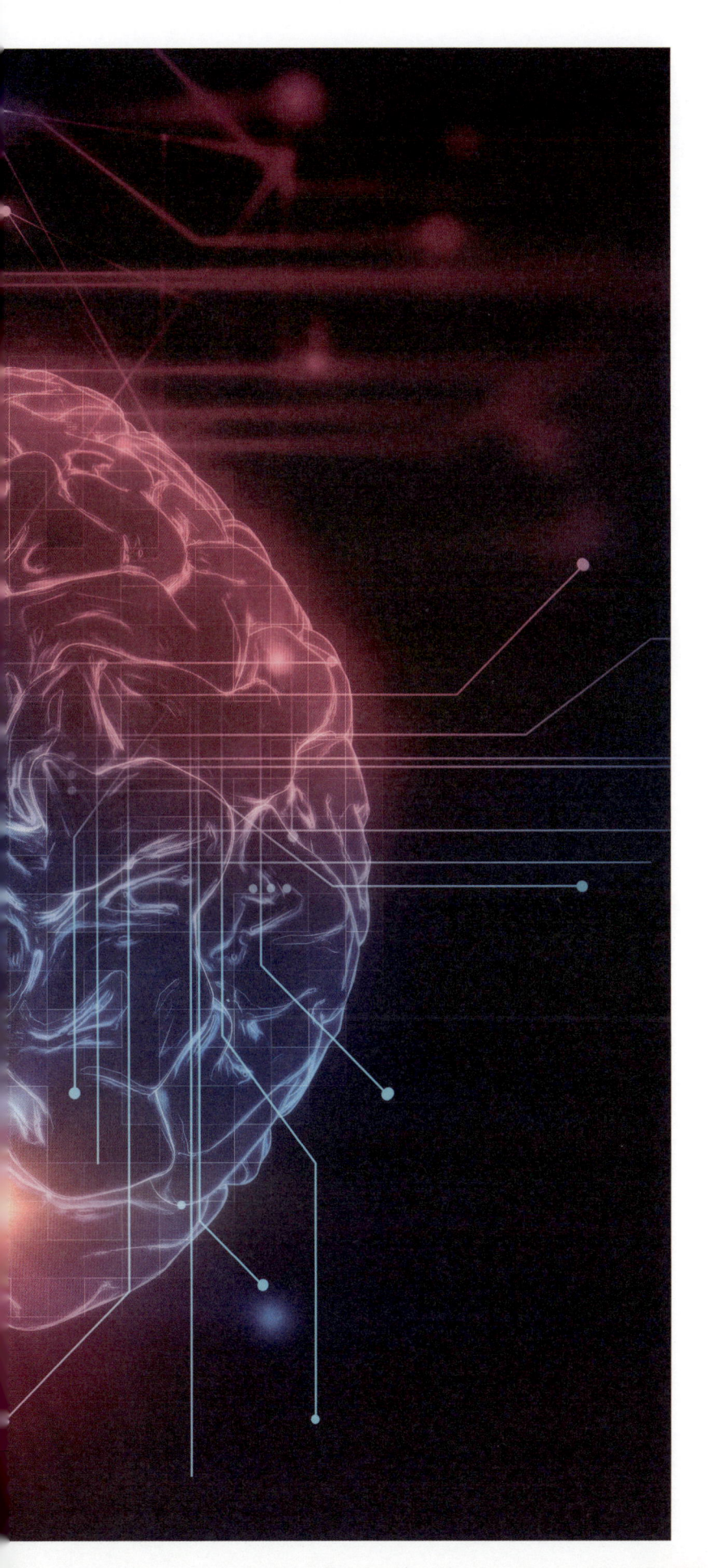

Technopolys est un mouvement incarné par les leaders de notre industrie

Les ambassadeurs de Technopolys mettent à profit leurs milieux respectifs pour assurer la croissance du mouvement et le rayonnement de l'industrie aux échelles du Québec et du monde entier :

- *Sylvain Carle - Associé de Real Ventures*
- *Yoshua Bengio - Directeur scientifique de l'Institut québécois d'intelligence artificielle (Mila)*
- *Isabelle Bettez - Cofondatrice de 8D Technologies et membre du conseil d'administration de Motivate*
- *Louis-Philippe Maurice - -Co-fondateur et PDG de Busbud*
- *Serge Godin - Fondateur et président exécutif du conseil de CGI*

Le réseau d'ambassadeurs Technopolys se développe et devrait atteindre prochainement 100 personnes, qui contribueront au mouvement dans toutes les régions du Québec et à l'international.

Vitrine et Capsules StarTech

Dans le cadre des efforts de rayonnement des technologies du Québec, une vitrine a été créée afin de faire connaître les entreprises et entrepreneurs de l'industrie et de promouvoir leurs réussites. La Vitrine StarTech de Technopolys a rencontré une vaste gamme de dirigeants en 2017-2018, partageant avec les Québécois leurs histoires, toutes plus fascinantes les unes que les autres. Lancées en novembre dernier, les Capsules StarTech proposent les portraits vidéo d'une nouvelle série d'entreprises, y compris des entrevues et un aperçu des activités et de la culture de l'organisation.

Femmes et technologies

Plus l'écosystème sera diversifié, plus il sera fort sur la scène mondiale, d'autant plus que le recrutement d'un nombre suffisant de joueurs de talent est un défi de taille présentement pour de nombreuses entreprises technologiques et pour celles qui mettent les technologies à profit dans leur stratégie de croissance.

La stratégie de promotion Technopolys s'adresse donc aux femmes pour les inciter à choisir les carrières des secteurs technologiques et à y occuper des rôles clés, en ciblant particulièrement les jeunes filles, leaders de demain.

www.technopolys.ca

INNOVATE MONTRÉAL

" PROMPT:
TACKLING A CRITICAL INNOVATION CHALLENGE
S'ATTAQUER AU DÉFI CRITIQUE D'INNOVER

Digital health   Wireless 5G
Big Data   Smart mobility
Optics & photonics   Microelectronics
Digital media technology   Cybersecurity
Telecommunications   AI
IoT

Innovation Drives Growth

Innovation is the lifeblood of growth and prosperity. Companies innovate to create new market opportunities, increase revenue, and outperform the competition. Without innovation to bring new technologies, processes, and products to market, Canada would not be the economic powerhouse that it is today.

But innovation is not just a tough business nut to crack. Multiple stakeholders – academia, enterprise, government – must come together in order to generate tangible results such as increased revenue, new jobs, and bigger investments.

L'innovation, moteur de la croissance

L'innovation est le moteur de la croissance et de la prospérité. Les entreprises innovent pour créer de nouvelles opportunités de marché, augmenter leurs revenus et surpasser leurs concurrents. Le Canada ne serait pas le moteur économique qu'il est actuellement si ce n'était de sa capacité et de son talent à innover constamment pour mettre en marché de nouvelles technologies, de nouveaux procédés et de nouveaux produits.

Mais l'innovation est un processus complexe qui nécessite la participation de multiples parties prenantes. Universités, entreprises et gouvernements doivent unir leurs forces pour maximiser les retombées des investissements et générer des résultats tangibles en termes de nouvelles technologies, d'augmentation des revenus et de création de nouveaux emplois.

Introducing Prompt:

Collaborative Innovation

This is where Prompt comes in: we make collaborative innovation happen. We bring together the right people, the right projects, and the right opportunities, and we help governments fund multi-million research and development (R&D) that has driven over $180 million in economic value to date. Our work creates university-industry R&D partnerships that increase the competitiveness of the Information and Communications Technologies (ICT) industry across Quebec.

Catalyseur d'innovation collaborative

C'est ici qu'intervient Prompt: nous réalisons l'innovation collaborative. Nous réunissons les bonnes personnes, les bons projets et les bonnes opportunités et aidons les gouvernements à financer plusieurs projets de R-D recherches et développement collaboratifs qui, à leur tour, ont généré plus de 180 millions de dollars de valeur économique à ce jour. Notre travail crée des partenariats de R-D université-industrie qui accroissent la compétitivité de l'industrie des technologies de l'information et des communications (TIC) au Québec.

The Right People

To innovate in telecommunications, digital infrastructure, microelectronics, and the other fields we cover, companies need access to high-caliber R&D. They need access to new ideas to create new value, reduce technical risk, and generate massive opportunities. What they need is access to university research talent.

At the same time, university researchers want to work on cutting-edge research; they seek to test theories and identify real-world issues that affect the performance of new materials, processes, and capabilities. They want a hands-on understanding of requirements and user needs.

Prompt channels funds to the work that brings companies and university researchers together.

Les bonnes personnes

Pour innover dans les domaines des télécommunications, de l'infrastructure numérique, de la microélectronique et des autres domaines technologiques dans lesquels nous sommes impliqués (ou en lien avec notre mission) que nous couvrons, les entreprises doivent avoir accès à une R-D de haut calibre. Ils ont besoin d'accéder à de nouvelles idées pour créer de la valeurs, réduire les risques techniques et générer des technologies de ruptures porteuses d'énormes opportunités commerciales. Ainsi, ce dont nos entreprises et institutions ont un besoin primordial, c'est d'avoir accès aux chercheurs les plus talentueux. Dans le même temps, les chercheurs universitaires souhaitent travailler sur des problématiques de recherches de pointe. Ils cherchent à tester des théories et à identifier les problèmes du monde réel qui affectent les performances de nouveaux matériaux, processus et capacités. Ils veulent une compréhension pratique des exigences et des besoins des utilisateurs. Prompt, en étant à la jonction du monde industriel et de la recherche, favorise le maillage et le montage de projets collaboratifs de R-D en canalisant les investissements publics et privés vers des projets université-industrie à haut degré d'innovation.

FINANCING. TECHNOLOGICAL INNOVATION. PARTNERSHIPS.

INNOVATE MONTRÉAL

prompt
**FUNDING.
TECHNOLOGICAL INNOVATION.
PARTNERSHIPS.**

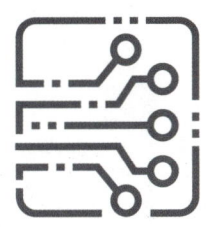

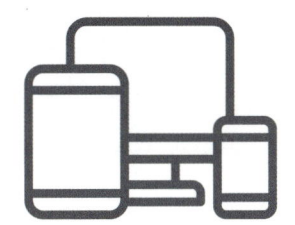

The Right Projects
We also identify promising projects and sectors to fund. We work with our funding partners in government to shape programs that support the projects with the biggest impacts. Over the course of 15 years of building partnerships and supporting value-driven research, we've seen breakthroughs in artificial intelligence, big data, advanced analytics, optics-photonics, and so much more.

Les bons projets
Prompt identifie les signaux faibles et les domaines émergents de recherche pour identifier les secteurs d'avenir à subventionner et ainsi que sélectionner les projets les plus prometteurs. Nous travaillons avec notre bailleur de fonds au gouvernement du Québec pour concevoir et bonifier des programmes de financement de la R-D qui soutiennent les projets ayant les impacts les plus importants. DurantAu cours de ses 15 années d'existence, Prompt a multiplié les partenariats de recherche axée sur l'innovation et a soutenu l'essor de plusieurs domaines tels que l'intelligence artificielle, les données massives, l'analytique avancée, l'optique-photonique et bien plus encore.

The Right Opportunities
Prompt provides more than funding; we give our partners the tools and the framework to succeed. As a representative from French multinational Thales put it, "Prompt catalyzes innovation." For every dollar a company invests in R&D, Prompt is able to create a multiplier effect for impact. As a result, Prompt is helping to create a leadership position for Quebec and Canada in emerging opportunities in 5G technology, sustainable mobility, healthcare AI, cybersecurity, and other cutting-edge areas. By combining these three pillars – people, projects, and opportunities – Prompt is helping Montreal and Quebec bring innovation to life.

Les bonnes opportunités
Prompt offre plus que du financement. Nous donnons à nos partenaires, les outils et le cadre nécessaires pour réussir. Pour chaque dollar investi par une entreprise dans la recherche et le développement, Prompt est en mesure de créer un effet multiplicateur d'impact. En conséquence, Prompt contribue à créer une position de leader pour le Québec et le Canada en ce qui concerne les nouvelles opportunités dans les domaines de la technologie 5G, de la mobilité durable, de l'IA, de la cybersécurité et d'autres domaines de pointe. En combinant ces trois piliers - personnes, projets et opportunités -, Prompt aide Montréal et le Québec à donner vie à l'innovation.

Combining Light and Silicon for a Faster Future
Prompt brought together global telecommunications components maker TeraXion and researchers from the Université de Sherbrooke and Université Laval. They were able to evaluate a new material to increase the speed of data and network connections while reducing component footprint, power consumption and cost. As a result, TeraXion is confidently pursuing new business in the industrial, aerospace, defence and public safety sectors.

Combiner la lumière et le silicium pour un avenir plus rapide
Prompt a réuni le fabricant mondial de composants de télécommunications TeraXion et des chercheurs de l'Université de Sherbrooke et de l'Université Laval. Ils ont pu évaluer un nouveau matériau pour augmenter la vitesse de connexion des données et du réseau, tout en réduisant l'encombrement, la consommation énergétique et les coûts des composants. En conséquence, TeraXion poursuit avec confiance de nouvelles activités dans les secteurs de l'industrie, de l'aérospatiale, de la défense et de la sécurité publique.

Kickstarting a Career in Semiconductors
Prompt funded an R&D project combining Montréal's École de technologie supérieure (ETS) and semiconductor company Octasic, which enabled graduate student Frédéric Plourde to come away with much more than a Master's degree. Frédéric not only invented a critical new algorithm for Octasic's wireless market, he joined their R&D team after graduation. As a result of working with Prompt, Quebec-born Octasic was able to easily sustain its growth locally and recruit some of the brightest young engineers in the province.

Commencer une carrière dans les semi-conducteurs
Prompt a financé un projet de R-D associant l'École de technologie supérieure de Montréal (ETS) et la société de semi-conducteurs Octasic, qui a permis à Frédéric Plourde, étudiant diplômé, de remporter bien plus qu'une maîtrise. Frédéric a non seulement inventé un nouvel algorithme essentiel pour le marché des communications sans fil d'Octasic, il a également rejoint l'équipe de R-D d'Octasic après avoir obtenu son diplôme. Grâce à son travail avec Prompt, Octasic, né au Québec, a facilement pu maintenir sa croissance localement et recruter certains des jeunes ingénieurs les plus brillants de la province.

CHAPTER SIX
INCUBATORS AND ACCELORATORS

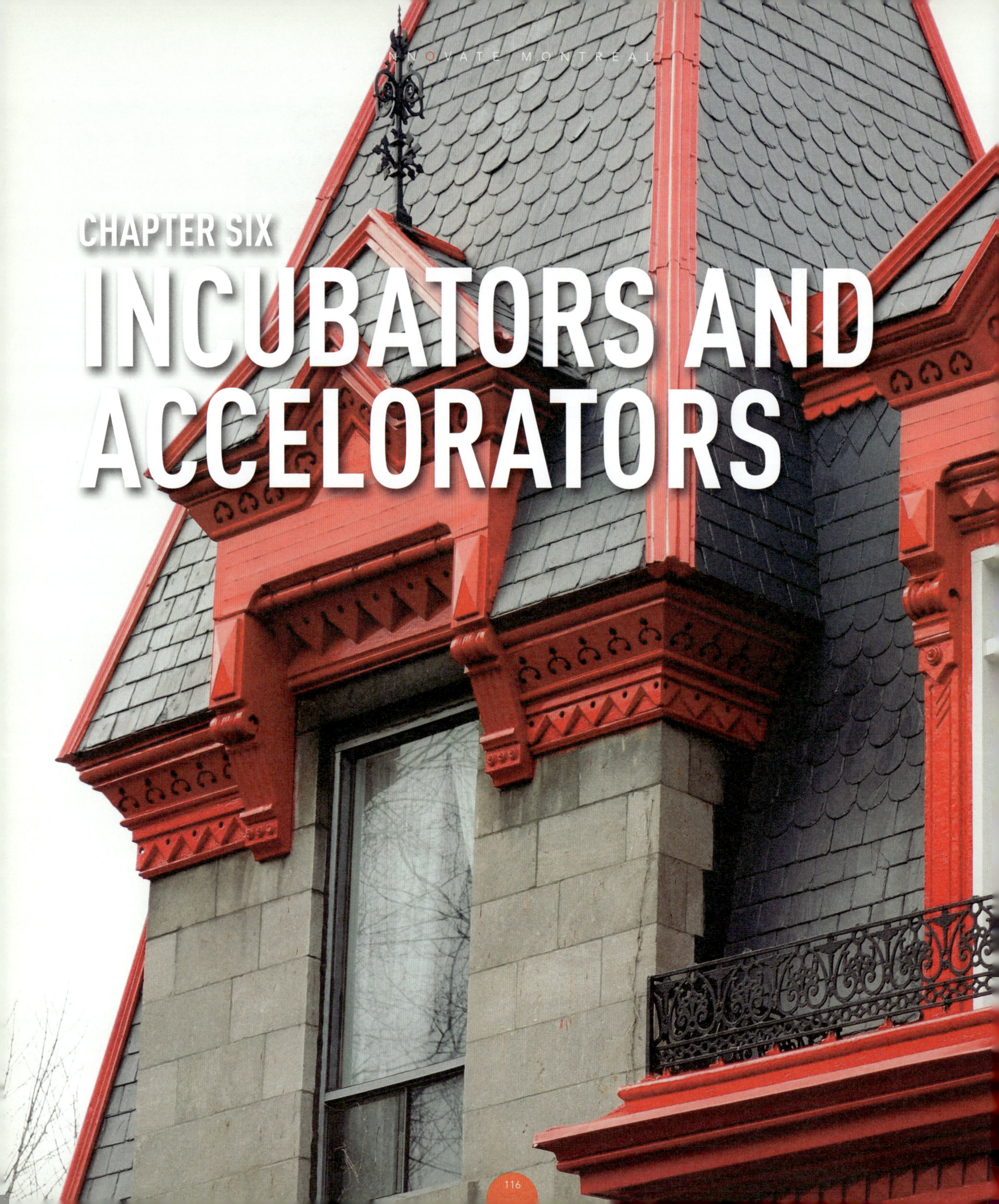

OVATE MONTRÉAL

INNOVATE MONTRÉAL

CEIM
FUELLING INNOVATION SINCE 1996 | AU SERVICE DE L'INNOVATION DEPUIS 1996

Women in Artificial Intelligence featuring Element AI, Myelin, Aerial Technologies and Workland

Founded in 1996 by Ms Hélène Desmarais, CEIM is a true pioneer in Montreal's startup ecosystem and plays a vital role in the launch and development of Quebec's most innovative companies. Located in the heart of Montreal's Innovation District, in a revitalised 57,000 square feet industrial building, CEIM offers a full range of consulting, coaching and associated services, which have contributed to the successful launch of over 350 companies.

From digital technologies, artificial intelligence, virtual reality and video games through to life sciences, cleantech and Manufacturing 4.0, CEIM's multidisciplinary, results-orientated and highly experienced team supports an average of 40 companies per year.

Tailored services at each stage of your development

Convinced that a "one size fits all" program is not optimum for your unique business project, CEIM has chosen to adopt a customized approach that is adapted to each client's individual needs. As such, the incubation period can last anywhere from one to three years, depending on the market, the stage of your organization's development and the expertise and needs of your start-up team.

From market validation, strategic planning and commercialization tactics through to international business development, CEIM advises early-stage and growth-stage companies in all key phases of development.

KINOVA: How to "Robolutionize" the Industry and Raise $25 M JACO© Robotic Arm

INNOVATE MONTRÉAL

A winning formula that yields tangible results

According to the latest independent survey conducted by Innovation, Science and Economic Development Canada (ISED), in the spring of 2018,

93% of its CAIP clients stated that they were very satisfied and would **highly recommend CEIM services**

x2 CEIM's young SMEs succeeded, on average, in **doubling their revenues** in 2 years

It's with the CEIM's help that we've been able to validate our business model and gain access to in-house experts. Their vast network is also extremely valuable as it enabled us to successfully reach every new milestone...
- Antoine Azar, Co-founder and CTO

thirdshelf

There are a lot of boutique operations offering services to startup entrepreneurs. The CEIM is unique, not just in the breadth of its services, but the depth of its team and their understanding of the complexities associated with University spin-outs. The CEIM is responsive – in real-time.
- Prof. Mark Andrews, Co-founder and CTO

Anomera

TechnoChic event featuring Elizabeth Stefanka, CEO of Stefanka and Louise Richer, Founder and Director of the National Comedy School

A Pan-Canadian program for the video game industry

Recognizing that Quebec and Canada, are leaders in the gaming industry, CEIM, in collaboration with Global Affairs Canada (GAC), has launched a unique Missions Abroad program designed to help independent game developers enhance their international business development. With support from GAC and two of its own experts, CEIM organizes annual missions to strategic events and regions, preparing selected participants for qualified B2B meetings and maximizing business opportunities with publishers, distribution partners and the specialized press.

9 missions since 2016 | **65** independent studios | **8** provinces

- Steam Dev Days, Seattle
- PAX South, San Antonio
- Game Connection America, San Francisco
- Game Connection Europa, Paris
- Nordic Game, Malmö
- Gamescom, Cologne
- BIC Fest, Busan
- Tokyo Game Show

Mission accomplished for Playmind, a Montreal-based studio which was presented with the "Best Experimental Game" award on the Tokyo Game Show (TGS) central stage.

Promoting entrepreneurship among women in Tech

Another notable milestone for CEIM was the launch, in January 2015, of TechnoChic, a peer support group that brings together around 20 women entrepreneurs to encourage support and solidarity through discussions and sharing of experiences. In addition, networking cocktails and other special events are held to help stimulate women entrepreneurship in technology.

CEIM also offers :

- Information sessions and networking activities: over 15 special events (breakfast conferences, thematic cocktails) covering a wide range of topics relevant to entrepreneurs (i.e.: international business development, market valuation etc.) and attracting over 1,000 participants every year.
- Office spaces located in the heart of the Innovation District with flexible rental terms and competitive rates
- A global ecosystem of strategic partners

ceim Centre d'entreprises et d'innovation de Montréal

www.ceim.org

INN O VATE MONTRÉAL

Se démarquer sur LinkedIn pour dépasser ses objectifs 2019 avec la participation de LinkedIn, Éminence, Heyday et Sofdesk

Fondé en 1996 par madame Hélène Desmarais, le CEIM est un véritable pionnier dans l'écosystème entrepreneurial de Montréal et joue un rôle essentiel dans la création et le développement d'entreprises innovantes ainsi que dans la croissance économique du Québec. Situé au cœur du Quartier de l'innovation, dans une ancienne bâtisse industrielle de 57 000 p², le CEIM offre une gamme complète de services de consultation et de coaching ainsi que des services connexes qui ont contribué efficacement au démarrage de plus de 350 entreprises.

Des technologies numériques aux sciences de la vie, en passant par l'intelligence artificielle, la réalité virtuelle, les jeux vidéo et les technologies propres et manufacturières 4.0, le CEIM conseille chaque année une quarantaine d'entreprises grâce à une équipe multidisciplinaire, expérimentée en affaires et axée sur les résultats.

Des services personnalisés, à chaque étape de développement

Partant du fait que chaque projet est unique et qu'il n'y a par conséquent pas de place pour le « one size fits all », le CEIM a choisi d'adopter un modèle d'encadrement sur mesure, adapté aux besoins spécifiques de chaque entreprise. De ce fait, la durée de l'encadrement peut varier d'un à trois ans, en fonction du secteur d'activité, du stade de développement et de l'expertise à l'interne.

Que ce soit pour la validation du potentiel commercial, la planification stratégique, l'implantation d'un service de ventes ou les missions à l'étranger, le CEIM conseille ainsi ses clients dans toutes les étapes cruciales au démarrage et à la croissance de leur entreprise.

*KINOVA : Portrait-robot d'une entreprise à succès. Comment lever 25 M $
Bras robotisé JACO©*

INNOVATE MONTRÉAL

Une formule gagnante et des résultats probants

Selon le dernier sondage indépendant réalisé par Innovation, Sciences et Développement économique Canada (ISDE) au printemps 2018 :

93% de ses clients du PCAI se disent très satisfaits et **recommanderaient fortement** ses services

x2 Les jeunes PME parviennent, en moyenne, à **doubler leurs revenus** en l'espace de 2 ans

C'est au CEIM qu'on a pu valider notre modèle d'affaires et avoir accès à différents experts à l'interne. Leur réseau a aussi beaucoup de valeur et nous a permis de franchir chaque étape avec succès.
- Antoine Azar, co-fondateur et directeur de la technologie

thirdshelf

Il existe un grand nombre de « boutique operations » qui proposent des services aux entreprises en démarrage, mais le CEIM se distingue par l'étendue de son offre, la solide expérience de ses membres et de son équipe de consultants ainsi que par leur compréhension des complexités entourant les sociétés issues d'une université. Le CEIM est réactif - en temps réel.
- Prof. Mark Andrews, fondateur et CTO

Anomera

Comment faire affaire avec humour animée par Elizabeth Stefanka, présidente de Stefanka et Louise Richer, directrice générale fondatrice de l'École nationale de l'humour (ENH)

Un programme pancanadien pour l'industrie du jeu vidéo

Le Québec et le Canada étant des leaders incontestés dans l'industrie du jeu vidéo, le CEIM, avec l'appui d'Affaires mondiales Canada (AMC), a créé un programme pancanadien unique de missions destinées aux développeurs ou studios indépendants, et visant à stimuler leur développement à l'international. Ainsi, le CEIM propose chaque année les destinations et les événements les plus prometteurs et prépare, en collaboration avec AMC et deux de ses experts, des rencontres B2B dans le but de maximiser les occasions d'affaires avec des éditeurs, des partenaires de diffusion et des membres de la presse spécialisée.

9 missions depuis 2016
- Steam Dev Days, Seattle
- PAX South, San Antonio
- Game Connection America, San Francisco
- Game Connection Europa, Paris
- Nordic Game, Malmö
- Gamescom, Cologne
- BIC Fest, Busan
- Tokyo Game Show

65 studios indépendants

8 provinces

Mission accomplie pour Playmind, un studio montréalais qui récolte le prix du « Best Experimental Game » sur la grande scène du Tokyo Game Show (TGS) au Japon

TechnoChic : pour soutenir et propulser l'entrepreneuriat féminin

Autre initiative marquante du CEIM : la création en janvier 2015 du groupe d'entraide TechnoChic qui rassemble aujourd'hui une vingtaine d'entrepreneures en technologie et qui a pour objectif de favoriser l'entraide entre pairs, le partage de connaissances et la discussion. Des cocktails-conférences et autres événements spéciaux sont également organisés afin de promouvoir l'entrepreneuriat technologique féminin.

LE CEIM, c'est aussi :

- Des activités d'information et de réseautage : plus de 15 événements spéciaux/année (petits déjeuners – conférences, cocktails thématiques), portant sur des sujets d'intérêt pour les entrepreneurs (développement à l'international, évaluation de la valeur marchande des entreprises, etc.) et rassemblant plus de 1 000 participants.
- Des espaces de bureaux au cœur du Quartier de l'Innovation, avec des conditions de location flexibles et des tarifs concurrentiels
- Un écosystème mondial de partenaires stratégiques

ceim Centre d'entreprises et d'innovation de Montréal

www.ceim.org

INN VATE MONTRÉAL

DISTRICT 3

At the heart of a next-generation university, Concordia's District 3 is a leading multidisciplinary innovation hub in Montreal open to all. District 3 brings together key players from corporations, government, research, and academia to ensure every innovator and entrepreneur has access to the resources they need to move from idea to impact with confidence. Since its inception in 2014, District 3 has coached over 480 startups, hosted over 300 events and workshops, as well as built a community of over 8,100 members. In 2016-2017, the innovation hub was awarded Startup Canada's Entrepreneur Promotion and Support Awards. Their international reach spans partnerships in Paris, Shanghai, Boston and San Francisco.

À propos de District 3

Basé à l'Université Concordia, District 3 est un centre d'innovation à Montréal qui réunit des acteurs clés de l'industrie, du gouvernement et des milieux universitaires afin de donner aux leaders de l'innovation et aux entrepreneurs les ressources et les connaissances dont ils ont besoin pour passer de l'idée à l'impact avec confiance. Depuis notre conception en 2013, District 3 a soutenu 480 entreprises de démarrage, animé plus de 250 évènements, et réunit une communauté de plus de 8,092 personnes. En 2016-2017, District 3 a obtenu le Prix Startup Canada pour le soutien à l'entrepreneuriat et pour la promotion de l'entrepreneuriat dans la région du Québec. Leur portée s'étend à l'international avec des partenariats à Paris, Shanghai, Boston et San Francisco.

District 3's Manifesto

We are experiencing the beginnings of the 4th industrial revolution. Emerging technologies are radically changing our society and the way we live, work, and relate to one another at an unprecedented rate. In its scale and complexity, the transformation will be unlike anything humankind has experienced before. As a result, we need to develop new ways of adapting to these significant changes.

At District 3, we hold a fundamental conviction in embracing emerging technologies. We are rational optimists with a vision of creating a

INN VATE MONTRÉAL

Our Impact
- 520 Teams Coached
- $35M+ Combined Startup Financing & Sales
- $91M+ Combined Startup Valuation
- 269+ Full-time Equivalent Jobs Created
- 300 Events & Workshops Hosted
- 8,100 Community Members

Helping Entrepreneurs Build their Startup

While based at Concordia University, District 3 is open to all entrepreneurs in Montreal and beyond. District 3 supports entrepreneurs from all stages to bring their business idea to market by validating their business model and developing their prototype. Once they have launched their product, entrepreneurs receive support to build a scalable, repeatable and sustainable business by helping them attain product market fit, as well as acquire and retain customers.

District 3 has supported over 520 startups at the forefront of all sectors and technologies, including areas in artificial intelligence, life sciences, fintech, robotics, and blockchain, among others. District 3 startups receive expert mentorship, best-in-class coaching and access to cutting-edge workspace and technology – including a fully-equipped design and prototype facility and soon a fully equipped bio lab. Perhaps even more important, D3 teams are immersed in a supportive community of fellow innovators. As a university-hosted innovation centre, we also help scientists bridge the gap between research and business by assisting them in the commercialization of their projects.

Though entrepreneurs face daunting challenges, they are buoyed by a common drive to make a difference. Entrepreneurs get everything they need, all in one place in services and resources in a given one year period, including: coaching, access to knowledge, community, and work space. District 3 does not charge any fees, take intellectual property or equity in the startups supported.

District 3 has 'districts', knowledge networks in artificial intelligence; life sciences and synthetics biology; smart cities; and financial technology to accelerate innovation in these areas.

Providing Next-Generation Experiential Learning

As Concordia University makes the promise to deliver a next-generation education that is connected, transformative and fit for the times, District 3 takes the leap forward to support and deliver this new direction of experiential learning. District 3 partners with organizations and startups which mandate teams of students and researchers by turning ideas into practical solutions, and help break down the barriers of academic disciplines.

Graduate Certificate in Innovation, Technology and Society

District 3 offers the Graduate Certificate in Innovation, Technology and Society. An eight months program, with the first semester focused on learning innovation best practices and the second semester composed of a practicum at District 3, where students complete an internship with District 3 startups.

Residency Program

At District 3, we are transforming the way industry and universities can learn, work, and collaborate together to accelerate innovation. Our residency program is a 3 months internship, where 43 Concordia University students from all faculties have worked on developing solutions and over 220 prototypes for 30 organizations and startups, all the while collaborating with experts, researchers and entrepreneurs. This 2018 theme was focused on Quality of Life, where students explored emerging technologies and their implications in different case studies (for example: sustainable food, AI and mental health, autism, blockchain, and access to medical clinics).

multidisciplinary innovation hub – bringing together entrepreneurs and key players from industry, government, research, and academia – to build a prosperous future. As part of Concordia University, we equip innovators and the Montreal community with the skills and mindset to succeed in an incredibly complex environment.

Innovation, entrepreneurship and collaboration: these values are ingrained in District 3's DNA. Since our founding in 2013, we've supported, inspired and challenged many entrepreneurs and innovators to move from idea to impact with confidence.

District 3

d3center.ca

INNOVATE MONTRÉAL

FOUNDERFUEL

FounderFuel is Canada's original venture accelerator. By providing promising technology-powered companies with a network of mentors, founders, alumni and partners, we prepare them for the venture path – to help them grow bigger, faster and stronger than the competition.

In our three-month intensive program, we push startups to refine their vision, expand their network and rapidly accelerate their output. We help companies shape a compelling story about their mission, introduce them to a strong and broad community of mentors, alumni, and service providers, and help participants set and reach ambitious goals while establishing an operational cadence that can scale. They also get workspace at Notman House – Montreal's tech ecosystem hub – for the duration of the program and introductions to investors with an eye to future fundraising.

Execution

FounderFuel helps participants set and reach ambitious goals while establishing an operational cadence that can scale. Our operations track includes weekly check-ins, mentor board reviews, and expert-led seminars. We have accelerated more than 80 companies over the past 6 years and our alumni, such as Sonder, Mejuri and Transit, have raised over $100M in financing from top firms like Spark, Accomplice, Accel, and Y Combinator.

Narrative

A strong company narrative is an essential building block for a venture-backed business. Founders that can communicate a compelling story about their mission have a far better chance to attract talent, raise financing and build high-powered teams. Our narrative track includes extensive strategy sessions and pitch training, culminating in Canada's top Demo Day.

Network

We believe in the power of community. The FounderFuel network represents one of the premier startup communities in Canada. Our network track leverages this uniquely valuable group with founder talks, personalized mentor matching, and a regular rhythm of social encounters.

FounderFuel est le premier programme d'accélérateur au Canada. En fournissant aux entreprises innovantes un réseau de mentors, de fondateurs, d'anciens élèves et de partenaires, nous les préparons à s'aventurer sur la voie du capital risque afin de les aider à croître plus rapidement que la concurrence.

Dans le cadre de notre programme intensif de trois mois, nous encourageons les entreprises à peaufiner leur vision, à développer leur réseau et à accélérer leur production. Nous les aidons à élaborer une histoire convaincante à propos de leur mission, nous les présentons à une vaste et solide communauté (mentors, anciens élèves, fournisseurs de services), nous les aidons à établir et à atteindre des objectifs ambitieux tout en établissant un rythme opérationnel qui peut évoluer.

Ils bénéficient également d'un espace de travail à la Maison Notman - le carrefour de l'écosystème technologique de Montréal - pendant toute la durée du programme et d'introductions aux investisseurs en vue de futures activités de financement.

Exécution

FounderFuel aide les participants à se fixer et à atteindre des objectifs ambitieux tout en établissant un rythme opérationnel qui a le potentiel de croître. Notre suivi des opérations comprend des vérifications hebdomadaires, des examens par le comité de mentorat et des séminaires dirigés par des experts. Nous avons accéléré plus de 80 entreprises au cours des 6 dernières années et nos anciens élèves (tels que Sonder, Mejuri et Transit) ont levé plus de 100 millions de dollars en financement auprès de grandes entreprises comme Spark, Accomplice, Accel et Y Combinator.

Histoire

Une histoire convaincante est un élément essentiel pour une entreprise soutenue par une société de capital de risque. Les fondateurs aptes à communiquer une histoire persuasive à propos de leur mission ont de bien meilleures chances d'attirer des talents, d'obtenir du financement et de former des équipes de haut calibre. Notre volet narratif comprend des séances exhaustives de stratégie et pratique du pitch qui culminent avec le plus grand Demo Day au Canada.

Réseautage

Nous croyons au pouvoir de la communauté. Le réseau FounderFuel représente l'une des plus importantes communautés d'entreprises en démarrage au Canada. Notre réseau tire profit de ce groupe unique en son genre grâce à des entretiens avec des fondateurs, à un jumelage personnalisé avec des mentors et à un rythme régulier de rencontres sociales.

INNOVATE MONTRÉAL

TANDEMLAUNCH IS AIMING TO FILL THE TECHNOLOGY GAP

The idea behind TandemLaunch was to create a solution to a problem that CEO & founder of TandemLaunch, Helge Seetzen, had encountered in his early career. Even though his first university startups were successful, his path to building companies to commercial success was not easy, he found that there was a lack of support for university entrepreneurs.

The problems that he faced went beyond the traditional challenges of start-ups, such as product-market-fit, and product development. As a university entrepreneur, Helge had to cross the so-called technology transfer gap – the gap that separated university inventions from industry and capital markets. Universities often lack the business development, product engineering and financial resources for inventors to commercialize their inventions directly on the campus.

On the other hand, traditional venture investors had been distancing themselves further and further from early stage opportunities and university concepts due to the high technical risk associated with most university projects. Venture capitalists were deploying ever-increasing funds into later stage companies and even today's Angel investors are looking for upstream opportunities. Similarly, hiring staff and building industry connections is harder for on-campus inventors due to the cultural mismatch between academia and industry. Collectively, this results in a technology transfer gap in the innovation chain and this is where TandemLaunch is designed to help.

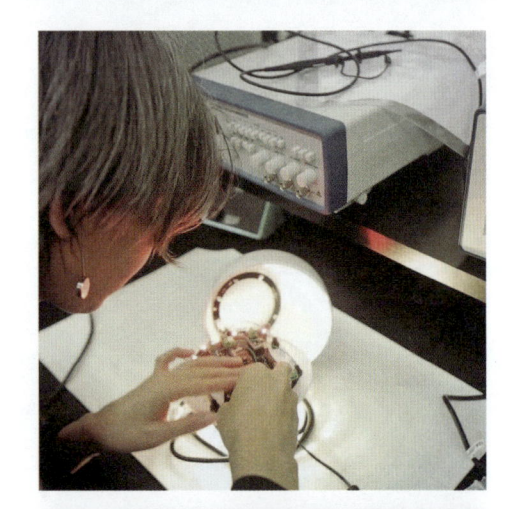

"We believe that to make great deep tech start-ups the best of two worlds are needed: Great researchers to make impactful inventions and great entrepreneurs to transform those inventions into products. Data confirms that we aren't fools: University spinouts perform better and are vastly better funded when their inventors stay involved but hand the execution to entrepreneurs with a strong understanding of their technology."
– Helge Seetzen

INNOVATE MONTRÉAL

Therefore, TandemLaunch's goal is to make it easier to bring innovations to market by efficiently integrating and managing a business and technical effort. TandemLaunch create, incubate and accelerate early-stage technology start-ups based on inventions from the world's top researchers in close partnership with major consumer technology companies. They also recruit entrepreneurs with a deep technical background to champion the commercialization of those inventions: and then build a team around them to validate market opportunity, develop a minimum viable product, and get early revenues.

TandemLaunch specializes in audio, video, display, human-computer interactions, artificial intelligence, IoT, cybersecurity and robotics inventions appropriate to the broad consumer electronics market.

TandemLaunch interacts with universities from around the world to source commercially attractive research. Then they recruit talented and visionary business and technical entrepreneurs to work closely with academic inventors to create compelling prototypes with their EiR (Entrepreneur in Residence) program. The teams prove the validity of the concept, develop fundamental intellectual property, define the business deliverables and execute. TandemLaunch then provide each team with $600,000 in seed funding to create a new business, including a senior management team.

The objective of the EiR program is to bring promising technologies to the consumer market through the creation of new businesses. The projects follow the normal trajectory of tech startups but pass through each stage of growth slightly faster. The teams at TandemLaunch improve the quality of the ideation stage of a new company thanks to the technical expertise, due diligence by industry partners and targeted recruitment of founding staff. Once this is complete, we accelerate the incubation of the business with turnkey staff resources, intensive mentoring and effective operational support. Finally, they provide new business graduates funding for future growth and access to a broad investor base. The projects typically progress through the following phases:

Qualification → Creation → Incubation → Graduation

25+ VENTURES CREATED

250+ PORTFOLIO TECHNOLOGISTS

$350M+ VALUE CREATED

$100M+ THIRD PARTY INVESTMENT

The TandemLaunch family is growing at a steady pace and today more than 200 aspiring founders have joined the EiR program. Diversity is an important attribute at TandemLaunch and our portfolio consists of executives from 39 different countries of origin, 28% female founders, 35% female CTO's, and the numbers are continuously increasing. We are always looking for aspiring leaders and we welcome anyone who is interested to learn more on our website.

LANDR wrnch algolux mirametrix IRYStec

Aerial C2RO fluent.ai AIRY:3D SUOMETRY

INNOVATE MONTRÉAL

INNOVATE MONTRÉAL

CHAPTER SEVEN
INNOVATION EVENTS

Coopérathon

IMAGINÉ & PRODUIT PAR ◯ Desjardins

LA PLUS GRANDE COMPÉTITION D'INNOVATION OUVERTE AU MONDE
THE LARGEST OPEN INNOVATION CHALLENGE IN THE WORLD

UNE COMPÉTITION INTERNATIONALE QUI PERMET DE CONNECTER LES CITOYENS, LES COMMUNAUTÉS, LES ENTREPRENEURS, LES CHERCHEURS ET LES MILIEUX ACADÉMIQUES ET INSTITUTIONNELS POUR DÉVELOPPER, ENSEMBLE, UN FUTUR SOCIALEMENT RESPONSABLE.

AN INTERNATIONAL COMPETITION CONNECTING CITIZENS, COMMUNITIES, ENTREPRENEURS, RESEARCHERS, ACADEMICS AND LARGE INSTITUTIONS TO COOPERATIVELY DESIGN A MORE SOCIALLY RESPONSIBLE FUTURE.

Le Coopérathon est aussi un mouvement d'entrepreneurs sociaux, d'acteurs de changement et de créateurs d'impact. Il connecte les écosystèmes et les communautés partageant notre vision pour la planète et pour la société.

The Cooperathon is also a gathering of social entrepreneurs, change leaders and impact creators. The Cooperathon connects ecosystems and communities that share Desjardins's vision for the planet and society.

4 GRANDES THÈMES POUR ATTEINDRE LES OBJECTIFS DE DÉVELOPPEMENT DURABLE DES NATIONS UNIES
4 MAJOR TRACKS TO REACH THE UNITED NATIONS' SUSTAINABLE DEVELOPMENT GOALS

Le Coopérathon porte sur 4 grands thèmes: Finances, Santé, Éducation et Énergie/Environnement. Chacun appuie les 17 objectifs de développement durable de l'ONU, qui sont autant d'appels à l'action afin de promouvoir la prospérité tout en protégeant la planète. Ils reconnaissent que mettre fin à la pauvreté doit aller de pair avec des stratégies qui développent la croissance économique et répondent à une série de besoins sociaux, notamment l'éducation, la santé, la protection sociale et les possibilités d'emploi, tout en luttant contre les changements climatiques et la protection de l'environnement.

The Cooperathon focuses on four main tracks – Finance, Health, Education and Energy/Environment – based on the United Nations' sustainable development goals. The UN's 17 goals are a call-to-action to promote prosperity while protecting the planet. They recognize that ending poverty must go hand-in-hand with strategies that build economic growth and address a range of social needs including education, health, social protection, and job opportunities, while tackling climate change and environmental protection.

UN PARCOURS IMMERSIF DE 25 JOURS
A 25-DAY IMMERSIVE JOURNEY

Découpé en 5 sprints, ce parcours est une adaptation du célèbre Google Design Sprint. Adapté aux horaires de travail avec des activités générales le samedi et des ateliers spécialisés en fin de journée la semaine, ces dizaines d'heures de formation sont facultatives, mais fortement conseillées ! Ce parcours est le cœur de l'expérience Coopérathon, là où se construisent les projets les plus innovants et les équipes les plus inspirantes.

The Cooperathon is divided into five sprints, based on the Google Design Sprint. The Cooperathon is designed to fit around regular work schedules with general activities held on Saturdays and specialized workshops on weekday evenings. Participants are offered dozens of hours of optional – but strongly recommended – training. The sprints are the heart of the Cooperathon experience: it's where truly innovative projects and inspirational teams get their start.

UNE ÉVOLUTION FULGURANTE
AN EXPONENTIAL GROWTH

2015 — DÉFI INNOVATION SANTÉ — 1 thème — 48 heures — 1 TRACK / 48 HOURS

201– 1ʳᵉ ÉDITION DU COOPÉRATHON / 1ˢᵀ EDITION

SPRINT 0 — JOUR / DAY 0
CONVIER — UNITE
LA MIXOLOGIE SOCIALE
THE SOCIAL MIXOLOGIE

SPRINT 1
COMPRENDRE — UNDERSTAND
COMPRÉHENSION DE LA PROBLÉMATIQUE. DÉMARRAGE DE LA PHASE D'IDÉATION
PROBLEM UNDERSTANDING START OF THE IDEATION PROCESS

SPRINT 2
CONCEVOIR — DESIGN
CONCEPTION DU MODÈLE D'AFFAIRES/SOLUTIONS DURABLES
BUSINESS MODEL/SUSTAINABLE SOLUTIONS CONCEPTION

SPRINT 3
CONSTRUIRE — BUILD
PROTOTYPAGE DÉMONTRANT LA VIABILITÉ
PROTOTYPE VIABILITY DEMONSTRATION

JOUR / DAY 25
CONVAINCRE — CONVINCE
PRÉPARATION DE PITCH ET DÉPÔT DE PROJET POUR LES DEMI-FINALES
PROJECT SUBMISSION FOR THE SEMI-FINALS

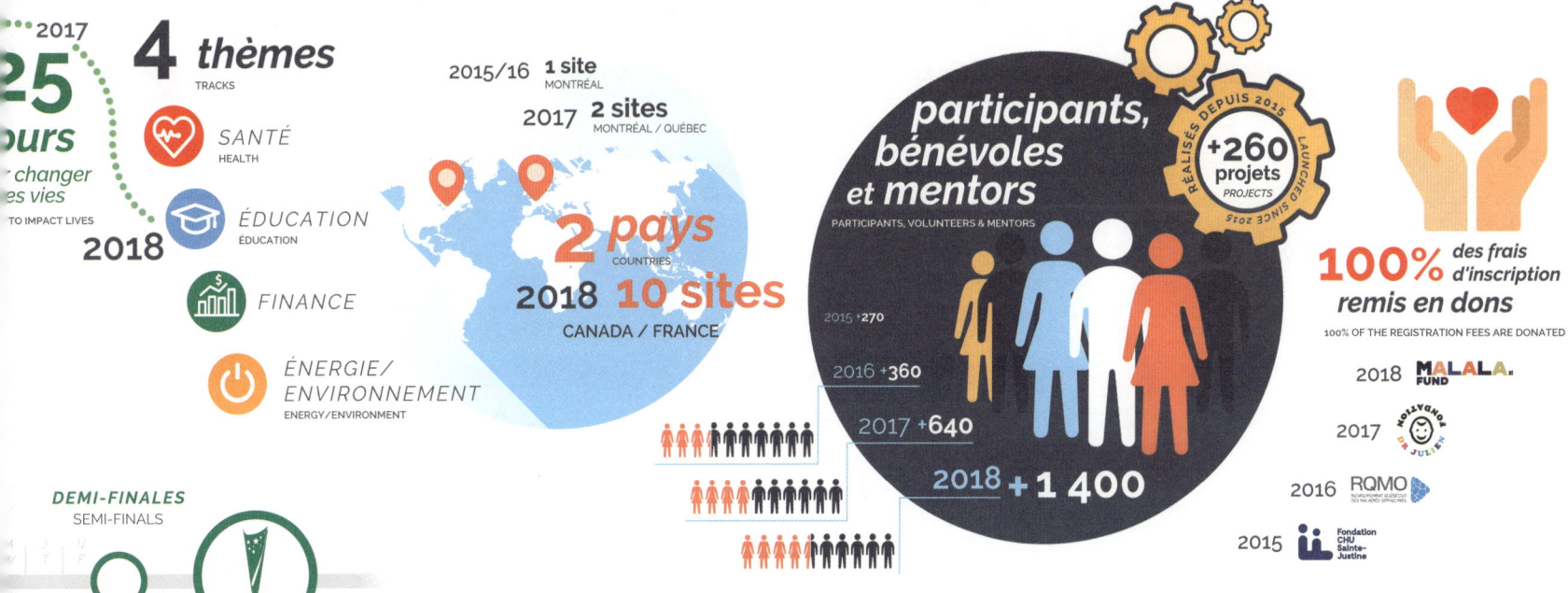

UNE EXPÉRIENCE PROFONDÉMENT HUMAINE
A PROFOUNDLY HUMAN EXPERIENCE

+10M DE PERSONNES REJOINTES SUR LES MÉDIAS SOCIAUX
PEOPLE REACHED THROUGH SOCIAL MEDIA

+2 800 PARTICIPANTS CITOYENS ET EXPERTS DE TOUS DOMAINES
PARTICIPANTS CITIZENS & EXPERTS FROM ALL SECTORS

+100 ORGANISMES PARTENAIRES
PARTNER ORGANIZATIONS

+300 MENTORS & BÉNÉVOLES
MENTORS & VOLUNTEERS

+260 HISTOIRES À IMPACT
INSPIRING STORIES

2017 — 25 jours pour changer des vies to impact lives
2018

4 thèmes TRACKS
- SANTÉ / HEALTH
- ÉDUCATION / ÉDUCATION
- FINANCE
- ÉNERGIE/ENVIRONNEMENT / ENERGY/ENVIRONMENT

2015/16 **1 site** MONTRÉAL
2017 **2 sites** MONTRÉAL / QUÉBEC
2 pays COUNTRIES
2018 **10 sites** CANADA / FRANCE

participants, bénévoles et mentors
PARTICIPANTS, VOLUNTEERS & MENTORS
2015 +270
2016 +360
2017 +640
2018 +1 400

+260 projets PROJECTS
RÉALISÉS DEPUIS 2015 / LAUNCHED SINCE 2015

100% des frais d'inscription remis en dons
100% OF THE REGISTRATION FEES ARE DONATED
2018 MALALA FUND
2017 FONDATION DU JUSTINE
2016 RQMO
2015 Fondation CHU Sainte-Justine

DEMI-FINALES / SEMI-FINALS
GRANDE FINALE / GRAND FINALE

COOPERATHON.COM

des possibilités à l'infini
endless possibilities

INNOVATE MONTRÉAL

C2
Montréal

INNOVATE MONTRÉAL

C2 Montréal is an annual creative business conference that hosts innovative entrepreneurs, dynamic speakers, collaborative workshops, curated networking opportunities and epic festivities each spring at the end of May.

More than 7,000 participants and Fortune 500 clients from 60 countries and 30-plus industries mix and mingle at our award-winning, three-day immersive event, skilling up, digging in and returning to work on Monday ready to address the challenges facing their organization and/or industry.

Since 2012, it's been our mission to reinvent the business conference. And although we reimagine our event every year, the core belief remains the same: that it's at the intersection of commerce and creativity that solutions to the challenges of our times will be found.

Named the #1 most innovative meeting by BizBash for four years running, C2 Montréal carefully designs and curates immersive interactions that combine substance with experience.

We want to stimulate, inspire and encourage the development of new skills in creative leadership, connect participants with people they didn't know they needed to meet, learn about what's cutting edge – or right around the corner – in different industries, all while helping people find themselves some new business soulmates.

INNOVATE MONTRÉAL

So forget about PowerPoint.

C2 speakers are carefully selected game changers, trailblazers, mind blowers, entrepreneurial icons and emerging new talents, all brought to Montreal to talk about big ideas and innovations, get their hands dirty with participants in workshops or masterclasses, and to generate meaningful discussions and connections.

We seek out great leaders in all kinds of industries from all corners of the globe to help us flip an issue on its head and find creative answers to commercial questions.

Past C2 speakers include top chef Massimo Bottura, American whistleblower Chelsea Manning, hip-hop legend Snoop Dogg, iconic graphic designer Stefan Sagmeister, entrepreneur Martha Stewart and Apple co-founder Steve Wozniak, to name but a few.

C2 invites you to go on an adventure that adds value to your business, generates new commercial opportunities, gets you out of your comfort zone and allows you to become an active participant in your own learning journey...

Essentially, we want you to expand your mind so your industry can follow.

INNOVATE MONTRÉAL

Nommée conférence la plus innovatrice au monde par BizBash pendant quatre années consécutives, C2 Montréal conçoit des expériences interactives et des méthodes d'apprentissage collaboratif hors du commun.

L'idée derrière tout cela est de stimuler et d'inspirer les participants, de les amener à développer de nouvelles compétences en matière de leadership éclairé, à forger des rencontres significatives et à découvrir les tendances, opportunités et innovations majeures qui sont en train de façonner l'avenir des affaires.

Bref, oubliez les présentations PowerPoint.

C2 Montréal ne recule devant rien pour dénicher des conférenciers fascinants qui pulvérisent les frontières pour transformer leur industrie et ouvrir de nouvelles perspectives. Cette mosaïque de pionniers, de réformateurs, d'entrepreneurs légendaires et d'étoiles montantes offre une incursion en profondeur dans une multitude de sujets d'avenir et d'actualité, tout en répondant à un objectif commun : faire émerger des discussions et des connexions déterminantes.

Ces leaders de renommée mondiale partagent notre volonté d'inspirer des solutions créatives aux enjeux commerciaux. C'est pourquoi ils sont appelés non seulement à prendre la parole, mais aussi à interagir avec les participants dans les divers ateliers et classes de maître.

Parmi les anciens conférenciers de C2 Montréal figurent le chef cuisinier Massimo Bottura, la dénonciatrice américaine Chelsea Manning, l'icône du hip-hop Snoop Dogg, le designer Stefan Sagmeister, l'entrepreneure Martha Stewart et le cofondateur d'Apple Steve Wozniak, pour ne nommer que ceux-ci.

C2 Montréal est une conférence d'affaires unique en son genre qui rassemble des entrepreneurs visionnaires, des leaders et des experts de tous horizons. Chaque année, vers la fin mai, cette communauté éclectique se retrouve à Montréal pour prendre part à des ateliers collaboratifs, des occasions de réseautage inédites et des festivités mémorables.

Au terme de cet événement immersif de trois jours, c'est plus de 7 000 participants et entreprises de calibre Fortune 500 – issus de 60 pays et de plus d'une trentaine d'industries – qui retournent au bureau la tête pleine de nouvelles idées, mieux outillés que jamais pour faire face aux défis qui pointent à l'horizon.

Depuis 2012, notre mission est de réinventer le concept de conférence d'affaires. Et même si notre événement se transforme chaque année, notre conviction fondamentale demeure la même : c'est à l'intersection du commerce et de la créativité que nous trouverons les solutions les plus novatrices aux enjeux de notre époque.

Participer à C2 Montréal, c'est sortir de votre zone de confort pour faire le plein de solutions et d'outils concrets afin de saisir de nouvelles opportunités et d'amener votre organisation plus loin.

Essentiellement, nous voulons vous aider à bâtir la route que vous – et votre industrie – souhaitez prendre.

Connect with us at
Connectez avec nous à
experiences@c2.biz
c2montreal.com
facebook.com/C2Montreal
twitter.com/C2Montreal
linkedin.com/company/c2mtl
instagram.com/c2montreal

C2 Montréal

INNOVATE MONTRÉAL

STARTUPFEST

Startupfest is the largest startup event in Canada, boasting over 8,000 attendees, and growing. Founded in 2011, it has become the annual gathering at which entrepreneurs, investors, makers, large enterprises, industry veterans, and startup communities chart the course of technology entrepreneurship.

The unique, informal format, set in one of the world's most iconic cities, tackles the entire lifecycle of new venture creation, from the spark of an idea to the final signature on acquisition or the ringing bell of an IPO. Attendees leave with five days of world-class content; fresh connections; back-of-the-napkin ideas; and the allure of champagne-popping exits.

The festival is more than just great content and global attendees, however. Over the years, Startupfest has earned a reputation for rethinking the standard event formats – from panels of Grandmother Judges, to Tent Villages that encourage networking around relevant themes, and elevator pitches in actual elevators, we combine aspirational keynotes with hands-on practicality and a healthy dose of irreverence. Crowned "a music festival for startups" by Reddit Founder Alexis Ohanian, Startupfest is a one of a kind experience, in unforgettable Montreal, bringing Montreal's vibrant startup community together and showcasing it on a global stage - boats, fireworks, food trucks, hammocks and festival vibe included.

INN**O**VATE MONTRÉAL

Startupfest est l'événement startup le plus important au Canada. Fondé en 2011, le festival est devenu le rassemblement par excellence où les entrepreneurs, les investisseurs, les grandes entreprises, les vétérans de l'industrie et les communautés startup préparent l'avenir de l'entreprenariat technologique.

Se déroulant dans l'une des villes les plus emblématiques du monde, son format unique et informel englobe l'ensemble des étapes de la création d'entreprise: que ce soit l'étincelle d'une nouvelle idée, la signature finale d'une acquisition ou même la célébration d'une IPO. Les participants quittent avec quatre jours de contenu de renommée mondiale, de nouvelles connaissances, d'idées toutes fraîches et l'ambition d'entreprendre avec grand succès.

Cependant, le festival présente bien plus que du contenu incroyable et un regroupement de participants internationaux. Au cours des années, nous avons acquis une réputation pour notre désir de nous éloigner le plus possible du format conventionnel de plusieurs événements. De nos panels de Juges Grands-Mères, en passant par le Village de Tentes qui met de l'avant certaines thématiques pertinentes pour encourager un réseautage plus ciblé, et des compétitions de pitches d'ascenseur se déroulant dans de réels ascenseurs, nous combinons inspiration et instructions avec une dose caractéristique d'irrévérence.

www.startupfest.com

STARTUPFEST™

STARTUP OPEN HOUSE

MONTRÉAL

shopify

UNLOCKING THE DOORS OF YOUR CITY'S MOST INNOVATIVE COMPANIES - WALK DIRECTLY INTO STARTUP OFFICES AND CONNECT WITH CEOS AND FOUNDERS SHAPING THE FUTURE OF BUSINESS

Job seekers, investors, curious neighbours... Ever wonder what it's like inside a startup? Step into the offices of your city's most vibrant startups and see for yourself what the startup spirit is all about.

Movers and shakers of the startup community, it's time to let people in! SOH is your chance to showcase what you're made of, to connect with a new crowd and to spark new opportunities.

We open our doors to people of any gender identity or expression. We open our doors to people who want to change the world, people who want to help others realize their dreams, people who want to build impactful companies, and talent who is looking for an incredible work opportunity. We welcome entrepreneurs, geeks, students, and amateurs. We welcome you, especially if you're not sure what a startup is.

No matter where you fall on the political spectrum, we believe it's possible for people of all viewpoints and perspectives to gather and learn new things. We believe in the broad spectrum of human experience. We believe that amazing things happen when people from different cultures and worldviews create a conversation.

We get excited about creativity, and we welcome the curious. We think accessibility for all is a priority. We believe in being inclusive, welcoming, and supportive of anyone who comes to us with the desire to help us build a community.

Since the first event in 2013, the amount of startups in the city has continued to expand, and Startup Open House is an opportunity for all of them to open their doors and invite the public in.

The idea behind Startup Open House is, as hinted by the name, to open up our vibrant startup communities for visitors to discover. We are hoping this will help all of us gain more visibility among the general public, and to make great connections in the process. The workplaces where startups grow are often the best places to learn about the company's work, its mission, and its culture!

Also, the event draws inspiration from the very successful Portes Ouvertes Design Montreal , where 110 design firms opened up their doors. More than 20,000 human connections were made over two days in May 2013.

Made by entrepreneurs, for entrepreneurs
Since 2013, Startup Open House has brought together high growth startups with their local community of job seekers, investors and curious

AGE OF IDEASHIP

"We created Startup Open House because as it's crucial to help established startups get access to talent while inspiring students and the youth to aspire to launch or work in a startup. We also want to offer an invitation to employees and citizens alike to discover the startup hustle and vibe, and who knows, maybe be one of them in a few years!"

Charlotte Martin, Director of Startup Open House; Christian Belair, Président of Credo Impact; LP Maurice, Co-Founder of BusBud and Startup Open House.

neighbors. The formula is simple: for one evening, open the doors of your office to the public and greet them as you see fit!

GET GENUINE EXPOSURE:
This is a chance to display your true identity, to showcase your accomplishments and to share your struggles. This is a chance to get real about what it takes to work in the startup environment, to spread your passion and to demonstrate grit.

TRIGGER NEW OPPORTUNITIES
In the crowd, you might find the awesome UX designer you have been looking for, or the investor who will propel you to new heights. SOH exists to help you make those fruitful connections and to broaden your perspectives.

MAKE AN IMPACT IN YOUR COMMUNITY:
By opening your doors, you take part in stimulating the entrepreneurial community in your city, and in spreading the startup culture. The brighter you shine, the brighter your community shines.

WALK-IN:
Yes, it's that simple. For one evening, walk into the offices of the most exciting startups in your city. Just step inside and see for yourself where the magic actually happens!

DISCOVER:
Learn about these companies and their products from inside the workplace they call home. Get a real feel of the startup culture, vibe and values, in a fun and casual setting. For Free.

CONNECT:
Connect with people driven to build something new. Whether you are looking for a job, a partnership, an investment opportunity or just a friendly enriching chat! SOH gives you an endless supply of mentors to look up to and great stories of struggles and successes to get inspired.

The first step is always the hardest one. Startup Open House is just the little push you need to start your journey within the startup ecosystem.

'Eating local' is key, so why not do the same with our startups? We are extremely happy to help make Startup Open House successful in Montréal. We are really grateful and proud of the whole SOH team who has been able to export this amazing project built in Montreal across Canada and even on the other side of the Atlantic, and hopefully even beyond in the future!" - ilias Benjelloun, Open Innovation Catalyst at Montreal NewTech and Desjardins Lab

www.startupopenhouse.com

CHAPTER EIGHT
INVESTORS AND FINANCIAL TECHNOLOGY

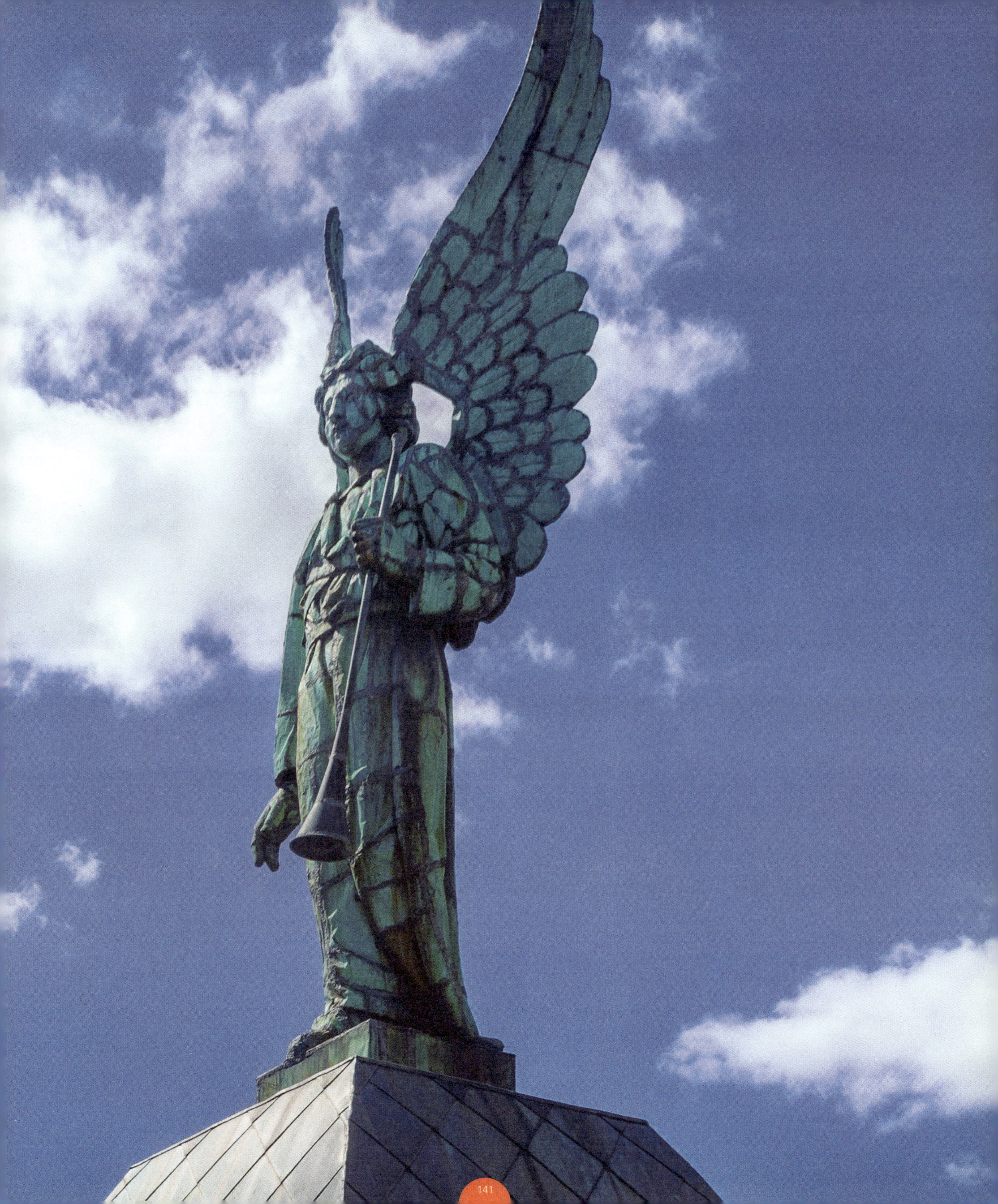

INNOVATE MONTRÉAL

REAL VENTURES
BACKING, BUILDING & BELIEVING

Real Ventures is Canada's most active early-stage VC firm and a driving force behind emerging tech ecosystems. In 2007, we questioned why brilliant Canadian founders should have to jump on flights to San Francisco to raise seed capital. We also believed that VCs should play a role in accelerating the creation of world-class tech ecosystems by providing support beyond the companies for whom they wrote cheques, so we rolled up our sleeves and built projects that served founders' needs.

We created FounderFuel, Canada's first accelerator program; dreamed big with Notman House, Montreal's 30,000 square-foot entrepreneurial campus; and supported numerous other initiatives, from Startupfest to Startup Drinks and Startup Open House, from C100 to Innocité. Of course, we also spent countless hours working alongside the entrepreneurs whose companies have helped to put our cities on the global startup map, and are proud to have witnessed tech ecosystems across Canada enter the top-20 entrepreneurial hubs.

As a group of veteran entrepreneurs, the Real team saw both the need – and potential – for early-stage investment in promising startups in Montreal. As one of our founding partners, John Stokes, likes to say, "Brains don't stop at the border, but early-stage capital historically did."

Real has now invested in over 200 companies, grown a network of 1000+ founders, raised over $330M across 5 early-stage funds, witnessed Canada's transformation into the home of multiple top-20 global tech hubs, and seen the Valley's best VCs jumping on flights from SF & NY to Canada to back industry-defining companies.

We back mission-driven startups that show us the future, creating new categories and rewriting the rules. Founders bring us their vision. We bring them decades of experience, access to our deep networks, and long-term commitment to our beliefs.

INN*O*VATE MONTRÉAL

Étant un groupe d'entrepreneurs chevronnés, l'équipe de Real a vu à la fois le besoin et le potentiel d'investir dans des entreprises en démarrage prometteuses à Montréal. Comme l'un de nos associés fondateurs, John Stokes, se plaît à le souligner : "Les cerveaux ne s'arrêtent pas à la frontière, mais, historiquement, c'est le cas du capital en phase de démarrage."

Real a depuis investi dans plus de 200 entreprises, développé un réseau de plus de 1000 entrepreneurs, levé plus de 330 millions de dollars grâce à 5 fonds de démarrage, vu le Canada accueillir de multiples centres technologiques d'envergure et vu les meilleurs VC de la vallée sauter sur les vols de SF & NY pour aller au Canada afin de soutenir des entreprises qui révolutionnent leur secteur.

Nous soutenons les startups portées par une mission qui tracent la voie de l'avenir, en créant de nouvelles catégories et en réécrivant les règles. Les entrepreneurs nous partagent leur vision. Nous leur faisons profiter de nos dizaines années d'expérience, d'un accès à nos vastes réseaux et d'un engagement à long terme guidé par nos convictions.

Real est la société de capital de risque la plus active au Canada qui aide à propulser les entreprises tech dans les écosystèmes de demain. En 2007, nous nous sommes demandé: pourquoi de brillants entrepreneurs canadiens vont-ils chercher des capitaux de démarrage à San Francisco? Nous étions persuadés que les sociétés de capital de risque devraient jouer un rôle dans la création d'écosystèmes technologiques de classe mondiale et ce, en fournissant un soutien au-delà des entreprises pour lesquelles elles signent des chèques. Nous avons ainsi retroussé nos manches et bâti des projets pour répondre aux besoins des entrepreneurs.

Nous avons créé FounderFuel, le premier programme d'accélérateur au Canada ; nous avons rêvé en grand avec la Maison Notman, un carrefour entrepreneurial montréalais de 30 000 pieds carrés ; et nous avons appuyé une multitude d'autres initiatives, du Startupfest à Startup Drinks et Startup Open House, du C100 à Innocité. Nous avons passé d'innombrables heures à travailler aux côtés d'entrepreneurs dont les entreprises ont contribué à faire connaître nos villes dans l'univers des startups à l'échelle mondiale. Nous sommes fiers d'avoir vu des écosystèmes technologiques partout au Canada se hisser parmi les 20 premiers hubs entrepreneuriaux.

real

Notman House
51 Sherbrooke St W.
Montreal, QC H2X 1X2
realventures.com

INNOVATE MONTRÉAL

FRONT ROW VENTURES

For students, by students. Front Row Ventures is Canada's first student-run venture capital fund. Powered by Real Ventures, FRV has successfully run a $600,000 Quebec-focused pilot fund over the past two years and is now raising a $10 million fund to expand its operations to seven new provinces and more than 30 university campuses across Canada.

We believe that students are in a unique position to challenge the status quo. The university years are an entrepreneurial sweet spot and we want to help student founders launch unthinkable ventures that change the world. Although companies like Facebook, Google and Snapchat were created by students, most student entrepreneurs still lack access to capital. We're closing that gap by backing student founders with an early investment of $25,000 and the most founder-friendly terms that exist in Canada, and a portfolio of resources and world-class mentors.

INNOVATE MONTRÉAL

Our story

As the first resource for student technology entrepreneurship, Front Row Ventures first took root in Montreal before spreading to the rest of Canada. In 2018, in Montreal alone, we saw and analyzed more than 350 student-led startups. At the beginning of 2019, our portfolio counted six companies, which had already gone on to raise more than $5 million in follow-on investment. Our goal has always been to support Canada's best student founders through our forward-looking investment. This enables student founders to grow world-class companies while pursuing their education.

How it works

We bring together the most talented students in Canada. They come from all campuses and fields of study. Our team expands the potential of Canadian student entrepreneurs to turn their bold ideas into forward-thinking startups. We rely on the diversity of our team to transform the tech and startup culture on Canadian university campuses.

From the beginning, we all shared a spark that made us fall in love with tech entrepreneurship. The model is simple: investment teams composed of trained student-VCs based on university campuses invest in only the best student-led startups in the country.

We are united by our passion and boldness. We are more than a team; we're family.

Pour les étudiants, par des étudiants. Front Row Ventures est le 1er fonds d'investissement de capital de risque administré par des étudiants au Canada. Lancé en partenariat avec Real Ventures, FRV gère avec succès un fonds d'investissement pilote de 600 000$ axé sur le Québec depuis 2 ans. FRV recueille maintenant un nouveau fonds de $10M pour étendre ses activités à sept nouvelles provinces et à plus de 30 campus universitaires au Canada.

Nous croyons que les étudiants sont dans une position unique pour contester le statu quo. Les années universitaires sont une période formatrice pour les entrepreneurs et nous voulons aider les étudiants à se lancer dans des projets inimaginables qui transforment le monde. Bien que des entreprises telles que Facebook, Google et Snapchat aient été créées par des étudiants, la majorité des entrepreneurs étudiants n'ont pas accès au financement nécessaire pour lancer leur compagnie. Nous comblons cet écart en soutenant ces étudiants avec un investissement initial de 25 000$, des conditions favorables ainsi qu'une panoplie de ressources et de mentors.

Notre histoire

Étant la première ressource pour l'entrepreneuriat technologique étudiant, Front Row Ventures s'est d'abord enraciné à Montréal avant de s'établir partout au Canada. En 2018, à Montréal seulement, nous avons vu et analysé plus de 350 startups dirigées par des étudiants. Au début de l'année 2019, notre portefeuille comptait six sociétés qui avaient déjà levé plus de 5 millions de dollars en investissements de suivi. Notre objectif a toujours été de soutenir les meilleurs étudiants fondateurs du Canada grâce à notre investissement centré sur l'avenir. Celui-ci permet aux entrepreneurs étudiants de développer des compagnies de calibre mondial tout en continuant leurs études.

Notre fonctionnement

Nous rassemblons les étudiants les plus talentueux du Canada. Ils proviennent de tous les campus et de tous les domaines d'études. Notre équipe élargit le potentiel des entrepreneurs étudiants canadiens afin de transformer leurs idées audacieuses en startups avant-gardistes. Nous comptons sur la diversité de notre équipe pour transformer la technologie et la culture startup sur les campus universitaires au Canada.

Dès le début, nous étions tous animés par une étincelle qui nous a fait tomber amoureux de l'entrepreneuriat technologique. Notre modèle est simple : nos équipes d'investissement, composées d'étudiants et basées sur les campus universitaires, investissent uniquement dans les meilleures startups étudiantes du pays.

Nous sommes unis par notre passion et notre témérité. Nous sommes bien plus qu'une équipe; nous sommes une famille.

Front Row VENTURES
frontrow.ventures

INNOVATE MONTRÉAL

fundica

After years spent helping companies with government and private sector funding, the founders of Fundica realized something profound: all companies – be they small startups or multinational corporations – struggle to find the right source of funding. Recognizing this industry-wide need for an automated, efficient means of accessing available funding, they launched Fundica.com, a search engine that identifies the most relevant grants, tax credits, and loans across Canada.

Since its inception in 2011, Fundica has been developing web discovery and tracking bots that – alongside its funding research team and hundreds of funders – keep the platform up-to-date and comprehensive. This intelligent and evolving search engine technology works to match entrepreneurs with funding programs that best suit their needs.

Though the growth of Fundica's technology, user base, and platform have helped it become the most awarded funding tool in Canada, the team behind it is the true secret to this success. Fundica is led by President Mike Lee, a tech entrepreneur and engineer with a strong background in software and funding, who prides himself on creating a company culture that is dependable, educational, and inspirational for employees and clients alike. Mike has been the recipient of the CFO Canada Entrepreneur of the Year Award as well as Startup Canada's Entrepreneur Promotion Award. The Bronfman Foundation also identified him as one of Quebec's Top 25 Emerging Entrepreneurs. Further supporting Fundica are fellow co-founders Heykel Limaiem, who brings a Master of Computer Science as well as over fifteen years' experience in web development and machine learning to the table, and Sahar Ansary, a product management expert with a Master of Engineering. Finally, there are Fundica's award-winning data science, communication, and partnership teams, who work tirelessly to improve the platform and connect with the funding community.

"Though I've lived in many cities across Canada, Montreal's irreplaceable atmosphere has always kept me coming back. The city's vibrant culture, coupled with its burgeoning tech scene, have made it the ideal place to deploy my interests in technology and finance." – Mike Lee, Co-Founder and President of Fundica

As Fundica grew, so too did the team's ambitions, and in 2013, they launched the Fundica Roadshow, a coast-to-coast pitch competition for Canadian tech startups. With stops in major cities across Canada, the Fundica Roadshow has quickly become a travelling hub for those at the forefront of the tech ecosystem, attracting everyone from new entrepreneurs to established CEOs to top-tier investors.

Operating out of downtown Montreal has allowed Fundica to integrate and connect with companies at the heart of the Canadian ecosystem and solidify its position as a tech trailblazer, but there is still a great deal that can be done to make funding easier. Through the online platform and the Fundica Roadshow, the team continues to improve this process as well as educate and inspire entrepreneurs across Canada.

INNOVATE MONTRÉAL

« Bien que j'ai vécu dans de nombreuses villes à travers le Canada, l'atmosphère irremplaçable de Montréal m'a toujours fait revenir. La culture vibrante de cette ville, conjuguée à sa scène technologique en effervescence en ont fait le lieu idéal pour aiguiser mes intérêts pour la technologie et la finance. » – Mike Lee, Co-Founder and President of Fundica

Mike Lee
President and Co-Founder

Après des années consacrées à aider les entreprises avec le financement privé et public, les fondateurs de Fundica ont pris conscience d'un problème fondamental: toutes les entreprises, qu'elles soient des startups ou des multinationales, ont du mal à trouver les bonnes sources de financement. Conscients de ce besoin d'avoir un moyen automatisé et efficace d'accéder aux différentes sources de financement disponibles pour tout secteur d'activité, ils ont lancé Fundica.com, un moteur de recherche qui identifie les subventions, les crédits d'impôt et les prêts les plus pertinents au Canada.

Depuis sa création en 2011, Fundica développe des robots de détection web qui, à l'aide d'une équipe de recherche et de centaines de bailleurs de fonds, maintiennent la plateforme pour qu'elle soit constamment à jour et exhaustive. Le moteur de recherche intelligent et évolutif permet aux entrepreneurs de bénéficier des programmes de financement les mieux adaptés à leurs besoins.

Bien que la croissance de la technologie et de la base d'utilisateurs lui ait permis de devenir l'outil de financement le plus reconnu au Canada, l'équipe derrière Fundica est le véritable secret de ce succès. Fundica est dirigé par le président Mike Lee, un entrepreneur technologique et un ingénieur possédant une vaste expérience en logiciel et en financement, qui tire une fierté à créer une culture d'entreprise fiable, éducative et inspirante pour les employés et les clients. Mike a été récipiendaire du prix Entrepreneur de l'année de CFO Canada ainsi que du Prix de la promotion des entrepreneurs de Startup Canada. La Fondation Bronfman l'a également identifié comme l'un des 25 meilleurs entrepreneurs émergents du Québec. Heykel Limaiem, son cofondateur, apporte une maîtrise en informatique ainsi que plus de quinze ans d'expérience en développement web et « machine learning », ainsi que Sahar Ansary,

experte en gestion de produits avec une maîtrise en ingénierie. Enfin, les équipes d'analystes de données, de marketing et de partenariats travaillent sans relâche pour améliorer la plateforme et établir des liens importants avec la communauté des bailleurs de fonds.

Durant la croissance de Fundica, les ambitions de l'équipe ont également évolué. En 2013, elles ont lancé la Tournée Fundica, un concours à l'échelle nationale destiné aux nouvelles entreprises technologiques canadiennes. Avec des escales dans les grandes villes du Canada, la Tournée Fundica est rapidement devenu un lieu de rencontre pour l'écosystème technologique, attirant plusieurs milliers de participants, tels que de nouveaux entrepreneurs, des PDG bien établis et des investisseurs de renom.

En exerçant ses activités à partir du centre-ville de Montréal, Fundica a pu s'intégrer et nouer des liens avec des entreprises au cœur de l'écosystème canadien tout en consolidant sa position de précurseur technologique. Ceci étant dit, il reste encore beaucoup à faire pour faciliter le financement au Canada. Grâce à la plateforme et à la Tournée Fundica, l'équipe persiste à améliorer ce processus, ainsi qu'à éduquer et inspirer les entrepreneurs à travers le Canada.

www.fundica.com

PARTENAIRES R&D PARTNERS

R&D Partners Management Team (left to right): Debbie Frail, P.Eng., MBA, Mike Lee, P.Eng., MBA, CFA, and Sahar Ansary, M.Eng. | L'équipe de gestion chez Partenaires R&D (gauche à droite) : Debbie Frail, Ing., MBA, Mike Lee, Ing., MBA, CFA, and Sahar Ansary, Ing.

R&D Partners was started in 2002 by two successful technology entrepreneurs – Mike Lee and Debbie Frail – who both had strong engineering and funding experience. They began advising and assisting local early-stage technology startups and quickly realized that due to the notoriously unclear guidelines on government websites, entrepreneurs oftentimes disregarded the government as a legitimate source of non-dilutive funding.

It became clear that there was an alarming need to educate, train, and help technology entrepreneurs maximize tax credit and grant claims, while simplifying their life. With time, they brought on additional professional engineers, scientists, and tax professionals and began working with larger technology companies across Canada.

Today, R&D Partners has successfully claimed over $200 million in R&D tax credits and other government funding for their clients. They work with startups, leading venture-backed companies, growing tech firms, and well-known multinationals. They have received numerous awards for their work and have demonstrated a solid track record in helping their clients grow.

With a thorough understanding of R&D tax rulings and emerging technologies like artificial intelligence, blockchain, robotics, cybersecurity, internet of things, and financial technology; they have become a leading R&D tax credit and government funding advisory firm in Canada.

As a global leader in AI, Montreal has seen a spike in foreign corporations setting up research labs to collaborate with local academia and industry. R&D Partners has taken a proactive role in helping these foreign corporations take advantage of government incentives.

R&D Partners is growing at a steady pace and welcomes any inquiries related to government R&D funding. Additionally, anyone with a solid understanding of emerging technology and an itch to help companies is encouraged to visit the career section on **www.rdpartners.com**.

> "Grants and tax credits represent billions of dollars and are simply the best source of funding in Canada. Important to note that many tax credits are refundable expenditure credits not dependent on taxes payable. As an example, a pre-revenue company doing eligible R&D can receive a refund for up to 74% of salaries in Montreal."
>
> – Mike Lee

INNOVATE MONTRÉAL

The R&D Partners team | L'équipe Partenaires R&D

Partenaires R&D a été fondé en 2002 par deux entrepreneurs technologiques, Mike Lee et Debbie Frail, qui possédaient parmi eux une riche expérience dans les domaines d'ingénierie et de financement. Ils ont commencé à aider et conseiller les entreprises technologiques en démarrage à Montréal et se sont rapidement aperçus qu'en raison des directives notoirement peu claires sur les sites web gouvernementaux, les entrepreneurs ne considéraient souvent pas le gouvernement comme une source légitime de financement non dilutif.

Il était devenu évident qu'il existait un besoin d'éduquer, de former et d'aider les entrepreneurs technologiques à maximiser leurs demandes de crédits d'impôt et de subventions, tout en leur simplifiant la vie. Avec le temps, ils ont recruté des ingénieurs, des scientifiques et des fiscalistes supplémentaires et ont commencé à travailler avec de grandes entreprises de technologie à travers le Canada.

Aujourd'hui, Partenaires R&D a réclamé avec succès plus de 200 millions de dollars de crédits d'impôt RS-DE et d'autres financements gouvernementaux pour leurs clients. Ils travaillent avec des startups, des entreprises privées, des entreprises de technologie en croissance et des multinationales connues. Ils ont reçu de nombreux prix pour leur travail et sont réputés pour développer la croissance de leurs clients.

Avec une compréhension approfondie en fiscalité et des technologies émergentes telles que l'intelligence artificielle, la blockchain, la robotique, la cybersécurité, l'internet des objets et la technologie financière; ils sont devenus une ressource incontournable quant aux crédits d'impôt pour la recherche et du développement au Canada.

En tant que leader mondial de l'intelligence artificielle, Montréal a connu une augmentation significative du nombre de sociétés étrangères installant des laboratoires de recherche pour collaborer avec l'écosystème. Partenaires R&D joue un rôle proactif en aidant ces sociétés à tirer avantage des incitations gouvernementales.

Partenaires R&D continue à grandir à un rythme stable et invite toute demande de renseignements concernant le financement gouvernemental. De plus, toute personne ayant une bonne connaissance des technologie émergentes et désirant aider les entreprises à croître est encouragée à visiter la section carrières de www.rdpartners.com.

« Les subventions et les crédits d'impôt représentent des milliards de dollars et sont tout simplement la meilleure source de financement au Canada. Il est important de noter que de nombreux crédits d'impôt sont des crédits de dépenses remboursables et sont versés même si les entreprises n'ont pas d'impôt à payer. Par exemple, une entreprise à Montréal ayant aucun revenu et qui réalise des travaux de recherche et de développement admissibles peut recevoir un remboursement correspondant à 74% des salaires. »
— Mike Lee

Mike Lee, P.Eng., MBA, CFA – President of R&D Partners | Mike Lee, Ing., MBA, CFA – Président de Partenaires R&D

1-800-500-SRED (7733)
contact@rdpartners.com
1117 Rue Sainte Catherine W., Suite 410, Montreal, QC, Canada, H3B 1H9

VENTURX

Who is crazy enough to go to Silicon Valley with a one-way ticket with no job, no VISA, and no apartment? THIS ENTREPRENEUR!

A San Francisco friend said if I was serious about tech and startup, I should move to Silicon Valley. I bought a one-way ticket the very next week. I attended every MeetUp event, visited the Yahoo campus, and met many confident entrepreneurs who struggled through many obstacles to get to where they needed to be in order to compete; they didn't shy from sharing their ambitions to strangers. I saw people and places that others overlooked for decades. The industry is like a battlefield with few winners; the opportunity I saw and built my company mission around was "What would it take to produce more winners?" Then, VenturX was born – a platform that prepares startups for funding in these innovative ways.

1) Bringing transparency to this industry

After graduating from school, people are thrown into the world where they may have a boss telling them what is expected. Unfortunately, for entrepreneurship, all of that goes out the window. Our platform for startup success is the first to bring more transparency in to the entrepreneurship landscape so startups have a better chance of success. Knowing what metrics are expected and where they stand currently will help determine what they need to succeed.

2) Innovate by defining the gap in the market

We have many partners that fulfill different needs within entrepreneurship. However, we found very few who targeted very early stage startups. Most of our partners tend to aim to help those who already raised at least $1 million in order to gain better commission. For us, we felt that earlier stage businesses need it more. The impact on the global entrepreneurship landscape will be lasting and rewarding.

3) Revolutionizing the Startup Benchmarks

Entrepreneurs can only find public information from advanced companies but cannot compare their conversion and engagement rates to startups in their industries who started around the same time. For example, it's not fair for a first year startup to compare themself with Le Chateau or Shopify. VenturX helps show where they truly stand based on comparing them to similar startups. It gives not only a realistic sense of the company's current situation but they also get to see what the investors perceive when they submit for funding. They know their strengths and weaknesses in real time. Benchmarking is also strategic for investors to make smart choices.

VenturX = Google Analytics + AngelList.

Our search opportunities through transparency, targeting our market and benchmarking to innovate Canadian entrepreneurship.

www.venturx.ca

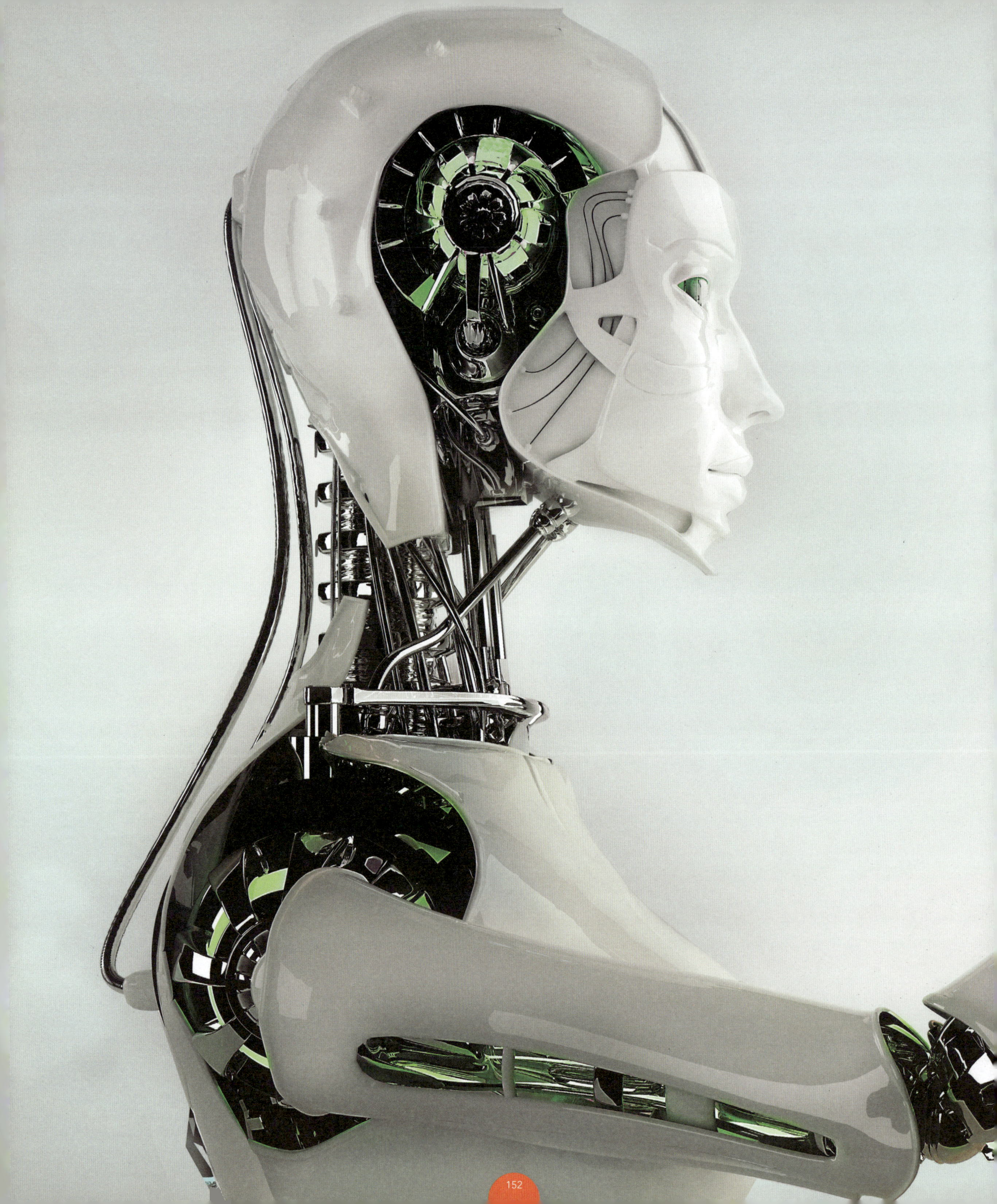

INNOVATE MONTRÉAL

CHAPTER NINE
ARTIFICIAL INTELLIGENCE

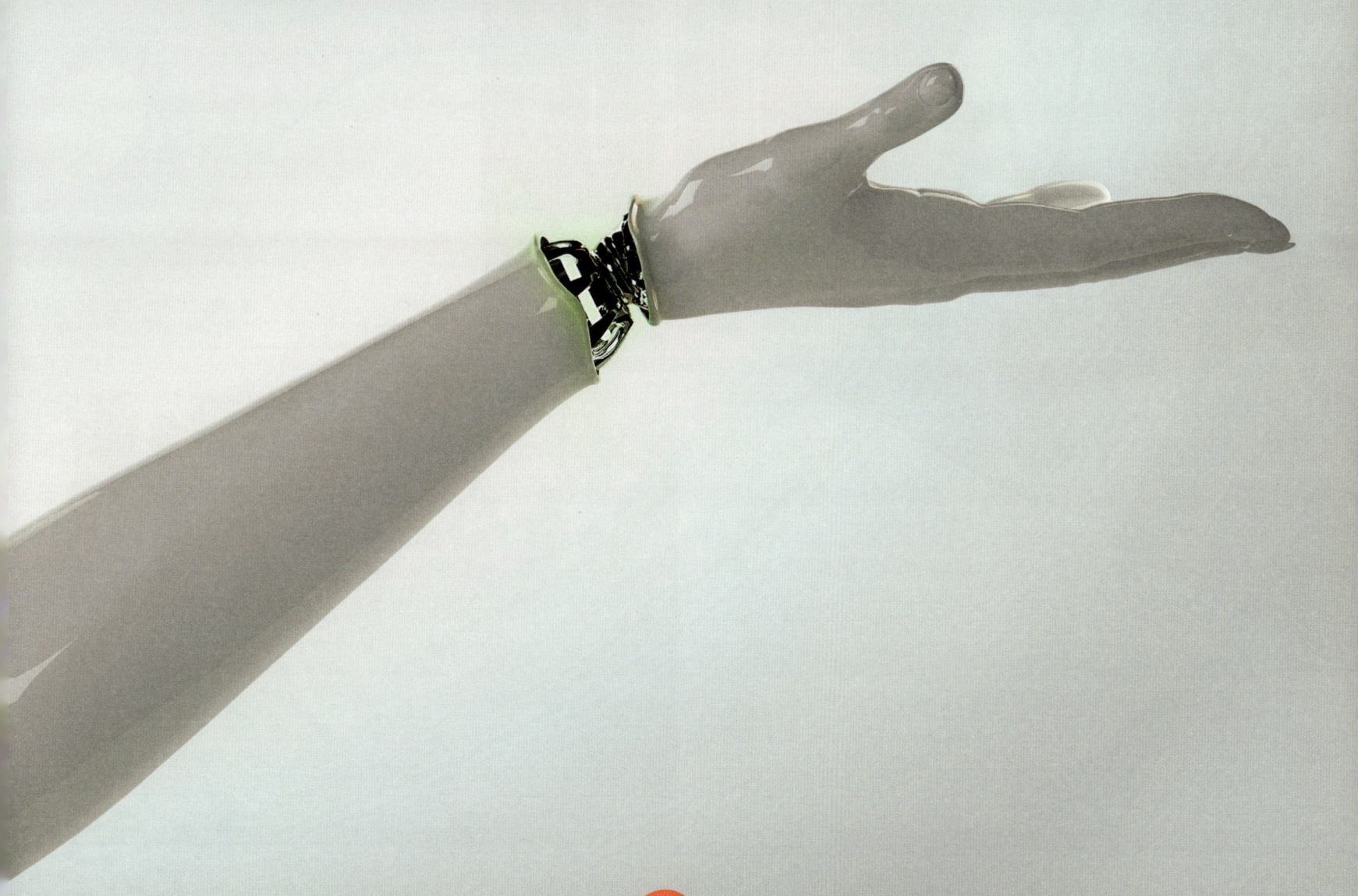

INNOVATE MONTRÉAL

ELEMENT AI

ELEMENT AI IS A GLOBAL ARTIFICIAL INTELLIGENCE COMPANY CREATING SOFTWARE PRODUCTS DESIGNED TO AUGMENT DECISIONS AND HELP MAKE BUSINESSES STRONGER, SAFER AND MORE AGILE.

Founded in 2016 by seasoned entrepreneur JF Gagné and pioneering AI researcher Yoshua Bengio, the company turns cutting-edge academic research and deep industry expertise into scalable solutions that help organizations better navigate complexity. The company is committed to increasing collective well-being by delivering role-centric products in major industries including banking and finance, transportation and logistics, and manufacturing, as well as cybersecurity.

Element AI has more than 500 employees with more than 100 PhDs across five cities in North America, Europe, and Asia. That's a long way from its beginnings at Montreal's Notman House, a key meeting place for entrepreneurs, academics and visionaries.

Now, the company has teams of fundamental researchers working on the frontiers of AI, applied research scientists turning those insights into prototypes, and developers and designers building products from the ground up that augment decision-making for organizations around the world.

In finance, Element AI products support equity analysts to digest a broad range of financial instruments and portfolio combinations in the context of business conditions and their objectives. In logistics, they help port coordinators optimize the activity of sea and ground fleets based on traffic, weather and economic data. And in cybersecurity, analysts use Element AI products to navigate a torrent of data points that would be otherwise incomprehensible, isolating and triaging threats on the fly.

Having outgrown its first office, and its second, Element AI is now a central part of Montreal's new AI hub in the Mile-Ex district. Neighbours include AI labs from major Canadian and international companies, along with academic organizations such as the Montreal Institute for Learning Algorithms (MILA) and the Institute of Data Valorization (IVADO).

Element AI maintains a strong connection to academia with an open, collaborative approach to research, following a non-predatory model of partnering with outside researchers and supporting an international network of academic fellows. The company pursues bold, cutting-edge research, with world-class scientists such as principal research scientist Christopher Pal.

The company has a commitment to benevolent AI, creating models that are unbiased, fair, accurate and secure. In addition to teams focused on areas such as AI policy and explainability, the London research lab, under the direction of former DeepMind senior researcher Julien Cornebise, has partnered with outside groups including Amnesty International as part of its dedication to AI for Good.

Element AI also takes a leadership position in government relations, hosting Prime Minister Justin Trudeau and G7 world leaders for discussions on AI regulation in December 2018. CEO JF Gagné is involved in the European Commission's working group on AI policy, and the company is one of the industry partners for the Scale.AI supercluster that received funding from the Canadian government. As AI begins to change the world, Element AI will be helping guide those discussions.

INNOVATE MONTRÉAL

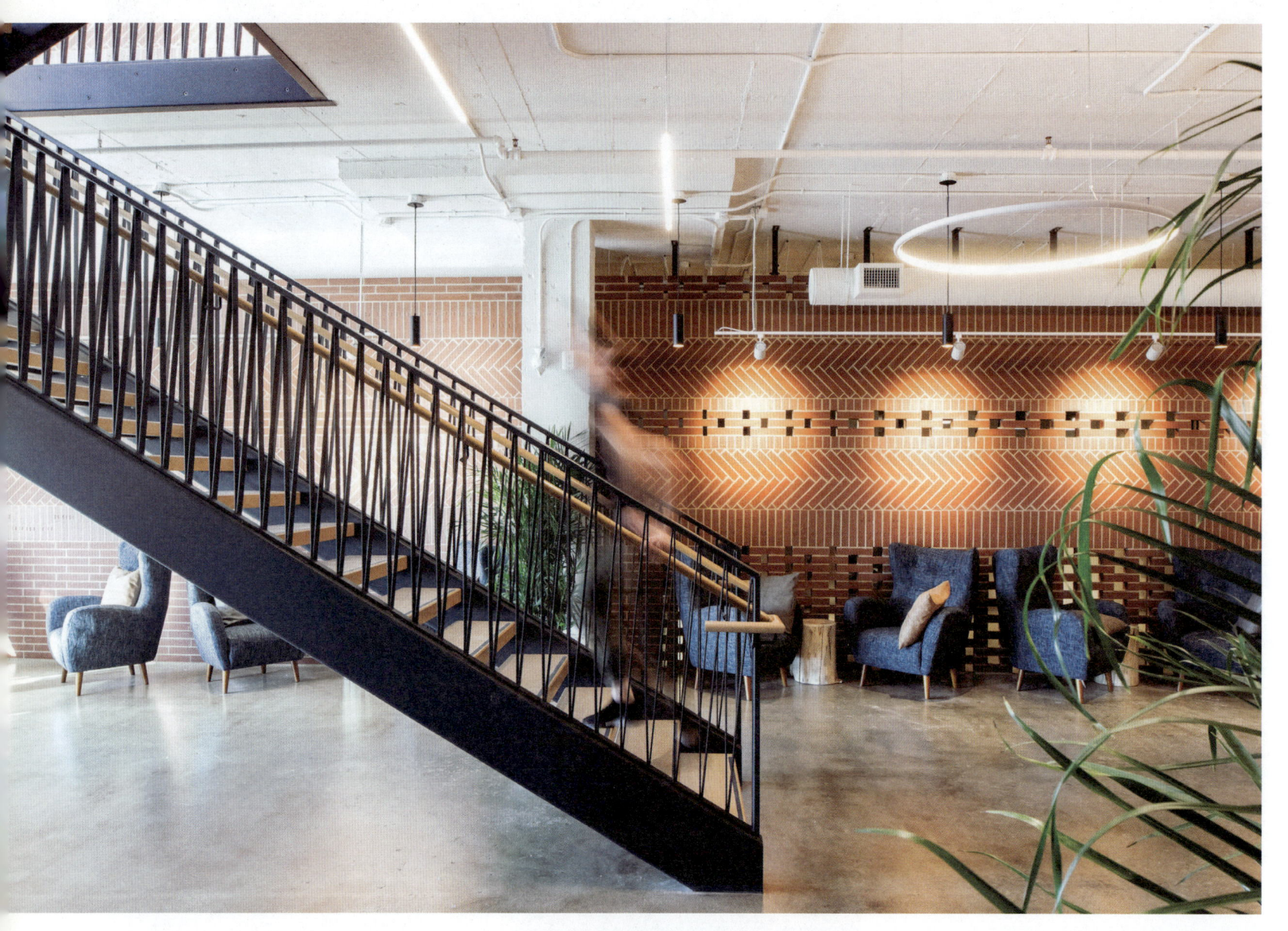

ELEMENT AI EST UNE ENTREPRISE INTERNATIONALE EN INTELLIGENCE ARTIFICIELLE QUI CRÉE DES PRODUITS CONÇUS POUR AMÉLIORER LES DÉCISIONS ET RENDRE LES ENTREPRISES PLUS FORTES, PLUS SÉCURITAIRES ET PLUS AGILES.

Fondée en 2016 par Jean-François Gagné, entrepreneur aguerri, et Yoshua Bengio, pionnier de l'intelligence artificielle, Element AI transforme les résultats de la recherche universitaire de pointe et une expertise approfondie du secteur en solutions évolutives qui permettent aux entreprises de mieux

INNOVATE MONTRÉAL

aborder la complexité. L'entreprise s'est engagée à améliorer la qualité de vie de la collectivité par des produits axés sur le rôle des agents humains dans des secteurs importants comme les services bancaires et financiers, la logistique des transports, le manufacturier et la cybersécurité.

Element AI compte plus de 500 employés – dont une centaine de titulaires de doctorats – dans cinq villes d'Amérique du Nord, d'Europe et d'Asie. Beaucoup de chemin a été parcouru depuis les débuts de l'entreprise à la Maison Notman, lieu de rencontre essentiel pour les entrepreneurs, les universitaires et les visionnaires à Montréal.

Aujourd'hui, l'entreprise compte des équipes de chercheurs en science fondamentale qui travaillent sur les limites de l'intelligence artificielle, de chercheurs en science appliquée qui transforment ces découvertes en prototypes, et de développeurs et concepteurs qui créent de toutes pièces des produits qui améliorent la prise de décisions pour des organisations du monde entier.

En finances, les produits d'Element AI permettent aux analystes d'assimiler un vaste éventail d'instruments financiers et de combinaisons de portefeuilles en fonction des conditions d'affaires et de leurs objectifs. En logistique, les produits permettent aux coordonnateurs portuaires d'optimiser l'activité des flottes maritimes et terrestres en fonction du trafic, des conditions météorologiques et des données économiques. En cybersécurité, les analystes utilisent les produits d'Element AI pour s'orienter dans une mer de points de données qui seraient incompréhensibles autrement, isolant et triant les menaces instantanément.

Devenue trop grande pour ses premiers bureaux, puis ses deuxièmes, Element AI fait maintenant partie intégrante du nouveau carrefour de l'intelligence artificielle de Montréal, dans le quartier Mile-Ex. Elle compte parmi ses voisins des laboratoires d'IA de grandes entreprises canadiennes et internationales, ainsi que des organismes universitaires, comme l'Institut québécois d'intelligence artificielle (MILA) et l'Institut de valorisation des données (IVADO).

Element AI entretient des liens solides avec le milieu de la recherche universitaire grâce à une approche ouverte et collaborative, suivant un modèle coopératif d'association avec des chercheurs externes et entretenant un réseau international de spécialistes. L'entreprise est à l'avant-garde de la recherche, menant des projets audacieux avec des scientifiques de calibre mondial tels que Christopher Pal, chercheur scientifique principal.

Element AI s'engage à favoriser une intelligence artificielle bienveillante, créant des modèles neutres, justes, exacts et sûrs. En plus d'avoir des équipes spécialisées dans des domaines comme l'explicabilité et les politiques relatives à l'IA, le laboratoire de Londres, sous la direction de Julien Cornebise, ancien chercheur principal à DeepMind, s'est associé à des groupes comme Amnistie internationale dans le cadre de son engagement envers une intelligence artificielle au service de la société.

Element AI a adopté une position de chef de file en matière de relations gouvernementales, accueillant le premier ministre Justin Trudeau et les chefs des pays du G7 pour des échanges sur la réglementation en matière d'intelligence artificielle en décembre 2018. Jean-François Gagné, président-directeur général, participe au groupe de travail sur les politiques en matière d'intelligence artificielle de la Commission européenne. Element AI est également l'un des partenaires sectoriels de la supergrappe Scale.AI financée par le gouvernement canadien. Tandis que l'intelligence artificielle commence à transformer le monde, Element AI contribue à orienter la discussion.

ELEMENT^{AI}
www.elementai.com

Mila

Mila is recognized worldwide for its many breakthroughs in the development of new deep learning algorithms and their application in many areas, such as language modeling, machine translation, object recognition, and generative modeling with structured outputs and natural language processing.

A unique concept created by the Université de Montréal and McGill University, with the support of HEC Montréal and Polytechnique Montréal, Mila brings together, in an off-campus setting, the strengths of these institutions in the field of basic artificial intelligence research. In order to transform the power of this research into economic benefits, Mila also brings together all phases of the innovation process, from research to the commercialization of applications or products via the creation of companies.

"What we are trying to create is completely new, totally emergent... As society rapidly enters this new era, we need to ask ourselves how to anchor ourselves in who we are and what humanity represents," says Valérie Pisano, President and CEO of Mila.

In the new Mile-Ex location, modern spaces host more than 375 members of the Mila family and 125 researchers and experts from partner companies and institutions. Mila welcomes research professors, masters, doctoral, and postdoctoral research students, and technology development experts. Mila also includes a technology transfer center, an Espace CDPQ | Axe IA hosting nine start-up companies, a dozen corporate laboratories, a space dedicated to student start-ups, and several spaces that encourage interaction and inspire creativity and innovation.

Thanks to its privileged position and unique model, Mila contributes to the development of a stimulating and innovative research environment for the benefit of society. This is why, in addition to fostering social dialogue and application development, Mila supports the Montréal Declaration for Responsible Development of AI and the International Observatory on Societal Impacts of Artificial Intelligence and Digital Technology.

Mila is mainly funded by the government of Quebec via the Ministry of Economy and Innovation, through the strategy for the development of the Quebec artificial intelligence ecosystem, and by the government of Canada through the Canadian Institute for Advanced Research (CIFAR).

Be part of the Mila experience! **www.mila.quebec**

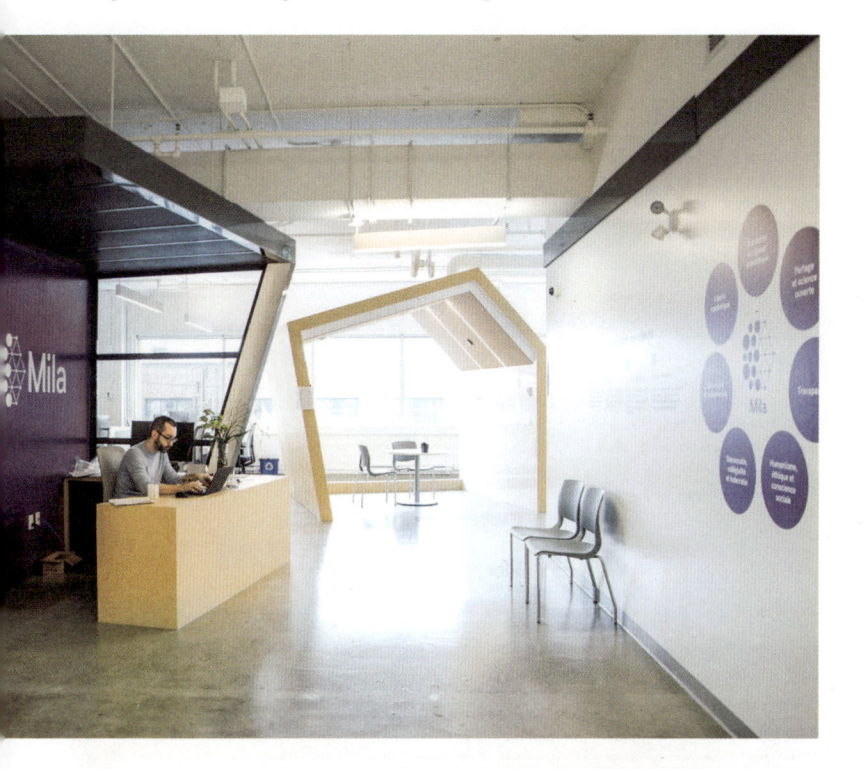

Mila est reconnu mondialement pour ses nombreuses percées dans le développement de nouveaux algorithmes d'apprentissage de réseaux profonds et leur application à de nombreux domaines, comme la modélisation du langage, la traduction automatique, la reconnaissance d'objets, la modélisation générative avec sorties structurées et la reconnaissance du langage naturel.

Concept unique créé par l'Université de Montréal et l'Université McGill, avec l'appui de HEC Montréal et de Polytechnique Montréal, Mila rassemble, dans un lieu hors campus, les forces de ces établissements dans le domaine de la recherche fondamentale en intelligence artificielle. Afin de transformer cette puissance de recherche en retombées économiques, Mila réunit aussi toutes les phases du processus d'innovation, de la recherche à la commercialisation des applications ou produits en passant par la création d'entreprises.

« Ce que nous essayons de créer est complètement nouveau, totalement émergent… Alors que la société entre rapidement dans cette nouvelle ère, nous devons nous demander comment nous ancrer dans ce que nous sommes et ce que nous représentons en tant qu'humanité », affirme Valérie Pisano, présidente et chef de la direction de Mila.

Dans les nouveaux locaux du Mile-Ex, des espaces modernes hébergent plus de 375 membres de la famille Mila et 125 chercheurs ou experts provenant des entreprises et institutions partenaires. Mila accueille des professeurs-chercheurs, des étudiants-chercheurs de maîtrise, de doctorat et de postdoctorat ainsi que des experts en développement technologique. Mila comprend aussi un centre de transfert technologique, un Espace CDPQ | Axe IA hébergeant neuf entreprises en démarrage, une douzaine de laboratoires d'entreprises, un espace consacré aux jeunes pousses étudiantes et plusieurs lieux qui favorisent les interactions et suscitent la créativité et l'innovation.

Grâce à sa position privilégiée et à son modèle unique, Mila contribue au développement d'un environnement de recherche et d'innovation stimulant et à la création d'un écosystème florissant en intelligence artificielle pour le plus grand bénéfice de la société. C'est pourquoi, en plus de favoriser le dialogue social et le développement d'applications, Mila appuie la Déclaration de Montréal pour un développement responsable de l'IA et l'Observatoire international sur les impacts sociétaux de l'intelligence artificielle et du numérique.

Mila est principalement financé par le gouvernement du Québec par l'entremise de la Stratégie pour l'essor de l'écosystème québécois en intelligence artificielle du ministère de l'Économie, de la Science et de l'Innovation du gouvernement du Québec et par le gouvernement du Canada par l'entremise de l'Institut canadien de recherches avancées (CIFAR).

Faites partie de l'expérience Mila! **ww.mila.quebec**

INNOVATE MONTRÉAL

"keatext

AI-powered Text Analytics Platform for Feedback Interpretation

Keatext is an AI-powered text analytics platform that synthesizes in seconds large volumes of feedback from multiple channels (such as open-survey questions, online reviews and social media posts) to produce actionable insights delivered on one comprehensive dashboard.

Designed to minimize response time, Keatext is the industry's most agile cloud-based opinion-analysis engine, relying on deep learning and a rich, ever-growing knowledge base. Keatext requires no setup, and features multilingual analysis and context-sensitive, industry-agnostic understanding, as well as automatic visualization of correlations and trends with immediate report-sharing capabilities.

Based in Montreal, a world-leading AI hub, Keatext counts on a team of elite researchers and AI professionals who combine academic rigor and practical experience across fields such as Natural Language Processing (NLP), software engineering and product development. Our mission is to help business and organizations cultivate meaningful relationships with their customers by providing them with instant clarity on what they care about most, and by increasing their ability to respond rapidly to their customers' needs.

How we help businesses

Keatext uses deep learning to synthesize in seconds large volumes of feedback data, helping business eliminate blind spots when seeking to understand the needs of their customers. It analyzes, clusters, correlates and tracks autonomously, so they can respond quickly to situations that require immediate attention.

Keatext users can see all their unstructured feedback data in one place and analyze it all at the same time. Whether it's from their website, call centers, stores, mobile app, social media or online review sites, users are able to compare and contrast the results across every channel. They can also easily export their analysis in full for further exploration and advanced visualizations.

Keatext adapts to any industry without needing algorithm customization, eliminating the require-

INNOVATE MONTRÉAL

The Keatext team

ment for keywords, lexicons and semantic dictionaries. Our platform comes with preloaded learning: From the moment users begin using it, they're seamlessly tapping into a rich knowledge base that improves with each passing second.

Our story

Founded in 2010 by Narjès Boufaden, Keatext was one of the first AI solution providers to offer maximum business impact, with clients such as the Quebec government, Wajam and JLR. After five years in the professional services industry, Keatext launched its cloud-based AI-powered text analytics for feedback interpretation platform to help organizations improve the experience of the people they serve.

That same year, Charles-Olivier Simard joined Keatext as a partner and CTO, bringing with him 15 years of experience in enterprise software. Since then, Keatext has built a robust team of dedicated scientists and technologists who share a passion for problem-solving.

www.keatext.ai

Charles-Olivier Simard, co-founder and CTO, and Narjès Boufaden, founder and CEO.

INNOVATE MONTRÉAL

AUTOMAT
CONVERSATIONAL AI FOR BRANDS

Talking to computers has long been a science fiction dream
But over the last twenty years it has become reality with voice assistants present in our phones, our cars and our homes. However, many of us don't use these features, forgetting they're there in favor of tapping our ever-present screens.

At Automat we believe that conversational AI can be used for much more than controlling devices and automating customer service. We have a vision that someday, all brands will have a literal voice. Talking to their customers, they will get to know them far better than they can by simply guessing who they are from their search and social behavior, allowing them to provide more helpful, personal and meaningful experiences.

Email, Websites and Social Media aren't conversations
While many companies talk about their marketing as "conversational", we think that anything less than an actual bi-directional, real-time interaction is not truly talking to your customers.

That's why at Automat we focus on immediacy and intelligence, letting brands communicate one-to-one with their customers via conversational ads, messaging, conversational landing pages, or voice assistants. We tend to focus on

INN**O**VATE MONTRÉAL

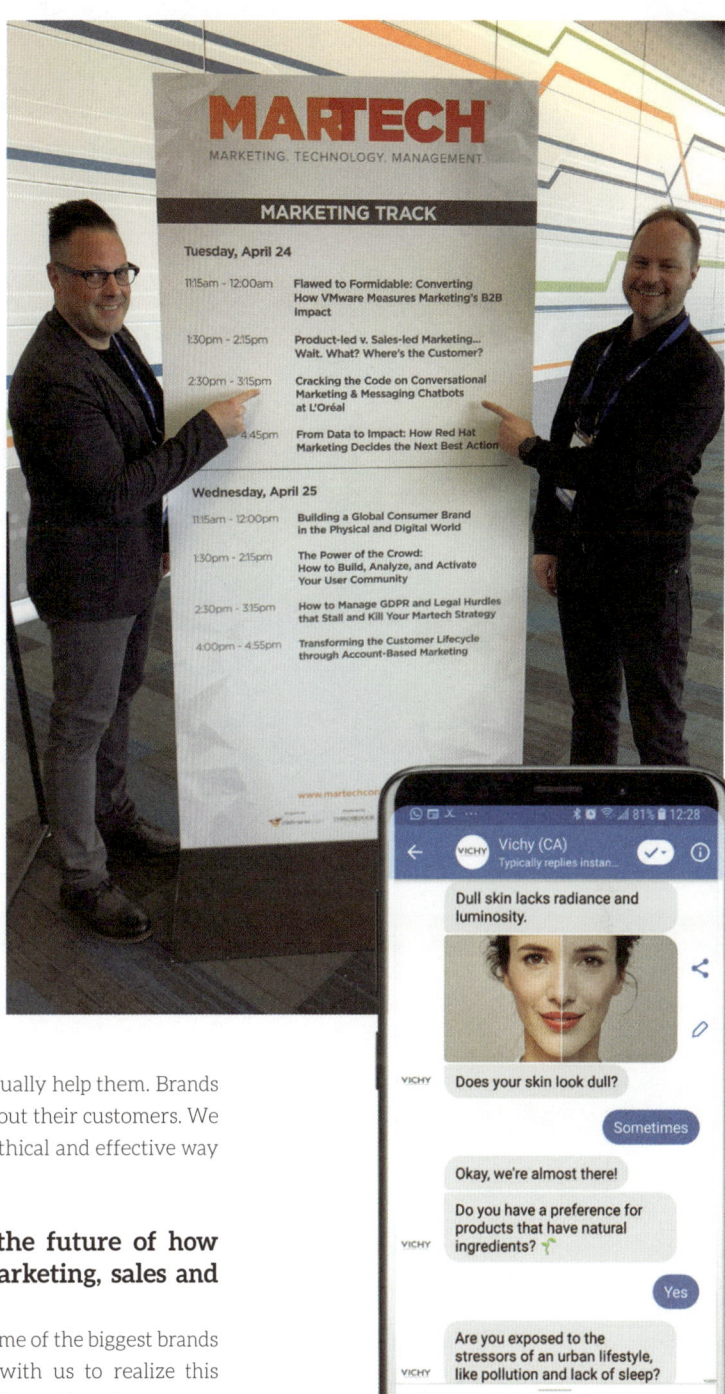

areas where customers would benefit from expert advice and recommendations, such as searching for a new product or shopping on a brand's website. Our aim is to enable new kinds of conversations, not just to automate the existing ones.

It's not ads that are the problem, it's the current system of monitoring people that's broken

At Automat we don't believe that marketing and sales are necessary evils. We think that if done well they can truly be positive for consumers, helping inform them about products and services they care about, making it easy for them to find and buy when they are ready.

The problem with today's advertising models is that companies monitor your online behavior and use it without your permission to send you ads. A far better way to do this is to engage consumers in transparent, opt-in conversations that actually help them. Brands will always need to know about their customers. We want to offer them a more ethical and effective way to do so.

Conversational AI is the future of how brands will deliver marketing, sales and support

Don't take our word for it. Some of the biggest brands in the world are working with us to realize this vision including L'Oréal (the largest beauty company in the world), Coty, and National Bank of Canada. The users talking to these brands are engaging for longer, buying more and providing higher customer satisfaction scores. It's not all that surprising really; taking the time to chat with your customers to get to know them is good business!

www.automat.ai

AUTOMAT
Conversational Marketing for Brands

DEEPLITE

AI - DRIVEN OPTIMIZER

Deep Learning and AI technologies are disrupting every industry in an incredible way – self-driving cars, drones, surveillance cameras, detecting cancers, virtual assistants and much more. Under the hood of many exciting AI technologies are Deep Neural Networks (DNNs): powerful algorithms that deliver state-of-the-art performance on tasks such as recognizing objects in photos, translating speech and detecting patterns in video. However, DNNs are massively complex, which makes them inaccessible for use on every day devices and incurs high costs in data centers. The recent emergence of deep learning and AI solutions on mobile and low-cost devices has been limited in performance and affordability, ultimately preventing people and businesses from using these devices.

To solve this, Deeplite created Neutrino, an intelligent optimizer that makes fast and highly-efficient AI algorithms for use in daily life. Our software enables AI to run on everyday devices like smartphones, cameras and vehicles which were previously not able to use sophisticated AI solutions. Deeplite's patent pending engine can automatically satisfy computation constraints for DNNs in challenging real-time and large-scale applications. The result is robust and efficient AI for daily environments. We work to provide companies and developers robust and adaptive deep learning to unlock high-value opportunities for AI in edge computing, a new paradigm that can decrease latency, protect user privacy and does not rely on constant internet connectivity. Through energy-efficient DNNs, we are unlocking new opportunities previously not possible for deep learning, one optimization at a time

Based in Montreal since April 2018, our team consists of driven entrepreneurs, passionate researchers, experienced professors and advisors from around the globe who are determined to make AI more accessible and affordable. We have been developing AI technology over years of university research at top universities in the US and Canada. The inventions produced at Deeplite, combined with the work of our partners in academia has enabled the most advanced and scalable deep learning available. To achieve the complex task of optimizing state-of-the-art DNNs, our solution uses an AI software agent

INNOVATE MONTRÉAL

Ehsan Saboori
Co-founder, Technology Lead

Davis Sawyer
Co-founder, Product Lead

to automate the process of designing DNN models. This intelligent agent has been trained through experience to "learn" the right DNN model for any task. The agent enables engineers to meet challenging computation constraints on edge devices for intensive tasks like recognizing objects, gestures and video analytics. Deeplite helps our partners in the smartphone, automotive and IoT industries to deploy real-time and sophisticated deep learning at a cost-effective power, computing and engineering budget. Our software aims to improve the profitability, scalability and opportunities for real world AI and deep learning tasks.

At Deeplite, our goal is to solve neural efficiency for AI computing. By tackling fundamental challenges with how deep learning will aid the future, we aim to make this powerful technology more efficient and accessible for the next generation of intelligent systems. To do so, we work with our partners in academia, our strategic advisors and talented team to not just predict the future of AI, but to make it.

Deeplite
AI-DRIVEN OPTIMIZER

www.deeplite.ai

INNOVATE MONTRÉAL

IRYSTEC SOFTWARE
PERCEPTION IS REALITY

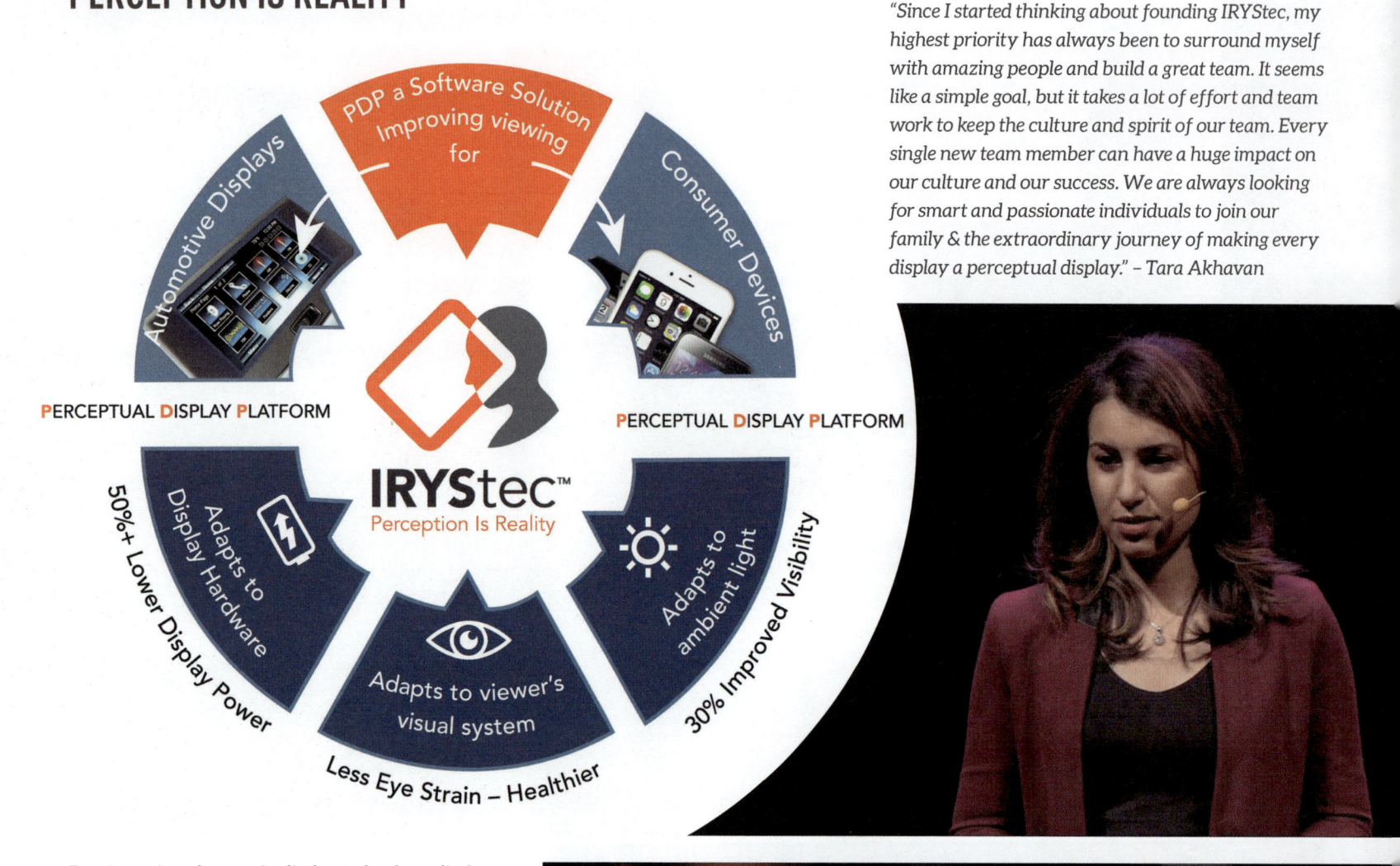

"Since I started thinking about founding IRYStec, my highest priority has always been to surround myself with amazing people and build a great team. It seems like a simple goal, but it takes a lot of effort and team work to keep the culture and spirit of our team. Every single new team member can have a huge impact on our culture and our success. We are always looking for smart and passionate individuals to join our family & the extraordinary journey of making every display a perceptual display." – Tara Akhavan

Despite major advances in display technology, displays and the content are still designed with the assumption that all viewers are in room lighting and are 25 year old males. In the age of CRT televisions this assumption was adequate, today it is not. Displays are viewed in the dark, in room lighting and in bright sunny conditions and physiologists have determined that we also see differently depending on other factors like age. The fact that displays are not dealing with these conditions leads to a poor viewing experience, additional eye strain and unnecessarily high power consumption and cost. In vehicles, touchscreen infotainment systems make driving easier, but they also lead to driver distraction especially when the display is subject to glare and bright sun. Clearly, the solution is not to eliminate display devices from our daily lives, but to make their use safer and easier on our eyes. These display viewing challenges can be addressed by accounting for "perception". For instance, perception is why we struggle to see colour and contrast on a smart phone in bright light compared to how we read the phone display in room lighting.

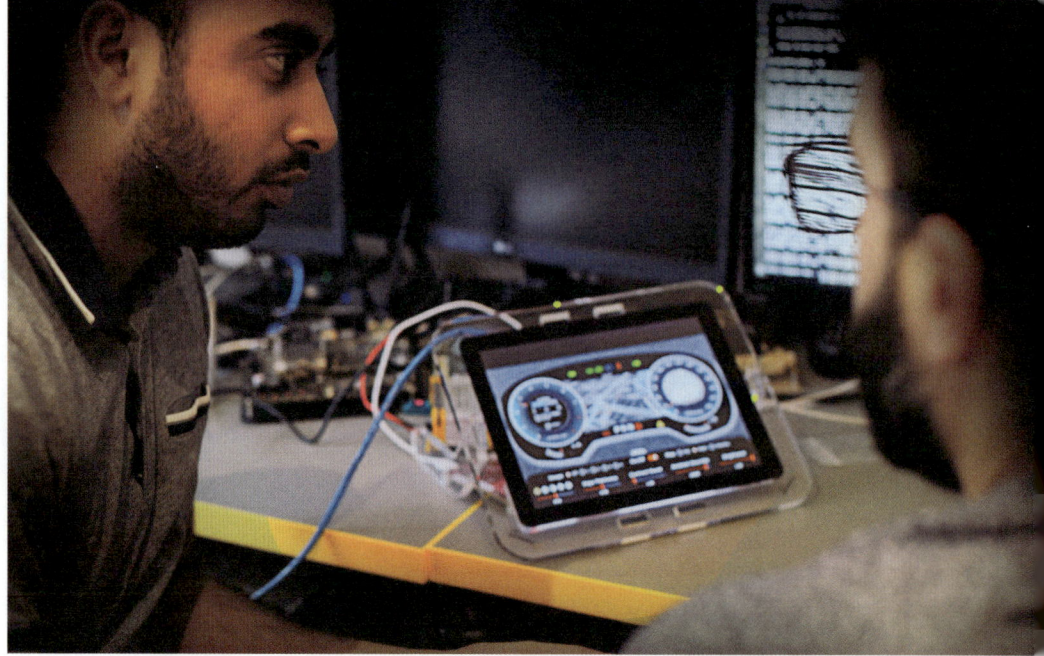

INNOVATE MONTRÉAL

In order for a display device to be perceptually aware it must take into consideration:
1) The ambient lighting environment;
2) the physiological characteristics of the viewer; and
3) the hardware capabilities of the display.

BRING PERCEPTION INTO THE DISPLAY EXPERIENCE

IRYStec's Perceptual Display Platform (PDP) software takes these physiological and perceptual factors into account. Based on the science of the human eye, proprietary patent-pending image processing algorithms and physiological models, PDP replicates how the human eye sees leading to a vastly improved display viewing experience.

IRYStec's PDP automatically adapts, in real-time, the content characteristics being displayed to match how a viewer's eyes actually see. PDP improves display viewing experience by adapting the content to the ambient light conditions (dark to bright), to viewer attributes (age, gender, eye deficiencies) and to the display hardware characteristics (LCD, OLED, QD).

Licensed directly to display-based-device OEMS, IRYStec's PDP enables display device manufacturers to offer a superior display viewing experience which not only improves readability, but improves eye health, reduces eye strain, can reduce display power consumption and possibly panel cost.

IRYStec is working with some of the world's largest automotive and mobile manufacturers and along the way they have earned many startup accolades including most recently TiEcon Canada 2017 winner and Canadian Innovation Exchange Top-20 for 2018. IRYStec's innovation is rooted in a team of developers and researchers who are leaders in their field.

"Imagine looking at two displays in bright sunlight both at 100% screen brightness. The display using IRYStec's software will use the ambient light sensor to adapt the color and contrast of the content being displayed to create an increase in perceived brightness. Even though both displays are already at their maximum luminance, the one with IRYStec's software in use will appear brighter. This is what we mean by Perception is Reality." – CEO of IRYStec Simon Morris

IRYStec™
Perception Is Reality
www.irystec.com

INN○VATE MONTRÉAL

SMOOCH
Connecting businesses to all the world's messaging channels for a more human customer experience.

Modern messaging has transformed the way we communicate with each other. It's changed the way we keep in touch with friends and family, how we date, how we interact with colleagues and how we use language itself – think emojis, GIFs and LOLs.

With more than five billion messaging app accounts worldwide and a growing fleet of AI-powered voice assistants, businesses know they need to be wherever customers are. Meanwhile, 9 out of 10 customers say they're ready to chat with businesses through messaging.

Brands who care about being where their customers are will have no choice but to embrace all the channels, whether that's WhatsApp, Facebook Messenger, WeChat, Apple Business Chat, or Alexa. According to a Dimension Data report, businesses are managing an average of 11 different customer communication channels. However, almost 60% of those channels are managed in silos.

Smooch's omnichannel conversation platform provides businesses with the ability to talk to the right customer, in the right place, at the right time, without

INNOVATE MONTRÉAL

sacrificing context along the way. It allows brands to connect with people on popular chat apps and then easily move the conversation to a more secure and private channel like their mobile app. It also allows them to easily authenticate customers, even on public channels, so they can provide a fully personalized experience without the risk of a privacy breach.

By integrating with both customer-facing messaging apps and enterprise-grade CX software, Smooch allows businesses and organizations to have personal conversations at scale – in a way that's sensitive to the needs of their unique users. One organization in Texas uses Smooch to help girls in Texas gain access to sexual health and reproductive services. The not-for-profit uses Smooch to interact with girls through SMS, which provides the security and anonymity they require. Another organization in Brazil is leveraging Smooch's integration with WhatsApp – which is the #1 messaging channel in Latin America – to help solve the viral spread of misinformation and "fake news" on the platform. Meanwhile, a luxury hotel brand has built an entire "chat concierge" platform on Smooch, allowing its global customers to connect with hotel staff around the world on their messaging channel of choice.

A proud member of the Montreal tech community, Smooch is helping businesses develop more meaningful relationships with their customers on a truly global scale.

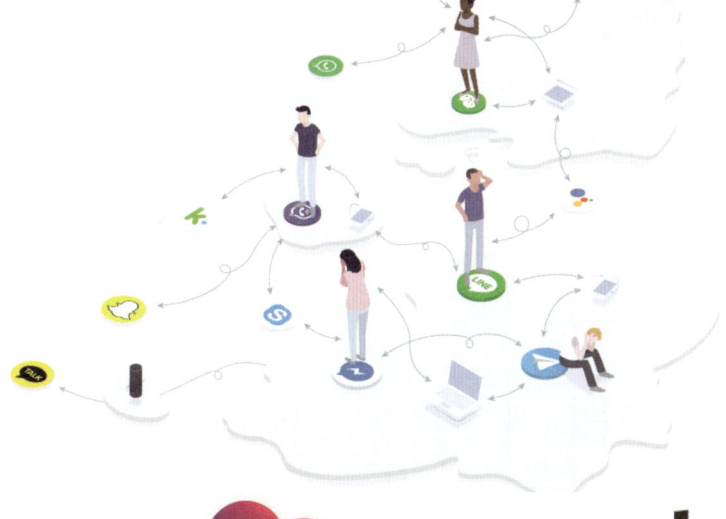

smooch
www.smooch.io

Carolina Bessega   Feyzah Abdelmoumen   Gian Carlo Di Tommaso

At the heart of our company's innovative product is a diverse, inclusive team.

There's no questioning Montreal has made a name for itself on the global Artificial Intelligence scene. Stradigi AI is proudly positioned at the center of action in this renowned AI supercluster (literally, our office is right on Peel and Maisonneuve.)

Most importantly, our ode to Montreal is about the people that comprise this vast and diverse city that's home to world-class research institutes, attracting talented people from every corner of the globe. Access to best-in-class researchers means best-in-market technology, and thanks to the people who walk through our doors from Monday to Friday, we achieve that goal.

At Stradigi AI, humans are at the heart of everything we do. Translating that vision into action means championing a culture of diversity and inclusion that we're incredibly proud of. Why, you ask? World-class technology requires global perspectives.

Take a peek inside the perspective of our leaders to see what makes us our philosophy of diversity so integral to who we are as an Artificial Intelligence leader, and an innovator in our city.

Carolina Bessega, Chief Scientific Officer
"Inclusion is the key to successful diversity."

Unsurprisingly, I have a very strong stance when it comes to diversity. As a C-level executive, a scientist, and an immigrant, there are many scenarios wherein I am technically a "minority." And yet, what I want to be known for is my ability as a scientist. Herein lies my stance: without inclusion, diversity is meaningless.

I attend a lot of conferences wherein issues of Women in Tech are talked about. I always stress the importance of giving people a voice, rather than simply a seat at the table. Leaders need to make everyone feel heard, regardless of their culture, background, or title. Without a clear effort to foster healthy inclusion, you are putting your company and your science at risk of being narrow-minded, and worse, bias.

Kristen King

Dario Morrone

Feyzah Abdelmoumen, VP, Human Resources
"Being different is our strength."
To me, diversity is about having different mindsets and different points of view in the same room. And it's about making sure everyone is heard, everyone feels comfortable, and most importantly, included. No matter the educational, cultural, or professional background of an individual, they should feel welcomed and respected. This isn't common enough in tech companies or in society at large, and we all need to join the mission to work to make it happen. At Stradigi AI, being different is our point of pride – and it's also our strength."

Gian Carlo Di Tommaso, Chief Operating Officer
"Diversity begins with conscious leadership."
Ensuring diversity is truly fostered in companies starts with conscious leadership. Diversity in gender, race, culture, ethnicity and the promise of equal share of voice should be the norm of the future. I believe this starts with having policy makers collaborate with the private sector to implement processes, programs, and real accountability to promise equal representation and opportunity for all human beings. The time to create a more equal world for all is now.

Kristen King, Marketing Director
"Empowering individuals is key to success."
To me, diversity in the workplace is all about creating a team of empowered, supported individuals whose backgrounds – personally, individually, and professionally – are reflective of the vastness of the world around us. Whether you're in a creative or technical position, bringing various perspectives to the table will help you build a great product, and connect with your customers.

Dario Morrone, Director of Client Transformation
"Diversity is fair and equal representation"
Speaking from a technical perspective, diversity is when there is fair representation within a group of individuals. But the true meaning and value behind the word "diversity" is more than appearances, gender, religion, or socioeconomic status. Diversity is rooted in our ideas and our beliefs: by being open to diversity, we create an environment where all individuals have equal opportunity, and feel comfortable expressing themselves and putting forth their ideas, free of discrimination. Simply put, this openness to new ideas builds better AI. And that's our strength.

www.stradigi.ai

IMAGIA
TRANSFORMING THE HEALTHCARE INDUSTRY WITH AI-DRIVEN PERSONALIZED CARE | *DES SOINS PERSONNALISÉS GRÂCE À L'IA POUR TRANSFORMER LE SECTEUR MÉDICAL*

Founded in 2015, Imagia is an Artificial Intelligence in Healthcare company with a mission to leverage advances in artificial intelligence and accelerate the advent of accessible personalized medicine. Based out of Montreal, Québec, it has grown to a team of more than 50 AI and healthcare industry experts, including MDs, with expertise in both AI research and development, and clinical patient management.

The story of how Imagia came to be is deeply personal for Imagia's co-founder, Alexandre Le Bouthillier who wanted to turn his personal loss to cancer into something positive. He founded Imagia with his long-time friend Nicolas Chapados by combining their extensive knowledge of AI and optimization, learned in their previous successful venture, to improve the future of medicine. The pair, in collaboration with Professor Yoshua Bengio, the world-renowned co-father of deep learning, recruited a team of entrepreneurs, research scientists, developers, and clinical experts. They began exploring applications in computer vision and the quantitative mapping of clinical information to bring the power of deep learning to digitized health data and the company Imagia was born.

Today, Imagia is engaged with clinicians from world-class research institutes as well as category-leading pharma, medical device and diagnostic companies to co-develop healthcare AI solutions and drive the future of personalized medicine around the world.

INN*O*VATE MONTRÉAL

Imagia developed EVIDENS, a unique and collaborative, knowledge-based ecosystem that pairs artificial intelligence with clinical expertise to accelerate access to personalized healthcare.

EVIDENS provides solutions for clinical researchers and healthcare startups to allow discovery of AI biomarkers from clinical data in a collaborative, multi-institutional setting. The platform uses AI as the interacting mechanism between data and experts and is expanding the scope of what is possible by putting clinical experts in the driver seat and enabling them to develop the AI solutions that best address needs; all while adhering to the strict regulatory constraints that come with protected health information. As the adoption of new AI solutions in health and life sciences are accelerated, ground breaking discoveries are possible.

All things taken together, Imagia's EVIDENS is a robust and collaborative ecosystem that gives hospitals, medical device makers, pharmaceuticals and diagnostic companies the opportunity to tap into a vast clinical network and the ability to unleash the full potential of personalized medicine.

Fondée en 2015, Imagia est une entreprise spécialisée en intelligence artificielle (IA) appliquée aux soins de santé. Sa mission : tirer parti des percées en intelligence artificielle et accélérer l'accès à la médecine personnalisée. Établie à Montréal, au Québec, elle est forte d'une équipe de plus de 50 experts de l'IA et du secteur médical, dont des médecins, qui apportent leur expertise tant en recherche et développement de l'IA qu'en prise en charge des patients.

L'histoire d'Imagia est intimement liée à la vie personnelle de son cofondateur, Alexandre Le Bouthillier, qui a perdu un proche aux mains du cancer. Il a fondé Imagia avec son ami de longue date, Nicolas Chapados, afin de conjuguer leurs vastes connaissances en IA et en optimisation, acquises dans une précédente entreprise commune, au bénéfice de l'avancement de la médecine. Le duo, en collaboration avec le professeur Yoshua Bengio, sommité mondiale et l'un des pères de l'apprentissage profond, a formé une équipe d'entrepreneurs, de chercheurs, de développeurs et d'experts cliniques. Ils se sont penchés sur les applications de la vision artificielle et la mise en correspondance quantitative d'informations cliniques, voulant utiliser l'apprentissage profond pour faire parler les données médicales numérisées. Et c'est ainsi qu'Imagia est née.

Aujourd'hui, Imagia collabore avec des cliniciens d'instituts de recherche de calibre mondial et de grandes compagnies pharmaceutiques, de dispositifs médicaux et de services de diagnostic pour mettre au point des solutions d'IA en soins de santé. Elle dessine l'avenir de la médecine personnalisée partout dans le monde.

Imagia a créé EVIDENS, un écosystème collaboratif unique en son genre et fondé sur le savoir, qui arrime l'intelligence artificielle à l'expertise clinique pour accélérer l'accès à des soins de santé personnalisés.

EVIDENS offre des solutions aux spécialistes en recherche clinique et aux jeunes entreprises du secteur des soins de santé pour amener la découverte de biomarqueurs grâce à l'IA à partir de données cliniques et ce, dans un contexte collaboratif faisant appel à de nombreux établissements. La plateforme se sert de l'IA comme d'une charnière entre les données et les spécialistes en plus d'élargir les possibilités en donnant les rênes aux experts cliniques et en leur permettant de mettre au point les solutions d'IA qui répondent le mieux à leurs besoins, et ce, dans le respect le plus strict de la réglementation entourant la protection des données médicales. Plus les nouvelles solutions d'IA seront adoptées en sciences de la santé et de la vie, plus la probabilité de découvertes révolutionnaires augmentera.

Bref, la plateforme EVIDENS d'Imagia est un solide écosystème collaboratif qui donne aux hôpitaux, aux fabricants de dispositifs médicaux, aux entreprises pharmaceutiques et aux sociétés de diagnostic la possibilité de profiter d'un vaste réseau clinique et la capacité d'utiliser la médecine personnalisée à son plein potentiel.

www.imagia.com

INN**O**VATE MONTRÉAL

AERIAL TECHNOLOGIES
WIFI MOTION DETECTION MADE EASY WITH AI
LA DÉTECTION DE MOUVEMENT PAR WIFI SIMPLIFIÉE GRÂCE À L'IA

The Aerial Team is growing. We are hiring in all departments. | *Notre équipe est en pleine expansion.*

Aerial uses its patented AI technology to analyze disruptions in existing WiFi networks, extract data, and ultimately gives meaning to motion and presence, without requiring additional hardware, wearables or cameras.

Aerial was founded in 2015 by a team of scientists specializing in wireless communications and AI. Back then, Aerial was within the umbrella of the TandemLaunch incubator, a unique company creation studio which was key in helping define Aerial's market access strategy.

Aerial's patented WiFi AI motion detection technology consists of two main components: its software agent and its cloud-based AI platform. Our technology enables telecom operators to expand their reach into the consumers' home, to provide convenience and value-added services to their customers, thereby further monetizing their WiFi infrastructure. All this with minimum investment and without using sensors, cameras, or wearables.

The growing list of both strategic investors and venture capital companies getting involved with Aerial illustrates the company's strong momentum in the smart home, security, home care/healthcare, energy, and hospitality industries; Fonds Innovexport, Intel Capital, Kibo Ventures, Quebecor, and Telefónica Open Innovation.

And the applications are endless; after all, WiFi is everywhere! At the moment, our customers can leverage intrusion detection, elderly monitoring, energy management, home automation, and space monitoring. And our future plans include fall prevention and detection, and identity, features that will be crucial to the healthcare and smart home markets.

We are looking forward to what the next months will bring. One thing is for sure, we will be busy! Our fast expansion has forced us to move our corporate headquarters to a larger location, still in Old Montreal, and we are recruiting in all departments. Stay tuned!

At Aerial, we work hard, but we also play hard.
Chez Aerial, nous favorisons une collaboration inter-départementale et nous favorisons les activités et échanges.

INNOVATE MONTRÉAL

Our solutions are well suited for smart home applications.
Nos solutions sont parfaites pour les applications de maison intelligente.

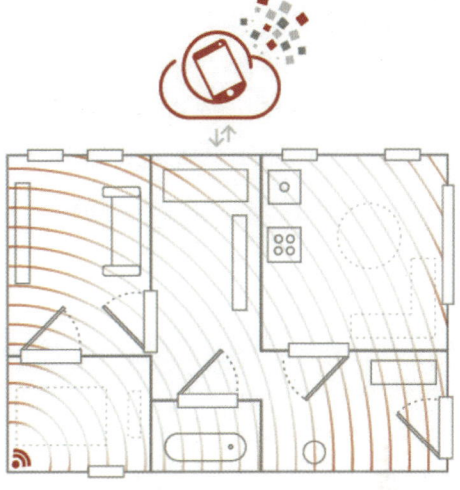

Workflow examples:
- Turn on TV when John enters the house.
- Lower the AC when the last person leaves the apartment.
- Turn off the lights 30 minutes after the last person leaves the office.
- Send an alert email if an eldercare patient stays in the bathroom for more than 15 minutes.

Aerial utilise sa technologie d'intelligence artificielle brevetée pour analyser les perturbations présentes dans les réseaux WiFi existants ainsi que pour extraire des données. Cette technologie donne un sens au mouvement et à la présence sans devoir recourir à de l'équipement supplémentaire, des dispositifs portables ou des caméras.

Aerial a été fondé en 2015 par une équipe de scientifiques se spécialisant dans les communications sans fil et l'intelligence artificielle. À l'époque, Aerial était sous l'égide de l'incubateur de TandemLaunch, un studio de création d'entreprises unique ayant joué un rôle clé dans la définition de la stratégie d'accès au marché d'Aerial.

La technologie d'intelligence artificielle brevetée d'Aerial servant à détecter le mouvement par WiFi se fonde sur deux composantes principales : son agent logiciel et sa plateforme d'intelligence artificielle infonuagique. Cette technologie permet aux opérateurs de télécommunications d'accroître leur présence dans la résidence des consommateurs, d'offrir des commodités et des services à valeur ajoutée à leurs clients et, par conséquent, de monnayer davantage leur infrastructure de WiFi, le tout avec un minimum d'investissement et sans l'utilisation de capteurs, de caméras ou de dispositifs portables.

La liste croissante d'investisseurs stratégiques et de sociétés de capital de risque participant aux activités d'Aerial illustre l'élan puissant de notre entreprise dans l'industrie des maisons intelligentes, de la sécurité, des soins à domicile/soins de santé, de l'énergie et le secteur hôtelier; par exemple, Fonds Innovexport, Intel Capital, Kibo Ventures, Québecor, et Telefónica Open Innovation.

De plus, les applications de cette technologie sont infinies; après tout, le WiFi se trouve partout! À l'heure actuelle, nos clients peuvent tirer profit de services de détection des intrusions, de surveillance des aînés, de gestion de l'énergie, de domotique et de monitoring de l'espace. Nous prévoyons d'ajouter des services de prévention et de détection des chutes et d'identification, des fonctions qui seront assurément indispensables dans les marchés des soins de santé et des maisons intelligentes.

Il nous tarde de voir ce que les prochains mois nous réservent. Chose certaine, nous serons très occupés! En raison de notre croissance rapide, nous avons déménagé notre siège social dans de plus grands locaux au début 2019, et cherchons à recruter du personnel dans tous les services. Restez à l'affut de nos nouvelles!

Aerial
WIFI MOTION ANALYTICS

360 St-Jacques Street, suite S-118
Montreal QC H2Y 1P5
www.aerial.ai
@Aerial_IoT
514-612-0839

INN**O**VATE MONTRÉAL

LYREBIRD CAN CREATE A DIGITAL VOICE THAT SOUNDS LIKE YOU FROM ONLY ONE MINUTE OF AUDIO

INNOVATE MONTRÉAL

Lyrebird

Lyrebird was founded by three PhD students from the Montréal Institute for Learning Algorithms (MILA): Jose Sotelo, Kundan Kumar, and Alexandre de Brébisson. Their groundbreaking academic research applied deep learning, a type of artificial intelligence, to speech synthesis. Older methods of voice copying required hours of audio. Lyrebird's approach can copy a voice with as little as one minute of recorded speech.

Any single human voice is very complex. But groups of voices share many characteristics. Lyrebird starts with a general voice model, trained on many speakers. Then, the idiosyncratic features of the 'target' voice – the voice to be copied – are identified and are used to adapt the general model. In this way, Lyrebird can create a 'vocal avatar' for any individual speaker using a very small amount of speech data.

What's more, Lyrebird's voices are capable of sounding emotional. This opens up a whole host of practical and creative opportunities: from personalized voice assistants to avatars for video games, or audiobooks read in the voice of a loved one. And there is great potential to use these voices in healthcare. Lyrebird wants to offer personalized assistive technology for people who can't speak, and for visually-impaired people who use screen readers to have text read aloud to them.

One of Lyrebird's proudest partnerships is with the ALS Association, on 'Project Revoice'. Project Revoice is a non-profit initiative helping people with ALS to bank and digitally copy their voice. ALS (also known as Motor Neurone Disease / Lou Gehrig's Disease) is a progressive neurodegenerative disease that affects nerve cells in the brain and spinal cord. Over time, muscles in the mouth, throat, and chest may be affected, which in turn is likely to affect an individual's ability to speak. Losing the power of speech is typically a very frustrating and distressing effect of ALS; our voices are a big part of our personal identities. Lyrebird is passionate about applying their technology to help.

Project Revoice's jumping-off point was the recreation of Pat Quinn's voice. Pat Quinn is a co-founder of the successful Ice Bucket Challenge, who himself is living with ALS. Pat had not banked his voice before he lost the power of speech. Instead, Lyrebird used recordings from Pat's many Ice Bucket Challenge interviews to make a copy of his voice. Project Revoice then linked Pat's Lyrebird voice with assistive technology, enabling him to generate speech in his original, unique voice – rather than a generic one.

The most exciting part is: this is just the start. Lyrebird's technology is still at a relatively early stage. Montréal has established itself as a center of AI research, attracting the best and brightest companies and researchers. The Lyrebird team is dedicated and diverse, assembled in Montréal from many different places around the world, with a common ambition for the future of speech synthesis technology.

@lyrebirdai
www.lyrebird.ai

INN O VATE MONTRÉAL

INNOVATE MONTRÉAL

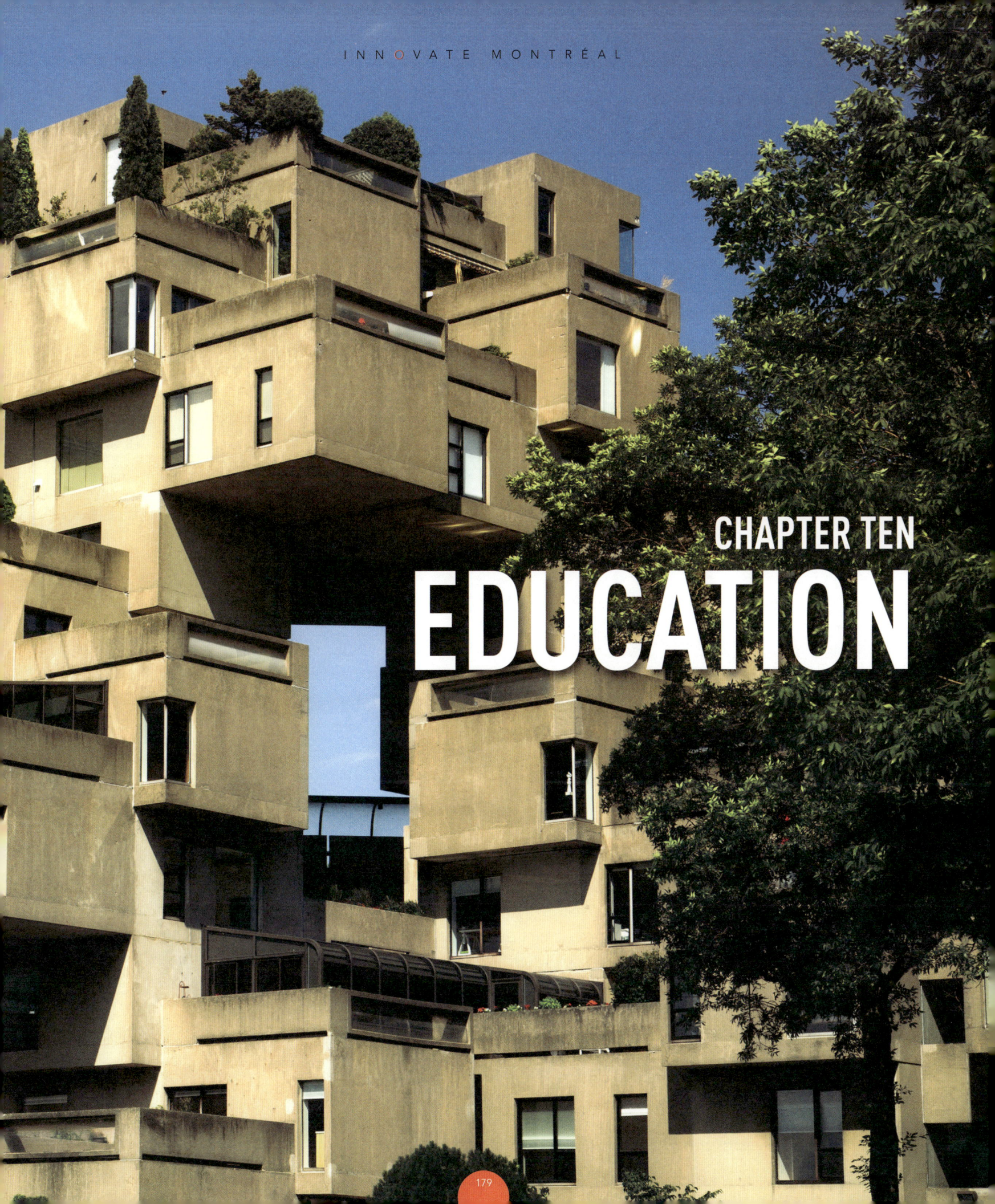

CHAPTER TEN
EDUCATION

LIGHTHOUSE LABS
WE CHAMPION CODE LITERACY, OUTCOMES-BASED EDUCATION, AND CANADIAN INNOVATION TO CLOSE THE TECH TALENT GAP ACROSS THE NATION

With more than 1500 graduates since 2013, Lighthouse Labs is Canada's leading coding education institution with a presence in Vancouver, Calgary, Toronto, Ottawa, Victoria and Montreal. Through our Bootcamp and part-time programs, we change the way people learn to code and help our students kickstart careers in web development.

Industry-Driven Education
Founded in 2013 by Montreal natives Jeremy Shaki and Joshua Borts and Vancouverite Khurram Virani, Lighthouse Labs' mission is to find innovative ways to train the next generation of amazing developers.

Our outcomes-based education model champions hands-on experience, simulating a developer's real-world job environment while exposing students to industry-relevant technologies. Guided by a community of industry mentors, students reinforce their coding knowledge through daily programming projects and application builds.

Dedicated Career Services
Our annual student outcomes report is evidence of our near-perfect track record helping students achieve their career goals. In particular, the Montreal campus finished off 2018 with a 100% student hire rate for our Bootcamp graduates. Our Career Services advisors talk to employers every day and ensure the employers we work with have a senior person in place to guide and grow our grads' development.

The Bootcamp Innovation
As the tech talent gap continues to grow across the nation, traditional education can't keep up with the demand. Innovative bootcamp models have stepped in to train the next generation of skilled developers necessary to help Canadian businesses grow and compete in the global economy.

No coding experience? No problem. If you're looking for a fresh start in development, Lighthouse Labs can help fast track your career path.

Our Programs:
- Full-stack Web Development Bootcamp
- Part-time Intro to Web Development with Javascript & Ruby
- Part-time Intro to Front-End with Javascript

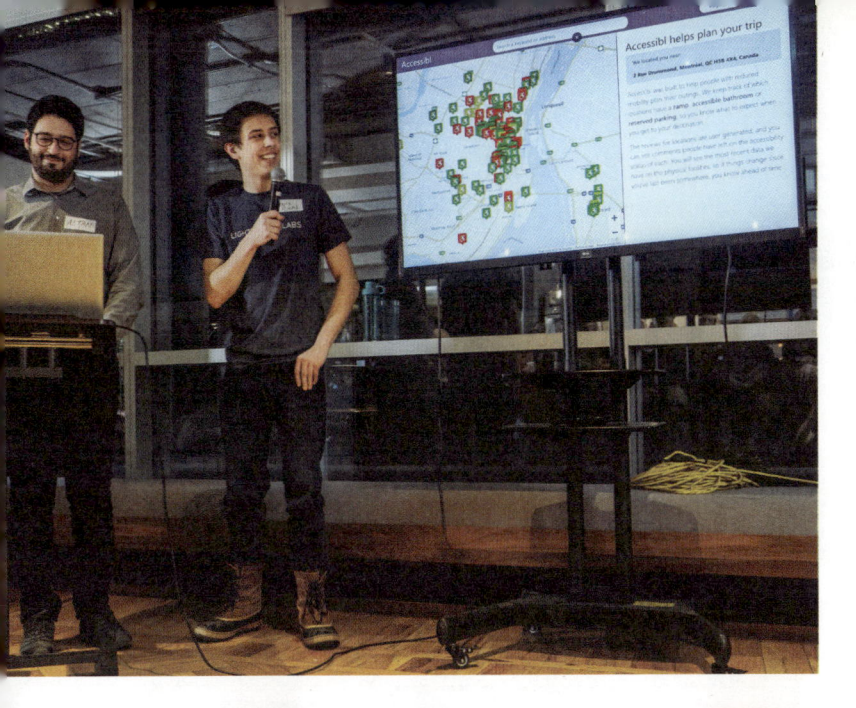

Avec plus de 1500 diplômés depuis 2013, Lighthouse Labs est la principale institution d'enseignement de la programmation web au Canada avec une présence dans les centres technologiques les plus dynamiques: Vancouver, Calgary, Toronto, Ottawa, Victoria et Montréal. Grâce à notre programme de Bootcamp et à nos cours à temps partiel, nous révolutionnons la façon dont les gens apprennent à coder et nous aidons nos étudiants à démarrer une carrière en développement web.

Éducation axée sur l'industrie

Fondé en 2013 par les Montréalais Jeremy Shaki et Joshua Borts et le Vancouverois Khurram Virani, Lighthouse Labs s'est donné la mission de trouver des moyens novateurs afin de former toute une génération de développeurs et de développeuses exceptionnels.

Notre modèle, le programme de bootcamp, est axé sur les résultats simule l'environnement de travail réel d'un développeur avec une concentration sur l'expérience pratique tout en exposant les étudiants aux technologies pertinentes de l'industrie. Guidés par une communauté de mentors spécialistes actifs dans l'industrie, les étudiants et les étudiantes renforcent leurs connaissances en programmation par le biais de projets et de développement d'applications.

Services d'orientation professionnelle spécialisés

Notre rapport annuel sur la réussite de nos élèves après le programme témoigne de notre succès à les soutenir dans l'atteinte de leurs objectifs de carrière. En particulier, le campus de Montréal a terminé l'année 2018 avec un taux d'embauche de 100% pour nos diplômés du Bootcamp. Nos conseillers en orientation professionnelle discutent tous les jours avec des employeurs potentiels et s'assurent que ceux avec lesquels nous travaillons disposent d'un développeur sénior pour guider et favoriser le perfectionnement de nos diplômés.

L'innovant Bootcamp

Alors que l'industrie à travers le pays souffre du manque de main-d'oeuvre, l'éducation traditionnelle seule ne peut répondre à la demande. Des modèles novateurs comme les Bootcamps ont été mis en place pour former la prochaine génération de développeurs et de développeuses nécessaires pour aider les entreprises canadiennes à croître et à être concurrentielles dans l'économie mondiale.

Pas d'expérience en programmation? Pas de problème. Si vous êtes à la recherche d'un nouveau départ dans le développement web, Lighthouse Labs vous aidera à accélérer votre cheminement de carrière. N'hésitez pas à appliquer, nous avons hâte de vous rencontrer.

Nos programmes:

- Bootcamp de développement Web à temps plein
- Introduction au développement Web à temps partiel
- Introduction au Front-end avec Javascript à temps partiel

LIGHTHOUSE LABS
www.lighthouselabs.ca

AGORIZE
BECAUSE THE BEST INNOVATIONS CAN COME FROM ANYWHERE

Agorize is an Open Innovation as a Service platform that helps organizations innovate and recruit faster by launching challenges and hackathons online.

At first, we just wanted to reinvent case competitions.
Charles Thou, Yohann Melamed and Yohan Attal met during their Masters at HEC Paris, in 2010. They used to compete in numerous case competitions and hackathons and loved it. They were a great way to gain experience, get mentorship, expand their network, and live an entrepreneurial adventure with no strings attached.

However, they soon noticed the limits of such events: if you don't live in the right city and are not available during the right weekend, you just can't participate. Also, they'd always meet the same contestants over and over again.

Then came the idea of building an online platform which would make it possible for any student from anywhere to participate in a competition. All you needed to have was a computer and an internet connection.

But we ended up uncovering a much wider opportunity.
More than ever, a company's survival resides in its ability to change and innovate rapidly. It is no surprise that 40% of today's Fortune 500 companies will be extinct in 10 years.

Yet, the way legacy companies innovate today is broken because they do it in a close mode. Most of them struggle to find the right solutions and the right talent to drive change efficiently.

INNOVATE MONTRÉAL

Team Montreal and Toronto

Team Paris

Team Hong Kong

Team Stuttgart

On the other hand, you have millions of talented creative people willing to solve problems. But they lack the means to let the right decision-makers know about their solutions.

Through our platform and our global network, we realized that we are able to access these untapped pools of talent.

The way we bridge the gap between innovators and companies is atypical.
We created a unique online-to-offline approach. Our challenges last 3 to 6 months. They start online and end up during a physical event.

FIRST we create an online collaboration platform that presents the company's challenge.

SECOND we promote this challenge to our global network of 5 million students, developers, entrepreneurs, startups, and employees in 185 countries, who are eager to solve challenges of all sorts.

THIRD thousands of participants form teams and submit their solutions online. The company invites the best teams to pitch during an in-person event and rewards the winners.

IN THE END companies accelerate the best projects and recruit the best talent.

What's next?

We are happy to say our model works. We have organized 500 challenges for 200 companies, including CBC/Radio-Canada, Loto-Québec, Desjardins, CGI, TD, National Bank of Canada, the U.S. Department of Education, Citi Bank, Oxford Properties, Baker & McKenzie, Microsoft, and L'Oréal.

We have helped 40,000 students get hired in these companies. And triggered the creation of thousands of startups who are now successfully raising funds and getting contracts.

Agorize has grown from a 3-people startup into an 70-strong scaleup in 7 years. We now have 6 offices: Montreal, Toronto, Paris, Hong Kong, Tokyo, and Stuttgart.

Since our last funding, we multiplied our revenue by 5 and reached profitability – something rare in the startup world!

Our next step is to accelerate our growth in Canada and contribute to making the country's innovators and entrepreneurs shine globally.

agorize

www.agorize.com

INN**O**VATE MONTRÉAL

WHAT IF KIDS HAD THE POWER TO USE TECHNOLOGY TO MAKE OUR WORLD A BETTER PLACE?

ET SI LES ENFANTS AVAIENT LE POUVOIR D'UTILISER LA TECHNOLOGIE POUR RENDRE NOTRE MONDE MEILLEUR ?

Since 2013, Kids Code Jeunesse (KCJ), a bilingual Canadian not-for-profit organization, has been dedicated to igniting young minds across Canada by teaching kids to code. In a society driven by technology, KCJ wants to make sure that kids across the country are getting the tools they need to become mindful consumers and creators in an increasingly digital world.

How do they do that?

Founded in Montreal, KCJ introduces computational thinking and computer programming to children 5 to 12 years old. They develop and deliver educational materials using intuitive learning tools that integrate well into the classroom setting. The organization works with school boards across Montreal, including the Commission scolaire de Montréal, the English Montreal School Board and Commission scolaire Marguerite-Bourgeoys, with a particular emphasis on reaching students in underserved communities.

KCJ also offers series of workshops in community spaces such as their home at the historic Notman House. Titled Code Create Play, these workshops let children explore code through art, games and storytelling, and provides space for them to tinker with Raspberry Pi, micro:bit and other hardware. Over the course of two months, there's lots of time for children to create lots of new projects and make new friends.

KCJ acknowledges that at the heart of great education are great teachers. To inspire Canadian educators to bring innovation into their classrooms, the organization runs Code Create Teach workshops that give K-12 teachers the opportunity to learn about coding and computational thinking. In turn, KCJ hopes that teachers receive the tools and the confidence they need to bring coding into their classroom curriculum.

To offer more coding opportunities, KCJ also runs Code Club across Canada – a network of free, volunteer-led coding clubs for children, with a mission to bring code to every community in the country. As of 2018, over 500 clubs run weekly in every province and almost every territory, with 45 clubs in Montreal alone.

KCJ partners with national and international events to offer children more opportunities to explore coding. Throughout the year, they offer Code Create Celebrate workshops in libraries and community centres across Canada, through events such as Astro Pi, Science Literacy Week and Hour of Code.

Through their work, KCJ wants to make sure that learning to coding is accessible to all. By introducing coding at an early age and showing how it can be integrated into many subjects – from arts to sports – KCJ wants to build inclusive digital skills communities in Montreal and beyond. Since 2013, KCJ has reached over 150,000 students and over 6,000 teachers coast to coast to coast.

For KCJ, coding has more benefits than simply learning how to program. It boosts creativity, improves communication, builds critical thinking skills and helps to problem-solve.

The first step in learning to code – the second is coding to learn.

INN O VATE MONTRÉAL

Depuis 2013, Kids Code Jeunesse (KCJ), un organisme canadien bilingue à but non lucratif, se consacre à inciter les jeunes esprits du Canada à apprendre à coder. Dans une société axée sur la technologie, KCJ veut s'assurer que tous les enfants du pays disposent des outils nécessaires pour devenir des consommateurs et des créateurs conscients dans un monde de plus en plus numérique.

Comment faisons-nous tout cela?

Fondé à Montréal, KCJ enseigne la pensée informatique et la programmation informatique aux enfants de 5 à 12 ans. Ils développent et distribuent du matériel pédagogique à l'aide d'outils d'apprentissage intuitifs qui s'intègrent bien dans la salle de classe. L'organisme travaille avec les commissions scolaires de Montréal, y compris la Commission scolaire de l'île de Montréal, la Commission scolaire English-Montréal et la Commission scolaire Marguerite-Bourgeoys, en veillant particulièrement à atteindre les élèves des communautés mal desservies.

KCJ propose également une série d'ateliers dans des espaces communautaires tels que la Maison Notman, son domicile historique. Intitulés Coder Créer Jouer, ces ateliers permettent aux enfants d'explorer le code à travers l'art, le jeux et le récits. Les enfant bricolent également avec des Raspberry Pi, des micro:bit et d'autres matériels informatiques. En deux mois, les enfants ont le temps de créer de nouveaux projets et de se faire de nouveaux amis.

KCJ sait qu'au cœur d'une éducation riche se trouve d'excellent.e.s enseignant.e.s. Pour inciter les éducateurs-trices canadien.ne.s à innover dans leurs salles de classe, KCJ organise des ateliers Coder Créer Éduquer permettant aux enseignant.e.s de la maternelle à la 12e année (5e secondaire) de se familiariser avec la programmation et la pensée informatique. Nous espérons que les enseignant.e.s reçoivent les outils et la confiance dont ils ont besoin pour intégrer la programmation en classe.

Pour offrir davantage de possibilités de programmer, KCJ gère également Code Club Canada - un réseau de clubs de programmation gratuits pour les enfants, dirigé par des bénévoles, qui a pour mission d'apporter le code dans toutes les communautés du pays. En 2018, plus de 500 clubs se rencontrent chaque semaine dans toutes les provinces et presque tous les territoires, dont 45 clubs se situe à Montréal.

KCJ s'associe à des événements nationaux et internationaux pour offrir aux enfants davantage d'occasions d'explorer le code. Tout au long de l'année, nous proposons des ateliers Coder Créer Célébrer dans des bibliothèques et des centres communautaires partout au Canada, dans le cadre d'événements tels qu'Astro Pi, la Semaine de la culture scientifique et l'Heure de Code.

Par son travail, KCJ veut s'assurer que l'apprentissage de la programmation est accessible à tous. En introduisant le code dès le plus jeune âge et en montrant comment il s'intègre dans de nombreux domaines comme les arts et le sports. KCJ souhaite créer des communautés de compétences numériques inclusives à Montréal et ailleurs. Depuis 2013, KCJ a rejoint plus de 150 000 élèves et plus de 6 000 enseignant.e.s d'un océan à l'autre.

Pour KCJ, la pensée informatique présente plus d'avantages que le simple apprentissage de la programmation. Elle stimule la créativité, améliore la communication, renforce la pensée critique et aide à résoudre les problèmes.

La première étape c'est d'apprendre à coder - la seconde consiste à coder pour apprendre.

www.kidscodejeunesse.org

INN○VATE MONTRÉAL

THE MINDFUL SCHOLAR

About Me
It was five months of extremely strict bed rest, completely flat on my back, that allowed me to conceptualize, develop and launch my company; The Mindful Scholar. As a former Senior Auditor at KPMG, I spent much of my first pregnancy figuring out how to give children the same mindful tools I learnt as a child – tools that proved invaluable to me as I grew up. I knew when I got pregnant that the most important thing I wanted to offer my children was mindfulness. That's when it hit me. It shouldn't just be my child who gets access to these tools. All children deserve this. Since then, with over 30 years of personal mindfulness practice and formal certification, I now have a deep sense of duty and responsibility in me, to bring these same tools to all children worldwide.

Holding a double major in Accounting & Human Resources from McGill University, a Chartered Accountancy Diploma from John Molson School of Business and having worked as a Senior Auditor at KPMG for many years before starting The Mindful Scholar, I've been able to expand my communication and organizational skills while also having the ability to manage multiple responsibilities and teams within tight deadlines. This experience allowed me to take the best practices of the corporate world and integrate it into my startup.

The Company
With the plethora of emerging technologies, today's youth are completely overwhelmed by external stimuli and distractions. With this also brings about added social and emotional issues, such as lack of focus, lack of interpersonal skills and lack of self-awareness all leading to increased stress and anxiety. It is no surprise then, that currently 15% of preschoolers suffer from depression and are already on some form of medication.

INNOVATE MONTRÉAL

The MindfulScholar
Unleash The Possibilities

RAISING THE BAR IN EDUCATION

To address this gap, at The Mindful Scholar we've built a subscription-based online mindfulness platform for K-12 schools and parents that increases students' EQ (emotional intelligence). Countless research indicates that learning, thinking and creating are all directly related to the state of one's mind. With a mindful and heightened state of mind, the learning centers of the brain are activated. Our goal is to completely transform education by providing schools with tools to maximize their students' higher order functioning parts of the brain.

In the near future, we will be adding existing biofeedback technology to our learning aids, real-time feedback to our platform and using Augmented Reality to help students reach emotional equilibrium. The goal would be to couple mindfulness and existing technologies to raise the bar in education with real-time personalized EQ learning.

The Mindful Scholar was recently crowned the winner of Startupfest's CBC Media pitch competition and featured on CBC News and on the TV show, CBC Our Montreal (https://www.youtube.com/watch?v=H_YCeOuLvC4).

We were also awarded the Edtech Fellowship for the Founder Institute's Accelerator Program cohort, graduated top of our cohort and won first place at Founder Institute's first Montreal Public Demo Day.

"With captivating and engaging techniques, The Mindful Scholar is my top recommendation for giving your children the lifelong gift of mindfulness.

Simple yet effective, you will watch your children blossom into healthy, connected and creative bundles of joy. Every parent and school should use The Mindful Scholar's tools to nurture your children's whole being."

Shefali Tsabary, Clinical Psychologist. New York Times Best-Selling Author. Oprah's Parenting Expert

Rekha Magon
Founder & CEO

www.themindfulscholar.com

INNOVATE MONTRÉAL

INNOVATE MONTRÉAL

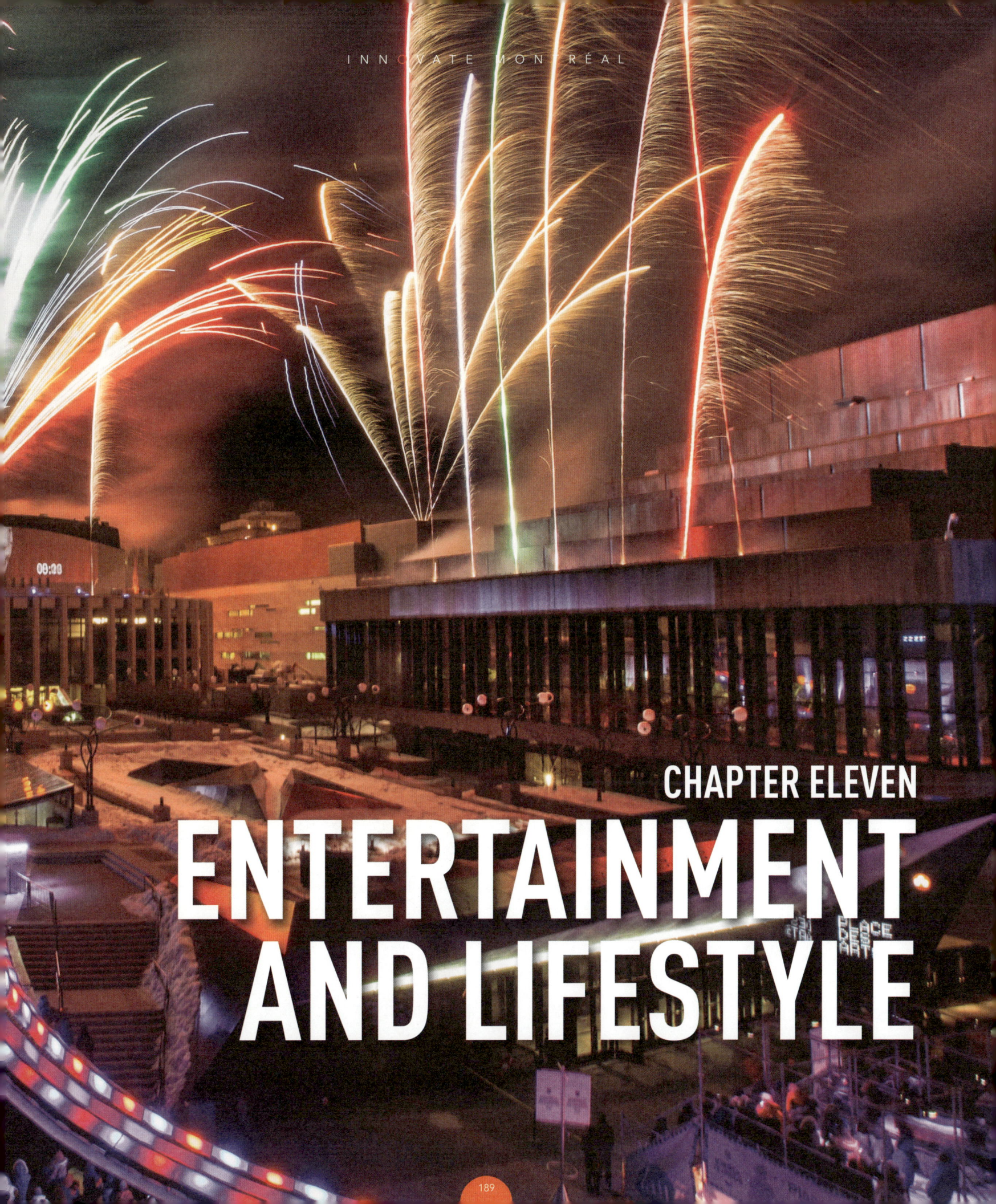

CHAPTER ELEVEN
ENTERTAINMENT AND LIFESTYLE

INNOVATE MONTRÉAL

WATCHMOJO
MONTREAL'S NEXT GREAT GLOBAL MEDIA AND ENTERTAINMENT EXPORT
LE PROCHAIN GRAND MÉDIA INTERNATIONAL CRÉATEUR DE DIVERTISSEMENT À MONTRÉAL

Recognizing that storytelling was shifting to the world of video, and spotting the rise of platforms such as YouTube early on, WatchMojo was founded in 2006 by John Molson School of Business graduate, media executive and author Ashkan Karbasfrooshan, with a vision to inform and entertain with a video on every topic.

But an overnight success, WatchMojo was not. While the company launched its first YouTube channel in 2007, early on the company produced how-to's, guides, interviews and biographies before it struck paydirt producing mashup commentary Top 10 videos on pop culture and infotainment.

A Pop Culture Colossus
Since then, WatchMojo has become a pop culture phenomenon. The company's team of young, educated and pop culture-obsessed employees operates out of Montreal's beautiful Mile End neighborhood, in a 12,500 square foot facility equipped with offices, post-production suites and studios.

By the end of 2018, WatchMojo has amassed an audience of over 30 million subscribers and 115 million monthly unique viewers, who spend close to 2 billion minutes watching every month on YouTube alone. Only a mere fifteen

INNOVATE MONTRÉAL

watchmojo

channels command more all-time views and subscribers. It boasts over 20,000 original videos on pop culture and infotainment, which have generated over 12 billion all-time views, for 75 billion minutes of watch time.

Ernst & Young recognized the company's successes by awarding Karbasfrooshan the top award in the Media & Entertainment category in 2015, the same award that Cirque Du Soleil's Guy Laliberte won two years previously. This was fitting, since Karbasfrooshan pegs WatchMojo to be the next media and entertainment export out of Montreal in the footsteps of Cirque, Just for Laughs and Vice Media.

With YouTube replacing television as the main consumption platform amongst young audiences, today WatchMojo finds itself where MTV and ESPN were in the 1980s, when then-nascent cable stole mindshare and market share from traditional TV networks.

Persistence

Ash, and his co-founder and wife Christine Voulieris, took a major financial gamble when opening WatchMojo's doors in 2006, literally mortgaging their condo in 2011 to keep the company afloat. Thankfully they did, and the company finally achieved profitability in 2012, taking off like a comet once it began to curate, rank and comment on pop culture topics with highly-addictive Top 10 lists mashing up clips from movies, TV shows, video games and music.

Having recruited a handful of young graduates, the founding team of five, consisting of Karbasfrooshan, Voulieris, Raphael Daigneault, Kevin Havill and Derek Allen, remain in place as the company has grown to over 100 full-time and freelance employees, all without ever having raised outside capital.

World Domination

For viewers aged 18-35, WatchMojo is a go-to source for lists about movies, TV, gaming, music, sports and so much more. But to move from a YouTube channel to a full-fledged media company, the company has expanded into new genres of programming, such as the award-winning *The Lineup* game show, or the semi-scripted travel comedy series *The Worst Travel Show*. It is also developing scripted projects.

Meanwhile, the company began to truly leverage the global power of YouTube's 2 billion worldwide users by launching 30 international channels. WatchMojo Español has proven to become its own rocketship, becoming the company's second largest channel. Not to be outdone, sister channel MsMojo has developed its own loyal and broad following.

The 10-Year Overnight Success

To detail the company's early hurdles, meteoric rise, and quest to stay on top, Karbasfrooshan published *The 10-Year Overnight Success*, a memoir detailing his challenging, yet rewarding, personal odyssey of creating WatchMojo.

INN0VATE MONTRÉAL

Après avoir pris conscience que le storytelling se faisait de plus en plus en vidéo et ayant anticipé l'avènement de plate-formes telles que YouTube, Ashkan Karbasfrooshan, diplômé de l'École de Commerce John Molson, responsable média et auteur, a créé WatchMojo en 2006 avec la volonté d'informer et divertir grâce à une vidéo sur chaque sujet.

Mais WatchMojo ne s'est pas fait en un jour. Tandis qu'elle fût lancée en 2007, la première chaîne YouTube de l'entreprise proposait d'abord des tutoriels, des guides, des interviews et des biographies avant de trouver le bon filon : des Tops 10 commentés sur la pop-culture et l'infodivertissement.

Un Colosse de la pop-culture

Désormais, WatchMojo est devenu un phénomène de pop-culture. C'est depuis le magnifique quartier du Mile End, à Montréal, dans des locaux de plus de 1,150m² et équipés de bureaux, d'espaces de post-production et de studios, qu'opère une équipe de jeunes d'employés qualifiés et obsédés par la pop-culture.

Fin 2018, WatchMojo peut compter sur un large public de 30 millions d'abonnés et 115 millions de visiteurs mensuels uniques qui passent près de 2 milliards de minutes à regarder son contenu tous les mois, en ne comptant que YouTube. Seulement une quinzaine de chaînes totalisent plus de vues et d'abonnés. WatchMojo peut se targuer d'avoir publié plus de 20 000 vidéos originales sur la pop-culture et l'infodivertissement, générant plus de 12 milliards de vues dans son histoire, soit 75 milliards de minutes de contenu regardées.

En 2015, Karbasfrooshan s'est vu remettre le Grand prix de la catégorie Média & Divertissement décerné par Ernst & Young pour les succès de son entreprise, la même récompense obtenue par Guy Laliberté, du Cirque du Soleil, deux ans plus tôt. Un joli clin d'œil, puisque Karbasfrooshan entend bien suivre les pas du Cirque du Soleil, de Juste pour rire et de Vice Media, considérant que WatchMojo est le prochain à représenter Montréal à l'international dans les médias et le divertissement.

Aujourd'hui, YouTube a remplacé la télévision en tant que plate-forme de consommation privilégiée des jeunes, et WatchMojo se trouve là où des chaînes telles que MTV et ESPN se trouvaient dans les années 80, quand le câble, alors naissant, s'appropriait des parts du marché et de la popularité des réseaux de télévision traditionnels.

La Persévérance

Ash et son épouse Christine Voulieris, co-fondatrice, ont pris un énorme risque financier en misant tout pour lancer WatchMojo en 2006, jusqu'à littéralement hypothéquer leur domicile en 2011 pour garder l'entreprise à flot. Ils y sont heureusement parvenu, et leur société est enfin devenue rentable en 2012, décollant même comme une fusée dès lors que

INNOVATE MONTRÉAL

la chaîne s'est attelée à organiser, classer et commenter des éléments de pop-culture sous le format hautement addictif du Top 10 mélangeant extraits de films, d'émissions de télévision, de jeux vidéo et de musique.

Karbasfrooshan et Voulieris ont recruté de jeunes diplômés en la personne de Raphael Daigneault, Kevin Havill et Derek Allen. Cette équipe originelle est toujours à l'œuvre au sein de l'entreprise, qui comporte aujourd'hui plus d'une centaine d'employés à temps-plein ou pigistes, et ce sans jamais avoir fait appel à des capitaux extérieurs.

Une Domination mondiale

Pour les utilisateurs âgés de 18 à 35 ans, WatchMojo est une mine de listes sur les films, la télévision, les jeux vidéo, la musique, le sport et bien plus encore. Cependant, dans le but de passer du statut de chaîne YouTube à média totalement accompli, l'entreprise a développé de nouveaux formats, tels que l'émission de jeu récompensée The Lineup, ou encore The Worst Travel Show, une série comique sur le voyage partiellement scénarisée. WatchMojo travaille aussi sur des projets scriptés.

INN**O**VATE MONTRÉAL

Parallèlement, l'entreprise a commencé à vraiment saisir le potentiel des 2 milliards d'utilisateurs de YouTube en inaugurant 30 chaînes à l'international. WatchMojo Español, notamment, est désormais sa propre locomotive, devenant la 2ème plus grosse chaîne du réseau. Loin d'être en reste, la chaîne-soeur MsMojo a développé son propre public, tout aussi grand que fidèle.

Réussir du jour au lendemain en 10 ans

Pour revenir plus en détails sur les obstacles du début de son entreprise, sa montée fulgurante et son ambition de rester au sommet, Karbasfrooshan a publié The 10-Year Overnight Success, dans lequel il aborde son parcours personnel, certes exigeant mais gratifiant, qu'il a vécu en créant WatchMojo.

watchmojo
www.watchmojo.com

INNOVATE MONTRÉAL

SOCIÉTÉ DES ARTS TECHNOLOGIQUES (SAT)
SOCIETY + ART + TECHNOLOGY: THE EQUATION EXPLORED BY THE SAT SINCE 1996
SOCIÉTÉ + ART + TECHNOLOGIE, TELLE EST L'ÉQUATION QU'EXPLORE SAT DEPUIS 1996

"The more we connect what does not appear to go together, the better the chances are for innovation to take shape." This is the leitmotif of Monique Savoie, founder, CEO and artistic director of the SAT.

Starting out as an underground cell, the institution has become an international reference. The SAT is a crossroads of visionary intelligence, futuristic knowledge, and talents in numerous disciplines.

The atypical institution is intended as a culture laboratory in the digital age, an incubator for sometimes ephemeral, often sustainable practices.

The SAT adapts its creative spaces daily for digital art practitioners and the designers of this enormous toolbox that allows new interconnections between sound, image, and live performance.

Campus SAT is a training space where the knowledge of its community is taught, popularized, and shared collectively.

The SAT is also a performance space for immersive experiences, concerts, exhibitions, symposiums, festivals, meetings, meals and drinks. It's where multidisciplinary artists, DJs, VJs, instrumentalists and other practitioners of the arts in the digital age come to meet, and curious audiences come to keep up with the great innovations in new artistic practices. Performances fill up most of its spaces and make it an haute culture venue for coveted avant-garde entertainment.

This hybrid mission as a centre for transdisciplinary research, training, creation and performance makes the SAT an absolutely unique organization locally, regionally, nationally, and worldwide.

The elevation of spirit and pleasure collide in a daily dive into the future.

SAT — SOCIETY FOR ARTS AND TECHNOLOGY

INNOVATE MONTRÉAL

Flying Lotus in performance / *Flying Lotus en performance*

« Plus on lie ce qui a priori ne semble pas aller ensemble, plus il y a de chances que l'innovation prenne forme. » Voilà le leitmotiv de Monique Savoie, fondatrice, PDG et directrice artistique de la SAT.

Cellule «underground» à ses débuts, l'institution est aujourd'hui une référence internationale. La SAT est un carrefour d'intelligences visionnaires, de savoirs futuristes, de talents issus de moult disciplines.

Institution atypique, elle se veut un laboratoire de la culture à l'ère numérique, incubateur de pratiques parfois éphémères, souvent pérennes.

Quotidiennement, la SAT aménage des espaces de création aux praticiens de l'art numérique, aussi aux concepteurs de cette immense boîte à outils permettant de nouvelles interconnexions entre son, image et performance vivante.

Son Campus SAT est un lieu de formation où les connaissances de sa communauté sont enseignées, vulgarisées, partagées collectivement.

La SAT est également un lieu de diffusion pour les expériences immersives, concerts, expositions, symposiums, festivals, rencontres, repas et apéros. Artistes multidisciplinaires, Djs, Vjs, instrumentistes et autres praticiens de l'art à l'ère numérique s'y donnent rendez-vous et y mobilisent des auditoires curieux qui viennent y prendre le pouls des grandes innovations au chapitre des nouvelles pratiques artistiques. Les représentations y occupent la majorité de ses espaces et en font un lieu de haute culture et de divertissement avant-gardiste on ne peut plus prisé.

Cette mission hybride de centre de recherche, formation, création et diffusion transdisciplinaires font de la SAT un organisme absolument singulier sur les cartes locale, régionale, nationale, mondiale.

L'élévation de l'esprit et le plaisir s'y confondent dans une plongée quotidienne vers l'avenir, inutile de l'ajouter.

Plus de 20 ans d'immersion

Au fil du temps, les créateurs/chercheurs de la SAT ont développé des outils et procédés en phase parfaite avec leur époque, les menant à aménager des univers inédits, tant physiques que virtuels. Le Cyclorama (2003), le Panoscope (2005) et le Panodôme (2008) sont parmi les exemples de cette recherche continue de l'expérience

"tim" by Nicolas Noël Jodoin in the Satosphère
"tim" par Nicolas Noël Jodoin dans la Satosphère

Over 20 years of immersion

Over time, the creators/researchers at the SAT have developed tools and processes perfectly in line with their time, leading them to arrange innovative universes, both physical and virtual. Le Cyclorama (2003), Le Panoscope (2005) and Le Panodôme (2008) are examples of this ongoing research on the immersive experience which led, notably, to the installation of the first inflatable dome in the Old Port of Quebec as part of the city's 400th anniversary celebration.

In 2011, the dream of a permanent dome became a reality with the construction of an immersive amphitheatre on the roof of the SAT: since then, the Satosphère has been exclusively dedicated to creation; a place where flagship works from here and elsewhere are projected, shared, and executed.

In this modular dome, measuring 18 m in diameter, the SAT immersion team welcomes creators/researchers every day and continues to make advances in sensorial simulation and the networking of different levels of reality in a public context. This expertise has since been exported around the world, notably as part of several Olympic Games ceremonies. The reputation of the Satosphère has expanded and allowed it to realize its first world tour of immersive fulldome shows, launched in autumn 2018.

Needless to say, the SAT has established itself as one of the pioneering immersive art centres.

Its creative residencies explore concepts born from various practices (music, video, cinema, animation, dance, theatre...) and give rise to always-innovative hybrid approaches. The most accomplished creations are presented publicly in the Satosphère and then archived with ambitious goals of rebroadcast and foreign distribution. Over 200 immersive experiences have been presented in the Satosphère since its inauguration.

Since 2014, this gained experience led the SAT to annually invite the international immersive art community to come exchange expertise in Montreal during its Symposium iX, reaffirming its desire to increase common knowledge and democratize practices. The network that ensues contributes to expanding the worldwide playground for this promising field.

The creators / researchers

At the SAT, digital creators from here and elsewhere imagine new ways to process content. They collaborate with other artistic disciplines, but above all, they work hand in hand with researchers in computing and design who develop their creative tools within the SAT's research lab, the Métalab. Over the years, this lab has acquired an undeniable reputation through establishing numerous innovative programs in the fields of telepresence and immersion, allowing it to be recognized as a public research institute of Quebec and an avant-garde laboratory by its peers. These creative programmers base their research on the Unix philosophy and open software, allowing creators/researchers to remain in control of their content in a software environment that adapts quickly to new situations. By sharing the fruits of their labour, they open their tools and work to society, and ensure their sustainability.

Developing new networking scenography

The work *Rendez-vous... sur les bancs publics*, the SAT's first audiovisual telepresence experience (networking interaction) was presented in a context of

"Entropia" by Eric Raynaud and LP Starnault in the Satosphère
"Entropia" par Eric Raynaud et LP Starnault dans la Satosphère

"The Satosphere" / La Satosphère

immersive, ce qui a entre autres mené à la mise en place d'un premier dôme gonflable érigé au bassin Louise du Vieux-Port de Québec dans le cadre des célébrations du 400e de la Ville.

En 2011, le rêve d'un dôme permanent est devenu réalité avec la construction d'un amphithéâtre immersif sur le toit de la SAT : depuis lors, la Satosphère est exclusivement dédiée à la création, des œuvres phares d'ici et d'ailleurs y sont projetées, diffusées, exécutées.

Dans ce dôme modulaire de 18m de diamètre, l'équipe d'immersion de la SAT accueille jour après jour les créateurs/chercheurs et poursuit ses avancées sur la simulation sensorielle et sur le maillage des différents niveaux de réalités en contexte public. Cette expertise a depuis été exportée à travers le monde. La réputation de la Satosphère s'est étoffée jusqu'à la concrétisation d'une première tournée mondiale de spectacles immersifs pour dômes, SAT Circuit, lancée à l'automne 2018.

Aurez-vous déduit que la SAT s'est imposée parmi les centres pionniers de l'art immersif.

Ses résidences de création y font voyager les concepts nés de pratiques variées (musique, vidéo, cinéma, animation, danse, théâtre...) et donnent lieu à des approches hybrides toujours novatrices. Les plus achevées d'entre elles sont présentées publiquement dans la Satosphère et sont ensuite archivées avec d'ambitieux objectifs de rediffusion et de distribution à l'étranger. Plus de 200 expériences immersives ont ainsi été présentées dans la Satosphère depuis son inauguration.

Depuis 2014, cette expérience acquise a conduit la SAT à convier annuellement la communauté internationale de l'art immersif à venir échanger les expertises à Montréal, lors de son Symposium iX, réaffirmant son désir de hausser le savoir commun et de démocratiser les pratiques. Le réseautage qui s'ensuit contribue à accroître l'aire de jeu planétaire pour ce domaine si prometteur.

Les créateurs / chercheurs

Créateurs numériques d'ici et d'ailleurs imaginent à la SAT de nouvelles manières de traiter les contenus. Ils collaborent avec d'autres disciplines artistiques, mais surtout ils travaillent main dans la main avec les chercheurs en informatique et en design qui développent leurs outils de création au sein du laboratoire de recherche de la SAT, le Métalab. Ce dernier a acquis une notoriété incontestable par la mise sur pied de nombreux programmes novateurs dans les domaines de la téléprésence et de l'immersion, au fil des années, qui lui ont permis de se faire reconnaître comme institut de recherche public du Québec et comme laboratoire d'avant-garde par ses pairs. Ces programmeurs créatifs basent leurs recherches sur la philosophie d'Unix et du logiciel libre, permettant aux créateurs/chercheurs de rester maître de leur contenu dans un environnement logiciel qui s'adapte rapidement aux nouvelles situations. En offrant le fruit de leur travail, ils favorisent l'ouverture vers la société tout en assurant la pérennité des outils et des œuvres.

Développer des nouvelles scénographies en réseau

L'oeuvre Rendez-vous... sur les bancs publics, première expérience de téléprésence audiovisuelle (interaction en réseau) de la SAT diffusée dans un contexte de création artistique, fut présentée en 1999. Des stations de téléprésence avaient alors relié la place publique adjacente au Musée d'art contemporain à Montréal et la Place d'Youville à Québec, l'objectif étant de connecter deux lieux qui n'avaient strictement rien à voir avec quelque salle de conférence. Depuis lors, la SAT poursuit ses recherches sur le transport basse latence en réseau médiatique, de manière à soutenir l'interaction en temps réel dans le contexte du spectacle vivant.

En 2005, l'institution envisageait de créer un réseau de partenaires pour le développement d'événements en téléprésence à grande échelle. Douze ans plus tard, soit en 2017, elle réalisait l'interconnexion de 22 salles de spectacles à travers le Québec grâce aux stations Scenic mises au point par le Métalab. L'expérience de la SAT au domaine de la téléprésence scénique a mené des organismes de partout à s'intéresser au dispositif ou même à l'adopter. Désormais, des événements artistiques conduisent la téléprésence bien au-delà de la simple vidéoconférence, en y conférant une grande diversité d'approches audiovisuelles.

Une méthodologie pour explorer les nouveaux usages des technologies

Le 14 avril 2010, la Société des arts technologiques [SAT] fut reconnue comme le premier Living Lab (laboratoire vivant) en Amérique du Nord, membre à part entière de l'important réseau ENoLL (European network of Living Labs).

Pour la SAT, le Living Lab est une méthodologie ouverte et collaborative, permettant l'exploration de nouveaux usages des arts technologiques, interactifs et immersifs à travers un processus de création commune et d'expérimentation. Dans cette optique, les compétences et la créativité des chercheurs-programmeurs de la SAT s'arriment aux besoins des usagers.

artistic creation in 1999. Telepresence stations linked the public square adjacent to the Musée d'art contemporain in Montréal to Place d'Youville in Quebec, the objective being to connect two locations that had nothing to do with a conference room. Since then, the SAT has continued its research on low latency transmission in media networks, so as to sustain interaction in real time in a live show context.

In 2005, the institution considered creating a network of partners for the development of large-scale telepresence events. Twelve years later, in 2017, it succeeded in interconnecting 22 performance venues throughout Quebec thanks to Scenic stations developed by the Métalab. The SAT's experience in the field of scenic telepresence has sparked the interest of organizations everywhere, even leading some to adopt the device. Artistic events now push telepresence far beyond mere video conferencing, by granting it a vast diversity of audiovisual approaches.

A methodology to explore new uses of technology

On April 14, 2010, the Society for Arts and Technology [SAT] was recognized as the first Living Lab in North America, a full member of the important European network of Living Labs (ENoLL).

For the SAT, the Living Lab is an open and collaborative methodology, allowing the exploration of new uses of technological, interactive and immersive arts through a process of joint creation and experimentation. The competences and creativity of the SAT's researchers/programmers are tied to the needs of the user.

In this vein, we note the initial collaboration between the SAT and the CHU Sainte-Justine hospital aiming to humanize hospital care. Between 2012 and 2016, four innovative projects were established to facilitate interaction between young patients and medical staff. To do this, the two institutions conjointly generated therapeutic immersive content to raise awareness amongst parents at risk for domestic accidents, and to reduce the perception of pain in children who've suffered serious burns.

This approach remains an issue of creativity for several projects and services put forward at the SAT, which promotes the research conducted by its Métalab and the conception and development of innovative applications of its technologies. Our most recent project, to name a compelling example, is a telepresence device aiming to connect public libraries and promote long-distance meetings and knowledge sharing. This project was conducted in collaboration with libraries of the City of Montreal and its users (library staff, residents and facilitators).

International

The SAT has succeeded in securing several notable international partnerships, starting with La Gaîté Lyrique in Paris, in effect from 2016 to 2022.

Furthermore, the very vocation of gathering art and technology and societal issues is synonymous with innovation. The SAT's mission undoubtedly remains to contribute audaciously to the emergence of emblematic forms of digital culture. Who knows to which space-time it will teleport us through stimulating exchanges, meetings, labour and games.

Awards and recognition

- Ex-æquo winner at the 2007 OCTAS in the "Digital arts" category for the project "Catch & Run | Panoscope 360" by Luc Courchesne and Guillaume Langlois.
- 2008 OCTAS prize winner in the category of "IT in culture, education, or media sectors" with the project "Station de téléprésence 2.0".
- Recognized, in April 2010, as the first "Living Lab" in North America, full member of the important European Network of Living Labs (ENoLL).
- 2012 OCTAS prize winner in the category of "IT in culture, education, or media sectors" for the Labodôme and the Satosphère.
- May 18, 2016, Award for excellence in digital media in Quebec - NUMIX, in the categories of Cultural production and Experimental production, for the immersive audiovisual performance Entropia

"Ironworkers Local 777" by Héloïse Depocas in the Satosphère
"Ironworkers Local 777" par Héloïse Depocas dans la Satosphère

"Ars Natura" in the Cyclorama | "Ars Natura" dans le Cyclorama

INN0VATE MONTRÉAL

Monique Savoie
Founder president and CEO of the SAT
Présidente fondatrice et directrice générale de la SAT

À ce titre, soulignons la collaboration initiale entre la SAT et le CHU Sainte-Justine avec pour objectif l'humanisation des soins en milieu hospitalier. Entre 2012 et 2016, quatre projets innovants ont été mis sur pied afin de faciliter l'interaction entre les jeunes patients et le personnel médical. Pour ce faire, les deux institutions ont ensemble généré du contenu immersif à vocation thérapeutique pour ensuite sensibiliser les parents aux risques d'accidents domestiques, ou encore réduire la perception de la douleur chez les grands brûlés en bas âge.

Cette approche demeure un enjeu de créativité pour plusieurs projets et services mis de l'avant à la SAT, ce qui de facto valorise les recherches réalisées par son Métalab et favorise la conception et le développement d'applications innovantes de ses technologies. Notre réalisation la plus récente, pour citer un exemple probant, est un dispositif de téléprésence dont l'objet est de relier les bibliothèques publiques et d'y favoriser les rencontres et le partage de connaissances à distance. Ce projet fut mené en collaboration avec les bibliothèques de la Ville de Montréal et ses usagers (personnel de bibliothèque, citoyens et animateurs).

International

Notons enfin que la SAT a su sceller plusieurs partenariats notables à l'international à commencer par la co-gestion de la Gaîté Lyrique de Paris en vigueur de 2016 à 2022.

En outre, vous aurez saisi qu'en soi la vocation de réunir l'art et la technologie sur des enjeux de société est synonyme d'innovation. Le pari de la SAT demeurera sans nul doute de contribuer de façon audacieuse à l'émergence des formes emblématiques de la culture numérique. Qui sait dans quel espace-temps elle saura nous téléporter au gré d'échanges, de rencontres, de labeurs autant que de jeux.

Prix et distinctions

- Lauréate ex-æquo aux OCTAS 2007 dans la catégorie "Arts numériques" pour le projet "Catch & Run | Panoscope 360" de Luc Courchesne et Guillaume Langlois.
- Prix OCTAS 2008 dans la catégorie "Les TI dans les secteurs culturel, éducatif ou médiatique" avec le projet "Station de téléprésence 2.0".
- Reconnue, en avril 2010, premier « Living Lab » en Amérique du nord, membre à part entière de l'important réseau ENoLL, (European Network of Living Labs)
- Le 2 juin 2012, la SAT s'est vu décerner le Prix OCTAS 2012 dans la catégorie "TI dans les secteurs culturel, éducatif ou médiatique" pour le Labodôme et la Satosphère.
- 18 mai 2016, Prix d'excellence des médias numériques du Québec - NUMIX, catégorie Production culturelle, Production expérientielle, attribué à la performance audiovisuelle immersive Entropia

1201, Blvd St-Laurent, Montréal
(+1) 514-844-2033
info@sat.qc.ca
sat.qc.ca

SAT
SOCIÉTÉ DES ARTS TECHNOLOGIQUES

INNOVATE MONTRÉAL

Felix & Paul STUDIOS

AS LEADERS IN THE WORLD OF IMMERSIVE ENTERTAINMENT, FELIX & PAUL STUDIOS HAS A PROVEN TRACK RECORD OF EXCELLENCE.
EN TANT QUE CHEFS DE FILE EN DIVERTISSEMENT IMMERSIF, FELIX & PAUL STUDIOS A SU FAIRE SES PREUVES AU NIVEAU MONDIAL.

Though they were both students at Concordia's Mel Oppenheim School of Cinema, and often vied for the same awards, Félix Lajeunesse and Paul Raphaël only truly met after leaving school.

When the pair realized they would yet again have to go up against one another, this time to direct a local low-budget music video, they decided to bury the proverbial hatchet and join forces. The result was a success and they soon found themselves in high demand, directing commercials and music videos as a duo.

Fueled by their shared passion for experiential cinema, Félix and Paul explored the world of immersive storytelling, veering further away from their roots in traditional filmmaking. For the next few years they deep dived into 3D stereoscopic cinema, holography and projection mapping until the pair got a hold of an Oculus DK1. The newly available head-mounted display opened a new world of possibilities for the two filmmakers, a world they'd so far only read about in their research into virtual reality.

In 2013, the pair joined forces with their long-time collaborator and producer Stéphane Rituit to create Felix & Paul Studios, now the world's only full spectrum immersive entertainment studio. Throughout the years and projects, the Montreal-based studio has developed proprietary best-in-class 3D spherical camera systems, production/post-production software and processes as well as spatial audio capture, design and processing byway of its Headspace Studio division.

The company, now composed of over 60 specialists and with offices in both Montreal and Santa Monica, has been recognized by the industry for its artistic and technological achievements, garnering multiple awards and critical acclaim for their work with existing franchises, world-renowned organizations, performers and leaders and their ground-breaking immersive experiences.

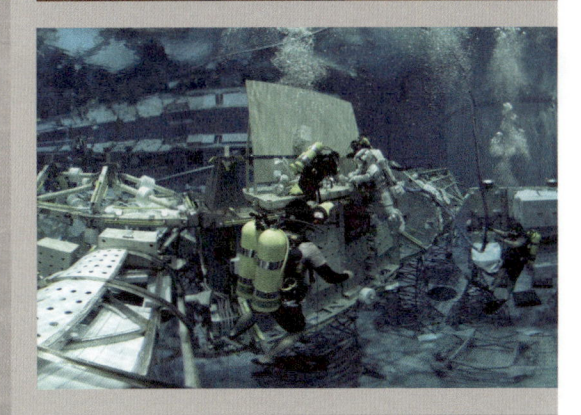

INNOVATE MONTRÉAL

Bien qu'ils aient tous deux fréquenté l'école de cinéma Mel Oppenheim de l'Université Concordia et qu'ils aient souvent rivalisé pour les mêmes prix, Félix Lajeunesse et Paul Raphaël ne se sont réellement rencontrés que suite à leur départ de l'école.

Sachant qu'ils allaient encore une fois se faire compétition, cette fois pour la réalisation d'un vidéoclip local à petit budget, ils ont décidé d'enterrer la hache de guerre et d'unir leurs forces. Le résultat fut un succès et ils se retrouvèrent bientôt très sollicités, réalisant des publicités et des vidéoclips en tant que duo.

Animés par leur passion commune pour le cinéma expérientiel, Felix et Paul ont exploré le monde de la narration immersive, s'éloignant de plus en plus de leurs origines dans la réalisation de films traditionnels. Au cours des prochaines années, ils se plongèrent profondément dans le cinéma stéréoscopique 3D, l'holographie et la projection jusqu'à ce qu'ils se procurent un Oculus DK1. Cette technologie a ouvert un nouveau monde de possibilités aux deux cinéastes, un monde qu'ils n'avaient exploré jusqu'à présent que dans leurs recherches sur la réalité virtuelle et ses applications.

En 2013, le duo et leur producteur de longue date, Stéphane Rituit, se sont associés pour créer Felix & Paul Studios, qui est désormais le seul studio de divertissement au monde à offrir toute la gamme d'expériences immersives. Au fil des années et des projets, le studio basé à Montréal a développé des systèmes de caméra sphériques 3D exclusifs, des logiciels et des processus de production / post-production, ainsi que des fonctions de capture, de conception et de traitement audio spatialisé grâce à sa division Headspace Studio.

Le studio, composé de plus de 60 spécialistes et détenant des bureaux à Montréal et à Santa Monica, a été reconnue par l'industrie pour ses prouesses artistiques et technologiques. Elle a reçu de nombreux prix et a été saluée par la critique pour son travail avec des franchises existantes, des organisations de renommée mondiale, artistes interprètes et dirigeants et pour leurs expériences immersives originales novatrices.

Paul Raphaël
Co-Founder & Creative Director

Félix Lajeunesse
Co-Founder & Creative Director

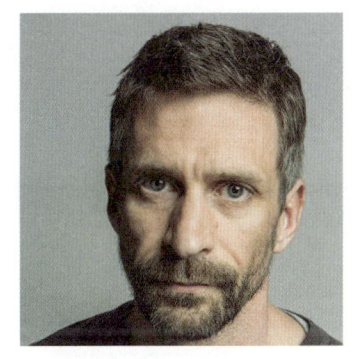

Stéphane Rituit
Co-Founder & CEO

Sebastian Sylwan
Creative Partner & CTO

www.felixandpaul.com

INNOVATE MONTRÉAL

THE FOOD REVOLUTION STARTS HERE

At Copper Branch, it is our Mission to Empower, Energize, and make people feel their Best; serving our community whole foods, plant-based, good for you and our planet. *Chez Copper Branch, notre mission est de donner aux gens du pouvoir et de l'énergie pour qu'ils se sentent en pleine forme : nous servons pour cela à notre communauté des aliments végétaux complets, bons pour vous et notre planète.*

Copper Branch is North America's leading chain of 100% Plant-Based fast-casual restaurants; founded and headquartered in Montreal, Canada. With over 40 locations opened across Canada and with restaurants opening in the United States and Europe, Copper Branch has truly become the leader in vegan fast-casual.

With a diverse menu of plant-powered Burgers, Sandwiches, Power Bowl salads, all-day Breakfast, Smoothies, fresh Sides, Desserts, and organic Coffees and Teas; Copper Branch offers the mainstream a chef-inspired menu of wholesome options without sacrificing taste or quality. Our menu items are never fried and consist of mostly organic, non-GMO and naturally gluten-free ingredients. A strong emphasis has been placed on the inclusion of "power foods" such as chia seeds, mushrooms, quinoa and turmeric powder. We are also proud to serve 100% organic Kamut and spelt for our burgers and wraps.

The first Copper Branch opened in 2014 in downtown Montreal. Since then, we have received worldwide recognition amongst vegans, flexitarians, and health conscious consumers around the globe. "We estimate that the majority of our

**The Food Revolution starts here.
Live life to the fullest!**

customers simply want to eat real food that tastes great for a change! That is why serving chef-inspired power foods are the key to our success. This is food I want my children to eat," claims Mr. Rio Infantino, founder and CEO of Copper Branch.

Plant-based eating is on the rise and the trend is much more than a fad. Eating vegan on a regular basis is now mainstream and along with the known dangers associated with traditional fast food, consumers are looking for healthier alternatives in the quick-serve industry. This is where Copper Branch powerfully makes its stand; offering clean, wholesome and nutrient-dense menu options suitable for breakfast, lunch, and dinner.

Adopting more of a plant-based diet has tremendous benefits, not only for our health; promoting weight loss and overall longevity of life, but for our planet as well. Researchers at the University of Oxford found that plant-based diets reduce food emissions by up to 73% and a staggering 7.6 billion less farmland would be needed. In addition to the factory farming and animal welfare aspects, key environmental benefits of a plant-based diet include the reduction of overall carbon footprint, improved water conservation and air quality, and reduction in ocean dead zones.

Our commitment to sustainability is an integral part of Copper Branch's ethos. The company's food, products, packaging, and restaurant interiors are focused on environmental responsibility. In addition, we are committed to working with Rainforest Trust, a global organization protecting our planet's most endangered rainforest land and animals. In its partnership with Rainforest Trust, Copper Branch purchases actual land trusts around the globe that are preserved with local governments. The program is promoted in-store and through our Loyalty Program.

Copper Branch locations are franchisee-run, and we provide a turnkey approach whereby all restaurants are successfully managed by implementing trusted and proven systems to assure that food quality and consistency, customer service, and brand image are maintained at every location. In addition to the more than 40 locations in Canada, the United States, and France, Copper Branch is on schedule to open 80 locations in 2019 and another 150 locations in 2020.

La révolution alimentaire débute ici.
Vivez pleinement votre vie!

Copper Branch est la première chaîne de restaurants décontractés à service rapide et 100 p. cent à base de plantes en Amérique du Nord. Elle a été fondée en 2014 à Montréal, au Canada, où se trouve également son siège social. Avec plus de 40 restaurants au Canada et l'ouverture en cours de restaurants aux États-Unis et en Europe, Copper Branch est vraiment devenu le chef de file de la restauration végétalienne rapide et décontractée.

Avec, à son menu varié et inspiré par les plantes, des burgers, des sandwichs, des bols de salade énergisants, un déjeuner servi toute la journée, des smoothies, des à-côtés frais, des desserts et des cafés et thés biologiques, Copper Branch offre au grand public un choix de plats sains et gastronomiques, sans sacrifier le goût ou la qualité. Les plats à notre menu ne sont jamais frits et leurs ingrédients sont majoritairement organiques, sans OGM et naturellement sans gluten. Une importance particulière a été accordée à l'inclusion de « superaliments », comme les graines de chia, les champignons, le quinoa et la poudre de curcuma. Nous sommes également fiers de servir du kamut et de l'épeautre 100 % biologiques dans nos burgers et nos roulés.

Le premier restaurant Copper Branch a ouvert ses portes en 2014 au centre-ville de Montréal. Depuis cette date, nous avons été largement reconnus parmi les végétaliens, les flexitariens et les consommateurs soucieux de leur santé du monde entier. « Nous estimons que la majorité de nos clients veulent simplement manger de la nourriture au goût excellent pour changer! C'est pour cette raison que nos plats inspirés par des

INNOVATE MONTRÉAL

chefs sont la clé de notre réussite. C'est ce que je veux que mes enfants mangent », affirme M. Rio Infantino, fondateur et PDG de Copper Branch.

L'alimentation à base de plantes est en hausse et cette tendance est bien plus qu'une mode passagère. L'adoption d'une alimentation végétalienne n'est pas généralisée et, à cause des risques connus associés à la restauration rapide traditionnelle, les consommateurs sont à la recherche de solutions de remplacement plus saines en restauration rapide. C'est le créneau convaincant de Copper Branch : offrir des plats sains et regorgeant de nutriments à son menu du déjeuner, du dîner et du souper.

L'adoption d'un régime alimentaire basé davantage sur les plantes comporte des bienfaits incomparables, non seulement pour notre santé, en facilitant la perte de poids et en prolongeant la longévité, mais aussi pour notre planète. Des chercheurs de l'Université d'Oxford ont conclu que les régimes à base de plantes peuvent réduire de 73 p. cent les émissions associées au secteur alimentaire et, chiffre stupéfiant, de 7,6 milliards le nombre de terres agricoles nécessaires. En plus des aspects liés à l'élevage industriel et au bien-être des animaux, la réduction de l'empreinte carbone globale, l'amélioration de la conservation des eaux et de la qualité de l'air, ainsi que la réduction des zones mortes dans les océans sont les principaux avantages d'un régime à base de plantes pour l'environnement.

Rio Infantino

Notre engagement à l'égard du développement durable fait partie intégrante de l'éthique de Copper Branch. Les ingrédients, les produits, les emballages et les intérieurs des restaurants de l'entreprise sont axés sur la responsabilité environnementale. De plus, nous nous sommes engagés dans l'action menée par Rainforest Trust, un organisme international qui protège les terres et les animaux des forêts tropicales les plus menacées. En partenariat avec Rainforest Trust, Copper Branch achète de réelles fiducies foncières qui sont préservées par les autorités locales. Ce programme est promu dans les restaurants et dans notre programme de fidélité.

Andrew Infantino

Les restaurants Copper Branch sont exploités par des franchisés auxquels nous offrons une approche clé en main grâce à laquelle tous nos restaurants sont gérés avec une efficacité qui garantit la qualité des aliments, le service à la clientèle et l'image de marque en action à chaque restaurant. Après l'ouverture de plus de 40 restaurants au Canada, aux États-Unis et en France, l'échéancier de Copper Branch prévoit l'ouverture de 80 restaurants en 2019 et de 150 restaurants de plus en 2020.

EatCopperBranch.com

INNOVATE MONTRÉAL

4elements

In a hyperconnected world, more than ever people are looking to live physical experiences. The rise of virtual reality, escape rooms, live action role-playing games or pop-up museums are indicators of the future of entertainment. A future where active, passive, absorption and immersion intersect. Audiences crave to live experiences that will create memorable moments in meaningful and authentic ways.

At 4elements, our mission is three-fold:
- in a digital world, we want audiences to connect and share;
- in a fast-paced world, we want to take people on a journey out of the ordinary;
- in an overly accessible world, we want to challenge people and push the boundaries of their imagination.

What we can do?
- INTERACTIVE INSTALLATIONS: Connecting people with a place, a product or a brand in an event where gamification enhances the environment and engages the visitors with a ground-breaking interactive experience.
- INTERACTIVE GAME PATHS: Physical locations (tourist sites, retail stores,...) are enhanced with a playful and interactive game allowing players to connect with the different spaces, making each visit a unique experience.
- LIVE GAME PERFORMANCES: Players become parts of an adventure in which they are the hero. Evolving in an immersive environment composed of projection mapping, augmented reality, theatrical effects, props, music and a stunning set, participants become characters whose individual actions influence how a collective story unfolds.

Thanks to the support of MTLab, an innovation hub dedicated to strengthening entrepreneurship and innovation specifically in the tourism, culture and entertainment sectors, Centech, a business accelerator for high-tech companies, and an extensive network of partners, including the Canadian Media Fund, BDC, IRAP, PME Montreal, MESI and many others, 4elements has carved an enviable reputation for its creativity and innovation. Its roster of clients is impressive and spans throughout many national museums, Cities and private corporations. The company is now setting its sights on developing international markets, notably in France and in the USA.

Dans un monde hyperconnecté, plus que jamais, les gens veulent vivre des expériences réelles. La place montante de la réalité virtuelle, des jeux d'évasion, des jeux de rôle et des musées éphémères indique que l'avenir du divertissement est appelé à changer. Un avenir où activité, passivité, absorption et immersion ne font plus qu'un. Les spectateurs réclament de plus en plus de vivre des expériences en temps réel, créant ainsi des moments mémorables, significatifs et authentiques.

INNOVATE MONTRÉAL

Ce que nous pouvons faire :
- INSTALLATIONS INTERACTIVES : Rassembler les gens autour d'un lieu, d'un produit ou d'une marque dans un événement où la gamification met en valeur l'environnement et engage le visiteur.
- JEUX PARCOURS : Les lieux physiques (sites touristiques, magasins de détail, ...) sont mis en valeur par le jeu et l'interactivité afin de connecter les visiteurs aux différents espaces et ainsi faire de chaque visite une expérience unique.
- SPECTACLES JEU : Les joueurs deviennent les personnages d'une aventure dont ils sont les héros. Évoluant dans un environnement composé de projections, de réalité augmentée, d'effets théâtraux, de musique et d'un décor à couper le souffle, les participants influencent par leurs actions individuelles le déroulement d'une histoire collective.

Grâce à l'appui du MTLab, un incubateur en tourisme culture et divertissement, au Centech, un accélérateur pour des entreprises technologiques, et aux partenaires, incluant le Fond des médias du Canada, à la BDC, au PARI, à PME Montréal, au MESI et bien d'autres, 4elements s'est taillé une réputation enviable pour sa créativité et son innovation. Sa liste de clients est impressionnante et couvre de nombreux musées nationaux, villes et sociétés privées. La société s'intéresse maintenant au développement des marchés internationaux, notamment en France et aux États-Unis.

Chez 4elements, notre mission se base sur 3 objectifs :
- Dans un monde numérique, nous voulons que les gens puissent connecter entre-eux et partager l'expérience;
- Dans un monde au rythme effréné, nous voulons emmener les gens dans un voyage hors du commun;
- Dans un monde où tout est accessible, nous voulons mettre les gens au défi et repousser les limites de leur imagination.

www.4elements.media

APERIUM
LARGE-SCALE IMMERSIVE VIRTUAL REALITY

Total Immersion. Infinite Spaces. A limitless Experience.

Aperium pushes virtual reality exploration to unprecedented levels. Our engineers and designers understand that deep, seamless immersion comes from the ability to continually explore. Through an innovative combination of hardware and software, we have created the only solution that lets users explore limitless spaces while remaining fully immersed in the virtual experience.

Founded in June 2017, Aperium Technologies Inc. is a Montreal based company who creates large scale immersive virtual reality experiences and simulations. We manufacture and develop the technology that allows the user to explore a virtual space of infinite dimension. By integrating physical movement in an intuitive and collaborative setting, a first in the industry, Aperium's solution allow to explore complex virtual environments and provides an outstanding immersive experience.

So, what is the innovation in a single-axis treadmill?

Aperium's K-01 Pod consists of a high-end virtual reality headset, a walking belt to enable natural locomotion and a built-in computer. While the design is robust, safe to use unattended and requires close to no maintenance, the two key innovations are hidden in the way it is controlled and the philosophy behind them is what sets us apart.

The Kinescape Technology - Comfort as a priority

To be immersed in a virtual environment, you need to be able to interact with it the same way you would in real life. We truly believed that walking needed to be intuitive and it is based on this philosophy that we designed the Kinescape Technology which allows first time users to immediately feel comfortable on the K-01 pod. This proprietary technology, which combines both hardware and software implementations, makes the treadmill aware of the user's posture, position, state of balance, as well as his future intent. As the user walks in the virtual environment, the platform adapts to his movements imperceptibly so that he really feels like walking on a steady ground.

INNOVATE MONTRÉAL

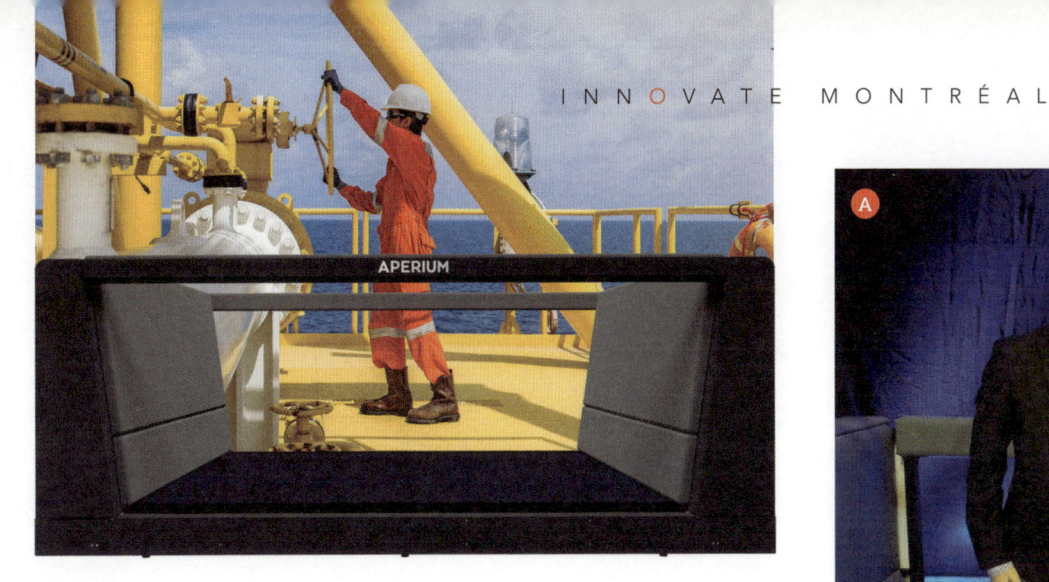

V-Orient Technology - Moving Freely

Once we were able to walk naturally in a virtual environment, our next objective was to offer omnidirectional freedom to the users. Even if it seemed to be the most intuitive solution, we rejected the idea of a mechanically multidirectional moving platform as the compromise on the user comfort would have been critical. Instead, we made the hypothesis that we could trick the users mind enough so that he believes he is turning in the virtual environment while he is not in real life, and we made it. With the V-Orient Technology, the user's sense of orientation is manipulated such that he or she is free to move in any virtual direction

A development kit for you to create your own scenarios

Our development kit allows developers and game studios who wish to evaluate and develop solutions on Aperium's line of products. We offer software development tools to easily integrate locomotion in their scenarios.

Unlike the turn-key solution, most of the accessories are not integrated inside of the unit in order to facilitate access to peripheral ports as well as provide a hybrid work station and test-bench.

Applications

Our technology is intended to offer new possibilities for professional simulations and trainings, increase the fun and profitability of entertaining experiences, increase the efficiency of third-party marketing and more.

(A) Aperium was selected to be in the innovation experience at the International Media Centre as a canadian innovation at G7 2018.

(B) At I/TSEC 2018, the world's largest modeling, simulation & training event, Aperium teamed up with Presagis to create a dismounted virtual immersive training demonstration that took trainees through a variety of realistic threats.

(C) For Halloween, two of our partners, Fallen Planet and A/Maze, teamed up to build an Escape room with Virtual Reality. The frightening and successful experience was a beautiful marriage between the real world and a creatively imagined virtual world.

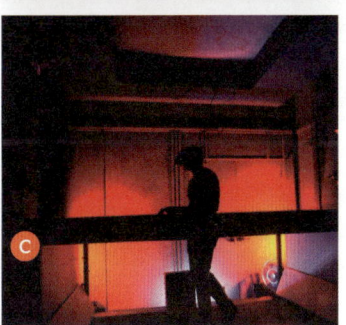

"By offering infinite space in a virtual world where rules are all to be defined, we offer simulations and experiences that are only limited by our imagination"

-Jonathan de Belle, Cofounder

aperiumreality.com

> "There is a big difference between education as something that's being done to you in comparison to learning, which is something you can only do to yourself–no matter how hard anyone else tries to teach you. You just can't help a flower to grow by pulling on it, as they say."
>
> – Christine Renaud, co-founder and CEO of e180

THE FUTURE OF LEARNING IS COLLABORATIVE, SELF-DIRECTED, AND EXPERIENTIAL
L'AVENIR DE L'APPRENTISSAGE EST COLLABORATIF, AUTOGÉRÉ, ET EXPÉRIENTIEL

When things get messy and complex and we feel stuck, what do we do? Do we pursue a bachelor's degree each time we need to learn something new?

Definitely not.

We turn to someone we know; we pick someone's brain. We talk to someone who's been there before.

What if a conversation was the missing link in our modern learning toolkit, through which we could all become each other's teachers and share experiences, successes, failures, and the lessons we've learned along the way? That question is the genesis of e180's story.

In 2011, Christine Renaud took her background in education and her belief in the transformative power of collaborative learning, and with the help of co-founder Alexandre Spaeth, created e180. Based on the original magic of algorithmic matchmaking platforms, e180's mission was (and remains!) to transform the way that humans learn with collaborative learning. Hint: this means more than just technology!

e180 soon grew from a public-facing knowledge-sharing platform, Braindater, into Braindate, a platform for knowledge-sharing specifically designed for events and organizations. Braindate is now a staple of participant learning experiences at events all over the world.

Braindates are one-on-one or small group knowledge-sharing conversations that participants book with each other on the Braindate platform leading up to an event; these conversations are related to shared interests or common challenges.

More than that, braindates are all about encouraging community members around the world to share their knowledge with one another; to help flip the learning script, so that events are no longer just about listening to the person standing up on stage. Instead, learning becomes empowering: it's about tapping into the genius that already surrounds you wherever you are, and realizing the agency that we each have, by virtue of our own knowledge and experiences, to transform each other.

Before e180 dove into the event industry and started to work with some of the most innovative organizations around the world, their first product "Braindater" came to life in the coziest corners of Montreal cafes, airports, and more. e180's is a story that is woven deeply throughout the fabric of Montreal itself: they drew on the power of the city's beautiful public spaces to launch a grand learning experiment. In fact, the very first braindates relied on the particular character of Montreal to thrive: the spirit of innovation, community, curiosity, and joy is at the core of their work.

Today, e180's mission does not stop at events. They want to radically change the way humans learn, throughout the world. And they won't stop until it happens!

INNOVATE MONTRÉAL

Quand on rencontre des difficultés, qu'on n'y voit plus très clair, qu'on se retrouve dans une impasse, que fait-on?

Est-ce qu'on retourne à l'école pour décrocher un diplôme aussitôt qu'un nouveau défi se présente?

Impensable.

Vous, que faites-vous? Il y a fort à parier que vous vous tournez vers un ami, que vous consultez quelqu'un qui sait, qui est déjà passé par la même situation.

Et si une simple conversation était finalement l'outil manquant dans l'apprentissage moderne? Celui qui ferait de chacun de nous un professeur, nous permettrait de partager nos expériences, nos réussites, nos échecs, et les leçons de vie qu'on en a tirées? C'est ainsi qu'est né e180, de l'envie de transformer nos modes d'apprentissage pour les rendre plus personnalisés et plus collaboratifs.

En 2011, forte de son expérience en éducation et convaincue du pouvoir transformatif de l'apprentissage collaboratif, Christine Renaud cofonde e180 avec Alex Spaeth. Basée sur la magie originale des plateformes de "matchmaking" algorithmiques, la mission de e180 était (et reste!) de transformer la façon dont les humains apprennent, grâce à l'apprentissage collaboratif. La plate-forme originale (de partage de connaissances accessible au public) Braindater, est rapidement passée à Braindate, une plate-forme de partage de connaissances spécialement conçue pour les événements et les organisations. Braindate est désormais un aliment de base des expériences d'apprentissage des participants lors d'événements partout dans le monde.

Les braindates sont des conversations en tête à tête ou en petits groupes, réservées à l'avance sur la plateforme Braindate entre les participants d'un événement. Ces conversations s'articulent autour de sujets en rapport avec les préoccupations ou intérêts communs des participants. Mais surtout, elles ont pour vocation d'encourager les membres de communautés à travers le monde à partager leurs connaissances, à renverser la dynamique pédagogique des conférences qui ne donnent traditionnellement la parole qu'à ceux qui occupent la scène. Au contraire, l'apprentissage devient une forme d'empowerment: il consiste à explorer les savoirs qui nous entourent où que nous soyons, à prendre conscience de notre agentivité et de notre capacité à transformer les autres en vertu de nos propres savoirs et expériences.

Avant de faire son entrée dans l'industrie événementielle et de collaborer avec les organisations les plus innovantes au monde, leur premier projet "Braindater" prenait vie à Montréal, dans le confort des cafés, des maisons, des aéroports et bien plus. L'histoire d'e180 est étroitement entremêlée à l'ADN de la ville; l'énergie de ses espaces de rencontre a rendu possible une vaste expérience d'apprentissage. Les toutes premières braindates ont vu le jour grâce au caractère unique de Montréal: son esprit d'innovation, sa communauté vibrante, sa curiosité et sa joie de vivre sont au cœur du mouvement.

Aujourd'hui, la mission d'e180 ne se limite pas aux événements. Son objectif est de transformer radicalement la façon dont les humains s'instruisent à travers le monde. Et rien ne l'arrêtera!

> "Il y a une énorme différence entre l'enseignement, celui que l'on reçoit passivement, et l'apprentissage, celui qui implique notre participation active et qui ne peut nous être imposé. Après tout, on n'a jamais fait pousser une fleur en tirant dessus."
>
> – Christine Renaud, co-fondatrice et PDG de e180

e180
Creators of braindate
e180.co

Certified B Corporation

INNOVATE MONTRÉAL

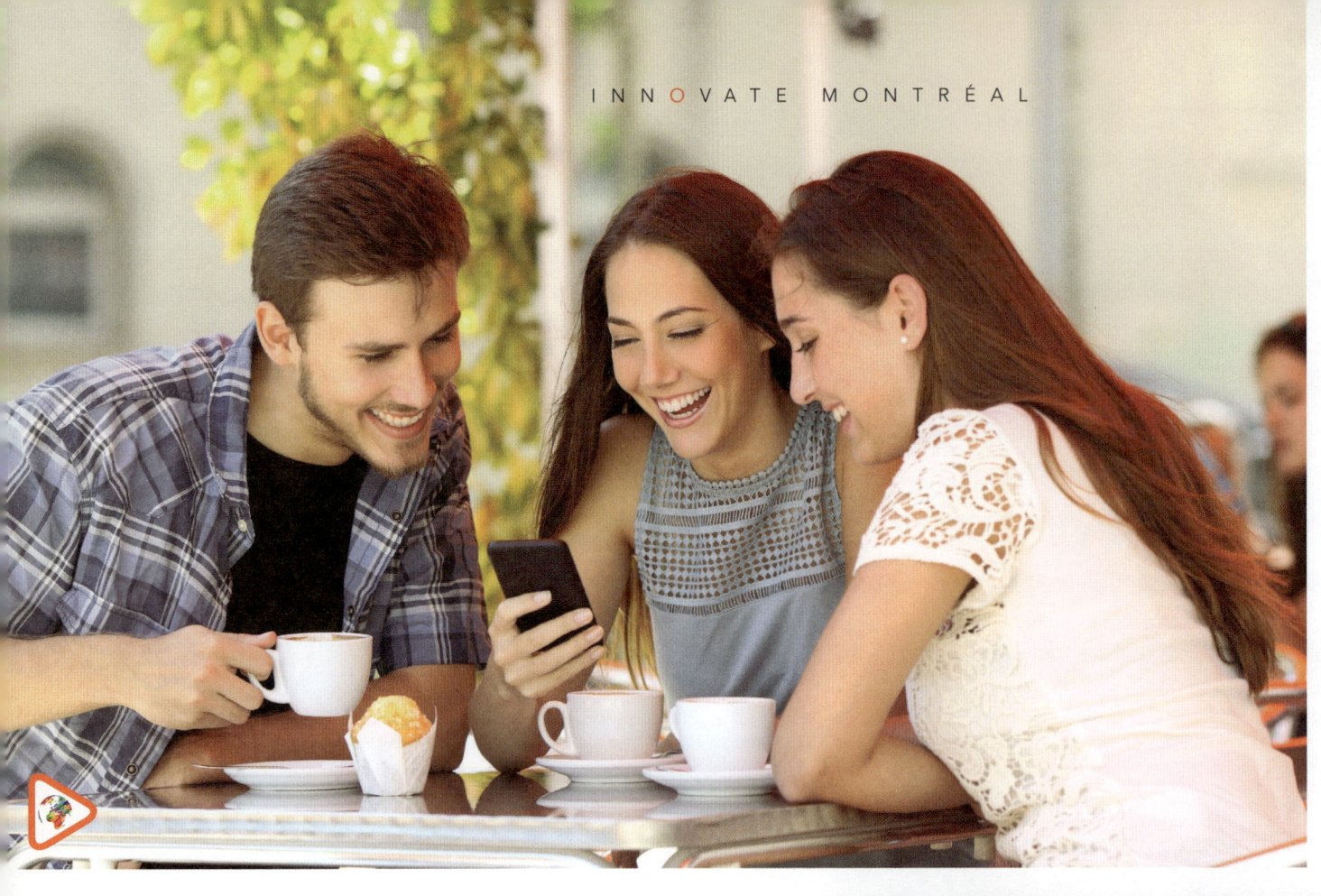

TRENDIGO

A FINTECH COMPANY, GOOD FOR THE LOCAL ECONOMY, BASED IN MONTREAL
UNE FINTECH, BONNE POUR L'ÉCONOMIE LOCALE, BASÉE À MONTRÉAL

Headquartered in Montreal, IMS is a company built on a thorough knowledge of local shops. Driven by the desire to offer the best experience to customers while strengthening the local economy, the fintech is created in 2014 by Normand Robitaille, François Verdon and François Bourque, three entrepreneurs cumulating a wide variety of expertise in the payment system, business development, financial services and IT architecture industries.

Understanding the great importance of local economy, the company strives to empower and connect local businesses with their neighborhood by accompanying them to develop better customer relationships and deliver the best customer service experience. While consumers want to support the local economy, they also want a return on their purchases with an immediate reward. On their side, local merchants want access to a loyalty program to retain their clients and bring them a more human and efficient experience, but also earn more revenue without discounting their business.

Hence, Trendigo, IMS' principal product, is a key-in-hand App, allowing customers to pay and earn rewards in one easy step, while providing local merchants the tools to increase their performance and earn a significant margin. Using the NFC technology, members are allowed to perform contactless transactions with one swipe or click via the Trendigo application (available for Android) or the Trendigo card. With every purchase, they instantly get a minimum of 5% in rewards, redeemable on the purchase of their choice at any Trendigo location.

The Trendigo mobile payment app is an electronic wallet, allowing members to add several credit cards, keep track of their rewards and have access to their purchase history. Thanks to the app geo-tracking feature, they can also discover new local businesses around them, bookmark their favorites and browse offers.

The second version of the application, projected to be launched first quarter 2019 will integrate a lot of new features including thru-app payment, customer review and gamification.

Local merchants also have access to the Trendigo back-office, where they can schedule their own promotional calendar for the upcoming month and offer their customers up to 20% in cash back.

Suitable for shopping centres, shops network and franchises, this innovative payment and loyalty program is available for resale under a white label.

Trendigo is planning a major deployment all across Canada by 2019, as well as an expansion of its development in the United States and Europe by 2020. In the near future, the employment of 80 people is expected. The company also foresees the implementation of an artificial intelligence to follow and understand customers purchasing behaviors, in order to provide businesses with customer information and being able to suggest personalized offers to its members.

trendigo.com

trendigo®

IMS, dont le siège social est situé à Montréal, est une entreprise bâtie sur une connaissance approfondie des commerces locaux. Animée par le désir d'offrir la meilleure expérience possible à ses clients tout en renforçant l'économie locale, la société a été créée en 2014 par Normand Robitaille, François Verdon et François Bourque, trois entrepreneurs cumulant une grande variété de compétences dans les domaines du système de paiement, du développement commercial et des finances, l'industrie des services et l'architecture informatique.

Consciente de la grande importance de l'économie locale, la société s'efforce de responsabiliser et de connecter les entreprises locales à leur quartier en les accompagnant pour fournir une expérience nouvelle à leur clientèle. Bien que les consommateurs souhaitent soutenir l'économie locale, ils souhaitent également obtenir une récompense immédiate. De leur côté, les commerçants locaux veulent avoir accès à un programme simple et efficace pour fidéliser leurs clients et leur apporter une expérience plus humaine, tout en générant davantage de revenus, mais sans nuire à leur activité.

Ainsi, Trendigo, le produit principal d'IMS, est une application clé en main qui permet aux clients de payer et de gagner des récompenses en une seule étape, tout en offrant aux marchands locaux les outils nécessaires pour augmenter leurs performances. Grâce à la technologie NFC, les membres peuvent effectuer des transactions sans contact, soit via l'application Trendigo (fonction disponible pour Android), soit avec la carte Trendigo. À chaque achat, ils obtiennent instantanément un minimum de 5% de récompense en points équivalent dollars, qu'ils peuvent utiliser pour payer dans n'importe quel magasin adhérent de Trendigo.

L'application de paiement mobile Trendigo est un porte-monnaie électronique qui permet aux membres d'ajouter plusieurs cartes de crédit, de suivre leurs récompenses et d'accéder à l'historique de leurs achats. Grâce à la fonctionnalité de géolocalisation, ils peuvent découvrir les nouvelles entreprises locales à proximité, marquer leurs favoris et leurs offres.

La deuxième version de l'application, dont le lancement est prévu pour le premier trimestre 2019, intégrera de nombreuses nouvelles fonctionnalités, notamment le paiement dans l'application, les commentaires des clients et la gamification.

Les commerçants locaux ont également accès au back-office de Trendigo, où ils peuvent programmer leur propre calendrier promotionnel pour le mois à venir et offrir à leurs clients jusqu'à 20% de remise en argent.

Adapté aux centres commerciaux, aux réseaux de commerces et aux franchises, ce programme innovant de paiement et de fidélisation est disponible pour la revente sous marque blanche.

Trendigo prévoit un déploiement majeur partout au Canada d'ici 2019, ainsi qu'une expansion de son développement aux États-Unis et en Europe d'ici 2020. Dans un proche avenir, 80 personnes devraient être employées. La société prévoit également la mise en place d'une intelligence artificielle pour suivre et comprendre les comportements d'achat des clients, fournir aux entreprises des informations sur leurs clients et leur permettre de proposer des offres personnalisées à ses membres.

trendigo.com

INN**O**VATE MONTRÉAL

YOGATRIBES AND BLUE DIGITAL AGENCY
MAKING YOGA MORE ACCESSIBLE, ONE CITY AT A TIME

Sophie Lymburner is the ambitious and creative mind behind two ground-breaking and innovative businesses – Blue Communications and YogaTribes. In 1998, Sophie launched Blue (also known as whynotblue), one of the first digital agency in Canada. Even after more than 20 years in this rapidly-growing market, award-winning Blue as remained relevant thanks to its innovative and creative e-commerce and website solutions helping clients power their brands. In 2010, while Sophie was personally searching for balance in her life, her employees at Blue suggested inviting a yoga teacher to give a class at work. Within a few weeks, her team was closer, more productive and happier, just as she was! This eye-opening experience let Sophie to ask herself: "Why isn't yoga a more mainstream activity and why isn't everybody practicing it?"

Blue behind the new tech company YogaTribes
To get answers, she deep-dived into the yoga world, tapped into her technological and digital skillset and leveraged Blue's strengths to make yoga easily accessible to everyone and support the teachers who share their passion and have a positive impact on people's lives. The YogaTribes digital platform was born.

A shared calendar and booking engine for yoga classes
What exactly is YogaTribes? It is the world's first shared calendar for yoga classes, everywhere; YogaTribes also offers a booking engine of yoga classes worldwide and its revenues come from a commission on single classes booked through the platform. It allows teachers to promote their classes and you to discover a class near your home or work, and book it with a simple click.

Making yoga more accessible, one city at a time
YogaTribes' unique core mission is to give back to the yoga community as a whole by supporting its teachers. As such, whenever you book a class through the platform, teachers (or tribe leaders) receive a commission, so by doing that, you can help them increase their revenues and continue practicing their passion, helping others improve their lives through yoga and strengthening yoga communities everywhere.

With a vibrant local community and an innovative tech platform such as YogaTribes, Sophie believes that Montreal is on its way to becoming the yoga capital in North America. But she's just getting started, as she firmly intends to create a global yoga village for all by conquering the world one city at a time.

For more info yogatribes.com and whynotblue.com

Photo: Jean Blais

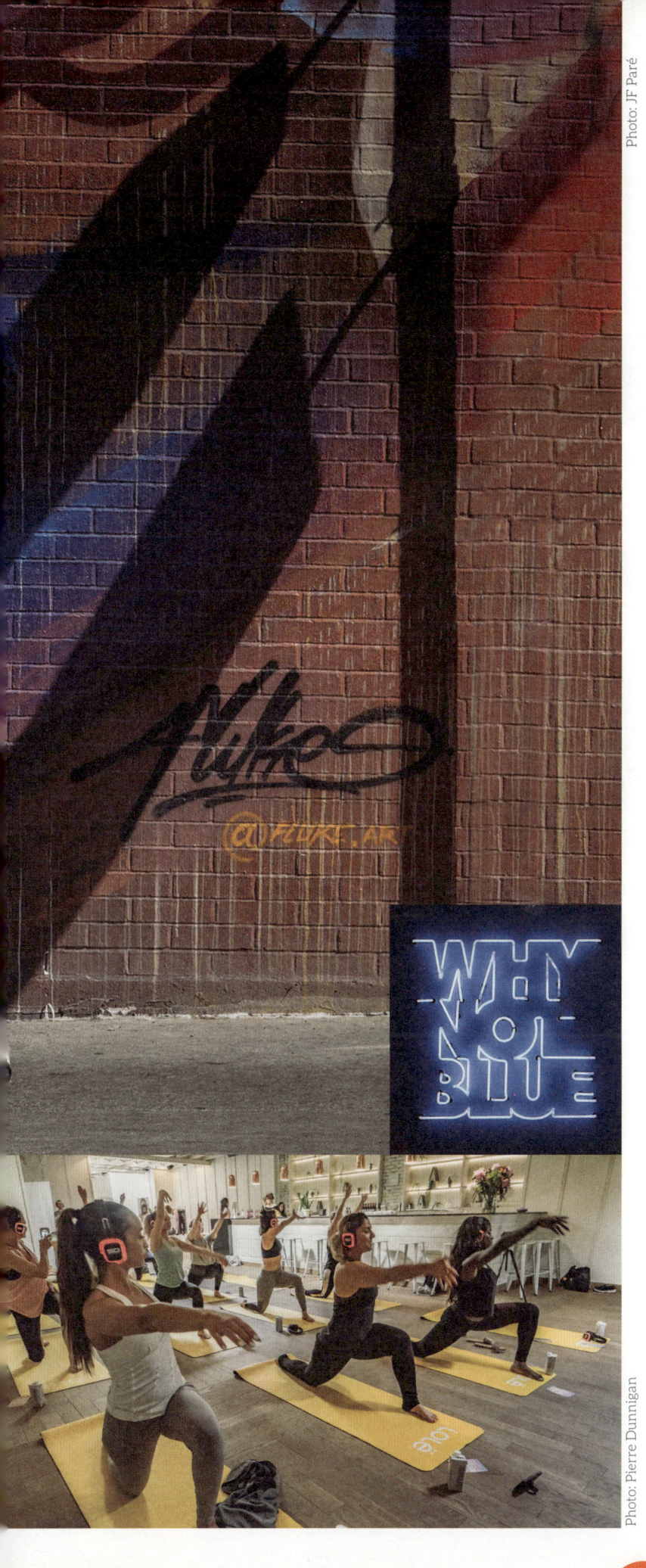

Sophie Lymburner est la force créative derrière deux entreprises novatrices – Blue Communications et YogaTribes. En 1998, Sophie a lancé Blue Communications, l'une des premières agences numériques au Canada. Même après plus de 20 ans dans cette industrie changeante, l'entreprise primée est demeurée pertinente grâce à ses solutions de commerce électronique et de sites web avant-gardistes, propulsant les marques de ses clients. En 2010, à une période où Sophie était à la recherche d'équilibre dans sa vie, ses employés lui suggèrent d'inviter un enseignant de yoga à donner une classe par semaine au bureau. En quelques semaines à peine, son équipe était plus unie, productive et heureuse que jamais auparavant ! Cette expérience bouleversante a semé une question : « Pourquoi le yoga n'est-il pas mieux connu et pourquoi n'est-il pas pratiqué par tous »?

L'agence numérique Blue derrière la technologie de YogaTribes
Elle s'est ensuite plongée dans le monde du yoga et a misé sur les compétences numériques et technologiques de l'agence pour appuyer les enseignants de yoga qui partagent leur passion et améliorent la vie des gens. C'est ainsi que la plateforme YogaTribes a vu le jour.

Un calendrier partagé et un outil de réservation de classes
Mais qu'est-ce que YogaTribes? Il s'agit du premier calendrier mondial partagé de classes de yoga. YogaTribes c'est aussi un outil de réservation de classes qui tire ses revenus d'une commission pour chaque classe réservée à partir de la plateforme. Les enseignants peuvent y promouvoir leurs événements et vous pouvez découvrir une classe près de chez vous et la réserver en un seul clic.

Rendre le yoga plus accessible, une ville à la fois
La mission unique de YogaTribes est de redonner à l'ensemble de la communauté de yoga en soutenant ses enseignants. Dès que vous réservez une classe par la plateforme, les enseignants (ou chefs de tribu) touchent une redevance. Ainsi, vous les aidez à augmenter leurs revenus et à continuer de pratiquer leur passion, de toucher la vie des gens et de solidifier les communautés de yoga partout au monde.

Grâce à une communauté dynamique et une plateforme technologique novatrice telle YogaTribes, Sophie croit que Montréal est en voie de devenir bientôt la capitale du yoga en Amérique du Nord. Mais elle ne fait que commencer, car elle a la ferme intention de créer un village global de yoga pour tous, en conquérant une ville à la fois.

Sophie Lymburner
Founder and CEO

YOGATRIBES

INNOVATE MONTRÉAL

MEN'S SEASONS
CANADIAN NATURAL POWER

Men's Seasons develops natural, vegan, eco-friendly, effective, easy-to-use skincare products for men while respecting the principles of sustainability. *Men's Seasons crée des produits pour hommes, naturels, végétaliens, éco-responsables, efficaces, agréables à utiliser et qui respectent les principes du développement durable.*

What makes us different
Innovative Concept
We're all familiar with extreme weather conditions here in Canada! Skin's needs change each season. To make men's life easier, we have developed summer and winter lines that give men everything they need to face the elements. This concept is so simple and so obvious you're wondering why nobody has ever thought of it before? We do, too!

Natural Power
It took years of relentless research to develop Men's Seasons' products. This work has enabled us to discover the perfect combination of Canadian natural active ingredients. They consist of tree bark extracts from Canada's Boreal Forest. Our Winter Line contains Black Spruce bark extract and our Summer Line contains a mix of Black Spruce, Gray Pine, Yellow Birch and Red Maple bark extracts. Our active ingredients are concentrated in our products to offer men nothing but the best.

Incomparable Quality
From harvest to bottling, all stages of manufacturing and handling of Men's Seasons' products are carried out with the greatest care. For example, we don't cut the trees to get the bark extracts! We actually recycle the bark from certified local pulp and paper companies to transform it into scientifically proven skin effective active ingredients. The result: impeccable, eco-friendly natural products. Top that!

Our Story
Men's Seasons' great adventure began in 2014. Clément Joubert was looking for natural, effective and eco-friendly products in order to meet the seasonally specific needs of his skin. This determined visionary dreamed of an all-in-one, year-round, no-fuss healthy skin kit specifically designed for men. Since this concept did not exist, he rolled up his sleeves and worked hard to develop innovative products. Today, Men's Seasons offers a summer line, and a winter line, to allow men to deal with the seasons with confidence.

Our Commitment
Men's Seasons is committed to only putting products on the market that meet these criteria.

Natural
- Latest cutting edge research
- Meet the highest quality standards
- Without compromising efficiency

Eco-Friendly
- Made of active ingredients derived from Canadian forest biomass conversion
- Locally made in small batches
- Reduced packaging and in recyclable containers
- For each boxset sold, Men's Seasons plants a tree

Enjoyable
- Subtle fragrance
- Pleasant textures
- No oily residue
- No fuss

INNOVATE MONTRÉAL

Pictures: Alex Paillon

Ce qui fait toute notre différence
Le concept novateur
Ici au Canada, les conditions extrêmes, on connaît ça! Chaque saison, les besoins de la peau changent. Pour simplifier la vie, nous avons créé des kits d'été et d'hiver qui apportent tout ce dont l'homme a besoin pour affronter le climat. Ce concept est tellement simple et évident que vous vous demandez pourquoi personne n'y avait jamais pensé avant? Nous aussi!

La puissance naturelle
Derrière les produits Men's Seasons se cachent des années de recherches acharnées. Le fruit de ce travail nous a permis de découvrir la combinaison parfaite d'actifs naturels canadiens: des extraits d'écorce d'arbres de la forêt boréale canadienne. Notre gamme Hiver contient de l'extrait d'écorce d'épinette noire tandis que notre gamme été contient un mélange d'extraits d'écorce d'épinette noire, pin gris, bouleau jaune et érable rouge. Nous les avons concentrés dans nos produits pour offrir le meilleur, rien de moins.

La qualité incomparable
De la récolte à la mise en bouteille, toutes les étapes de fabrication et de manutention des produits Men's Seasons sont réalisées avec le plus grand soin. Par exemple, nous ne coupons pas des arbres pour récupérer l'écorce, au contraire! Nous recyclons l'écorce provenant de compagnies de pâtes et papier certifiées pour en faire des ingrédients actifs qui ont des preuves scientifiques de leur efficacité sur la peau. Le résultat: des produits naturels irréprochables et écoresponsables. Qui dit mieux?

Notre histoire
C'est en 2014 que la grande aventure de Men's Seasons a commencé. Clément Joubert cherchait pour sa peau des produits naturels, efficaces et écoresponsables qui répondent à ses besoins saisonniers. Ce visionnaire déterminé rêvait d'un kit conçu spécifiquement pour les hommes, une sorte de tout-inclus qui lui permette d'avoir la peau saine sans se casser la tête tout au long de l'année. Puisque ce concept n'existait pas, il a relevé ses manches et travaillé fort pour créer des produits novateurs. Aujourd'hui, Men's Sesons propose un kit d'été et un kit d'hiver qui permettent d'affronter avec confiance les conditions extrêmes des saisons canadiennes.

Notre engagement
Men's Seasons s'engage à mettre sur le marché uniquement des produits répondant à ces critères.

Naturels
- À la fine pointe des recherches les plus récentes
- Respectueux des plus hauts standards de qualité
- Sans compromis sur l'efficacité

Écoresponsables
- Composés d'ingrédients actifs issus de la valorisation de la biomasse forestière canadienne
- Fabriqués localement en petites quantités
- Emballage réduit et contenants recyclables
- Pour chaque coffret vendu, Men's Seasons plante un arbre

Agréables
- Parfum discret
- Textures plaisantes
- Sans effet gras
- Simples

MEN'S SEASONS

mensseasons.com

INN○VATE MONTRÉAL

MTLIGHT COLLECTIVE

©SebastienRoy.ca / Symposium IX 2018

Hello

I'm Matthieu from MTLight Collective.

In a nutshell, the business of augmented reality advertising is just taking its first steps, companies the likes of Team Lab in Japan or Moment Factory in Canada have made fabulous works for all the biggest companies in the world. Their exceptional work saw them grow at a pace that now prevents them from proposing affordable projects anymore. On the other hand projector costs have now shrunk to a point where digital art and mapping is now affordable - just like DJing software became in the early 2000s.

The world of VJing and Mixed Media Arts is oriented in raw electronics, lasers and algorithms - while we try to combine more traditional graphics with the same technology. The street art world is a perfect canvas for it as it is very various, but somewhat has strong codes that we can decline into tech art.

MTLight has the staff and production means, we gather creatives and innovators in one place, making totally new things based on our clients demands, in addition to what we are already cooking for solo and group exhibitions.

Our exhibitions feature our projector pod that can move around, bringing projection art to the next level; revealing the virtual world like a torch lamp, or showcasing virtual fashion shows with only a few machines.

The way we are set, as a collective, makes it easy for creators to come and go based on each project we provide them with. We are not breaking their spirit with contracts, but rather providing them with support and which means they can create in an agile and unique way. Our goal is to enhance sharing between highly trained individuals (VJ, Graffiti artists) to all newest members.

Here at MTLight we love to step in, assist and introduce brands to the next era of AR. Our content is easy to share on multiple platforms including real life events; some might call it Guerilla Marketing but it also has a big social media side. Every projection we do gets shared on social media by viewers because of its innovative side.

Thank you!

©SebastienRoy.ca / Symposium IX 2018

©SebastienRoy.ca / Symposium IX 2018

INNOVATE MONTRÉAL

Bonjour,

Je suis Matthieu du Collectif MTLight.

En quelques mots, la publicité en réalité augmentée en est à ses débuts. Des sociétés comme TeamLab au Japon ou Moment Factory au Canada ont réalisé des travaux fabuleux pour toutes les plus grandes entreprises du monde. Leur travail exceptionnel les a fait grandir à un rythme qui les empêche a présent de proposer des projets abordables. D'un autre côté. Les coûts des projecteurs ont été réduits à un point tel que l'art numérique et le mapping sont abordables, comme le sont devenus les logiciels de DJing au début des années 2000.

Le monde de VJing et des arts médiatiques mixtes est très orienté vers l'électronique brute, les lasers et les algorithmes, alors que nous essayons de combiner des dessins plus traditionnels avec la même technologie. Le monde du street art est un canevas parfait car il est très varié, mais il possède des codes forts que l'on peut décliner dans l'art digital.

MTLight a le personnel et les moyens de production, nous rassemblons créateurs et innovateurs dans un même lieu, créant des projections innovantes basées sur les demandes de nos clients, en plus de ce que nous préparons déjà pour des expositions individuelles et de groupe. Nos expositions incluent notre module de projecteur qui peut se déplacer, amenant l'art de la projection à un niveau supérieur, tel que révéler le monde virtuel comme une lampe torche, ou présenter des défilés de mode virtuels avec seulement quelques machines.

La manière dont nous sommes organisés, en tant que collectif, facilite la tâche des créateurs en fonction des projets que nous leur fournissons. Nous ne leur coupons pas l'esprit avec des contrats, mais nous leur fournissons plutôt le soutien nécessaire, ce qui signifie qu'ils peuvent créer de manière agile. Notre objectif est d'améliorer le partage entre les personnes hautement qualifiées (VJ, Graffers) et tous les nouveau membres.

Nous aimons intervenir et aider les marques à entrer dans la nouvelle ère de la RA. Notre contenu est facile à partager sur plusieurs plates-formes, y compris des événements réels, certains appellent ca du Guerrilla Marketing, mais notre travail possède également un grand côté médias sociaux. Nos projections attirent beaucoup de partage sur les réseaux sociaux de par leur aspect innovant.

Merci !

www.mtlight.ca

INNOVATE MONTRÉAL

SIGNAL SPACE LAB
NEW MEDIA CONTENT CREATORS BASED IN MONTREAL'S OLD PORT SPECIALISING IN VR/AR/XR INNOVATION AND PRODUCTION

With a clear focus on finding distinctive approaches to new media content, Signal Space Lab expanded in 2016. Originally an audio studio, it opened an entirely new unit specialized in virtual (VR), augmented (AR) and mixed reality (XR).

Striving to innovate in a virtual space that is mostly populated by computer-generated images (CGI), the studio gained particular interest in pushing the boundaries of cinematography to find an alternative language in VR. The nature of developing in these non-conventional formats brought together a cohesive team of filmmakers, game designers and programmers to craft interactive concepts in live-action.

Being able to provide hyper-realistic aesthetics and intuitive interactions while creating dynamic stories were essential factors in developing a pioneering technique called **Seamless Interactive Cinematic VR**. This process combines non-linear storytelling, the detection of viewer 'interest cues' and the implementation of non-evident transitions, allowing for the creation of complex paths and branching narratives in live-action. The application of this technique has lead to the conception of strongly immersive experiences which react to the user's will without them noticing.

In Signal Space Lab's stories, the user is an active contributor to the narrative and not a mere observer, placing them in the heart of the action. This is evident in its productions such as 'We Happy Few: Uncle Jack Live VR', released in 2018 and in Afterlife, it's recently released 30-minute three-part VR film.

In addition to the objective of creating a bridge between physical and digital toys, the studio has co-developed an AR game for kids called A Paper World. This game uses the art of origami folding to reveal interactive objects and worlds.

Keeping true to its roots, Signal Space Lab still provides audio services to some of the biggest brands in the video games industry including Sid Meier's Civilization series, We Happy Few, Lineage, Jurassic World, TMNT, Dungeons and Dragons, Barbie and Thomas and Friends among others.

However the studio is not limited to content creation, in 2018 it developed a camera movement system that uses cables and computer numerical control (CNC) to allow precise, smooth, and replicable movement of a 360 camera in a confined space, something that is extremely difficult with current systems.

Whether it's practical, artistic, realistic or magical, Signal Space Lab finds the intersection between people, brands, sounds and technology to bring concepts to life.

For more information, contact us.

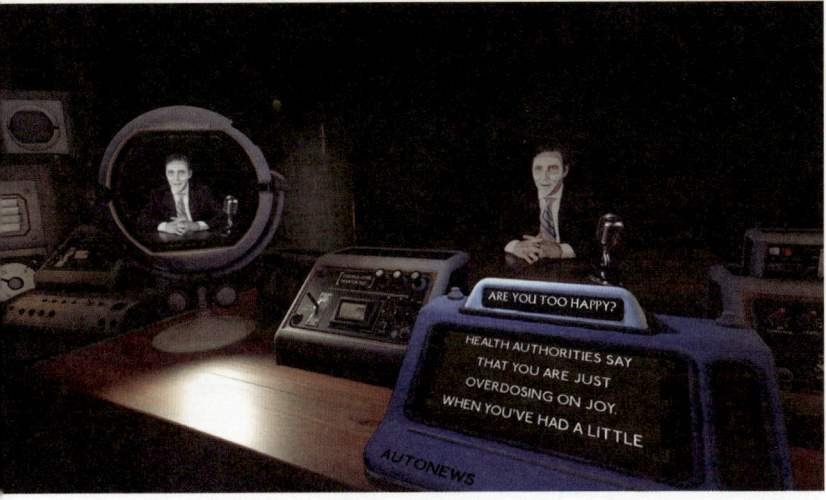

En mettant clairement l'accent sur la recherche de différentes approches du contenu pour les nouveaux médias, Signal Space Lab a pris de l'expansion en 2016 . À l'origine un studio audio, Signal Space Lab a par la suite ouvert une toute nouvelle unité spécialisée en réalité virtuelle (VR), augmentée (AR) et mixte (XR).

Le studio s'est montré particulièrement intéressé à pousser les limites de la cinématographie pour donner une vision alternative pour la VR. Le studio a l'ambition d'innover dans un espace virtuel qui est surpeuplé d'images créées par ordinateur (CGI). La nature du développement de ces formats non conventionnels a rassemblé une équipe soudée et complémentaire de cinéastes, de concepteurs de jeu et de programmeurs afin de créer des concepts interactifs en live action .

Pouvoir fournir une esthétique hyperréaliste et des interactions intuitives, tout en créant des histoires dynamiques, étaient les facteurs essentiels afin de développer une technique pionnière appelée **Seamless Interactive Cinematic VR**.

Ce processus combine la narration non linéaire, la détection de « signes d'intérêt » et la mise en oeuvre de transitions non évidentes, ce qui permet la création de chemins complexes et de trames narratives ramifiées en temps réel. Cette technique s'applique à la création d'expériences fortement immersives pour que celles-ci réagissent en fonction de l'utilisateur sans qu'il ne le remarque.

Dans les histoires de Signal Space Lab, l'utilisateur est un collaborateur actif au récit et non un simple observateur. Ainsi, l'utilisateur se situe au centre de l'action. On le voit dans ses productions We Happy Few: Uncle Jack Live VR, sorti en 2018, et dans Afterlife, son film VR interactif de 30 minutes sorti récemment.

Non seulement le studio a atteint l'objectif de créer un lien entre jouets physiques et numériques, mais le studio a co-développé un jeu AR pour enfants appelé A Paper World . Ce jeu utilise l'art de l'origami pour révéler des objets et des mondes interactifs.

Fidèle à ses racines, Signal Space Lab offre toujours des services audio à certains des plus grands noms de l'industrie du jeu vidéo, tels que la série Civilization de Sid Meier, We Happy Few, Lineage, Jurassic World, TMNT, Dungeons and Dragons, Barbie, Thomas and Friends, entre autres.

Cependant, le studio ne se limite pas à la création de contenu. En 2018, il a développé un système de mouvements de caméra ayant recours à des câbles et à un contrôle numérique informatique (CNC). Ce système permet d'atteindre un mouvement précis, lisse et reproductible pour une caméra 360 dans un espace fermé limité, ce qui est extrêmement difficile avec les systèmes actuels.

Que son contenu soit pratique, artistique, réaliste ou magique, Signal Space Lab se trouve au croisement entre les personnes, les marques, les sons et la technologie pour donner vie à tout type de concept. Pour plus de renseignements, communiquez avec nous.

SIGNAL SPACE LAB

Phone: +1 (514) 321-9980
Email: info@signalspacelab.com
Facebook / Twitter / Instagram: @signalspacelab
www.signalspacelab.com

224

INNOVATE MONTRÉAL

CHAPTER TWELVE
GAME STUDIOS

UBISOFT

VIDEO GAMES
JEU VIDÉO
THE STRENGTH OF AN INDUSTRY IN QUEBEC
LA FORCE D'UNE INDUSTRIE QUÉBÉCOISE

With 3,500 employees working in hundreds of different roles, Ubisoft Montreal is the world's strongest, most creative force in the video game industry! This level of success would have been hard to predict when the studio first opened 21 years ago with just 50 employees and an almost non-existent knowledge and expertise base. And yet...

In Montreal and Quebec, Ubisoft found favourable conditions for taking risks and for investing in technology and the development of world-class local expertise. The industry's most important players and small video game start-ups alike have, like us, chosen Montreal and Quebec as their "land of creativity."

Here, we have all we need to take the world by storm and lead the global video game market: lots of talent, high-ranking universities and a dynamic economy that encourages investments.

This extraordinary pool of talent and expertise also enriches other local high-tech and creative sectors, such as numerous initiatives promoting artificial intelligence.

In a global knowledge-based economy, we continue to rely on the competitive advantage that we've built together.

INNOVATE MONTRÉAL

It is within this context that we start a new chapter in our history.

At Ubisoft, we welcome and support millions of players from all time zones as they connect to our universes at all hours of the day and night. Our commitment is to provide them with content, services and support at all times, 24 hours a day, 7 days a week, 365 days a year, thanks to servers and infrastructure that are always fully operational.

Artificial intelligence and machine learning also enable us to create personalized experiences that adjust to the individual needs of each player.

Game development no longer ends when the game is released to the market. Quite the contrary. It continues throughout the life of the community, constantly renewing the players' experience.

Opportunities exist on a global scale, and we are determined more than ever to take full advantage of them, right here in Quebec.

Thanks to the numerous investments we've made in Montreal, we have taken on a leadership role as we've grown, making the technological and strategic decisions necessary to release games at the right time to meet players' expectations. This has allowed us to promote several major brands that are now popular worldwide. Assassin's Creed, Rainbow Six, Far Cry, Watch_Dogs and For Honor are just a few.

"The increasing power of online connectivity and interactions between player communities have deeply transformed the video game industry. Players invest more and more in their virtual universes, by playing of course, but also by creating content, by taking part in community activities, and by watching and commenting on other players' achievements." – Yannis Mallat, CEO Ubisoft Canadian Studios

INNOVATE MONTRÉAL

Fort de 3 500 employés qui œuvrent dans plusieurs centaines de métiers différents, Ubisoft Montréal est la plus grande force de création de jeu vidéo au monde ! Il aurait été difficile de prédire ce succès il y a 21 ans, au moment de l'ouverture du studio, avec 50 employés et une base de connaissance et d'expertise quasi inexistante. Et pourtant...

Ubisoft a trouvé à Montréal et au Québec les conditions favorables pour prendre des risques, investir dans la technologie et dans le développement d'expertises locales de classe mondiale. Avec nous, les plus importants acteurs de l'industrie, comme les plus petites start-ups en jeu vidéo, ont choisi Montréal et le Québec comme terre de création.

Il y a ici tout ce qu'il faut pour prendre d'assaut et mener l'industrie mondiale du jeu vidéo : des gens de talent, des universités de haut niveau et un contexte économique qui favorise les investissements.

Ce bassin exceptionnel de talent et d'expertises enrichit même d'autres secteurs technologiques et créatifs locaux, comme les nombreuses initiatives entourant l'intelligence artificielle par exemple.

Dans une économie du savoir mondialisée, nous continuons de miser sur cet avantage concurrentiel que nous avons construit collectivement.

Grâce à nos nombreux investissements à Montréal, et au fil de notre croissance, nous avons assumé notre rôle de leader et pris les décisions technologiques et stratégiques afin de livrer au moment opportun des jeux qui répondent aux attentes des joueurs. Cela nous a permis de propulser plusieurs grandes marques qui rayonnent aujourd'hui partout dans le monde. On peut penser à Assassin's Creed, Rainbow Six Siege, Far Cry, Watch_Dogs et For Honor.

C'est dans ce contexte que nous entamons maintenant une nouvelle étape de notre histoire.

À Ubisoft, nous accueillons et nous accompagnons dans nos univers des millions joueurs dans tous les fuseaux horaires qui se connectent à tout moment de la journée ou de la nuit. Notre engagement est de leur offrir du contenu, des services et du support en continu, 24 heures par jour, 7 jours par semaine, 365 jours par année, grâce notamment à des serveurs et des infrastructures toujours pleinement opérationnelles.

L'intelligence artificielle et le machine learning nous permettent également de créer des expériences personnalisées qui s'adaptent aux besoins individuels de chaque joueur.

Le développement d'un jeu ne s'arrête donc plus au moment de sa sortie sur le marché. Bien au contraire. Il se poursuit tout au long de la vie de la communauté, pour que se renouvelle sans cesse l'expérience des joueurs.

Les opportunités sont là, elles sont d'envergure mondiale, et nous sommes plus que jamais déterminés à en prendre la pleine mesure, ici, au Québec.

INNOVATE MONTRÉAL

« La montée en puissance de la connectivité et des interactions entre les communautés de joueurs transforment profondément l'industrie du jeu vidéo. Les joueurs s'investissent de plus en plus dans les univers virtuels qu'ils choisissent, que ce soit en jouant, bien sûr, mais aussi en créant du contenu, en participant aux activités de la communauté, ou encore en regardant, en commentant et en diffusant les prouesses d'autres joueurs. » Yannis Mallat, PDG, Studios canadiens d'Ubisoft

5505 Boul St-Laurent #2000
Montréal, QC
H2T 1S6
Infomtl@ubisoft.com

UBISOFT

INNOVATE MONTRÉAL

Photos: Project by Sid Lee Architecture, photos by Stéphane Brugger
Projet réalisé par Sid Lee Architecture, photos Stéphane Brugger

INNOVATE MONTRÉAL

MOTIVE / EA

Motive Studios is a Canadian video game developer owned and operated by Electronic Arts (EA), a global leader in digital interactive entertainment. EA has more than 300 million registered players around the world and is recognized for its diverse portfolio of critically acclaimed, high-quality brands such as The Sims™, EA SPORTS™ FIFA, Battlefield™, Dragon Age™ and more. Motive is best known for its work on Star Wars™ Battlefront II's single-player mode, which it developed alongside EA's DICE and Criterion studios.

Motive Studios was founded in June 2015 and has since established itself at 2200 Stanley Street (part of the Maison Alcan Complex, property of Lune Rouge, Guy Laliberté's new venture) in downtown Montreal. The decision was in part driven by the prospect of partnering with Lune Rouge and contributing to its vision which is to create an environment that brings together and supports a vibrant community enabling content creators and technology innovators to impact Montreal positively. Being part of such an initiative was hugely attractive to Motive Studios, who was looking to be part of Montreal's video game ecosystem, as well as demonstrate concrete support for the local indie game industry.

Motive's studio was designed and built from the ground up in partnership with the renowned architectural team, Sid Lee Architecture.

From the beginning, the studio intended to create an inspiring space that combines beautifully designed common functional spaces with work areas to foster collaboration, innovation, and creativity. Today, the workspace offers a game and ping pong rooms, multiple breakout areas, a playtest lab, hammock and beanbag rooms and much more.

Since its inception, the studio has built an unparalleled team of designers, developers, artists, engineers, and storytellers, driven to enrich players lives through meaningful entertainment. From the outset, the studio has been inspired by relentless discovery, shifting players' perceptions, crafting engaging experiences and creating unique moments that players will want to share. Motive is not only building new, original action-adventure experiences for players, but also treading new ground for EA through the development of its original intellectual property. It also works closely with the team in charge of Frostbite development, one of the world's most powerful game engines.

Another focus for the studio is building a strong culture and values. The objective is to create a stimulating, creative led work environment that enables people's passion for making games and empower developers to have a voice in the games being made. Employees are empowered to impact the studio and drive its culture positively. There are multiple employee-driven initiatives, which include Employee Resource groups such as EA Pride (LGBTQ+), the Women's Ultimate Team, ASPIRE (Asians and Pacific Islanders Represent) and the Motive Culture Club.

EA and Motive are also paving the way for the future of Diversity and Inclusion (D&I). D&I are at the core of everything the company does, in its culture and the experiences it creates. EA is a leading employer for diverse talent and continues to look for ways to create the most inclusive workplace possible. It has also created diverse characters and experiences that engage wide-reaching communities, for example The Sims' cultural freedom for characters, including same-sex relationships and gender customization options, and more and powerful female characters in games like Star Wars™ Battlefront II, Mirror's Edge and Battlefield™.

Motive is an exciting new studio that has attracted game developers from the Montreal market and around the world to work in its highly entrepreneurial and creative environment. The future is bright for this studio.

INNOVATE MONTRÉAL

Motive Studios est un développeur canadien de jeux vidéo détenu et exploité par Electronic Arts (EA), un leader mondial du divertissement numérique interactif. EA compte plus de 300 millions de joueurs inscrits partout dans le monde et est reconnue pour son portefeuille diversifié de marques supérieures acclamées par la critique comme Les SimsMC, EA SPORTSMC FIFA, BattlefieldMC, Dragon AgeMC et plus. Motive est particulièrement réputé pour son travail dans le cadre de Star WarsMC Battlefront II en mode solo en collaboration avec les studios DICE et Criterion de EA.

Motive Studios a été fondé en juin 2015 et s'est depuis établi au 2200, rue Stanley (au complexe Maison Alcan, propriété de Lune Rouge, nouvelle entreprise de Guy Laliberté) au centre-ville de Montréal. La décision découlait en partie d'une possibilité de partenariat avec Lune Rouge et d'une volonté de contribuer à sa vision de créer un environnement qui rassemblerait et appuierait une communauté dynamique permettant aux créateurs de contenu et aux innovateurs technologiques d'exercer une influence positive à Montréal. Motive Studios n'a pu résister à la perspective de participer à une telle initiative, cherchant à se tailler une place dans l'écosystème montréalais des jeux vidéo tout en démontrant un soutien concret à l'industrie locale indépendante du jeu.

Les locaux de Motive ont été conçus et construits de A à Z en partenariat avec l'équipe architecturale renommée Sid Lee Architecture. À l'origine, le studio cherchait à créer un environnement inspirant jumelant de magnifiques espaces fonctionnels communs et des aires de travail favorisant la collaboration, l'innovation et la créativité. Aujourd'hui, l'espace de travail comprend salles de jeu et de tennis de table, multiples aires de pause, laboratoire de tests de jeu, salles de hamacs et de fauteuils poires (beanbags) et bien plus encore.

Depuis sa création, le studio s'est doté d'une équipe de concepteurs, de développeurs, d'artistes, de spécialistes et de narrateurs hors pair, inspiré par l'enrichissement de la vie des joueurs au moyen d'œuvres significatives. Dès le début, le studio a été guidé par d'infinies découvertes, l'évolution des perceptions de joueurs, l'art d'offrir des expériences engageantes et la création de moments uniques que les joueurs voudront partager. Motive ne se limite pas à la création de nouvelles expériences originales d'action-aventure pour les joueurs, mais s'aventure également en terrain inconnu au nom de EA dans le développement de sa propriété intellectuelle originale. L'équipe du studio travaille étroitement avec l'équipe responsable du développement de Frostbite, l'un des moteurs de jeu les plus puissants au monde.

Un autre volet du studio est l'établissement d'une forte culture et de valeurs solides. L'objectif est de créer un environnement de travail stimulant et créatif qui donne libre cours à la passion des gens pour la création de jeux et permet aux développeurs de faire entendre leur voix dans la conception de jeux. Les employés ont le pouvoir d'exercer leur influence sur le studio et de participer positivement à sa culture. De nombreuses initiatives sont gérées par les employés, notamment les groupes de ressources d'employés comme EA Pride (LGBTQ+), Women's Ultimate Team et ASPIRE (groupes ressources cherchant à promouvoir les femmes et les employés d'origine asiatique et des îles du Pacifique chez EA, respectivement) et le Club de la Culture Motive.

EA et Motive s'engagent également à l'avenir de la diversité et de l'inclusion (D&I). Ces valeurs sont au cœur de toutes les activités de la société, dans sa culture comme dans les expériences qu'elle crée. EA est le plus important employeur de talents de tous les horizons et continue de chercher des moyens de créer un milieu de travail des plus inclusifs. EA a aussi créé des personnages et des expériences diversifiés qui interpellent les communautés de grande portée, par exemple la liberté culturelle des personnages des Sims, incluant relations du même sexe et options de personnalisation du genre, ainsi que la présence accrue de personnages féminins puissants dans les jeux comme Star Wars Battlefront II, Mirror's Edge et Battlefield.

Motive est un nouveau studio dynamique qui a su attirer des développeurs de jeux du marché de Montréal et de partout dans le monde en proposant un environnement de travail hautement créatif et entrepreneurial. L'avenir est prometteur pour le studio.

www.ea.com/studios/motive

Photos: Project by Sid Lee Architecture, photos by Stéphane Brügger
Projet réalisé par Sid Lee Architecture, photos Stéphane Brügger

COMPULSION GAMES

Founded in 2009 by Guillaume Provost – and recently acquired by Microsoft to become a Microsoft Game Studio – Compulsion Games aspires to create extraordinary games that tell stories about flawed characters in convincing, hallucinatory worlds. With a culture that celebrates creativity and craftsmanship, the studio has produced two original IPs: *Contrast* and *We Happy Few*.

Contrast stars a young girl named Didi trying to rescue her father and understand her parents' rocky relationship in a noir-inspired 1920s world. You play as Dawn, the circus girl who is Didi's invisible friend, whose magic power is to literally become her own shadow.

Contrast was released on November 15, 2013, and was the recipient of multiple awards including "Best Innovation" at the Canadian Videogame Awards.

We Happy Few tells the tales of a plucky trio of moderately terrible people trying to escape a lifetime of cheerful denial. Set in the drug-fueled retro-futuristic city of Wellington Wells, the game portrays a groovy alternative 1964 Britain in which all proper, decent citizens are taking a happy pill to forget the terrible things they did during the War; and the terrible things they're going to do to you.

Available at first to Kickstarter backers and then through Steam's Early Access, the game was built in the spirit of open development, systematically improved based on player feedback, and dramatically enhanced with story content that brought the world of Wellington Wells to life.

Featured by Microsoft at E3 2016 and again at E3 2018, *We Happy Few* was published by Gearbox Publishing and released on August 10, 2018. Three separate DLC episodes are planned for release in 2019, and a variety of external projects, including a film and comic book, are in development.

Now a part of Microsoft's Game Studios, Compulsion Games remains dedicated to creating intriguing original content that challenges genre tropes and industry

INNOVATE MONTRÉAL

Lastly, David wields his extensive experience as Creative Director to guide the team's game and level designers to craft experiences that balance gameplay and narrative in intuitive and gratifying ways.

No matter what world the studio explores next, its culture will remain founded on creative expression and bucking trends. From its humble beginnings in a gramophone factory in Montreal's creative St. Henri district to its inclusion within a global family of Microsoft's AAA Game Studios, Compulsion Games will always be grateful for the inspiration it receives from this city's artistic spirit and audacious pursuit of excellence.

trends. With an eye towards growth, the studio is proud to be a member of Montreal's world-renowned game development scene.

In addition to Guillaume Provost, the studio's multi-disciplinary team is led by directors Sam Abbott, Whitney Clayton, Alex Epstein, Matt Robinson, and David Sears.

Overseeing both business and production, Sam hones the teams' processes and pipelines as the studio grows and new technological tools become available.

As Art Director, Whitney has established herself as a visionary in the industry, earning extensive praise among consumers and critics alike for the eye-catching visuals across both original releases.

The studio's incredible worlds and characters are the brainchild of Narrative Director Alex, who – along with his wife Lisa – continues to push the boundaries of story-telling in games.

Leading the programming team as Technical Director, Matt ensures the team has the technology and tools to create experiences that defy the norm.

COMPULSION GAMES

compulsiongames.com

INNOVATE MONTRÉAL

TYPHOON

After decades shipping blockbusters for big players in the videogame business such as EA, Ubisoft and Warner Brothers, Typhoon was established with the aim of taking a focused slice of those big projects and distilling them down into smaller, more personal and focused experiences. With an emphasis on strong flavors, intertwined gameplay systems and a focus on collaborative play, Typhoon is dedicated to building games that let players drive the action.

TYPHOON STUDIOS

Alex Hutchinson
Creative Director and Co-Founder. Most recently a Creative Director at Ubisoft Montreal, where he directed Far Cry 4 and Assassin's Creed 3, his past work includes Spore, The Sims 2 and Army of Two: The 40th Day.

Yassine Riahi
Technical Director and Co-Founder. Prior to Typhoon he helped Rocksteady and WB Games Montreal ship various incantations of the Batman: Arkham franchise, and earlier Deus Ex: Mankind Divided, Homefront, and the first two Army of Two titles.

Reid Schneider
Executive Producer and Co-Founder. Prior to Typhoon he co-founded WB Games Montreal where he served as the Exec. Producer on Batman: Arkham Origins and Batman: Arkham Knight. Other past work includes the first two Army of Two titles, Battlefield Vietnam, and the original Splinter Cell.

After opening its doors Typhoon has grown quickly to a team of 25 employees, all housed in a single location in the Little Italy neighborhood of Montreal. Capable of taking an idea from conception to completion completely in-house, Typhoon employs artists, programmers, designers, animators, audio professionals, producers, and QA to keep control of the game from conception to final delivery.

'Our goal is to build the kind of games we want to play. We don't like gimmicks, we don't chase fads in the market, and we think there are millions of gamers out there who are willing to play for quality, meaningful experiences,' said Alex Hutchinson. 'Games have incredible reach currently across gender, age and racial boundaries and we are a long way from finding the true potential of the medium. With Typhoon we have the opportunity to define our own destiny and be part of a future that's defined by interactivity.'

'Even better, we can also keep our costs under control, and maintain our commitment to high quality, by eliminating distractions and being laser-focused on our core experience.' continued Reid Schneider.

Funding has come from several sources, including private investors and an initial seed round from the gaming-focused Venture Capital company MAKERS, which has set the studio up for the long term. 'In terms of the company itself, there is enough strong technology to license and the talent base is so strong in Montreal, that we believe that over the course of a few games we can eventually build up to a scale that can compete with anybody. Our goal is to stay small, but to make games that are as tight and high quality as anything on the market.'

'We're already deep in production on our first game,' finished Yassine Riahi. 'We've partnered with the publisher 505 Games, and with a release date at the end of 2019 we couldn't be more excited.'

typhoonstudios.com

INNOVATE MONTRÉAL

LuckyHammers

WE ARE WORLD BUILDERS

We believe in a cross-platform strategy, with deep narratives that empower discovery. When an experience is elegantly intuitive users do not need to be "taught" how to behave or exist within that world. They are free to play, experiment and discover for themselves. We feel this is a very compelling advantage that VR has over other mediums and that captured our attention early on.

We aspire to create moments that are larger than life, something that people cannot find at home that builds upon the experiences users have with home-based products. Our content is crafted to bridge the gap between location-based entertainment and home applications, so users can do something at home that will enhance their experience in location-based and vice versa.

For that, we need to keep people engaged with quality content. The quality level is ever increasing and we're up to that challenge of meeting and exceeding those expectations. Of course, there's a way to make cheap stuff look good. But meaningful content is crucial - we need to be able to get buses of people driving up to the location to experience something memorable. That's how museums do it.

The fact is we need to have edutainment attached to what we are going to be offering in the next six to twelve months. Content isn't just a gun with bad guys, and can be a perspective on something more than just entertainment. That way, we can get groups; we can get schools; we can get mothers of three. We need that type of content that's historical, that's rich, that's cinematic to a certain extent.

It's not necessarily about teaching either. It's about helping people, especially a new generation, figure out how to understand what's going on. The way that kids currently look at the world is completely different than just five or 10 years ago.

WE ARE TO BUILD THE KNOWLEDGE ACQUISITION CENTER OF THE FUTURE: A LIMITLESS VERSION OF PHYSICAL LIBRARIES.

"Imagination enables mankind to travel through time and space; unlocking unprecedented ways to access, interact with and acquire knowledge. Our job is to empower the imagination and set it free using new and innovative technology." - **Marc-Antoine Pinard.**

4115 St Laurent Blvd, Montreal, QC H2W 1Y7
hello@luckyhammers.com

INNOVATE MONTRÉAL

NORSFELL

NORSFELL IS A MONTREAL VENTURE-BACKED STUDIO MAKING GAMES TO CONNECT PLAYERS ALL OVER THE WORLD.

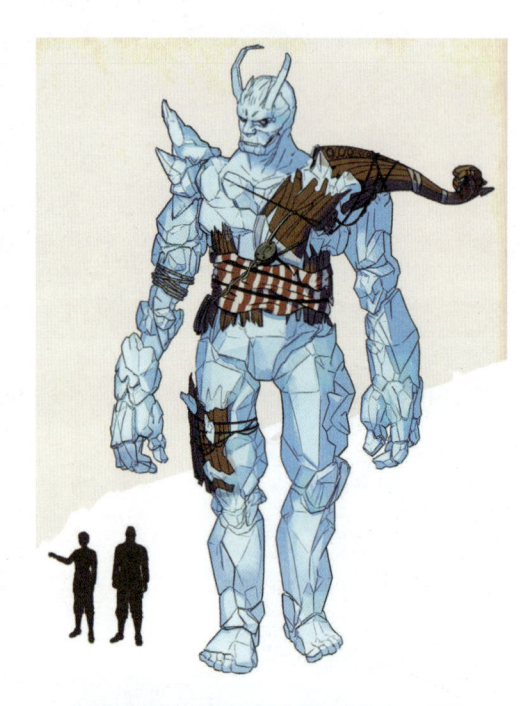

TRIBES OF MIDGARD

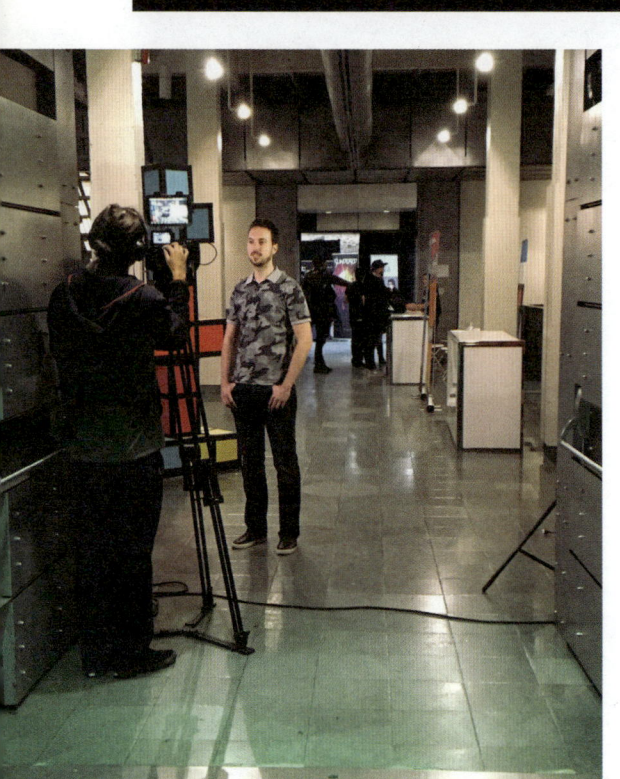

Incorporated in 2014, our team of 10 is made up of adventurous artists, designers and programmers, who all came to Montreal for its reputation as a bustling haven for makers of video games. We're passionate about people coming together to have fun, and our past games such as *All-Star Troopers*, *Pogo Chick*, *Airline Tycoon - Free Flight* and *WinterForts* are examples of our commitment to creating experiences people can share with each other. Our ties to Montreal and the game development community have helped us to grow our projects with a strong sense of 'togetherness'; the very thing our games are built upon.

But we don't do it alone! Norsfell was founded as one of the first studios fostered by Execution Labs, a game studio incubator in Montreal. With industry guidance and professional advice at every step, our first games were made within a collaborative environment that provided clear direction for both the studio and the work.

Our projects are supported by various funding sources and pass through rigorous application processes, such as with the Canada Media Fund. And, as part of Montreal Inc's 2014 Cohort of Laureates and a strong relationship with Google Montreal, Norsfell has had access to one-on-one meetings with industry experts and mentorship events centered around learning more about growing a business in Canada's second-largest city.

Montreal is a special place for those who are interested in games. We're involved in year-round events such as game jams, conventions, expos, trade shows, studio visits, and workshops, making the city a great hub for anyone who wants to learn how to make their own game, or just wants an afternoon to try out something new before it hits the market. Small studios like us are next door to video game giants such as Ubisoft and WB Games, and regular events around town ensure that developers have plenty of chances to meet each other and share experiences.

Tribes of Midgard, our current project and winner of the 2017 Ubisoft Indie Series, is a great example of the innovation that comes with community

INN O VATE MONTRÉAL

NORSFELL

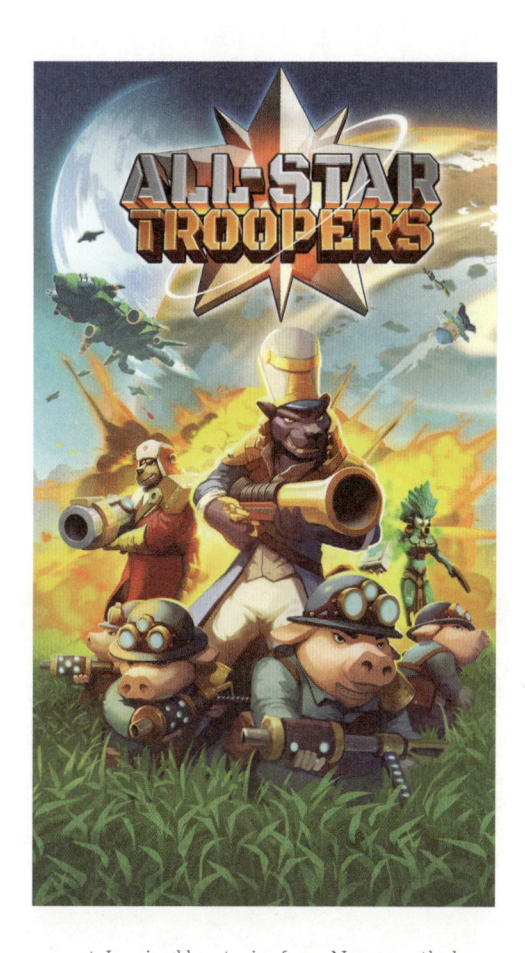

support. Inspired by stories from Norse mythology, players must work together to defend their Viking village against Giants from the Ragnarok. But rather than hunting for resources to keep yourself alive, players concentrate on how to survive as a group against a growing threat. Shifting the focus to supporting your team and keeping everyone alive opens up a new range of cooperative mechanics that offer something to both seasoned gamers and curious newcomers. Redefining survival games for a new audience is a massive task, but our aim is to open up a new genre that is inviting, exciting, and community-focused, just like us. With *Tribes of Midgard*, we have a huge opportunity to influence an entirely new sector of the market, leveraging everything we've learned in live-operations since the company's inception.

Norsfell is growing with the help of our Montreal ecosystem. We're inspired by our city and fellow game developers to explore new avenues of game-making and create experiences that people can enjoy together.

norsfell.com | 1435 St-Alexandre #140, Montréal, QC, H3A 2G4, CANADA

INNOVATE MONTRÉAL

PANACHE DIGITAL GAMES

At Panache Digital Games, there is no such thing as ordinary

Panache Digital Games isn't your typical independent game studio. We are bold, ambitious and we do everything with Panache!

The adventure started in 2014 when renowned creative director Patrice Désilets and his accomplice Jean-François Boivin decided to found their own video game studio and create brand new intellectual properties right here, in Montreal. From a team of six people meeting in Patrice's living room, Panache has since grown into a talented team of thirty something game developers, many of them being industry veterans just like the cofounders.

Share ideas, work hard, play often

Pushing boundaries and thinking outside the box is in the team's DNA. And the way we choose to make games is a reflection of that. We stay away from trendy game models or content to design cool and memorable interactive experiences for players.

To create an ambitious game as a small team it is crucial to promote the sharing of ideas, foster ownership and keep processes lean and focused. Having working versions of the game on a daily basis is also exceptionally valuable both in terms of production effectiveness and in ensuring everyone has access to the latest game experience.

Reinventing gaming

Our debut game *Ancestors: The Humankind Odyssey* is a third person open world survival game that will bring players to Explore, Expand and Evolve to advance their clan to the next generation in the harsh, ruthless, yet beautiful land of Africa starting 10 million years ago.

Without a doubt one-of-a-kind, *Ancestors: The Humankind Odyssey* will bring a new twist to the survival genre.

INNOVATE MONTRÉAL

PANACHE
JEUX NUMÉRIQUES

Chez Panache Jeux Numériques, l'ordinaire n'existe pas

Panache Jeux Numériques n'est pas un studio indépendant de jeux vidéo comme les autres. Nous sommes audacieux, ambitieux et tout ce que nous faisons, nous le faisons avec Panache!

L'aventure a débuté en 2014 lorsque Patrice Désilets, directeur créatif de renom, et son complice Jean-François Boivin ont pris la décision de lancer leur propre studio pour créer de nouvelles propriétés intellectuelles ici-même, à Montréal. De six personnes qui se rencontraient dans le salon de Patrice, Panache s'est transformée en une équipe talentueuse d'une trentaine d'artisans et développeurs, dont plusieurs vétérans de l'industrie comme ses cofondateurs.

Collaborer, se donner à fond, jouer sans limite

Sortir des sentiers battus et repousser les limites fait partie de notre ADN. Il est donc hors de question de reproduire les recettes préétablies et modèles à la mode : nous choisissons de faire des jeux autrement pour offrir aux joueurs des expériences interactives mémorables.

Pour produire un jeu ambitieux avec une équipe de petite taille, la collaboration, le partage d'idées et les processus simplifiés sont non seulement importants, mais nécessaires. C'est ainsi que chacun s'approprie le projet et donne le meilleur de lui-même. Un autre indispensable : avoir une version jouable en tout temps. Cette approche est précieuse en termes de production et développement en plus de nous permettre de vivre pleinement l'expérience de jeu avec toutes les nouvelles fonctionnalités qui s'ajoutent quotidiennement. Car pour créer un bon jeu, il faut y jouer!

Réinventer le jeu de survie

Notre premier projet *Ancestors: The Humankind Odyssey* est un jeu en monde ouvert vu à la troisième personne dans lequel le joueur devra survivre à l'univers impitoyable l'Afrique, il y a de cela 10 millions d'années.

Ancestors: The Humankind Odyssey est sans aucun doute un jeu unique en son genre.

www.panachedigitalgames.com

243

RED BARRELS

Red Barrels is the independent video game studio behind the immersive horror series Outlast, a series that has terrified more than 15 million players worldwide. Based in Montreal, Red Barrel's core mission is to create unforgettable experiences that leave the player's blood running cold.

Red Barrels was founded by veterans of the games industry Philippe Morin, David Chateauneuf and Hugo Dallaire in 2011. All three were looking to pursue more challenging work and push themselves creatively. To do so, they needed to move beyond the corporate structure of a major studio. This led them to establish a different, more horizontal structure, promoting more ownership on an individual level. From the beginning, the plan was to create a franchise that would push the boundaries of the current market.

In 2013, the team delivered exactly what it set out to do. Outlast was released to overwhelmingly positive reviews and remarkable financial success due in part to its innovative use of influencer marketing on YouTube. That year, the game would end up winning the Fan's Choice award at the Canadian Video Game Awards. The franchise would later expand to include Whistleblower, a story expansion, a comic book series and an ambitious sequel, Outlast 2.

Today, Red Barrels is known as the master of the horror genre and the success story of the Montreal independent video game community. Moving forward, the Red Barrels team is working on expanding the Outlast universe and using their position to give back to the Montreal games community through various initiatives like Pixelles, empowering women in game development, and local consumer focused events like MEGA.

INNOVATE MONTRÉAL

Red Barrels est le studio de jeu vidéo indépendant montréalais derrière la série d'horreur Outlast; une série qui a terrifié plus de 15 millions de joueurs mondialement. La mission au coeur de Red Barrels est de créer des expériences de jeu inoubliables qui glacent le sang.

Red Barrels a été fondé en 2011 par trois vétérans de l'industrie du jeu vidéo: Philippe Morin, David Châteauneuf et Hugo Dallaire. À ce moment, tous les trois recherchaient un plus grand défi professionnel et créatif. Pour ce faire, ils sentaient le besoin de s'émanciper de la culture corporative des studios traditionnels. Leur réflexion les a mené à établir une structure plus horizontale dans leur propre studio, encourageant une plus grande autonomie de la part de chacun des membres de l'équipe. Dès le départ, leur plan était de créer une franchise qui irait au delà de l'audience habituelle du jeu vidéo.

En 2013, l'équipe a su livrer exactement cela. Outlast a été lancé avec un succès critique et commercial remarquable entre autres grâce à son utilisation novatrice des créateurs de contenus sur Youtube. La même année, le jeu gagne le Choix du public aux Canadian Video Game Awards. La franchise s'agrandit avec le temps pour inclure Whistleblower, une expansion narrative, une série de bande-dessinées et une suite ambitieuse, Outlast 2.

Aujourd'hui, Red Barrels est bien établi comme étant les maîtres du jeu d'horreur et l'histoire de succès dans la communauté du jeu indépendant à Montréal. L'équipe de Red Barrels continue d'explorer l'univers de Outlast et utilise leur position de leader pour redonner à sa communauté à travers différentes initiatives comme Pixelles, encourageant la présence de femmes dans l'industrie du jeu vidéo, et MEGA, un événement fait pour les joueurs montréalais.

David Chateauneuf
Co-Founder

Hugo DAllaire
Co-Founder

Co-founder Philippe Morin
Co-Founder

Red Barrels

redbarrelsgames.com

INNOVATE MONTRÉAL

Sauropod STUDIO

Sauropod Studio strives to go out of the beaten path to create innovative and genre-bending PC and console experiences. Their first game, Castle Story proposed the idea of blending classic the real-time strategy genre with voxel sandbox game mechanics. The result was a colorful record-breaking crowdfunding success that still has a vibrant community five years down the line.

Sauropod's team is unafraid of tackling complex technical challenges that push the gaming genre forward. For example, Castle Story featured a groundbreaking system for pathfinding in large dynamic voxel worlds, essentially allowing the game's characters to effortlessly navigate their way across ever-changing worlds spanning up to one million square meters. Sauropod's lead programmer later presented this innovation to a roomful of peers at the Game Developer's Conference, the year's biggest industry event.

Their sophomore game, Mirador, has been recently announced. It continues Sauropod's goal of pushing well defined genres into new territory. Mirador proposes to do this by blending cooperative dungeon delving adventures with community-based content creation. Essentially, allowing Team Sauropod to build the game's content hand-in-hand with the community.

Sauropod Studio is one of the founding members of La Guilde, a community effort of uniting the province's independant game studios to share experience, knowledge and ensure that the voice of even the smallest developer can be heard. La Guilde is a non-profit co-op whose member studios now count above a hundred.

Sauropod Studio is a 21 person strong collaborative effort where every team member can express themselves freely and grow into or out of their respective skill sets. New arrivals will discover a friendly and relaxed work schedule that is free of crunch, and in which each person's contribution is valued. Sauropod cozy offices are located within the trendy Mile-End neighborhood of Montréal, next to industry landmarks such as Ubisoft and Gameloft. This brings home the point that small, creative teams can rub elbows with the giants.

www.sauropodstudio.com

INN**O**VATE MONTRÉAL

Studio Sauropode sort des sentiers battus en créant des expériences ludiques innovatrices pour PC et consoles brisant les conventions de genre. Leur premier jeu, Castle Story, proposa l'idée de marier le jeu classique de stratégie temps-réel avec les mécaniques de voxel dans un environement sandbox. Le résulat : un jeu vibrant de couleurs brisant tous les records de socio-financement grâce à sa campagne toujours inégalée à ce jour, et une communauté de joueurs toujours active cinq ans plus tard.

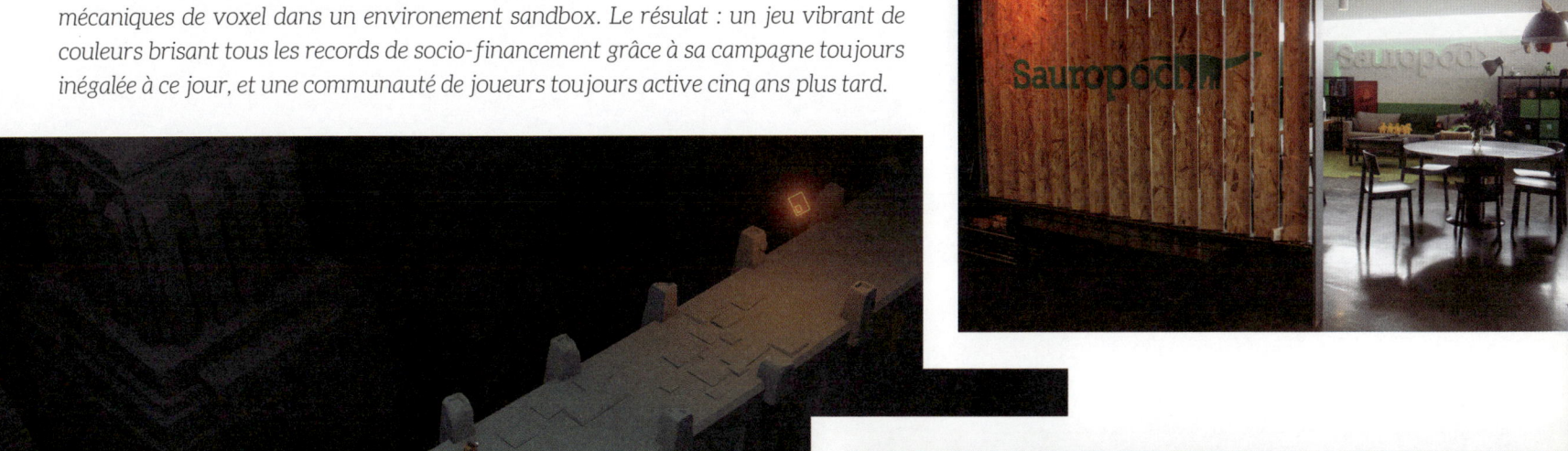

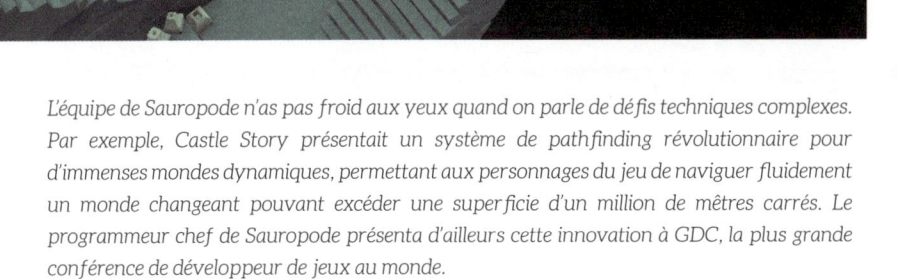

L'équipe de Sauropode n'as pas froid aux yeux quand on parle de défis techniques complexes. Par exemple, Castle Story présentait un système de pathfinding révolutionnaire pour d'immenses mondes dynamiques, permettant aux personnages du jeu de naviguer fluidement un monde changeant pouvant excéder une superficie d'un million de mètres carrés. Le programmeur chef de Sauropode présenta d'ailleurs cette innovation à GDC, la plus grande conférence de développeur de jeux au monde.

Leur deuxième jeu, Mirador, vient d'être annoncé. Mirador continue dans l'effort de Sauropode de pousser les conventions dans du territoire inexploré. Mirador propose d'accomplir ce but en mélangeant les jeux d'aventures coopératifs avec de la création de contenu communautaire. Essentiellement, Sauropode a pour ambition de construire le contenu du jeu de pair avec le communauté de joueurs.

Sauropod est un des membres fondateurs de La Guilde, une coopérative de développeurs de jeux indépendants avec pour but de partager les connaissances, l'expérience et d'assurer que même la voix du plus petit studio soit entendue. La Guilde est un organisme à but non-lucratif qui compte maintenant plus de 100 studios membres.

Studio Sauropode est un effort collaboratif de plus de 21 personnes, dans lequel chaque membre peut s'exprimer librement et croitre dans son domaine d'expertise et plus encore. Les nouveaux arrivants y découvrent un environnement cordial avec un horaire de travail sans "crunch", dans lequel la contribution de chacun est valorisée. Les bureaux de Sauropode se situent dans le chic quartier du Mile-End à Montréal, aux côtés de géants de l'industrie tels que Ubisoft et Gameloft. Comme quoi il est possible pour les plus petits de jouer des coudes avec les grands de ce monde.

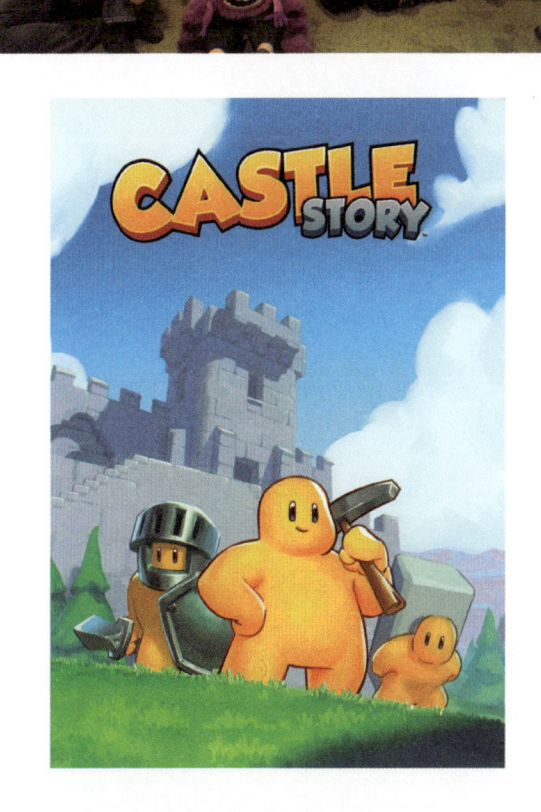

247

TUQUE GAMES
VIDEO GAME DEVELOPER AND PUBLISHER CHARGING TOWARDS AND AMONGST THE TOP 10 INDEPENDENT DEVELOPERS IN THE WORLD

Over here at Tuque Games we ♥ gaming. We play games that provide players with meaningful choices and blood-pumping combat. We founded the studio back in 2012 with the goal of assembling world-class crew of developers to craft outstanding video games. Our first title, Livelock, established a new, creative world for players to enjoy as well as a solid foundation to grow the studio and the games we love to make.

We're making the kind of games we love to play - and it just so happens the world has many more gamers like to play them as well! Every day we strive to impress and delight players around the world and when we manage to make them smile, it's all worth it.

Team history:
2018 Partnered with Wizards of the Coast on a new Dungeons & Dragons videogame.
2016 Released Livelock, to worldwide critical acclaim.
2015 Partnered with Canada Media Fund to develop 2 prototypes successfully innovating with breakthrough game mechanics.
2014 Partnered with Perfect World to develop Livelock, a post-human Action-RPG with larger than life robotic chassis.
2012 Established Tuque Games with the goal to assemble a team of world class developers to produce ambitious, high-quality games.

INNOVATE MONTRÉAL

TUQUE GAMES

Many teams can boast of years of experience, but Tuque's talented team of fifty plus experienced developers have collectively shaped the video game industry as we know it, playing key roles on many world-class franchises including Far Cry, Splinter Cell, Assassin's Creed, Batman, Deus Ex, Prince of Persia, Tomb Raider and Darksiders.

The team at Tuque has a proven track-record of outstanding quality game design and artistic realisations across multiple platforms including PC, Consoles and Mobile. The team's attention to detail and mindset for accessibility drive the creative and innovative efforts with usability focused design principles and iteration best practices.

With the competitive advantage of being located in Montreal – Tuque's budgets provide the most value per dollar spent in the industry. The team also takes advantage of close proximity to top engineering and game development schools. And, the multicultural city offers the perfect balance between American and European cultures.

At Tuque Games, we consider ourselves to be extremely luck to be making the video games we love to play, in Montreal, well supported by all levels of government, educational institutions and the most vibrant community of like-minded video game developers in the world.

tuquegames.com

THUNDERLOTUS

Thunder Lotus is a maker of beautifully powerful video games. A passionate collective of AAA, indie, and mobile expats with over 40 years of combined industry experience and 20+ shipped titles, Thunder Lotus aspires to distill its visionary original IP's into captivating interactive experiences that the team itself would love to play.

In 2014, studio founder Will Dubé quit his job as a mobile game designer with the goal of bringing an independent video game project to the crowdfunding platform Kickstarter. Dubé rallied a group of talented friends and former colleagues to the cause, and the loose collective settled on the evocative moniker Thunder Lotus.

Their first project was Jotun, the tale a Norse warrior who has died an inglorious death and must prove herself to the Gods to enter Valhalla. The game's unique blend of action and exploration gameplay, along with its eye-catching hand-drawn take on Norse mythology, struck a chord with the Kickstarter community in summer 2014, raising over $64,000 from 2,300 backers.

The success of the Kickstarter campaign consolidated the team and its vision, helping to secure additional external funding, as well as crucial endorsement from the gamer community at large via the Greenlight process on Steam, the leading digital storefront for PC games.

Since then, Thunder Lotus has never looked back. Bolstered by strong reviews from critics and players alike, Jotun has gone on to attract over 1 million players into its hand-drawn, Norse-inspired world since its fall 2015 launch.

In the interim, Thunder Lotus developed its sophomore creation, titled Sundered. An ambitiously designed action game set in a distinctly darker universe, Sundered built on the studio's strengths while pushing beyond Jotun's artistic and technical scope considerably. Thunder Lotus leveraged its growing experience, resources, fanbase, and partnerships to ensure a strong launch for Sundered upon its release in summer 2017.

Over time, the team's growing maturity coalesced into a strong vision for the studio, which they proudly see as being built upon a foundation of Respect for the Player, the Team, and for the Craft.

With its days as a fledgling enterprise now a distant memory, Thunder Lotus will soon enter its fifth year in the industry with significant momentum and ambition. The team has grown substantially, and the studio has upgraded to a larger space in the vibrant Saint-Henri neighborhood of Montreal. The future is bright for Thunder Lotus.

Thunder Lotus est un développeur de jeux vidéo d'une puissance saisissante. L'entreprise regroupe des vétérans de l'industrie ayant accumulé une quarantaine d'années d'expérience et publié plus de vingt jeux. Thunder Lotus aspire à transformer ses conceptions originales en expériences interactives captivantes à lesquelles l'équipe elle-même souhaiterait pouvoir jouer.

En 2014, le fondateur du studio, Will Dubé, a quitté son poste de concepteur de jeu mobile dans le but de lancer un projet de jeu vidéo indépendant sur la plateforme de financement participatif Kickstarter. Dubé a rallié un groupe d'amis et d'anciens collègues talentueux à la cause, et le collectif a choisi le nom évocateur Thunder Lotus.

Leur premier projet fût Jotun, le parcours d'une guerrière viking qui, privée d'une mort glorieuse, doit montrer aux dieux qu'elle est digne d'entrer au Valhalla. Le récit propose un mélange unique d'action et d'exploration, le tout campé dans une adaptation envoûtante de la mythologie nordique. Jotun a su interpeller la communauté sur Kickstarter à l'été 2014, recueillant plus de 64 000$ avec l'apport de 2 300 contributeurs.

Le succès de la campagne Kickstarter a consolidé l'équipe et sa vision, tout en ouvrant la porte à des sources de financement supplémentaires. Peu de temps après, le jeu a connu la consécration grâce à l'intérêt de la communauté de joueurs sur Steam par le biais du processus Greenlight.

Thunder Lotus n'a jamais regardé en arrière. Autant un succès critique que d'estime, Jotun a cumulé plus d'un million de joueurs depuis sa parution à l'automne 2015.

En parallèle, Thunder Lotus travaillait déjà à développer son deuxième jeu. Sundered, un jeu d'action ambitieux situé dans un univers nettement plus sombre que Jotun, s'appuie sur les atouts du studio pour repousser considérablement la barre artistique et technique du jeu précédent. Le nombre croissant de fans a marqué le grand coup lors du lancement de Sundered à l'été 2017.

Au fil du temps, le studio a pris de la maturité et une vision plus forte s'en dégage aujourd'hui : mais, la ligne directrice est toujours d'avoir à cœur le respect du joueur, celui de l'équipe et de conserver la création à son essence la plus pure.

C'est la tête remplie d'ambitions que Thunder Lotus entamera bientôt sa cinquième année. En effet, afin de laisser libre cours à leur créativité et à leurs talents, Will Dubé et ses collègues se sont doté d'un espace de travail plus vaste, basé dans le dynamique quartier Saint-Henri, à Montréal.

Will Dubé
Thunder Lotus' Founder and President

thunderlotusgames.com

SPEED BRAWL

DOUBLE STALLION

Double Stallion Games is creating unique player experiences in familiar genres using gorgeous 2D hand-animated aesthetics that feel fresh and dynamic to modern video game players.

They are based in Montreal's historic RCA Building located in Saint-Henri and, as of 2019, operate with a core team of eight.

In 2013, Double Stallion Games redefined what a beat-em-up could be on mobile devices with Big Action Mega Fight!

An endearing off-the-wall game that aimed to live up to the nostalgic memories of some gamers most cherished beat-em-up classics. The game launched on iOS and Android and was eventually released on PC in 2016.

In 2014, they began a collaboration with Cartoon Network and showrunners to launch a brand new cartoon property: OK K.O.! Lakewood Plaza Turbo. In direct collaboration with the show's writers and performers, many of whom were involved in Cartoon Network's breakout show Steven Universe, they created an explosive open-world action-adventure that is the largest title Cartoon Network has funded to date. It continues to rank among the most downloaded titles on iOS and Android, and the show now enjoys worldwide syndication.

In 2015 Double Stallion Games doubled down on their pedigree for 2D action and spectacle with their next original title, Speed Brawl. Billed as 'Sonic the Hedgehog meets Streets of Rage in a dystopic Victorian England' -

INNOVATE MONTRÉAL

Daniel Menard
Gameplay Programmer and CEO

Stephane Beniak
Gameplay Programmer and Game Designer

Vince Hippoman
Gameplay Programmer and Game Designer

Eric Angelillo
Art Director

Lee Thomas
Story and Marketing

Etienne Marie
Game Artist

Jérémie Gagné
Programmer

Doug Harvey
Game Artist

"At Double Stallion, we're creating an entirely new end product for Toon Boom's tools whereby the actual characters you play with are animated with Toon Boom software and are placed directly into our game engine built on Unity. It's been a very creative process over the last few years, requiring the cooperation of both animators and programmers working in tandem to deliver the Speed Brawl experience we'd always envisioned." - Lee Thomas, Double Stallion Games.

Speed Brawl built ambitiously on the success of their former combat-focused game experiences and was released on PC, PS4, Xbox One and Nintendo Switch at the end of 2018.

Known for their signature 2D look, the style and tone of their games continue to evolve. Double Stallion Games runs a unique art and animation pipeline utilising another Montreal-based industry leader Toon Boom's premier animation tool, Harmony.

dblstallion.com

KITFOX GAMES

MOON HUNTERS

INNOVATE MONTRÉAL

Original Kitfox Games founders, in 2013. From left to right, Mike Ditchburn, Xin Ran Liu, Tanya X. Short, and Jongwoo Kim.

Kitfox Games is a small team, born in five different countries at time of writing, all gathered in Montreal to bask in the warm collaboration of the local indie scene. They've earned millions of dollars with their various original properties, sold primarily on desktop and console.

According to their Captain, Tanya X. Short, the Kitfox mission is to 'create intriguing worlds'. So, what does it mean for a game-world to be 'intriguing', exactly?

Perhaps on the surface, an 'intriguing' world can simply be one that is procedurally generated, offering an element of unpredictability. In its first titles, *Shattered Planet* (2014), *Moon Hunters* (2016), *The Shrouded Isle* (2017), *Six Ages* (tbd) and *Boyfriend Dungeon* (tbd), core gameplay elements are randomized, from the terrain to characters to myths, making for a different play experience every time.

But that's not the whole picture. For example, *Boyfriend Dungeon* is hotly anticipated by the likes of GQ, yet it's a game about "dating your weapons", a rather absurd fantasy of adventurers' swords becoming gorgeous people you can take on romantic outings in-between killing monsters. Such a premise is intriguing the way the setup for a joke is intriguing – the world wants to know what happens next. Kitfox has been restrictive with access to their demos of the game, but they've announced innovations in offering gender roles too, with progressive options for player pronouns (he, she, or them) and two non-binary weapons to romance.

To look a bit deeper, Kitfox titles paint 'intriguing' into every detail of their games, from the art to the interface design to the A.I. behaviours. No pretty image is purely for aesthetics; there are untold secrets to find; the systems beg for just a little more curiosity; surprising introspection breaks up the action. Each game is relatively easy to start playing, even for the inexperienced, but offers rewards to those who dig in deeper, and who are willing to explore.

Fundamentally, to be curious is to be brave. To be curious is to take a risk, and try to find new knowledge and insight.

There is a timeless joy in curiosity, whether when innovating in technology or wandering a game world, because to explore is to grow.

info@kitfoxgames.com

Kitfox Games

INN O VATE MONTREAL

CHAPTER THIRTEEN
ENVIRONMENTAL INNOVATION

ERA ENVIRONMENTAL MANAGEMENT SOLUTIONS

25 Years of Sustainability Leadership

Over two decades ago, ERA Environmental Management Solutions began helping industries comply with an increasing number of new environmental regulations from the government. "The Clean Air Act in the U.S. was being amended, which meant that industries would have to do a lot more record keeping and reporting," explains Gary Vegh, co-founder of ERA. "We got into the business doing air permit applications, but we knew the future would be in compliance software."

Sarah Sajedi and Gary Vegh, ERA's co-founders, were among the first entrepreneurs to begin developing EHS software that would set the pace for the environmental reporting industry with new technology dedicated to accurate reporting for industries and regulators. Together they had a vision: to offer reliable, user-friendly software tools to help businesses quantify their environmental impact and simplify their environmental, health, safety, and compliance management. Today ERA uses an innovative cloud platform for global manufacturers to automate management of air, water, waste, Health & Safety, Safety Data Sheets, Risk Assessment/Management, sustainability, and organizational change. Their clients include nearly every major automotive manufacturer across the globe, as well as dozens of other industry sectors.

A Team with True Scientific Expertise

In alliance with the government's Biotalent and PRIIME job placement programs, ERA fosters jobs in local Montreal in the Biotech industry. Additionally, in a joint venture with Concordia and Natural Sciences and Engineering Research Council of Canada, ERA sponsors graduate students to work at ERA. ERA believes that investing in energetic, inspired young people is the right thing to do for the next generation of leaders and to deliver the best results to our clients. ERA also has two scholarships with Concordia University through the annual ERA Environmental Bursary supporting students entering the sciences, engineering, and computer sciences.

Sustainability

ERA continues its work with the environmental industry by pushing businesses to embrace corporate sustainability. ERA is expanding its scope by providing a comprehensive platform to track and report corporate sustainability, including carbon footprint, energy consumption, social sustainability, supply chain sustainability, environmental impact, recycling, and more. In partnership with Miel MTL, ERA's current sustainability project is to improve the number of pollinator species in the face of record global decline of bee species. ERA installed two beehives, contributing to Miel MTL's collective 400,000 plus honeybees with an estimated one hundred million flowers being visited and pollinated each year.

As environmental scientists, ERA scientists know that proper tracking is key to this project's success. Using their in-house sustainability software, ERA tracks biodiversity progress and analyze trends to find ways to improve Montreal and with time the world.

INNOVATE MONTRÉAL

25 ans de leadership en développement durable

Il y a plus de deux décennies, ERA Environmental Management Solutions a commencé à aider les industries à se conformer à un nombre croissant de nouvelles réglementations environnementales du gouvernement. «La loi sur la lutte contre la pollution atmosphérique aux États-Unis était en cours de modification, ce qui impliquait que les industries soient tenues beaucoup plus de registres et de rapports», explique Gary Vegh, cofondateur de ERA. «Nous nous sommes lancés dans le domaine des applications de permis aériens, mais nous savions que l'avenir serait dans les logiciels de conformité.»

Sarah Sajedi et Gary Vegh, cofondateurs d'ERA, ont été parmi les premiers entrepreneurs à commencer à développer un logiciel EHS qui donnerait le ton au secteur des rapports sur l'environnement avec une nouvelle technologie dédiée au rapport précis pour les industries et les régulateurs. Ensemble, ils avaient une vision: offrir des outils logiciels fiables et conviviaux pour aider les entreprises à quantifier leur impact environnemental et à simplifier leur gestion de l'environnement, de la santé, de la sécurité et de la conformité. Aujourd'hui, ERA utilise une plate-forme cloud innovante pour permettre aux fabricants mondiaux d'automatiser la gestion de l'air, de l'eau, des déchets, de la santé et de la sécurité, des fiches de données de sécurité, de l'évaluation / gestion des risques, de la durabilité et des changements organisationnels. Leurs clients incluent presque tous les principaux constructeurs automobiles du monde, ainsi que des dizaines d'autres secteurs.

Une équipe avec une vraie expertise scientifique

En alliance avec les programmes gouvernementaux de placement Biotalent et PRIIME, ERA crée des emplois dans l'industrie de la biotechnologie à Montréal, dans la région. De plus, dans le cadre d'une coentreprise avec Concordia et le Conseil de recherches en sciences naturelles et en ingénierie du Canada, ERA parraine des étudiants diplômés qui travailleront à ERA. ERA estime qu'investir dans des jeunes énergiques et inspirés est la bonne chose à faire pour la prochaine génération de dirigeants et pour offrir les meilleurs résultats à nos clients. ERA offre également deux bourses à l'Université Concordia dans le cadre de la bourse annuelle ERA Environmental, qui soutient les étudiants en sciences, en ingénierie et en informatique.

Durabilité

ERA poursuit son travail avec le secteur de l'environnement en incitant les entreprises à adopter le principe de développement durable. ERA étend son champ d'action en fournissant une plate-forme complète permettant de suivre et de rendre compte de la durabilité d'une entreprise, notamment de son empreinte carbone, de sa consommation d'énergie, de sa durabilité sociale, de sa chaîne d'approvisionnement, de son impact environnemental, de son recyclage, etc.

En partenariat avec Miel MTL, le projet de durabilité actuel de ERA consiste à améliorer le nombre d'espèces pollinisateurs face au déclin mondial record des espèces d'abeilles. ERA a installé deux ruches, contribuant ainsi au rassemblement de plus de 400 000 abeilles domestiques collectées par Miel MTL. On estime à cent millions le nombre de fleurs visitées et pollinisées chaque année.

En tant que scientifiques de l'environnement, les scientifiques de ERA savent qu'un suivi adéquat est la clé du succès de ce projet. À l'aide de son logiciel de développement durable interne, ERA suit les progrès de la biodiversité et analyse les tendances afin de trouver des moyens d'améliorer Montréal et le monde.

www.era-ehs.com

LANDISH

WE MAKE NUTRIENT-DENSE BARS AND PROTEIN POWDERS WITH THE WORLD'S MOST POWERFUL SUPERFOODS TO HELP YOU "FILL THE NUTRIENT VOID" IN YOUR HECTIC DAY.

The Problem

As a big believer in the importance of healthy eating, Daniel had one frustration while working in banking in Montreal : the lack of nutrient-dense, low-sugar snacks that could keep him sustained and focused during some long work hours.

What's wrong with protein or energy bars? One or often many of the following:
- Too much sugar
- Not nearly enough nutrient density
- Don't satisfy your hunger
- Don't taste good (sweet and fake or just chalky and bland)
- Offer no functional benefits

Daniel felt that more and more nutrition-focused consumers like him would continue to demand better.

The Solution

This led to the kick-off of Crickstart in 2016, which became Landish in the spring of 2019.

The Landish team made it its mission to create the most nutrient-dense natural bars EVER for people experiencing what they call "the daily grind".

How? By creating healthy, macronutrient-balanced plant-based bars and then boosting them with the world's most powerful superfoods. Many brands use the word "superfoods" – Landish really means it.

The Superfoods

CRICKET POWDER

For the same weight crickets contain twice the protein in beef and chicken, over fives times the vitamin B12 in salmon and they're also full of iron, calcium, potassium and a prebiotic fibre called chitin beneficial to gut health.

SPIRULINA

Spirulina is a blue-green spiral-shaped microalgae and a form of a cyanobacteria. It's extremely nutrient-rich with up to 70% protein, lots of beta-carotene, iron, calcium, phosphorus, iodine, chlorophyll, and phycocyanin, a powerful antioxidant. It also contains prebiotic polysaccharides responsible for probiotic growth.

FUNCTIONAL MUSHROOMS

Among other benefits, functional mushrooms such as reishi and turkey tail, contain high levels of beta-glucans, which are proven to contribute to probiotic growth, reduce LDL cholesterol levels, and boost the body's immune system.

And there's more to come...

INNOVATE MONTRÉAL

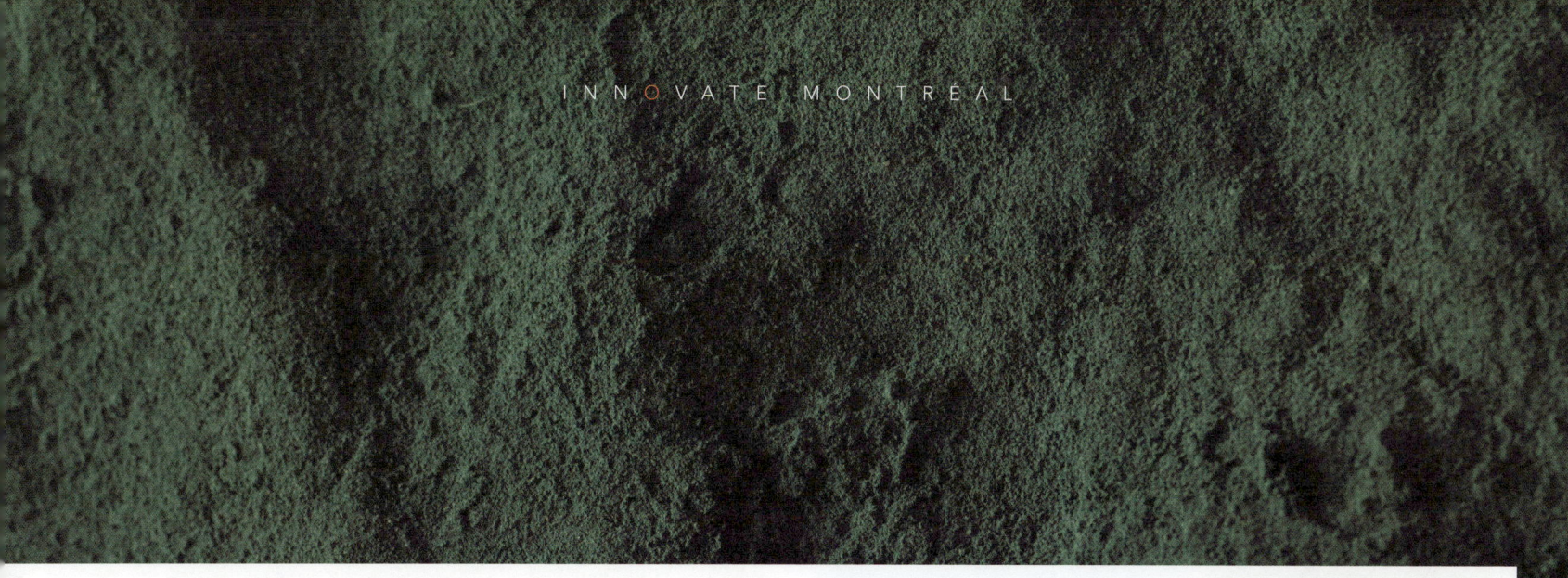

How Landish Thinks About Nutrition
The Landish team doesn't believe in fad diets. The brand is all about macronutrient balance, micronutrient density and gut health, which are understood to be the fundamentals of good nutrition.

How Landish Thinks About Life
Commit to your health so that you can commit to something greater than yourself.

How Landish Thinks About Work
Don't sacrifice happiness today to pursue it in the long term. Work hard, but remember what matters most now and always: health and happiness.

3 of Landish's Sustainability Initiatives
1. Sourcing sustainable ingredients.
2. Reducing the impact of its bar packaging by implementing its own private recycling program with TerraCycle.
3. Planting a tree in an area of BC or California devastated by wildfires for every online order received.

hello@landish.ca | 1-888-997-3629

The Landish team (from left to right): Adrian Loffredo, Director of Operations; Erin Little, Community Manager; Daniel Novak, CEO; Gabrielle Faraggi, VP Sales and Michael Badea, COO.

GOMATERIALS

What is the first thing you think of when you think of Landscape Construction? Hard labour? Dirty work? Old school industry? I could see how you would think this, but after having worked in this industry for over 10 years, the first thing I think of is: opportunity.

Marc at a landscape construction tradeshow

L-R: Michael Bellows, Marc Elliott and Shireen Salehi at an investor pitch

At the age of 12, I got my first girlfriend, and wanting to take her out to a nice dinner, asked my dad for some extra pocket money. My dad's response was "if you're old enough to have a girlfriend, you're old enough to pay for your dates." Challenge Accepted. The next day I dragged our lawn mower from neighbor to neighbor's house, begging to mow their lawns for a couple bucks. Talk about learning the value of a dollar – it took everything I had to not bring my girlfriend to McDonalds for dinner and pocket some of my hard-earned cash!

This is how my relationship with landscape construction began. A few summers later I teamed up with my two brothers and we developed a landscaping company called Brotherhood. By the age of 18, we had grown Brotherhood to a full-blown landscape construction business with over 15 employees, offering lawn care, turn-key landscape construction services and commercial snow removal in the winter. At the age of 22, my brothers and I brought on partners who helped take our business to the next level. We rebranded the company to Group Northstone Inc and grew it to a 50+ employee business. These were some of the best years of my life, working alongside my brothers and close friends, growing our business to one of the biggest landscaping companies in Montreal.

About two years ago, I decided to leave all that behind to start from the bottom once again. As much as I loved my business, I couldn't help but realize how much room for improvement there was in the procurement process for the industry as a whole. Ordering materials for landscape jobs was probably one of the most inefficient and unorganized processes I had to deal with. For those of you who thought of "old school industry" when you thought of landscape construction, I can't say you are wrong. This is what I was seeking to change when I sold my shares in Northstone and co-founded a company that aimed to disrupt the traditional purchasing process: GoMaterials.

GoMaterials is a B2B procurement marketplace. We source materials for landscape contractors through our network of partnered vendors – guaranteeing best quality and price. We save landscapers hours of work and thousands of dollars a year and help our material vendors find new customers and expand their reach online. While our short-term goals are to simplify and centralize the material purchasing process, long term, the possibilities are endless. I dream of the day we can integrate inventory management services, utilize data to predict purchasing habits and reduce waste and expand beyond landscaping to the construction industry as a whole. I dream of the day that words like "innovation" and "creativity" are associated to this industry because of first movers like GoMaterials.

What is the first thing I think of when I think of Landscape Construction? Opportunity. I think of hard work, creating beautiful environments, passionate people, but above all, I think of opportunity. I couldn't be more excited about what GoMaterials has achieved to date, but the thought of what the future holds for this company is what drives me and my founding team to push forward every day.

INN**O**VATE MONTRÉAL

GoMaterials Founding Team (left to right): Kunsheng Zhao, Shireen Salehi, Marc Elliott, Michael Bellows

Contact:
Marc Elliott
marc@gomaterials.com
gomaterials.com

gomaterials
Landscape Material Network

MAXEN

For greener building solutions
The future is Maxen.

The company was set up in 2017 by two former football players from the University of Montreal Carabins. It was with their desire to win, their resilience and their common vision that these two athletes decided to found Maxen. Today, the company is growing and is surrounded by a dedicated and motivated team.

Maxen is a specialist in the development of artificial intelligence systems for optimizing the energy efficiency of commercial, industrial and institutional buildings. Thanks to their Cloud software, they are able to integrate the solutions already present in buildings in order to optimize their control. The Montreal-based company is able to have a constantly evolving offer, which adapts perfectly to the realities and needs of their customers. The mission is clear, the team wants to allow the largest number of buildings to optimize their energy efficiency in order to have a positive environmental impact for our planet.

Maxen arrives with AI solutions that revolutionize the way to have a real impact on the ecological footprint of buildings through technology. Their control software makes it possible to remotely optimize the energy efficiency of buildings in order to save between 10% and 20% on heating and cooling costs, without additional investment in infrastructure.

Already active in several countries, Maxen is a perfect example of how Montreal's creativity, innovation and talent can help businesses and their citizens reduce their environmental footprint and help fight climate change on a global scale.

For greener building solutions,
The future is Maxen.

Samuel Nadeau-Piuze, CEO: At Maxen we believe that we can help save our planet with our technology. It is with this spirit that we come to work every day, and it is also what motivates us to always surpass ourselves in order to reach our goal.

Claude Demers Bélanger, Software Architect and Samuel Nadeau-Piuze, CEO

INNOVATE MONTRÉAL

L'entreprise a été mise sur pied en 2017 par deux anciens joueurs de Football des Carabins de l'Université de Montréal. C'est avec leur désir de gagner, leur résilience et leur vision commune que ces deux athlètes ont décidé de fonder Maxen. Aujourd'hui, l'entreprise est en pleine croissance et est entourée d'une équipe dévouée et motivée.

Maxen est spécialiste dans la mise au point de systèmes d'intelligence artificielle pour l'optimisation de l'efficacité énergétique des bâtiments commerciaux, industriels et institutionnels. Grâce à leurs logiciels Cloud, ils sont en mesure de s'intégrer aux solutions déjà présentes dans les immeubles afin d'en optimiser leur contrôle. L'entreprise montréalaise est capable d'avoir une offre en constante évolution, qui s'adapte parfaitement aux réalités et aux besoins de leurs clients. La mission est claire, l'équipe veut permettre au plus grand nombre d'immeubles d'optimiser leur rendement énergétique afin d'avoir un impact environnemental positif pour notre planète.

Maxen arrive donc avec des solutions AI qui révolutionnent la manière d'avoir un impact réel sur l'empreinte écologique des immeubles grâce aux technologies. Leurs logiciels de contrôle permettent d'optimiser, à distance, l'efficacité énergétique des bâtiments afin d'assurer des économies allant de 10 à 20% sur les coûts de chauffage et climatisation, sans investissement additionnel en infrastructure.

Déjà en activité dans plusieurs pays, Maxen illustre parfaitement comment la créativité, l'innovation et les talents de Montréal peuvent, à l'échelle mondiale, aider les entreprises et leurs citoyens à réduire leur empreinte environnementale et participer à la lutte contre les changements climatiques.

La solution pour des immeubles plus verts,
Le futur est Maxen.

Mots du CEO, Samuel Nadeau-Piuze : Chez Maxen nous sommes persuadés que nous pourrons aider à sauver notre planète grâce à nos technologies. C'est avec cet esprit que nous venons travailler chaque jour, et c'est également ce qui nous motive à toujours nous dépasser afin d'atteindre notre objectif.

contact@maxentechnology.com
maxentechnology.com

Claude Demers Bélanger, Software Architect and Samuel Nadeau-Piuze, CEO

INN O VATE MONTRÉAL

nectar
give your bees a voice

Nectar helps beekeepers grow thriving colonies through precision beekeeping technology.

Nectar's mission is to help the beekeeping industry ensure honey bees health and secure our food supply. By translating the language of bees, we aim to bring bees, beekeepers and growers closer together.

Using technology and data-driven insights, we help beekeepers raise thriving beehives and optimize their operations, while providing growers with key measurements to realize the full impact of honey bee pollination on their crops.

Beek-friendly apiary management platform
Relying on intuition to make sure your honey bees are healthy can be complex, overwhelming and inefficient. With Nectar's apiary management platform, your bees tell you what they need and when they need it in order to keep them thriving and happy.

The right care at the right time
Avoid losses, save time and grow a strong apiary. Let your bees assist you through multiple essential tasks, such as monitoring your queen and brood, controlling swarms, managing pests and plan your next harvest simply by registering to our cloud and activating your device.

Proactive beekeeping
Don't react to issues with your apiary, prevent them. Nectar's system retrieves and analyze multiple data coming from your beehive to predict what will happen next with your bees. We then provide you with the next steps to follow through a discussion with your hive.

Four season monitoring
Make sure your bees are thriving during the warm season and staying cozy during the long winter nights. Nectar's monitoring system will keep you updated on their health all year long.

Bee-friendly Monitoring
Reduce invasive inspections with Nectar's minimalist sensor devices. Through their precise technology, you'll be able to remotely monitor the health of your bees without disturbing them, so your apiary can thrive and make you proud.

nectar.buzz

INN O VATE MONTRÉAL

nectar

INNOVATE MONTRÉAL

ÔPLANT URBAN FARMS
FERMES URBAINES ÔPLANT

Ôplant Urban Farms is a Montreal-based tech company that develops and operates a unique vertical indoor farm located in the heart of the city. Our farm currently produces over 20 types of colorful and tasty microgreens for the local foodservice industry.

OUR TECHNOLOGY

Our farm allows the commercial growing of fresh and nutritious greens year-round without the use of pesticides. Through the use LED lighting, our multilayers growing system replicates the performance of a 1000 square foot greenhouse over a 75 square foot area.

The water used for irrigation of these plants is filtered and circulates continuously in the system, enabling us to reduce water and fertilizer consumptions compared to conventional outdoor agriculture. A network of computer-controlled sensors and command modules allows us to regulate automatically all the environmental parameters affecting plant growth and development – air temperature and humidity, daylight time, pH and nutrient concentration of irrigation water, etc.

This innovative method of food production enable us to meet the highest standards of the industry in terms of food safety and environmental responsibility.

INN O VATE MONTRÉAL

MISSION
To offer an original selection of high quality microgreens that are produced locally using an environmentally-friendly growth method.

RESPONSIBILITY
Beyond our mission, we strive above all else to work for the common good. Thus, we strive every day that our actions have a positive impact on the environment and our community.

TEAMWORK
We firmly believe that it is the team that makes the success of a company. That is why we encourage the active participation of our employees in the decision-making process.

PASSION
We are passionate about what we do; it's more than a job, it's a pride.

FERMES ÔPLANT URBAINES

START SMALL. TO SEE BIG.

Just like what a sprout is for a plant, our urban farm

is only the first step toward our long-term business goal.

Our vision is to democratize domestic agriculture in urban areas

To achieve this, we aspire to build a network of vertical indoor farms operated by socially responsible entrepreneurs willing to contribute to the food independence of urban communities here and across the world.

Guillaume Salvas
Founder and CEO

A graduate of McGill University in Agro Economy, Guillaume had been in the agricultural sector for six years when he started social entrepreneurship in September 2015. By founding Urban Farms Ôplant, he wants to put his expertise in agbusiness management serving the food empowerment of urban communities.

12762 Industrial Boulevard,
Pointe-aux-Trembles,
Montreal, H1A 3V2
(514) 644-9777
info@oplant.ca
oplant.ca

INNOVATE MONTRÉAL

INNOVATE MONTRÉAL

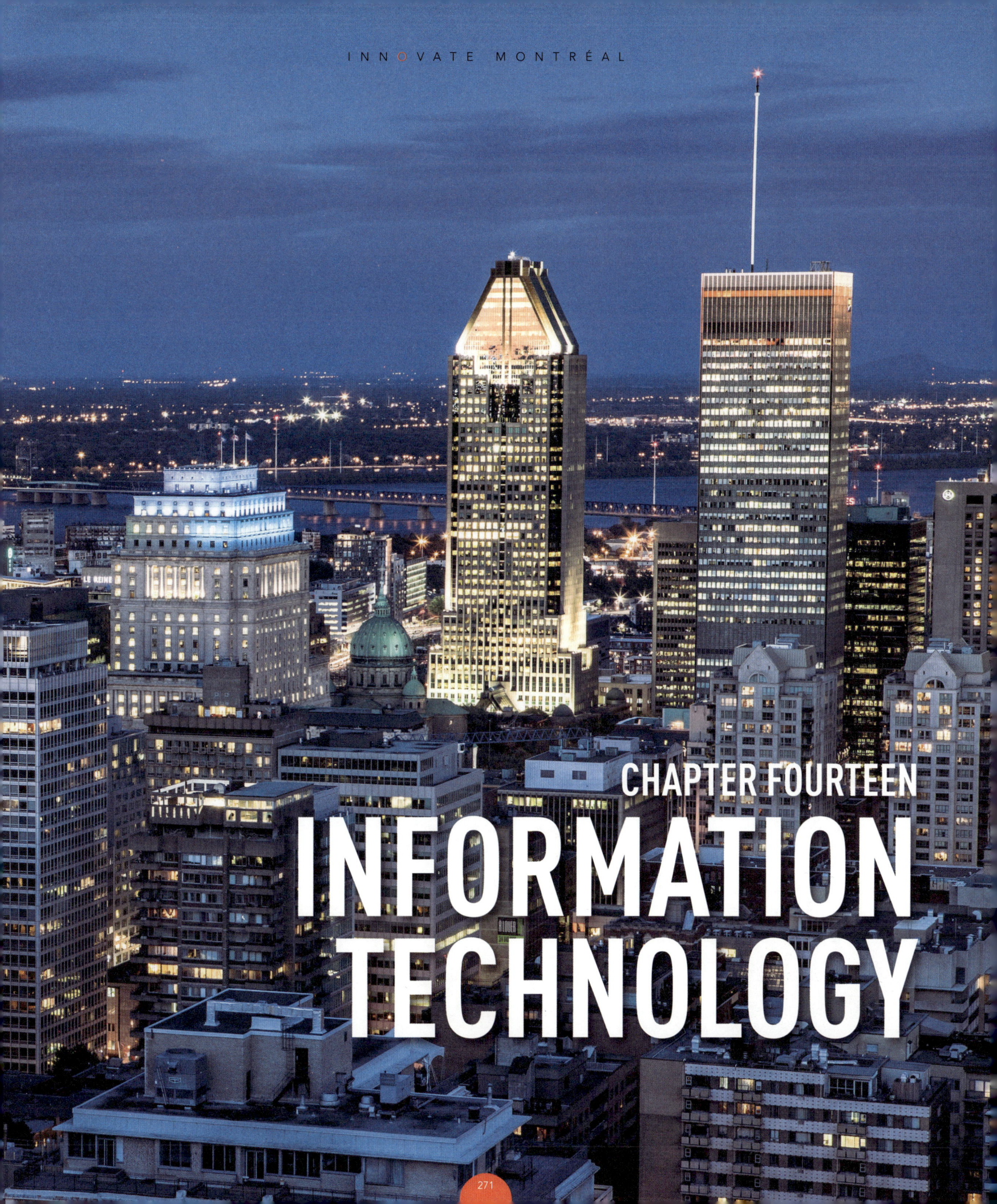

CHAPTER FOURTEEN
INFORMATION TECHNOLOGY

INNOVATE MONTRÉAL

TALSOM

Developing a new consulting strategy by redefining relationships between clients and suppliers, employers and employees, and ecosystem partners – that's the objective that we've given ourselves. Our name gives it away; Talsom is the sum of our talents, and our mission is one of creating a positive, lasting impact through people, innovation and technology.

Beyond our values of innovation, empathy, respect and collaboration, we're guided by three core principles: Inspire, Empower, Acknowledge. To generate the impact we seek for our clients, we need to first instill these three pillars into each and every team member.

Inspire

A talented team is created and supported by reaching out to individuals and understanding their needs and desires. Each one of us is inspired by something different. At Talsom, we want everyone to find their place and have a clear understanding of how to grow. We're convinced that through this approach, our team members can feel happy, succeed, and fully understand their contribution to the company's mission.

Empower

Each team member plays a leadership role and is entrusted to help lead the company into the future. Team members support and encourage one another to take action and give themselves the tools needed for their success. We commit ourselves to drive our employees to aim higher and higher and accomplish greater and greater challenges, both on the personal and professional levels.

Acknowledge

We demonstrate openness, share solid values, and are propelled by innovation and by the quality of our work. Fully aware of the pressures in our industry, our engagement to the need for recognition is clear. We believe that a key factor in our success is the appreciation of efforts leading to positive outcomes for the team and for Talsom.

Once we've established this atmosphere throughout our team, we confidently accompany our clients through a sustainable and profitable digital transformation. We don't just work for the client, but with them, along with the entirety of our respective ecosystems – that's our way of innovating, and that's who we are.

Développer une nouvelle façon de faire de la consultation en redéfinissant les relations clients-fournisseurs, employeurs-employés et partenaires de l'écosystème. C'est l'objectif que nous nous sommes donnés, que ce soit par notre nom ; Talsom, la Somme des Talents, que par notre mission qui est de créer un impact positif à travers les gens, l'innovation et la technologie.

Au-delà de nos valeurs d'innovation, d'empathie, de respect et de collaboration, nous sommes guidés par trois principes : Inspirer, Propulser, Reconnaître. Afin de générer l'impact que nous recherchons chez nos clients, il faut d'abord incarner ces trois piliers chez les membres de l'équipe.

Inspirer

Une équipe talentueuse se construit et se maintien en allant à la rencontre des personnes et en comprenant leurs rêves et leurs besoins. Chacun est inspiré à sa façon. Chez Talsom, mous voulons que chacun trouve sa place et comprenne comment grandir. Nous avons la ferme conviction, que c'est de cette façon que les membres de notre équipe se sentent bien, réussissent, et comprennent leur contribution à la mission de la compagnie.

Propulser

Chaque membre joue un rôle de leader et reçoit la confiance de mener à bien le futur de l'entreprise. Les membres de l'équipe s'encouragent les uns les autres à prendre action et se donnent les moyens pour se réaliser. Nous nous engageons à propulser nos employés pour qu'ils visent et accomplissent des défis toujours plus grands, tant sur le plan personnel que professionnel.

Reconnaître

Nous faisons preuve d'ouverture, partageons des valeurs fortes, carburons à l'innovation et à la qualité du travail bien fait. Conscient de la pression de notre milieu, notre engagement est clair sur la reconnaissance que nous devons apporter. Nous accordons donc une place essentielle à la valorisation des efforts qui font le succès de l'équipe et de Talsom.

Une fois que la chimie au sein de notre équipe opère, nous entrainons nos clients à travers une transformation technologique, durable et rentable. Nous ne travaillons pas pour le client mais avec le client et l'ensemble de nos écosystèmes respectifs. C'est notre manière à nous d'innover, c'est ce que nous sommes.

www.talsom.com

INNOVATE MONTRÉAL

LEX START
TRANSFORMING LEGAL PROCESSES TO MAKE THEM MORE SUITABLE FOR ENTREPRENEURS!
TRANSFORMER LES PROCESSUS JURIDIQUES POUR LES RENDRE PLUS ADAPTÉS AUX ENTREPRENEURS!

Lex Start is a Legal Tech, ie. a startup in the field of legal services. Our mission is to support entrepreneurs by providing innovative legal solutions tailored to entrepreneurs' needs, in order to lower barriers to entry when starting a business and enable companies to grow. We are also a growth factor for the law firms we work with, by helping them to optimize their customer process and to develop their business online.

We want to transform the way that the legal industry provides services, by simplifying processes and using technology!

The idea behind Lex Start came from two lawyers, John-Robert Kelly and Gilles de Saint-Exupéry and it is run by Clémentine du Pradel. We have been in business since 2015 and have our offices in the Mile-End in Montreal, a neighbourhood where many start-ups are located! We have served hundreds of entrepreneurs, start-ups and SMEs in Quebec and we have developed an expertise for this purpose.

Lex Start is a website (**www.lexstart.ca**) that offers affordable, online and fixed-price legal solutions for all entrepreneurs in Quebec. Our platform, adapted to entrepreneurs' needs, allows them to build a relationship of trust with lawyers involved in entrepreneurship. We also offer a lot of information content in video, accessible for free: the Lex Start Academy.

To learn more about entrepreneurs' legal issues or about the solutions we offer, visit our website.

INN**O**VATE MONTRÉAL

LEX START
www.lexstart.ca

Lex Start est une Legal Tech : c.-à-d. une startup dans le domaine des services juridiques. Notre mission est de soutenir l'entrepreneuriat en proposant des solutions juridiques innovantes adaptées aux besoins des entrepreneurs, afin d'abaisser les barrières à l'entrée du démarrage d'entreprise et de permettre aux entreprises d'assurer leur croissance. Nous sommes également un facteur de croissance pour les cabinets d'avocats avec qui nous travaillons en les aidant à optimiser le processus de traitement des clients et leur développement d'affaires en ligne.

Nous souhaitons transformer la façon dont l'industrie juridique rend les services, en simplifiant les processus et en utilisant la technologie !

Lex Start est née de l'idée de deux avocats, John-Robert Kelly et Gilles de Saint-Exupéry et est dirigée par Clémentine du Pradel. Nous sommes en activité depuis 2015 et avons nos bureaux dans le Mile-End à Montréal, un quartier où se sont implantées de nombreuses startups ! Nous avons desservi des centaines d'entrepreneurs, startups et PME au Québec et avons développé une expertise à cet effet.

*Lex Start, c'est un site web (**www.lexstart.ca**) qui propose des solutions juridiques abordables, en ligne et à prix fixe pour tous les entrepreneurs au Québec. Notre plateforme, adaptée aux besoins des entrepreneurs, leur permet de bâtir une relation de confiance avec des avocats engagés dans l'entrepreneuriat. Nous proposons également beaucoup de contenu d'information en vidéo accessible gratuitement : la Lex Start Académie.*

Pour en apprendre davantage sur les enjeux juridiques d'un entrepreneur ou les solutions que nous offrons, venez visiter notre site web.

INNOVATE MONTRÉAL

A man walks into a bar...

As with any good story, TrackTik's opening chapter begins in a bar. In one such establishment, a disgruntled security manager described the lack of visibility he had over his security personnel and how his clients kept reporting absentee guards. As a tech developer listened, he said to himself, "I can build an app for that," and the rest they say is history.

>

Simon Ferragne, CEO of TrackTik has come a long way since then, having built a comprehensive web and mobile-enabled security workforce management software. The first challenge, according to Simon, was to spark the internal change agents in the antiquated physical guard industry, but he believes that through a good product and a client-centric mindset, TrackTik has been able to secure 210,000+ facilities, serve 450+ clients across 35+ countries.

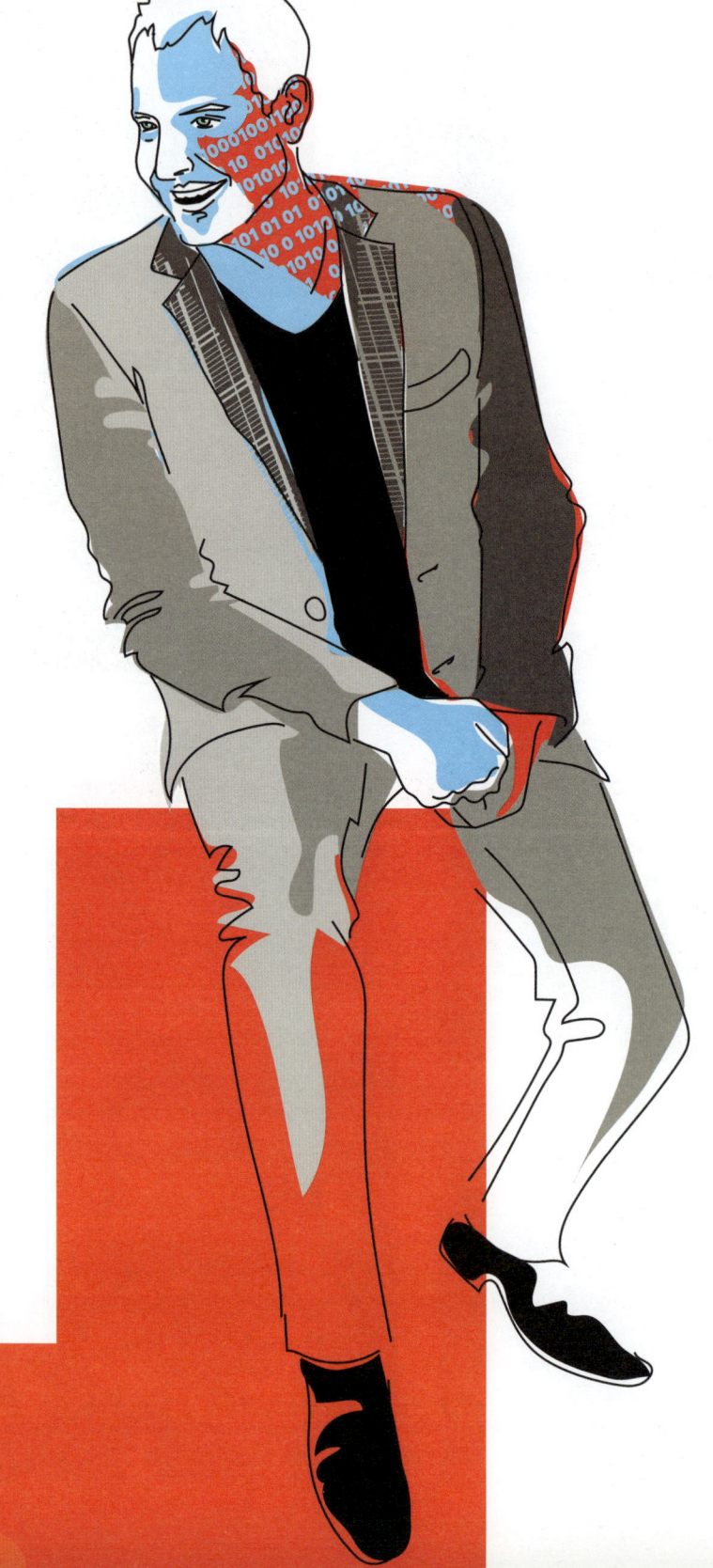

Other markers of great stories are twists and turns; at TrackTik there are no shortages of that either. One such tangent affiliated with TrackTik's story is that of Julie Lacasse, VP of Operations. Julie and Simon have not only built a sound working family at TrackTik but they also share a family outside of the office. Nurturing an entrepreneurial mindset like Simon, in the early days, Julie wore many hats at TrackTik to ensure smooth daily operations. Today, she continues to lead efforts that contribute to the firm's scale-up endeavors as she plots its global expansion plan.

One other major contributor to the TrackTik story has been the people that come in to work everyday. Affectionately known as TrackTikers, this is a group of people ever-expanding, ever-curious and ever-passionate. Simon has said in many instances that the key to his success is that he worked hard, listened to clients and surrounded himself with the right people.

As part of the exciting tech renaissance in Montreal, TrackTik is proud of its La Belle Ville roots and headquartered in the city's Plateau neighbourhood. With this, the stage is continually set for these unique TrackTikers to revel in their diversity and eccentricity. The neighbourhood is abuzz with food delicacies from around the world, impromptu festivals and interesting street art. Whenever the need to quench the thirst from a hectic week arises, the team head over to the local bar, Le Darling. Doubling up as a coworking space for many TrackTikers, the company has paid homage to this bar by naming a conference room after its signature drink!

They say that if you need something - no matter how random - simply ask a fellow TrackTiker. Ask for a joke from a Product Owner, ask for fashion tips from a Finance whiz, ask for legal advice from a Sales rep, ask for a book recommendation from an Operations intern or ask for a jazzy musical rendition of the 'Happy Birthday' song from a Solutions expert and you'll always find exactly what you were looking for and more at TrackTik!

TRACKTIK
www.tracktik.com

INNOVATE MONTRÉAL

LUFFA TECHNOLOGIES INC.

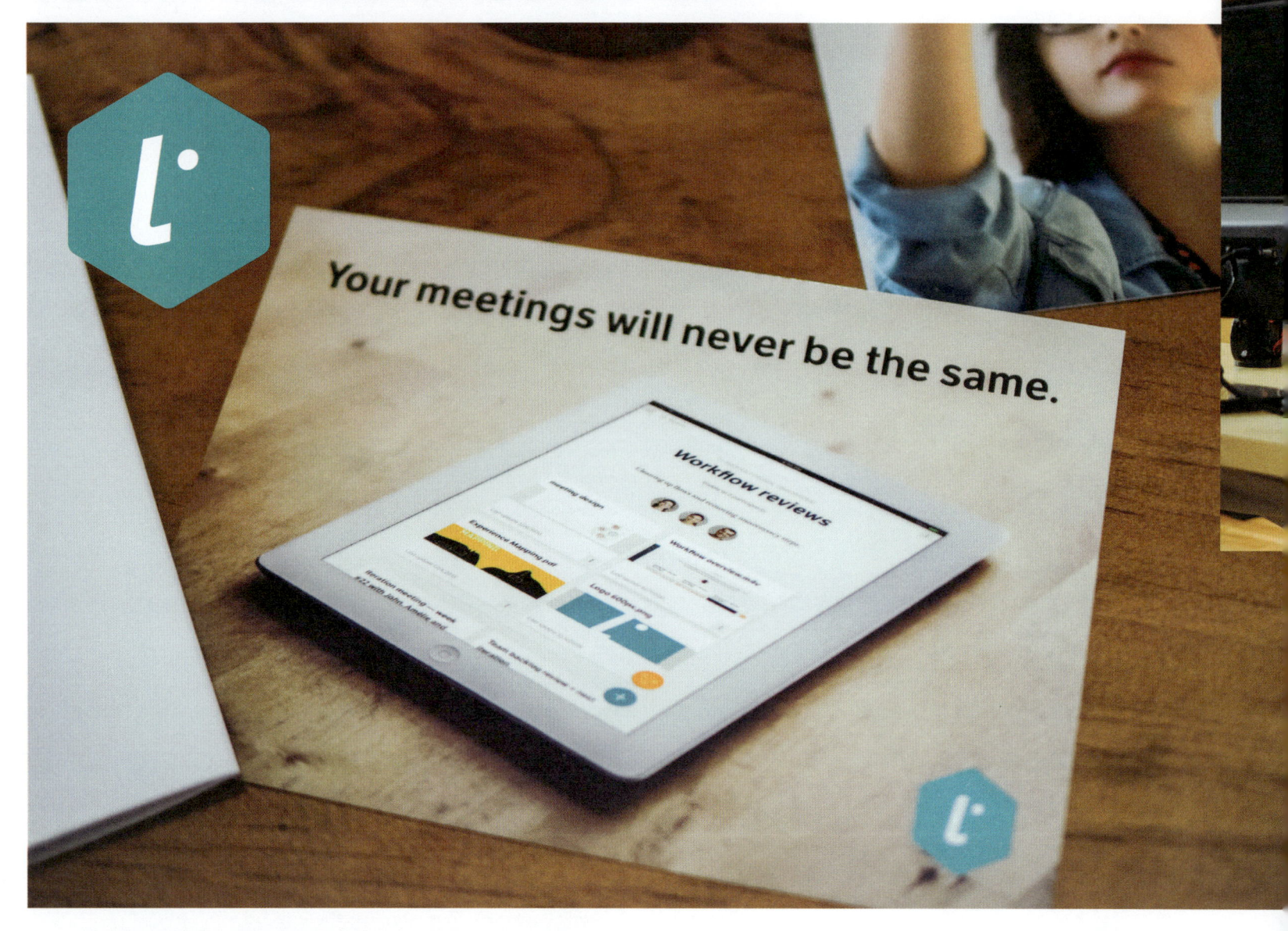

Luffa Technologies Inc. is building software that will help bring their core beliefs into offices around the world. That belief being that all organizations have the potential to innovate, they just need the right support.

Luffa was created by startup veterans Juan Pablo Di Lelle, Gijsbert de Haan and Filippo Tampieri as part of an innovation group in a renowned Montreal tech company. Luffa then spun off to become an independent company in 2017 with the help of Austin Hill and Chafye Nemri. A few months later new teammates Kylie Szymesko, Julien St. Laurent, and Eric Dangleant were brought onboard to create the team of doers that they have today.

Luffa is a platform that came about after months of research and years of technological experience. The team was in the lucky position of having been tasked with exploring how to use media with the intent to unlock innovation in the workspace. After conducting extensive interviews and exploratory conversations the idea for Luffa was born.

Setting up shop in Montreal's well-loved Plateau neighbourhood, the team crafted a unique working environment that highlights their approach to work and complements their product. Walls covered in acoustic paneling have cut down on echoes, for cleaner voice capturing and add a pop of colour to the all-white walls. Other walls completely covered in early conceptualizations sketches of the app as well as current user flows for quick visualization. Reminders of how the app started, the problems that the team are trying to solve and who we are trying to help.

Those problems? Lost knowledge and wasted time in the workplace. Luffa focuses on the knowledge that people struggle to capture and use; tacit knowledge. The knowledge that lives in people's heads that is difficult to write down but invaluable to teams. After months of research, the team discovered that this knowledge isn't completely impossible to capture and that the key is to capture it from the source, through the voice of the person who holds it. From conversations that people have when they talk about their work.

And so Luffa's capturing platform began to take shape. The goal was to capture conversations and give people ways to interact with this audio; flagging moments directly on the audio, adding visual elements and other contextual clues all in one place. Giving them a tool that will help them make connections between people, projects and ideas. To collaborate in a space that makes it possible for all voices to be heard.

The Luffa team has been able to build an environment and a product that helps them innovate on a daily basis, with their platform they want to help other teams do the same. Luffa is a tool that's designed to bring teams together, shape new habits, and build better working relationships that are conducive towards innovative and creative spaces.

At the heart of Luffa is the idea that you already have a smart and diverse team, the platform will simply help you realize what you've been missing while helping you build trust and knowledge sharing practices in the workplace.

okluffa.com

INN**O**VATE MONTRÉAL

CITWEB INC.
CITWEB INC. IS AN INFORMATION TECHNOLOGY STARTUP BASED IN MONTREAL. ITS MISSION IS TO BUILD INNOVATIVE SOLUTIONS; BASED ON A COMBINATION OF ARTIFICIAL INTELLIGENCE, BIG DATA AND THE POWER OF THE CROWD; TO HELP INDIVIDUALS AND BUSINESSES SAVE TIME AND MONEY.

As part of our mission, we have currently two solutions for two different markets:

1) WebHostingSaver.com :
A search and comparison engine for the Web Hosting market. It provides an instant & impartial comparison of Web Hosting services worldwide.

With the increasing number of Web Hosting providers and offers, customers and prospects spend a huge amount of time to find the offers that fit their needs.

Similar to the Trivago® concept which helps people find the best hotel deal, WebHostingSaver.com is the solution to help professionals and businesses easily find the best web hosting offers (Servers, colocation, SSL certificates and more), within their budget and in the location of their choice.

Our solution creates value for the web hosting providers by helping them attract more qualified leads, earn additional visibility and increase their market share with almost no additional effort.

The intent is to provide an easy to use search solution and impartial comparison based on 200.000+ aggregated reviews from all around the web, 1.000+ web hosting providers, 3.000+ web hosting offers in 40+ countries.

WebHostingSaver.com makes everyone's life easier and helps customers always get better for less, save time and money.

To learn more, visit our website: https://www.WebHostingSaver.com

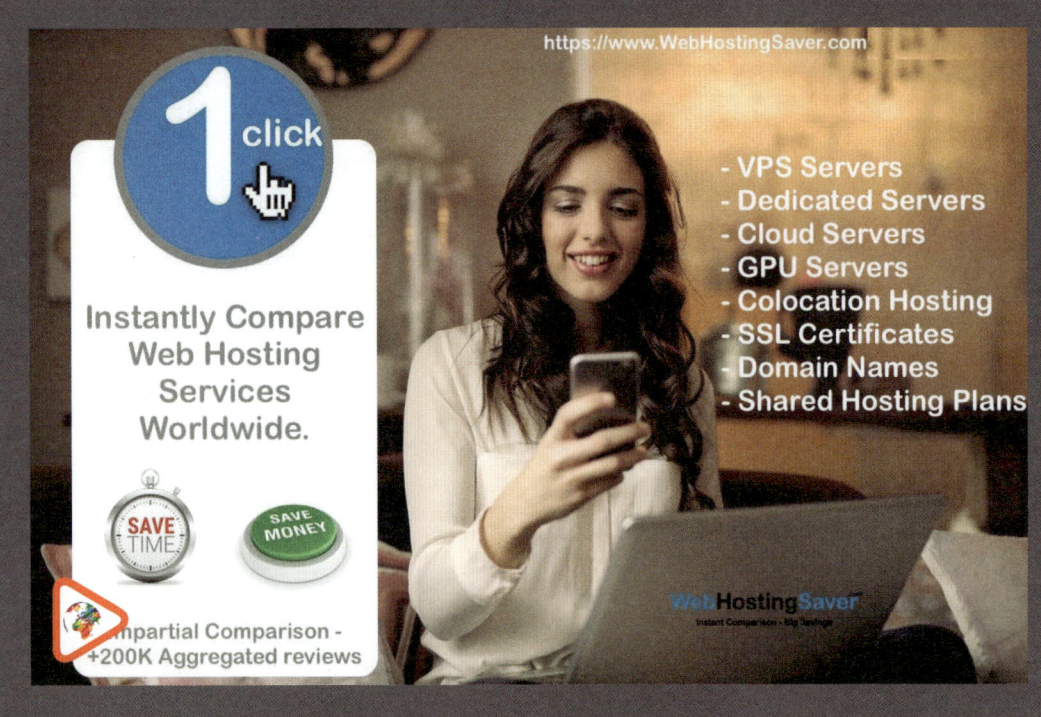

INNOVATE MONTRÉAL

2) TicketAlert.Me:
A Mobile application which helps drivers avoid parking and driving tickets everywhere in Canada and the United States.

In the United States and Canada, car drivers pay more than two billion dollars per year for parking ticket fines. This represents one of the most frustrating issues for car drivers.

Parking rules and regulations are different from one city to another and from one state / province to another. In most cases, confusing, unclear and hidden parking signs are the cause of the registered violations.

The negative ecological impact (printing, operations, etc.) and the financial and safety impacts represent some of the side effects of parking and driving tickets in general.

Based on a similar concept used in the IT security field to fight spam emails, TicketAlert.Me combines the power of the crowd and artificial intelligence to help solve this complex problem.

TicketAlert.Me is a very ambitious initiative which will include some exiting features to make car drivers' lives easier. Making parking signs speak (ParkingSignVoice™), implementing a Fine Positioning System (FPS)™ as an add-on to the (Global Positioning System) GPS, Fire Hydrants Locator™, Parking Sign Decoder (ParkDeKod)™ and more.

At the end of the day, we want car drivers to comply with parking and driving regulations. Our goal is to help make this happen by replacing the punitive system by a collaborative system using technology and the shared economy principles.

To learn more, visit our website:
www.TicketAlert.Me

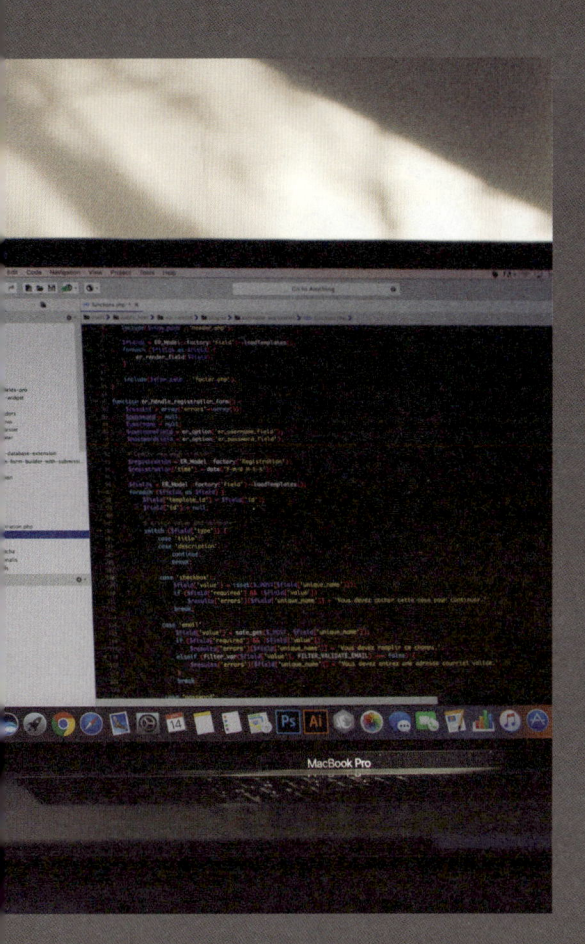

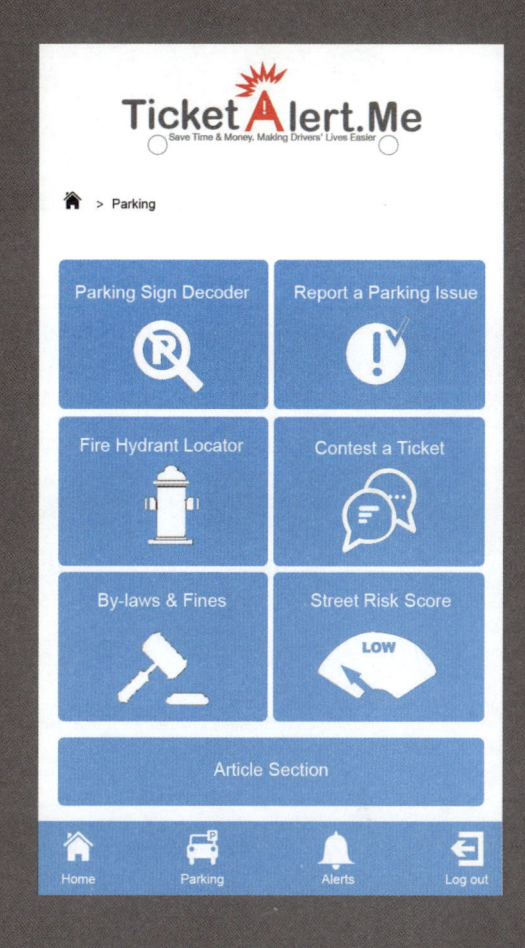

Salim Djati
Founder & CEO

Website: https://www.CITWeb.ca
Address: 2300 Boulevard Alfred Nobel, Montréal, QC H4S 2A4, Canada
LinkedIn: https://www.linkedin.com/company/citweb/
Email: hi@citweb.ca

INNOVATE MONTRÉAL

ClassCompass

Oh mY oHH My I'm gonna be late again!!
Where in the world is this classroom...
- said no ClassCompass user ever

The Product
ClassCompass core purpose is to guide the students anywhere inside their university, pretty much like a GPS would do in your car. The user simply has to enter where they are and where they want to go and VOILA! The application will find the fastest way to get there, whether it's a classroom, a service office or even washrooms.

Targeting over 1,066,000 students enrolled in Canadian universities, in which over 11% are international students. This innovative mobile application is destined to be the go-to place for all of them. To make students' lives easier, ClassCompass also allies with other innovative Startups and integrates them into it.

The Vision
What's exceptional about ClassCompass is that it's aiming to bring all universities from all over the world in one place... your phone.

This same principle can be used in many different industries and places such as large events, shopping malls, Hospitals, airports and even large construction sites or mines. To sum it up, the potential is limitless.

If you think about it... isn't it funny that they had to get lost in school in order to find how to make University a better place.

Once upon a time...
Their story started when Sherif made it to university and kept getting lost in it. At some point, he was so frustrated that he asked a friend, "why doesn't anyone make a GPS for this place?!". She replied: "why don't you make it yourself". During summer break, he met Mark, told him about his idea, and they worked on it while finishing their bachelor degrees and working part-time jobs. This is when FGT came to life.

During those hard working years, they met with many people who guided them. From teachers like Rodica Cristina Butnaru and Layial El-Hadi, to innovation gurus like Ilias Benjelloun, from Montreal NewTech and it's thanks to them that they participated in many contests where they came out as winners or finalists.

Turning Point
After winning an access to their first Startupfest, Sherif and Mark got to meet Philippe Telio, the festival's founder. Believing in them, Telio let them map the next Startupfest and use it to demonstrate their app. Most importantly, he was a great mentor throughout the whole process. This is how they fine tuned their flagship product ClassCompass.

FGT
www.fgt.one

FUTURE GEOLOCATION TECHNOLOGY (FGT) IS A SOFTWARE STARTUP BASED IN MONTREAL. SPECIALIZING IN INDOOR POSITIONING SYSTEMS (IPS) WITH THE POSSIBILITY TO COMBINE WITH DIGITAL MARKETING, DATA COLLECTION, ANALYTICS AND AI.

INN O VATE MONTREAL VOL.1

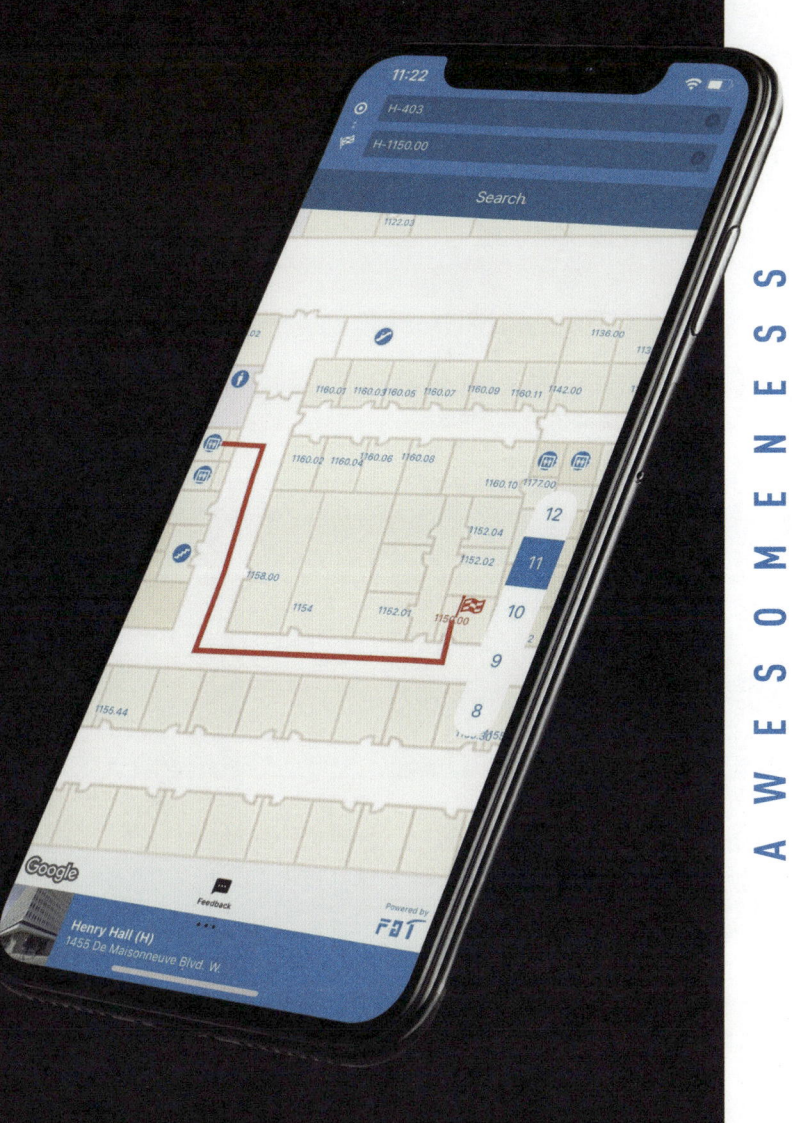

AWESOMENESS

Sherif Awad, co-founder of FGT, is a visionary, activist and innovative entrepreneur born in Aswan, Egypt, and has many other entrepreneurial ventures in his pockets. From being involved in extreme sport events like Montreal Fight League to international energy drink contracts, and having a worldwide known blog, he has done it all. Having a Bachelor degree in international commerce and a very competitive spirit, he has taken on many challenges. His favourite hobbies are anime series, spearfishing and, of course, Mixed Martial Arts. His favorite quote is: *Awesomeness*.

T'INQUIÈÈÈTE

Mark Massoud is a young geek. During Cegep, he took a sabbatical year, during which he taught himself to code his first "Hello World" app. That's when he knew exactly what he wanted to do in life! So he went back and finished Cegep, then studied as a Software Engineer at Concordia University. Driven by his passion and talent, he became a Senior Engineer just 1 year after graduation. He co-founded a Web Design Agency, helping companies like Drone Elite Inc. However, he wanted more than to just bring his clients' projects to life. That is when he co-founded FGT. Mark enjoys long distance cycling, Martial Arts, and reading about technologies. His favourite quote is: *T'inquièèète!*

INNOVATE MONTRÉAL

L TO R:
YOHAN TRÉPANIER MONTPETIT DIRECTOR, DATA & ANALYTICS
MATHIEU LAVOIE CEO & COFOUNDER
ISRAËL HALLÉ CTO & COFOUNDER

FlareSystems

FLARE SYSTEMS INDEXES AND ORGANIZES IN STRUCTURED DATABASES MUCH OF THE INFORMATION THAT IS PUBLISHED ON THE DARKNET TO CREATE ACTIONABLE INTELLIGENCE FOR FINANCIAL INSTITUTIONS.

Given the significant wealth they control, financial institutions are prime targets for offenders. An underground economy has now developed around the online fraud of financial institutions, and much of its activity is happening on public platforms in the darknet. Organizations can gain a lot of insight about threats targeting them by monitoring those platforms. With the right information at the right time, a security team can limit or even prevent financial losses, downtime in services, tarnished brand image and legal issues. Unfortunately, the scale and diversity of the underground economy make gaining access to that information a tedious task that requires a significant amount of resource to be effective. Flare Systems allows financial institutions to save limited resources from collecting and processing large amount of data to focus instead on generating threat intelligence and executing the best response.

Flare Systems indexes and organizes in structured databases much of the information that is published on the darknet to create actionable intelligence for financial institutions. Its system collects forum posts, chat room discussion, paste sites posts, illicit market ads and vendor profiles, blog posts and more and extract the relevant information from each to speed up the time analysts need to identify and evaluate threats. Flare System's solution automatically identifies the most significant threats against each of its customer and provides them with a prioritized feed of threats that should be investigated. Instead of providing customers with a feed of millions of data points, Flare Systems helps its customers focus on the most serious threats they and their peers are facing.

Threat intelligence is recognized as a key activity of an effective security team. By relying on actual intelligence of malicious actors thriving in the underground economy, organizations have a proven strategy to efficiently plan their defense, carry out their responses and measure their effective impact. At Flare Systems, we are building the next generation solutions to stop malicious actors from harming financial institutions and their customers.

ISRAËL HALLÉ
CTO & COFOUNDER

DAVID HÉTU, PhD
CSO & COFOUNDER

MATHIEU LAVOIE
CEO & COFOUNDER

contact@flare.systems
+1 514.607.6904

INNOVATE MONTRÉAL

CHAPTER FIFTEEN
TECHNOLOGY AND MANUFACTURING

INNOVATE MONTRÉAL

INN**O**VATE MONTRÉAL

CAE

Un chef de file mondial dans le domaine de la formation, profondément enraciné dans la ville de Montréal

CAE est un chef de file mondial en formation dans les domaines de l'aviation civile, de la défense et sécurité et de la santé. Appuyé par 70 ans d'innovation, son engagement génère de véritables avantages pour la société en contribuant à rendre le transport aérien plus sécuritaire, à garder nos forces de défense prêtes pour leurs missions et à améliorer la sécurité des patients.

Fondée à Montréal, CAE y maintient fièrement son siège social. Elle a pris de l'expansion à l'échelle mondiale au fil des ans et jouit maintenant de la plus vaste présence mondiale de l'industrie, avec plus de 9 000 employés et 160 sites et centres de formation répartis dans plus de 35 pays.

Chaque année, CAE assure la formation de plus de 220 000 membres d'équipage du secteur de l'aviation civile et de la défense, dont plus de 135 000 sont des pilotes, et de milliers de professionnels de la santé dans le monde.

L'innovation pour maintenir le leadership et la croissance

Le fait de fournir une expérience client incroyable et des produits et services novateurs est la clé de l'avantage concurrentiel de CAE.

L'innovation a toujours été au cœur des activités de CAE et, plus récemment, le secteur numérique est celui qui leur permet de demeurer à la fine pointe de l'innovation.

Au cours des cinq prochaines années, CAE investira 1 milliard de dollars canadiens dans l'innovation pour rester au tout premier rang dans le domaine de la formation. Le financement sera en grande partie consacré au Projet intelligence numérique, un projet de transformation numérique visant à améliorer l'expérience de formation. Ce projet donnera lieu à un investissement dans l'intelligence artificielle, les mégadonnées, la réalité augmentée et d'autres technologies avancées.

INN**O**VATE MONTRÉAL

« Dans le monde actuel, nous déterminons de plus en plus la valeur d'une entreprise par sa contribution envers la société. À CAE, notre mission consiste à rendre le monde plus sécuritaire. Je crois qu'il est raisonnable de dire que notre raison d'être est essentielle et noble. »

Marc Parent, Président et chef de la direction

"In today's world, we increasingly determine a company's value by what it contributes to society. At CAE, our mission is ultimately about making the world safer. I think it's fair to say that our 'raison d'être' is an essential and noble one."

Marc Parent, President and CEO

A global leader in training deeply rooted in the City of Montreal

CAE is a global training leader in the civil aviation, defence and security, and healthcare markets. Backed by a 70-year record of industry firsts, its commitment generates true societal benefits: it helps make air travel safer, defence forces be mission ready and medical personnel be better able to save lives.

Founded in Montreal, CAE proudly maintains its headquarters here. It expanded globally over the years and now boasts the broadest global presence in the industry, with over 9,000 employees and 160 sites and training locations in over 35 countries.

Each year, CAE trains more than 220,000 civil and defence aviation crewmembers, including more than 135,000 pilots, as well as thousands of healthcare professionals, worldwide.

Innovation to maintain leadership and growth

Providing an outstanding customer experience and innovative products and services is key to CAE's competitive advantage.

Innovation has always been at the core of what CAE does, with digital representing just the latest vanguard of innovation.

CAE will invest C$1 billion over the next five years in innovation to stay at the forefront of the training industry. The funding will in large part be directed towards Project Digital Intelligence, a digital transformation project aimed at improving the training experience. The project will invest in artificial intelligence, big data, augmented reality and other advanced technologies.

INNOVATE MONTRÉAL

Améliorer l'expérience de formation de chaque pilote

Le système de formation révolutionnaire de CAE, appelé CAE Rise^{MC} (Real-time Insights and Standardized Evaluations), détecte et effectue le suivi des manœuvres des pilotes du début à la fin. Le système fournit ensuite à l'instructeur de vol une rétroaction en temps réel qui s'appuie sur des données factuelles, avec une suggestion de note et son explication.

Elevating every pilot's training experience

CAE's game-changing training system called CAE Rise™ (Real-time Insights and Standardized Evaluations) detects and tracks pilots' manoeuvres from start to finish. The system then provides the flight instructor with real-time feedback based on evidence-based data, including a suggested score and its explanation.

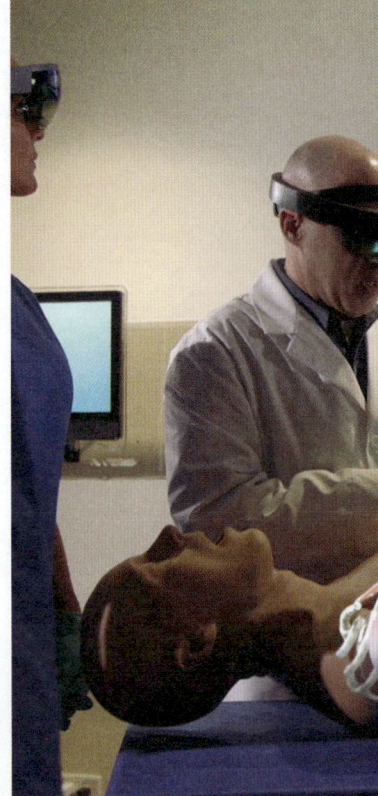

Saviez-vous que la majorité des pilotes qui volent aujourd'hui ont reçu une formation sur des simulateurs construits par CAE à Montréal ou dans un des 65 centres de formation de CAE situés partout dans le monde?

Un simulateur de vol peut reproduire de 250 à 400 incidents ou dysfonctionnements pour aider les pilotes à s'entraîner et à se préparer à toutes sortes de scénarios, comme les pannes de moteur, la fumée dans le poste de pilotage, le cisaillement du vent, etc.

Did you know that the majority of pilots flying today have either trained on simulators manufactured by CAE in Montreal or in one of CAE's 65 training centres located around the world?

A flight simulator can reproduce 250 to 400 incidents or malfunctions to help pilots practice and be ready for all sorts of scenarios, like engine failures, smoke in the cockpit, wind shear, etc.

290

INN**O**VATE MONTRÉAL

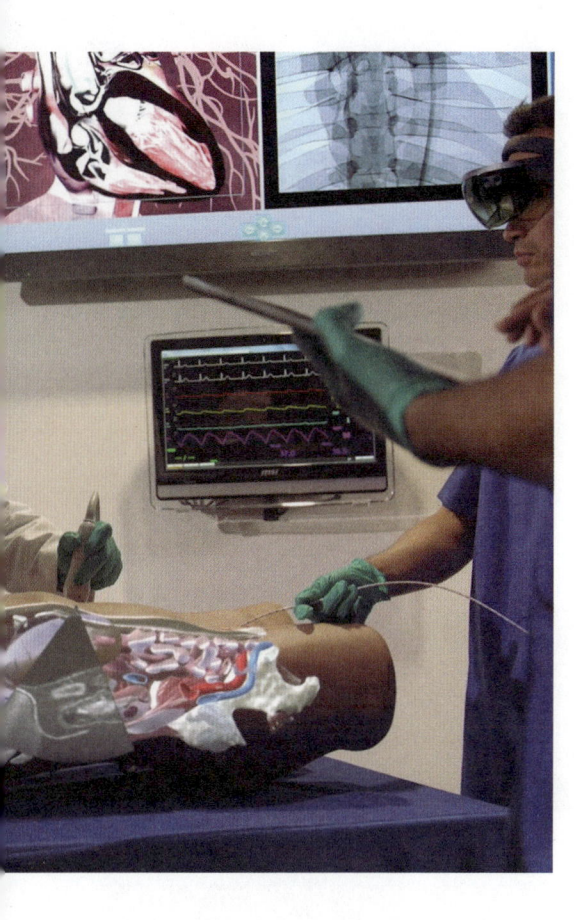

Maintenir l'état de préparation et la mise en place de missions

La division Défense et sécurité de CAE est un chef de file mondial en matière de soutien des forces de la défense qui aide ces dernières à atteindre et à maintenir le plus haut niveau de préparation aux missions, et à se préparer à intervenir en cas de catastrophe et de situation critique.

Maintaining readiness and preparing for missions

CAE's Defence & Security business is a world leader in helping defence forces achieve and maintain the highest levels of mission readiness, and better prepare them to respond to disasters and critical situations.

Améliorer la sécurité des patients avec la formation axée sur la simulation

CAE Santé a été la première à commercialiser une application intégrant les HoloLens de Microsoft sur le marché de la simulation médicale. CAE VimedixAR fournit une expérience inégalée de formation axée sur la simulation qui permet aux professionnels en formation d'interagir et de se déplacer librement dans un environnement de formation clinique qui est enrichi d'hologrammes. Les étudiants sont en mesure d'examiner l'anatomie en 3D à l'intérieur du simulateur. Les solutions de formation basées sur la simulation de CAE Santé permettent aux professionnels de la santé d'apprendre sans risque pour les patients.

Enhancing patient safety with simulation-based training

CAE Healthcare was the first to bring a commercial Microsoft HoloLens application to the medical simulation market. CAE VimedixAR delivers an unprecedented simulation-based training experience that enables training professionals to interact and move freely in a clinical training environment enhanced with holograms. Students are able to examine the anatomy inside the body of the manikin in 3D. CAE Healthcare's simulation-based training solutions allow healthcare practitioners to learn without risk to patients.

CAE

cae.com

ABB

ABB is a pioneering technology leader in power grids, electrification products, industrial automation and robotics and motion, serving customers in utilities, industry and transport & infrastructure globally. Continuing a history of innovation spanning more than 130 years, ABB today is writing the future of industrial digitalization with two clear value propositions: bringing electricity from any power plant to any plug and automating industries from natural resources to finished products. As title partner in ABB Formula E, the fully electric international FIA motorsport class, ABB is pushing the boundaries of e-mobility to contribute to a sustainable future. ABB operates in more than 100 countries with about 147,000 employees. ABB's Canadian footprint spans close to 50 facilities and approximately 4,000 employees.

Inaugurated in 2017, ABB's high-tech Canadian corporate headquarters, Campus Montreal represents a $90 million investment in Montreal, Quebec. The LEED silver certified campus is a 300,000 square foot facility that serves 700 employees and houses a research and development, manufacturing and assembly testing facility as well as a Customer Innovation Center that showcases the next-generation of cutting-edge technologies that will power Canada's innovation ecosystem.

ABB's Customer Innovation Center, is an immersive digital experience space that demonstrates the potential of digitalization to customers across the globe and across markets – utilities, industry and manufacturing. The center showcases ABB's digital offering, called ABB Ability™, that connects customers to the industrial internet of things through sensors, software, and connectivity. With the latest digital technologies, innovations and expertise, ABB Ability enables customers to go further by turning data into insights and then into the direct action that "closes the loop" and generates customer value.

The ABB North American Centre of Excellence in E-Mobility was created to share expertise with Canadian customers and stakeholders in the field of electric-powered transportation technologies. It supports the development of environmentally friendly, energy-efficient transport networks, including electric buses and trains, and brings together transit operators, power utilities and engineering experts to address challenges related to building smart cities and sustainable mobility solutions for Canada.

INNOVATE MONTRÉAL

institutionnel haute technologie d'ABB au Canada, Campus Montréal représente un investissement de 90 millions de dollars à Montréal, au Québec. Le campus certifié LEED argent est une installation de 300 000 pieds carrés qui accueille 700 employés et comprend un service de recherche et développement, une usine de fabrication, d'assemblage et d'essai ainsi qu'un centre d'innovation client qui présente la prochaine génération de technologies de pointe qui propulseront l'écosystème d'innovation du Canada.

Le Centre d'innovation client d'ABB est un espace expérimental numérique qui démontre le potentiel de la numérisation aux clients de partout dans le monde et de tous les marchés - services publics, industrie et fabrication. Le centre présente les produits numériques d'ABB, intitulés ABB Ability™, qui connectent les clients à l'Internet industriel des objets par l'entremise de capteurs, de logiciels et de la connectivité. Avec les plus récentes technologies, innovations et expertise numériques, ABB Ability permet aux clients d'aller plus loin en transformant les données en connaissances, puis en actions directes qui « bouclent la boucle » et génèrent de la valeur pour les clients.

Le Centre de l'excellence en mobilité électronique d'ABB en Amérique du Nord a été créé pour partager son expertise avec ses clients et intervenants canadiens dans le domaine des technologies de transport électrique. Il appuie le développement de réseaux de transport écologiques et éconergétiques, notamment des autobus et des trains électriques, et rassemble des exploitants ferroviaires, des services publics d'électricité et des experts en ingénierie pour aborder les défis associés à la construction de villes intelligentes et aux solutions de mobilité durable au Canada.

ABB s'illustre par ses technologies pionnières en matière de réseaux électriques, de produits d'électrification, d'automatisation industrielle et de robotique et entraînements, desservant ses clients des services publics, de l'industrie du transport et des infrastructures partout dans le monde. Riche d'un héritage de plus de 130 ans en matière d'innovations technologiques, ABB écrit aujourd'hui l'avenir de la numérisation industrielle à l'aide de deux propositions de valeur claires : amener l'électricité de n'importe quelle centrale électrique vers n'importe quelle prise,

Inauguré en 2017 et faisant office de siège social

et automatiser les industries allant des ressources naturelles vers les produits finis. En tant que partenaire titre de la Formule E, catégorie internationale de sport automobile FIA entièrement électrique, ABB repousse les frontières de la mobilité électrique pour contribuer à un futur durable. ABB est établie dans plus d'une centaine de pays et compte environ 147 000 employés. La portée canadienne d'ABB s'étend à près de cinquante installations et à environ 4 000 employés.

For more information, visit: ABB.com/ca
Facebook: ABB Canada

FCM RECYCLING
LANDFILLS ARE NO PLACE FOR END-OF-LIFE ELECTRONICS

(L-R): Valérie Cherrier – Controller, Nicka Lavallée – HR Director, Andrew Rubin – President, Mark Busgang – COO and Gilles Marcotte – VP Sales & Marketing.

Whatever happened to that old TV or computer you left by the side of the road? Assuming your laptop's hard drive doesn't find its way to a faraway country along with your precious data, it's destination: landfill.

But there are smarter alternatives: FCM offers recycling and data destruction services for businesses, corporations and institutions. Eco-centres or FCM return to retail locations is where you can bring your discarded electronic equipment and know it will be disposed of properly. That's where FCM Recycling comes in, one of Canada's premier R2 certified recycler of e-waste – from computers and TVs, to telecommunication devices and electronic games, to medical and diagnostic equipment.

The company's president, 35-year-old Andrew Rubin, is a member of the Young Presidents Organization who started his career as a hedge fund analyst and an investment banker in Europe and the U.S. Rubin bought FCM Recycling in 2010, converting it from a ferrous and non-ferrous recycler to a fully certified, specialized processor of e-waste.

DATA TO DUST
With operations in four provinces including two plants in Lavaltrie, Quebec, FCM Recycling stands out from the competition in two ways. One is the fact that FCM does not engage in refurbishment. "We destroy end-of-life electronics efficiently and ethically," says Rubin, "which means customer data is 100% secure." FCM's massive shredding lines – complete with magnets, eddy currents and induction sorting systems – are in and of themselves a beauty to behold. At the end of the day, a whopping 99.2% of recycled materials are kept out of landfills.

AVERTING THE PLASTIC APOCALYSE
From the miracle product it was back in the 1960s, plastic is now littering our landscapes, stuffing our landfills, and defiling our oceans. Which brings us to the second differentiator that sets FCM Recycling apart: in 2016, the company became the first Canadian e-waste recycler to also operate a plastics recycling facility. FCM Polymers converts HIPS (high-impact polystyrene) and ABS (acrylonitrile-butadiene-styrene) generated through the FCM e-waste recycling process, cleans it, pelletizes it and puts it back into the material stream right here in North America.

CLOSING THE LOOP
While finding uses and outlets for e-waste remains a challenge for recyclers, so is citizen indifference. At best, only about half of the e-waste generated in Canada is recycled professionally. But younger generations seem to be catching on. Recycling is slowly making its way into the collective consciousness. In this case, what's good for the planet is also good for business.

INNOVATE MONTRÉAL

Qu'est-il advenu du vieil ordinateur ou téléviseur que vous avez abandonné sur le bord du trottoir? À moins qu'il ne finisse par aboutir, avec vos précieuses données, dans un pays lointain, c'est destination décharge.

Mais il y a une bien meilleure solution : FCM offre le service de recyclage et de destruction de données aux institutions et corporations. Les écocentres, ou le réseau de détaillants approuvés sont les endroits où vous pouvez apporter vos équipements électroniques en fin de vie utile tout en sachant qu'ils seront traités convenablement. C'est là qu'intervient FCM Recyclage, ayant son siège social au Québec, FCM Recyclage est un chef de file canadien en matière de recyclage de déchets électroniques tels qu'ordinateurs, téléviseurs, appareils de télécommunication, jeux électroniques et même équipements médicaux et diagnostiques.

Son président, Andrew Rubin, 35 ans, est membre de la Young Presidents Organization. Il a commencé sa carrière comme banquier d'affaires et analyste en fonds spéculatifs en Europe et aux États-Unis avant d'acquérir l'entreprise en 2010, la faisant passer d'un recycleur de produits ferreux et non ferreux à une entreprise pleinement certifiée de traitement de déchets électroniques.

RÉDUIRE VOS DONNÉES EN POUSSIÈRE

FCM Recyclage, qui compte des opérations dans quatre provinces dont deux usines à Lavaltrie, au Québec, se distingue sur deux plans. D'abord, l'entreprise ne fait pas dans la remise à neuf. « Nous détruisons les produits électroniques en fin de vie de manière efficace et responsable, dit M. Rubin, ce qui veut dire que vos données bénéficient de la protection la plus complète qui soit. » Pour en témoigner, les lignes de broyage de FCM, fonctionnant à l'aide d'aimants, de courants de Foucault et de systèmes de tri par induction, sont un spectacle en soi. En bout de ligne, ce n'est pas moins de 99,2 % des matières recyclées qui sont maintenus hors des décharges!

PRÉVENIR L'APOCALYSE DE PLASTIQUE

Produit miracle qu'il était dans les 1960, le plastique jonche aujourd'hui nos paysages, engorge nos sites d'enfouissement et souille nos océans. Ce qui nous mène au deuxième élément différentiateur de FCM : en 2016, l'entreprise est devenue le premier recycleur canadien de déchets électroniques à exploiter une installation de recyclage des plastiques. FCM Polymères recycle le polystyrène et l'ABS (acrylonitrile, butadiène et styrène) générés par le recyclage de déchets électroniques chez FCM, les nettoie, les met en granules et les réintroduit dans le flux des matières ici même en Amérique du Nord.

BOUCLER LA BOUCLE

Si le fait de trouver des débouchés et des usages pour ces produits est un défi en soi, l'indifférence citoyenne l'est tout autant. Au mieux, la moitié des déchets électroniques produits au Canada sont recyclés de manière professionnelle. Mais les jeunes générations, elles, le comprennent. Le recyclage commence à s'imposer dans la conscience collective. Dans ce cas, ce qui est bon pour la planète l'est aussi pour les affaires.

FCM
recyclage • recycling

www.fcmrecycling.com

INNOVATE MONTRÉAL

AJW TECHNIQUE
AJW TECHNIQUE IS THE MAINTENANCE HUB FOR AJW GROUP'S COMPONENT REPAIR AND OVERHAUL SERVICE

AJW Group is a world-leading independent specialist in the supply and repair of airframe and engine spare parts, with almost 4,000 commercial and business aircraft under contract across 117 countries worldwide.

In little over six years, AJW Technique has grown into one of the great success stories of the aviation component maintenance, repair and overhaul (MRO) sector.

From small beginnings of just seven employees in 2012, AJW Technique's workforce of highly skilled employees has grown to nearly 200. Based in the aerospace hub of Montréal, AJW Technique's 160,000 square foot state-of-the-art facility is able to repair 35,000 units a year across nearly 6,000 separate part number lines, covering multiple aircraft platforms including; Airbus, Boeing, Bombardier and Embraer fleets. The team is now regarded as one of the most efficient component MRO providers in the world and were recently finalists at the prestigious Gilles-Demer Awards held in Montréal.

In 2018, AJW Technique invested CAD$10.5 million in tools, inventory, facilities and training to meet the growing demand for its services. It works directly with leading airline customers to improve component reliability, maximise time on-wing, and reduce direct maintenance costs. Key competencies include; Avionics, Hydraulics, Pneumatics, Fuel Components, Power Generation, Safety Slides, Electromechanical, Galley and Instruments.

A key feature in AJW Technique's continued growth is their strategic relationships with global Original Equipment Manufacturer (OEM) business partners, which include; Honeywell, Thales, Rockwell Collins, Safran, Zodiac and UTC Aerospace.

In fact, their capability has grown so much that some of these OEM's now look to AJW Technique to take on component repairs they previously undertook themselves.

AJW Technique has long-standing partnerships with local airlines - Air Canada and Air Transat. In 2017 Air Canada extended its slide and inflatable

INNOVATE MONTRÉAL

"We are proud members of the Montréal aerospace community, and look forward to reinforcing its reputation for excellence on a global scale in the years to come." - **Gavin Simmonds, General Manager of AJW Technique**

maintenance contract with AJW Technique to include B777 and Air Transat increased the support of its expanded fleet of A330 aircraft.

On a global level, their footprint is enhanced through regional regulatory certification. These include EASA, TCCA, FAA, ANAC (Brazil), DGCA (Indonesia), HKCAD (Hong Kong), CAAS (Singapore), and CAAC (China) – the last of which is helping drive growth in the expanding Asian market.

AJW Technique has been successful in adding multiple international airlines including; Delta Airlines, United Airlines, Allegiant Air and Air Algerie.

AJW Technique's international footprint will grow further with a physical group presence in new regions, getting even closer to their customers to capitalise on their growing reputation and demand for their services.

Christopher Whiteside
President and CEO, AJW Group

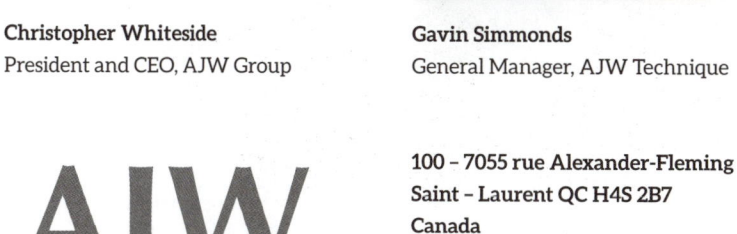

Gavin Simmonds
General Manager, AJW Technique

AJW

100 – 7055 rue Alexander-Fleming
Saint – Laurent QC H4S 2B7
Canada
Phone: +1 514 339 5100
sales.technique@ajw-group.com

INNOVATE MONTRÉAL

THALES

In 2017, for the first time, the prestigious journal Nature ranked Thales among the top 100 companies that stand out for the quality of their scientific research.

The people we all rely on to make the world go round – they rely on Thales. Our customers come to us with big ambitions: to make life better, to keep us safer. Combining a unique diversity of expertise, talents and cultures, our architects design and deliver extraordinary high technology solutions. Solutions that make tomorrow possible, today. With approximately 65,000 employees in 56 countries, Thales reported sales of €15.8 billion in 2018.

In Canada, Thales employs more than 1,800 highly-skilled employees in Halifax, Quebec City, Montreal, Ottawa, Toronto and Vancouver, working in defence and security, avionics, transportation, and research and development.

Thales: One of the world's most innovative companies

At Thales, we believe that technology makes the world a safer place. By innovating with our customers and partners, we build solutions that deliver real benefit to the markets we serve. With a clear focus on critical transformative technologies, we drive disruption where it matters most, for a positive impact on the world around us.

More than just buzz words; big data, artificial intelligence, cybersecurity, and connectivity, are core capabilities that are at the forefront of new solutions in defence and civil domains and the foundation of Thales' Digital Transformation.

Thales is a leader in R&D investment in Canada. Globally, Thales employs more than 25,000 researchers and engineers supporting the big ambitions of its customers and partners.

Closer relations with top universities and academic research institutes

In late 2017, Thales chose Canada as a key part of its more than $1 billion global investment in transformative digital technologies with the creation of cortAIx, a Centre of Research and Technology in Artificial Intelligence eXpertise, based in Montreal, and home to Thales' Digital Factory in North America.

Thales made a commitment to ethical AI development that ensures humans remain at the core of these new capabilities. cortAIx is home to 50 world-class experts who work together to strengthen the capabilities of critical technologies, ensuring that it is explainable and trusted. These activities further support Thales Canada's role as a participant in SCALE.AI, one of Canada's five Innovation Superclusters.

The recent acquisitions of big data company Guavus, e-security firm Vormetric, and global digital security leader Gemalto, will continue to drive Thales' global digital transformation. As a national leader in corporate R&D investment and partner to IVADO, Thales partners with more than 500 Canadian companies and leading academic and research institutions including the University of Toronto, McGill University, Laval University and École Polytechnique de Montréal, resulting in a proven track record of successful Canadian technology development.

Engaging start-ups

The explosion of digital technologies is an essential ingredient to boost innovation, advancing the creative process to develop new solutions for a world that is increasingly data-driven, connected, immersive and reliant on autonomous systems. Thales has an important role to play in accelerating the digital transformation of its partners around the world. Working with CENTECH, Thales will support projects created by start-ups in the field of artificial intelligence, which is one of Thales' four key digital technologies, alongside connectivity, big data and cybersecurity. CENTECH has been recognized by the University Business Network (UBI) as one of the most effective accelerators in the world.

Through the AI@CENTECH programme, actively supported by the Thales Digital Factory, Thales will accelerate the development of start-ups, providing business advice, technology expertise and infrastructure services, as well as access to the Group's five core markets in the aerospace, space, transport, defence and security sectors to promote the use of artificial intelligence in critical decision-making.

The Bell Nexus (Photo credit: Bell)

Thales avionics helps shape the future of transportation

Thales' unmatched avionics expertise is demonstrated by successful developments on some of the most innovative aircraft programs in the world. Based in Montreal, Thales Avionics brings more than 35 years of experience in the innovation, development, integration and certification of critical systems that meet the highest security and reliability standards to ensure flight safety.

"The skies above crowded city streets are quickly becoming the next frontier for on-demand mobility," said Michel Grenier, Vice President, General Manager for Thales North America Avionics. "As part of the Bell Nexus team, Thales will play a leading role in shaping urban air mobility services for the next generation of on-demand transportation."

From the bottom of the oceans to the depth of space and cyberspace, we help our customers think smarter and act faster – mastering ever greater complexity and every decisive moment along the way.

THALES

Thales Canada Inc.
www.thalesgroup.com/en/americas/canada

karpmanconsulting

> "We pride ourselves on our ability to transcend traditional ideology by developing and implementing ideas, concepts and strategies that go against the grain associated with conventional manufacturing practices".
>
> -Ronald Karpman, President & CEO

Karpman Consultant Inc., established in 1989, is a boutique-consulting firm providing dedicated services in the area of lean manufacturing and productivity improvement to a limited and select list of elite clientele. Since we manage only a limited number of clients at any one time, we are capable of developing and implementing strategic manufacturing solutions within a very short period of time, allowing our clients to realize the full benefits of our efforts including their expected return on their investment with the absolute minimum disruption to their production line. In addition to the aforementioned, we provide our clients with the dedicated attention and accessibility that they deserve, providing them with the comfort and confidence of knowing that our team of seasoned consultants is there to walk them through the sometimes-difficult challenges that result in implementing change to ingrained management strategies.

What differentiates Karpman Consulting from other consultants is our "Outside of the Box" approach to developing alternative manufacturing solutions as compared to the "Cookie Cutter" solution approach that other leading large consulting firms take. We pride ourselves on our ability to transcend traditional ideology by developing and implementing ideas, concepts and strategies that go against the grain associated with conventional manufacturing practices. In addition, Karpman Consulting offers their clients diverse

INNOVATE MONTRÉAL

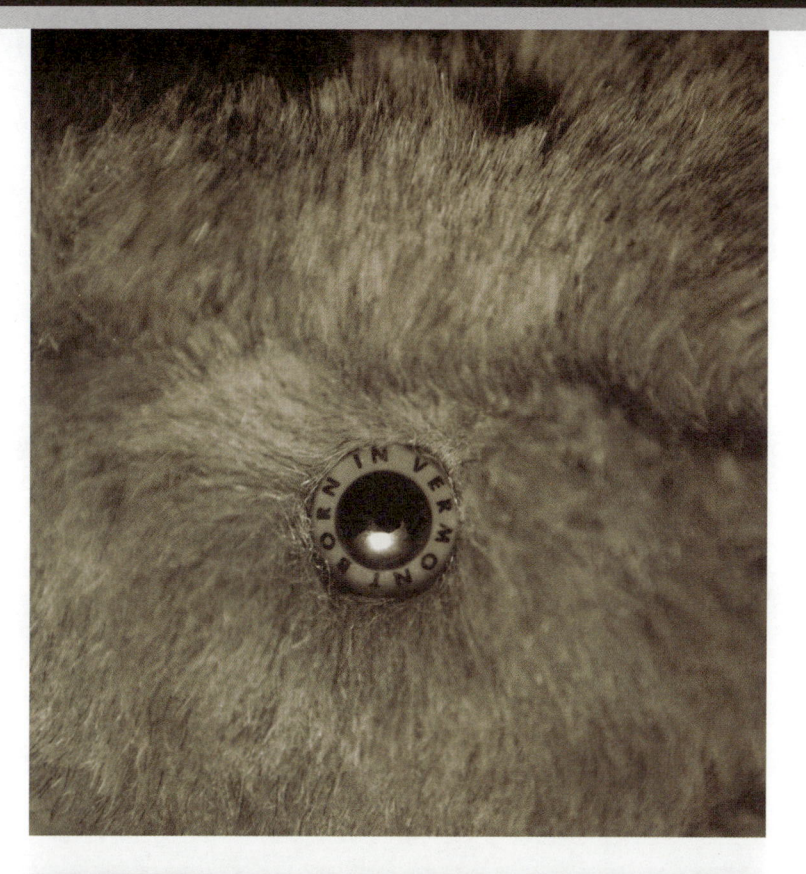

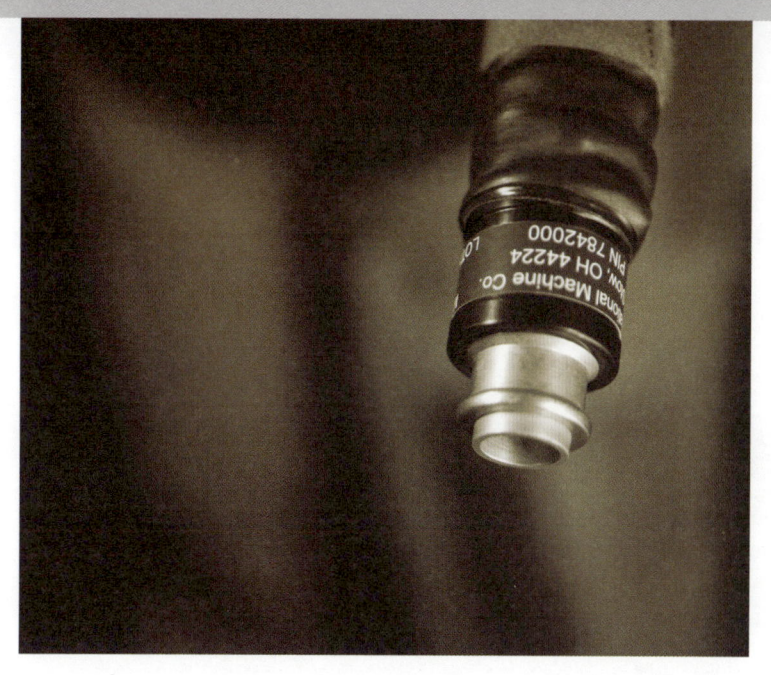

and unconventional remuneration/compensation packages including a fully guaranteed "client satisfaction" package which is unheard of within the realm of consulting services, which further demonstrates the confidence we hold in our ability to live up to our client's expectations.

In advance of engaging in any mandate, Karpman Consulting will provide to their prospective client a complimentary audit of their operation (less travel expenses), including a full written report outlining the strategies that will be implemented, and the full benefits that will be realized through our direct intervention.

Although a majority of our clients have been in the apparel/non-apparel sewn products sector, we have successfully migrated our strategies and ideas to other industrial sectors such as high performance recreational bicycles, decorative wall art, mattresses, furniture warehousing, and more. Furthermore, our expertise expands beyond the manufacturing environment. We have also developed and overseen the implementation of cutting edge warehouse/order fulfillment solutions for wholesale and e-commerce applications as well.

It is our experience, expertise, and imagination that have brought Karpman Consulting over thirty years of global success.

www.karpmanconsulting.com

INNOVATE MONTRÉAL

Genetec™

The world is changing. Our end users understand the need to use technology to secure their environments – our challenge is to enable them to better protect and understand their environments. The people who rely on our software are always required to do more with less. Budgets are constrained but more people, buildings, and municipalities need to be secured. Through a commitment to innovation, passion, creativity, integrity, and simplicity, our technology helps them multiply their efforts. The world has an insatiable appetite for software, and we love creating the software that maintains and protects the flow of everyday life.

— Pierre Racz, President & CEO of Genetec

Innovation is at the core of what we do

When Genetec was founded in 1997, we knew that technology could break down barriers and broaden perspectives. Our very first IP-based video surveillance system was true to that belief. It gave customers more flexibility, scalability, and ease of use. It empowered our users to do more.

Today, Genetec is still focused on delivering innovation that makes life work better. As the industry leader in IP-based security solutions, it's our aim to minimize the unknown. We build resilient, connected solutions that help businesses protect, understand, and enhance the world around them. Genetec solutions go beyond security. They provide operational insights that allow people to improve their business and master their environment.

Our flagship product: Genetec Security Center

Integration is a common goal for security and IT teams with organizations looking for efficiencies by linking video with access control and automatic license plate recognition (ALPR). With integration, organizations are still deploying distinct security solutions from multiple vendors, purchasing multiple servers, attending multiple vendor-specific trainings, and maintaining several systems. A better approach exists. True unification allows organizations to deploy a single platform that embeds multiple security systems, minimizes IT infrastructure expenditures, and reduces the total cost of ownership.

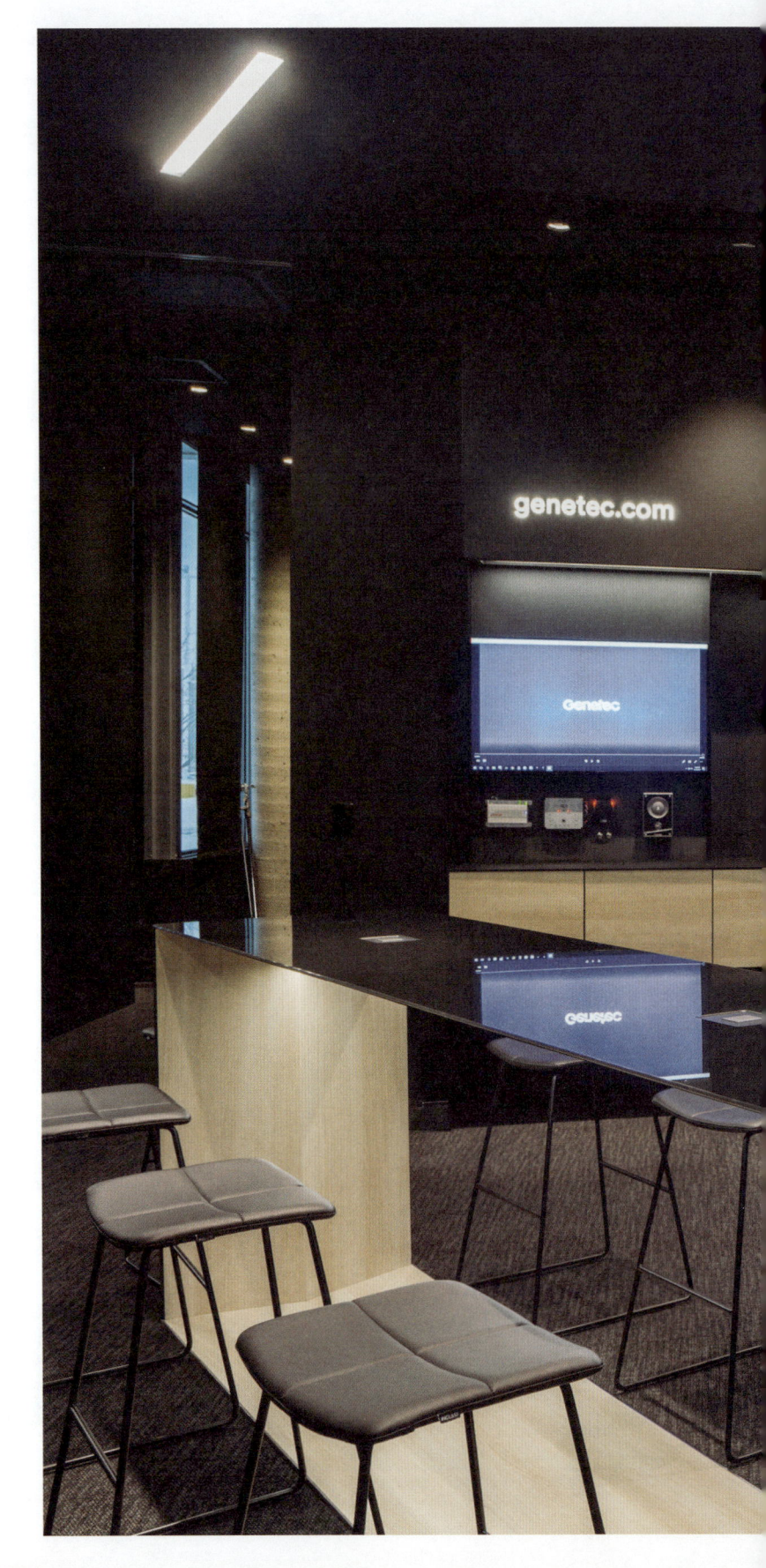

INN**O**VATE MONTRÉAL

GENETEC BY THE NUMBERS

22 years of innovation *ans d'innovation*

1M+ connected devices

1200+ employees worldwide *employés dans le monde*

Security Center is the unified security platform from Genetec that blends IP security systems within a single intuitive interface to simplify your operations. From access control, video surveillance, and automatic license plate recognition to communications, intrusion detection, and analytics, Security Center empowers organizations through enhanced situational awareness, unified command and control, and connectivity to the cloud.

Life at Genetec

New thinking and innovation are vital to the Genetec corporate culture. Whether it's as a full-time employee or as an intern, employees contribute to the success of our innovative solutions and have opportunities to grow. We're as proud of the products we create as we are of the people behind them. Working at Genetec means that you get to share your ideas, work in a dynamic environment, and make a difference.

Employees also benefit from many advantages, such as an attractive employee referral program, and training and personal development programs. Other perks such as free coffee and fresh fruit, a fully equipped games room, and an on-site bistro offering at-cost meals, are also offered.

Recent awards & certifications:

- Montréal's top employers 2019
- Prix Champion Créateur d'Emplois pour la grande région de Montréal 2018
- UL 2900-2-3 Level 3 Cybersecurity readiness certification
- CSPN Certification from ANSSI
- Microsoft Gold Certified Partner – Cloud platform
- Mercury Security Platinum Premier partnership status

Le monde change. Nos utilisateurs comprennent qu'ils doivent faire appel à la technologie pour sécuriser leurs environnements et notre défi est de leur permettre de mieux les protéger et mieux les comprendre. Les personnes qui comptent sur nos logiciels doivent toujours en faire plus avec moins. Les budgets sont limités, mais il faut protéger plus de personnes, de bâtiments et de municipalités. Par notre engagement passionné envers l'innovation, la créativité, l'intégrité et la simplicité, nos technologies aident ces utilisateurs à démultiplier leurs efforts. L'appétit de ce monde pour les logiciels est insatiable et nous adorons créer des logiciels capables de préserver et protéger le déroulement de la vie quotidienne.

— Pierre Racz, Président-Directeur général de Genetec

L'innovation est au cœur de tout ce que nous faisons.

Lorsque Genetec a été fondée en 1997, nous savions que la technologie pouvait briser les barrières et élargir les perspectives. Notre tout premier système de vidéosurveillance IP était fidèle à cette conviction. Grâce à lui, les utilisateurs ont bénéficié d'un système plus flexible, plus évolutif et plus facile à utiliser. Il leur a donné la possibilité de faire davantage de choses.

Aujourd'hui, Genetec se concentre toujours sur l'innovation qui améliore le fonctionnement de la vie. En tant que leader de l'industrie des solutions de sécurité sur IP, notre objectif est de minimiser l'inconnu. Nous concevons des solutions connectées résilientes qui aident les entreprises à protéger, comprendre et améliorer le monde qui les entoure. Les solutions de Genetec vont au-delà de la sécurité. Elles fournissent aux utilisateurs les informations qui leur permettent de renforcer leur entreprise et de maîtriser leur environnement.

Notre produit phare : Genetec Security Center

L'intégration est un objectif commun pour les équipes informatiques et celles chargées de la sécurité, certaines entreprises cherchant à gagner en efficacité en reliant la vidéo au contrôle d'accès et à la reconnaissance automatique des plaques d'immatriculation (RAPI). Avec l'intégration, les entreprises continuent de déployer des solutions de sécurité distinctes émanant de différents fournisseurs, d'acheter de multiples serveurs, de participer à de nombreuses formations spécifiques à un unique fournisseur et de devoir assurer la maintenance de plusieurs systèmes différents. Il existe une meilleure approche. Une véritable unification permet aux entreprises de déployer une plateforme unique qui comprend plusieurs systèmes de sécurité, minimise les dépenses en infrastructure informatique et réduit le coût total de possession.

Security Center est la plateforme de sécurité unifiée proposée par Genetec. Elle combine les différents systèmes de sécurité IP dans une même interface intuitive afin de simplifier vos opérations. Du contrôle des accès à la vidéosurveillance et à la reconnaissance automatique des plaques d'immatriculation en passant par les communications, la détection des intrusions et les outils d'analyse, Security Center donne davantage de moyens aux entreprises grâce à une meilleure connaissance de la situation, des commandes centralisées et une connectivité au cloud.

La vie chez Genetec

Les nouvelles idées et l'innovation sont indispensables à la culture d'entreprise de Genetec. Que ce soit en tant qu'employé à plein temps ou en tant que stagiaire, nos employés contribuent à la réussite de nos solutions innovantes et se voient donner les moyens de progresser. Nous sommes aussi fiers des produits que nous créons que des personnes qui se cachent derrière. En travaillant chez Genetec, vous avez la possibilité de faire part de vos idées, de travailler dans un environnement dynamique et d'apporter une contribution précieuse.

Les employés profitent également de nombreux avantages, comme un formidable programme de recommandation par les employés ou encore de programmes de formation et de développement personnel. Du café et des fruits frais proposés gratuitement, une salle de jeux bien équipée et une cantine proposant des repas à prix coûtant, voici d'autres avantages pour n'en citer que quelques-uns.

Récentes distinctions et certifications :

- Meilleurs employeurs de Montréal 2019
- Prix Champion Créateur d'Emplois pour la grande région de Montréal 2018
- Certification de préparation à la cybersécurité UL 2900-2-3 Niveau 3
- Certification CSPN de l'ANSSI
- Partenaire certifié Microsoft Gold - Plateforme cloud
- Statut de partenaire Platinum Premier de Mercury Security

www.genetec.com

INNOVATE MONTRÉAL

KINOVA

Every mission starts with inspiration and a brilliant idea. Long before our company was established, our founder and CEO Charles Deguire was a young man with three uncles living with muscular dystrophy. Inspired by an ingenious makeshift arm his uncle Jacques invented to allow himself to pick up objects, Charles made it his mission to take this idea far beyond his uncle's design.

After years of hard work, along with co-founder Louis-Joseph L'Écuyer, his mission finally came to fruition in 2006, and Kinova was introduced to the world. Today, the company has a dedicated team of more than 240 employees and a network of distribution partners spanning all corners of the world. Kinova continues to evolve its products and solutions to serve the growing need for robotics in many industries and global markets, always in line with its mission to empower humanity to go well beyond its limitations and achieve the extraordinary.

The thinking behind every Kinova product is guided entirely by our human-first approach and our desire to empathize with the people for whom we're designing to ensure we're solving real problems. To survive and succeed in today's increasingly complex world, we need to develop innovative technology and services that improve and extend the capabilities of our customers, whether for assistive purposes or to help advance academic and industrial research, to keep people safer in hazardous situations or help businesses increase productivity.

This design thinking approach to product development led to the recent launch of our KINOVA Gen3 Ultra lightweight robot. Built with flexible hardware, an open software architecture and embedded vision, it provides the modularity, versatility, scalability and ease of operation our customers need. Designed for human-robot interaction, it delivers added value across multiple disciplinary applications and dynamic environments.

For Kinovians, it isn't just about developing innovative products. It's about improving lives with safer robotics and responsible, respectful uses of technology. It's about collaborating with policy-makers, educators and businesses to democratize robotics and accelerate adoption and accessibility.

There is no need too small.
No task too great.

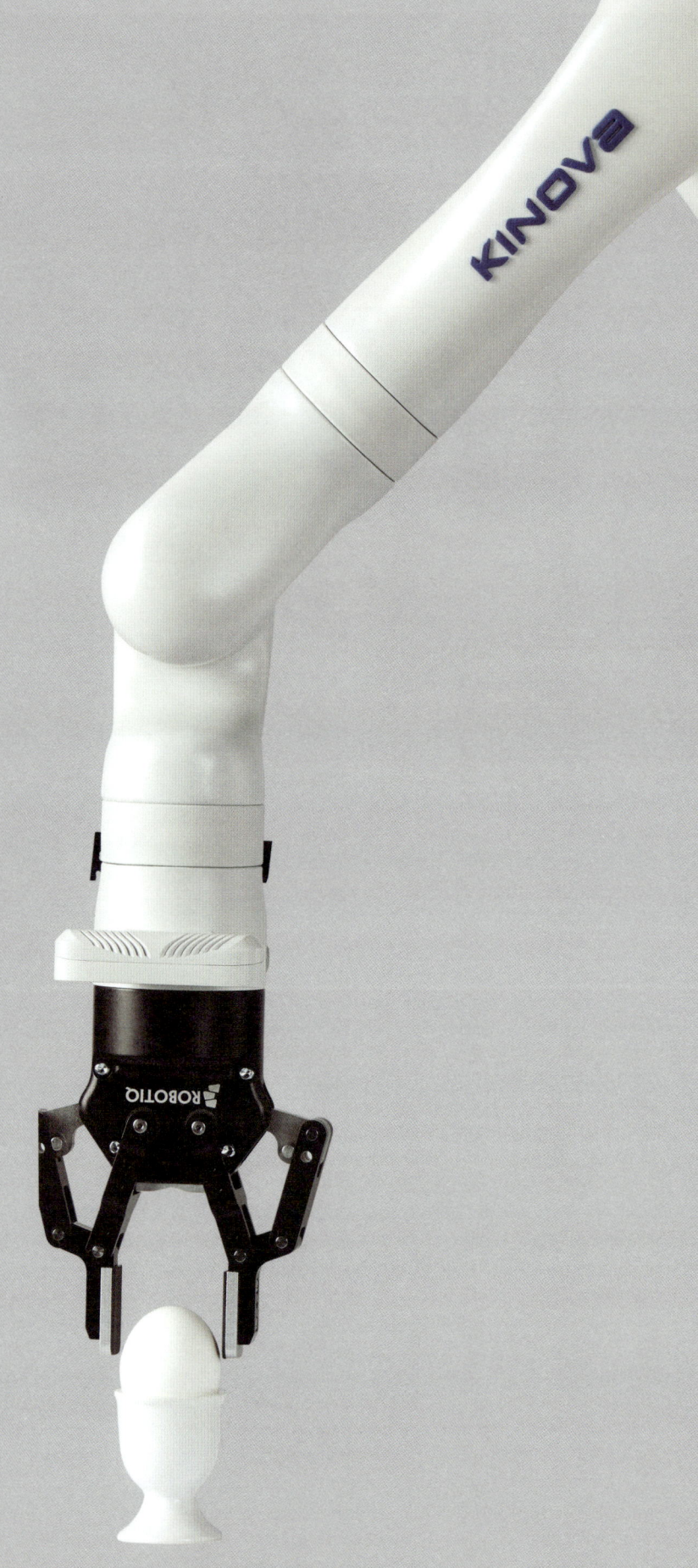

INNOVATE MONTRÉAL

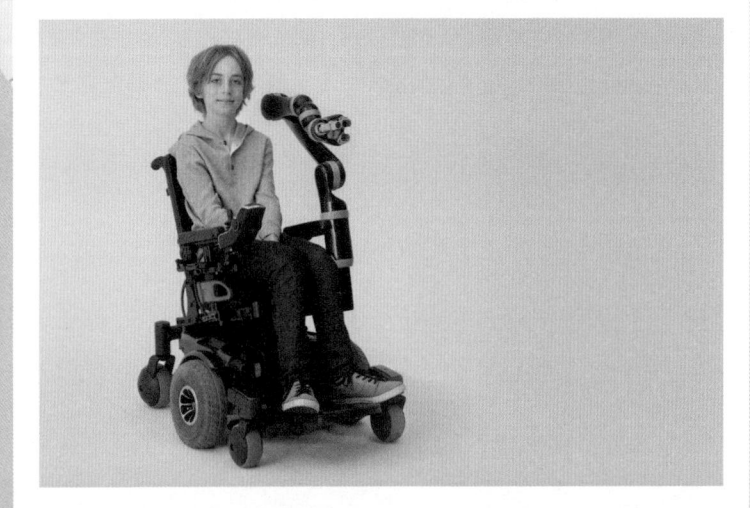

À la source de chaque mission, il y a une idée brillante. Bien avant la création de Kinova, Charles Deguire, notre fondateur et PDG, aide et appuie ses trois oncles atteints de dystrophie musculaire. Inspiré par l'un d'eux qui avait bricolé un bras capable de saisir des objets de toutes sortes, Charles se donne comme mission de pousser l'idée du bras robotisé bien au-delà du prototype de son oncle Jacques.

Après des années de travail acharné aux côtés de Louis-Joseph L'Écuyer, cofondateur, sa mission s'est finalement concrétisée en 2006 et Kinova fut introduit au monde entier. Aujourd'hui, l'entreprise dispose d'une équipe composée de plus de 240 employés dédiés et d'un réseau de partenaires de distribution répartis aux quatre coins du monde. Kinova continue de faire évoluer sa gamme de produits de robotique et ses solutions pour répondre à la demande croissante dans de nombreux secteurs et marchés internationaux, mais la mission collective de Kinova est encore, et sera toujours, d'aider l'humanité à repousser ses limites pour accomplir l'extraordinaire.

Notre approche centrée sur l'être humain et notre désir de comprendre ce que ressentent les personnes que nous voulons aider orientent la conception de chaque produit Kinova Afin de résoudre de vrais problèmes. Pour réussir dans le monde de plus en plus complexe d'aujourd'hui, nous devons développer des technologies et des services innovants qui améliorent et élargissent les capacités de nos clients, que ce soit à des fins d'assistance, pour faire progresser la recherche universitaire et industrielle,

maintenir la sécurité des individus dans des situations dangereuses ou aider les entreprises à augmenter leur productivité.

Cette philosophie de design a conduit au récent lancement de notre robot ultra léger KINOVAMD de troisième génération. Construit avec une architecture matérielle et logicielle réellement flexible, ouverte et une vision intégrée, sa technologie est évolutive, souple, adaptable et facile à utiliser. Conçu pour les interactions entre humains et robots, il est extrêmement polyvalent et peut servir sur plusieurs applications, projets et environnements à la fois, offrant ainsi la plus grande valeur.

Pour les Kinoviens, il ne s'agit pas que de développer des produits innovants. Il s'agit d'améliorer des vies par le biais d'une robotique plus sécuritaire et des utilisations responsables et respectueuses de la technologie. Il s'agit de collaborer avec les décideurs, les éducateurs et les entreprises afin de démocratiser la robotique et d'en accélérer son adoption et son accessibilité.

Aucun besoin n'est trop petit.
Aucune tâche n'est trop grande.

KINOVA

kinovarobotics.com

CRYSTALTECH NANO 2.0
MILLION-DOLLAR IDEA

CRYSTALTECHNANO

MILLION-DOLLAR IDEA
NANO LIQUID GLASS YOU CAN USE ON ANYTHING!

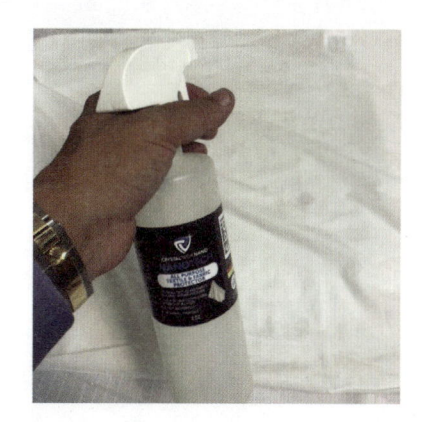

WWW.CRYSTALTECHNANO.COM

Pursuing big ideas in Nano concepts, taking them to market and owning the category, has been the passion of Montrealers Steven Zeitz and Lee Goren, who pioneered consumer-friendly Nano applications for everything from smartphone screen protection to all-natural fabric protectors and anti-fog coatings.

The entrepreneurs brought their flagship Crystaltech Nano Liquid Screen Protector to North America in 2015-2016, the innovation of their Nano phone screen coating technology wowing the crowds at CES, the world's biggest Consumer Electronic Shows held annually in Las Vegas

These revolutionary Nano consumer products are born of science: extracting silicon dioxide from sand and combining it with water or ethanol turning pure glass into a liquid to be sprayed on everything from Phones and Fabrics to Baby items and Vehicles. Crystaltech Nano's Sio2 Liquid Glass forms a clear, flexible coating roughly 500 times thinner than a human hair, applied to surfaces for an anti-microbial, scratch resistant, water-repellent and easy-to-clean barrier lasting up to a year.

Headquartered in the heart of Montreal's Fashion District, Crystaltech Nano – with offices and production facilities in Canada, the United States, U.K., China and Germany – sells at retail, online and via Amazon, shipping ready-to-use protective coatings worldwide and conquering this huge global growth category one smartphone, one pair of goggles and one windshield at a time.

Transforming a complex model into a simple million-dollar idea, Goren and Zeitz made a great product better to secure its industry's pole position. With teams of chemical architects, the duo perfected the formula, adding properties, changing quantity, developing European – and soon North American – smartphone insurance programs for their Nano screen protector. Crystaltech's European-made products outperform and outpace industry challengers, fortifying its market dominance.

Consumers don't fret about microns, tolerances and water molecules, but appreciate Wipe-On Wipe-Off applications; no expiration dates; validated anti-bacterial, 9H hardness and water-repellent effects; peace of mind viewing photos of loved ones on expensive screens; windshield treatments that scoff at torrential rains, or when they spill coffee on expensive fabrics.

North America's Nano kings continue to innovate and steward the line's explosive, exponential growth and full gamut of category-leading products. With OEM supply agreements for leading brands, as well as product under the Crystaltech Nano label, Zeitz and Goren have brought Nano protection to millions of global consumers, broadening daily their reach and penetration with industrial and commercial applications for everything from anti-slip products for senior-care facilities to anti-graffiti remedies for walls and monuments.

All natural with no harmful chemicals, the formula is food- and medical-safe, already used in hospitals in the U.K. and Europe, as well as meat-processing factories in Germany. They are also rolling out novel clarity-boosting optical products, protecting sunglasses and prescription glasses from chips, scratches and corrosion, as well as anti-fog applications for glasses, ski and safety goggles and visors.

The fully vertical company leverages proprietary formulas, economies of scale, exclusivity of supply and geographic reach, driving more than a dozen products through the Nano pipeline, fast and flexibly for distributors and retailers thanks to ownership and control of the entire supply chain.

THE FUTURE IS NANO and Crystaltech is the leader.

STEVEN ZEITZ CO-FOUNDER
514-804-6180
STEVEN@GZEDMOBILE.COM

LEE GOREN CO-FOUNDER
514-999-0127
LEE.GOREN@GZEDMOBILE.COM

INNOVATE MONTRÉAL

ZONETI
FUTUREWITHOUTBOUNDARIES

THE BEGINNING OF EMERGING TECHNOLOGICAL INNOVATIONS
À L'AFFÛT D'INNOVATIONS TECHNOLOGIQUES ÉMERGENTES

On the lookout for emerging technological innovations, **ZONETI** evaluates innovations, drives change and makes accessible innovative and scalable business solutions that make the **ZONETI** team stand out from the competition.

ZONETI high-level expertise positions itself as a technology innovation facilitator for efficient technology products, and for the comprehensive and secure management of the overall data and big digital data lifecycle. ZONETI offers a wide range of data management products and services, all of which are targeted at improving the performance of both medium and large companies.

ZONETI provides strategic advice that encourages the growth of their clients.

ZONETI supports its customers to help them lead their organizations towards significant, measurable and efficient improvements.

ZONETI helps their customers to make the best choice. Their high-level expertise and vast knowledge of the data universe allows **ZONETI** to provide multiple personalized advice that helps clients make the best business decisions necessary for the sustainability of their business.

ZONETI INNOVATIVE PRODUCT
HYPERRACK is a highly secure physical and software platform that integrates with data centers.

Tailored
Customized and optimized according to the requirements of each customer, it reduces the amount of IT equipment required, increases storage capacity and reduces overall operating and maintenance costs.

We help our clients to systematically manage their data, ensure data safety and security and maintain control.

Explosion of data
Our answer to the explosion of data is the implementation of an infrastructure that allows you to reduce your global footprint by 12:1, through compression, deduplication in local mode, hybrids, cloud and multi-cloud. Our platform is able to handle petabytes of data in a super secure way.

The security of data
Our solution offers military grade security levels, using a private blockchain, data encryption and traceability, depending on the storage tiers used in the enterprise. We use geographic dispersion to ensure the security and availability of the data at all times.

Digital revolution
With instant access to all your third-party data, you now have the opportunity to revive the most important asset in your business: YOUR DATA

DIGITAL REVOLUTION

GROWTH DATA	INCREASE IN COSTS	FAULTS OF SECURITY	NATIVE CLOUD APPLICATION	DATA VOLUME
54%	**$1.9M**	**44.7%**	**15%**	**10x**
Large organizations with over 1 000 employees archive more than	That's the average big business spending for their archiving solutions every year	Increase in data breaches in the United States since 2016*	New enterprise applications were in native cloud computing in 2017 and will reach	The volume of data will increase from 4.4 zettabytes to
500 TB of data	**> 50%** expenses from $250 000 to $900 000 a year	**$3.6M** the average overall cost of a data breach in 2017	**32%** by 2020	**44ZB** from here to 2020

INNOVATE MONTRÉAL

HYPERRACK®
DIGITAL INFRASTRUCTURE

ZONETI évalue des innovations, provoque le changement et rend accessible des solutions d'affaires novatrices et évolutives qui font que l'équipe de **ZONETI** se place loin devant la concurrence.

L'expertise de haut niveau de **ZONETI** le place à titre de spécialiste facilitateur en innovation de produits technologiques efficients, et de gestion complète et sécuritaire du cycle de vie global des données et des mégadonnées numériques.

ZONETI offre une vaste gamme de produits et services de gestion des données qui ont toutes une utilité ciblée pour améliorer le rendement des moyennes comme des grandes entreprises. **ZONETI** prodigue des conseils stratégiques qui favorisent la croissance de ses clients.

ZONETI accompagne ses clients pour les aider à mener votre organisation vers une amélioration significative, mesurable, performante. **ZONETI** aide ses clients à faire le meilleur choix. Son expertise de haut-niveau et sa vaste connaissance de l'univers des données permettent à **ZONETI** de prodiguer de multiples conseils personnalisés qui aident ses clients à prendre les meilleures décisions d'affaires nécessaires à la pérennité de leur entreprise.

ZONETI PRODUIT NOVATEUR
Une plateforme physique et logicielle ultra sécurisée qui s'intègre aux centres de traitement de données.

Sur mesure
Personnalisée et optimisée en fonction des exigences de chacun des clients, HYPERRACK permet de réduire la quantité d'équipements informatiques requise, d'augmenter la capacité de stockage et de réduire globalement les coûts d'exploitation et de maintenance.

Nous aidons nos clients à bien gérer leurs données, à en assurer la sécurité et à en conserver le contrôle.

Explosion de la donnée
Notre réponse à l'explosion de la donnée est la mise en place d'une infrastructure qui vous permet de réduire votre empreinte globale de 12:1, via la compression, la déduplication en mode local, hybride, cloud et multi-cloud. Notre plateforme est en mesure de traiter des pétaoctets de données de manière hyper sécurisée.

La sécurité de la donnée
Notre solution propose des niveaux de sécurité de qualité militaire, en utilisant une blockchain privée, le cryptage des données et la traçabilité, selon les tiers de stockage utilisés en entreprise. Nous utilisons la dispersion géographique pour assurer la sécurité et la disponibilité de la donnée en tout temps.

Révolution numérique
Avec un accès instantané à tous vos tiers de données, vous avez maintenant la possibilité de redonner vie à l'actif le plus important de votre entreprise : VOS DONNÉES !

Contact: www.zoneti.ca

DATA CREATION
90%
Global data created in the last two years
2500PB
New data is generated every day

DATA USE
0.5%
of all data are analyzed and used

VOLUME ANALYSE
8x
The total volume of data to be analyzed should reach
163ZB
from here to 2025

INNOVATE MONTRÉAL

DEVILLE TECHNOLOGIES

The Journey
In 1974, Angelo Penta founded a company that catered to the Chemical, Pulp & Paper, Food & Beverage, and Pharmaceutical industries. The market demand for pre-cut, high quality, ready-to-eat food, gave rise to the start of new company called Deville Technologies. Deville introduced its flagship FS40 cheese shredder, to the marketplace in order to fill the need for an industrial, hygienic shredder in the dairy market. The desire to provide the best possible solution to the market and cater to each client, whether large or small, is a philosophy that is passed on to all Deville employees via the company's core values.

These values embody the spirit and principles on which the company was founded more than 40 years ago.

Motivated by Passion
Providing value to its clients is a principle on which there is no compromise, no matter how much Deville grows. The added-value concept coupled with the quality of the service provided to its clients, remains undeterred since the first day Angelo Penta founded his company. In fact, Deville consistently provides proven return on investment value in mechanical technology solutions including engineering, manufacturing, installation supervision, service, preventive maintenance and a lifetime support of full line industrial food cutting solutions.

With the passing years, Deville has opened offices in the USA and Canada - and works closely with companies ranging from Fortune 500 members to small and medium sized entrepreneurs.

Driven by Desire
Investing in R&D puts Deville in a leadership position in terms of being able to offer state-of-the art technology and ultra-hygienic equipment to a market in which there is an increasingly high demand for convenience food and ready to serve products such as snack foods, snack bars, and frozen foods.

We design full line solutions with home grown technology that allows our clients to be a competitive force in the market space. We provide efficient and attentive service which is second to none in the industry. The industry recognizes Deville as such.

"I have over 28 years of experience in the machinery business and I have worked for over nine equipment manufacturers. From this experience, I can genuinely say that you have a great team, a great company and I certainly understand why Deville leads." – Doug Hillistad Bakery Systems and Solutions, Inc. Illinois, USA

Recognition
In 2018 Deville received:
- Canada's Growth 500 Award
- Alpha 2018 Award
- Mercador Regional Award

INNOVATE MONTRÉAL

> "Innovation is in our human DNA, it's such a shame if we don't tap into it and create greatness with it."
>
> « L'innovation est dans notre ADN, ce serait bien dommage de ne pas l'exploiter pour créer de la grandeur. »
>
> **David Penta, President and CEO**

Le parcours

En 1974, Angelo Penta a créé une entreprise axée sur les secteurs des produits chimiques, des pâtes et papiers, de l'alimentation et des boissons ainsi que des produits pharmaceutiques. C'est la demande du marché pour des aliments prédécoupés, de haute qualité, prêts à consommer, qui a donné naissance à cette nouvelle entreprise appelée Deville Technologies. Deville a lancé son produit-phare, la râpeuse FS40, afin de répondre au besoin d'une râpeuse industrielle et hygiénique sur le marché des produits laitiers. La volonté d'offrir la meilleure solution possible et de satisfaire chaque client, grand ou petit, est une philosophie intrinsèque des valeurs fondamentales de l'entreprise, qui est transmise à tous les employés de Deville.

Ces valeurs incarnent l'esprit et les principes qui sont la pierre angulaire de Deville depuis plus de 40 ans.

Une entreprise animée par la passion

Malgré son essor, Deville n'accepte aucun compromis quand il s'agit de fournir de la valeur à ses clients. Conjugué à la qualité du service offert à ces derniers, le concept de valeur ajoutée est demeuré le même depuis le premier jour où Angelo Penta a fondé son entreprise. En fait, Deville n'a de cesse d'obtenir un rendement du capital investi confirmé dans des solutions technologiques mécaniques qui englobent l'ingénierie, la fabrication, la supervision de l'installation, le service, l'entretien préventif et le soutien permanent de toute une gamme de solutions de coupe alimentaire industrielle.

Au fil des ans, Deville a établi des bureaux aux États-Unis et au Canada, et travaille en étroite collaboration tant avec des sociétés membres du Fortune 500 que des petites et moyennes entreprises.

Une entreprise motivée par le désir de réussir

Grâce à ses investissements dans la recherche et le développement, Deville est un chef de file de la technologie de pointe et du matériel très hygiénique sur un marché où la demande d'aliments prêts à servir tels que les grignotines, les collations et les produits surgelés est de plus en plus forte.

Nous concevons des solutions complètes au moyen d'une technologie maison qui permet à nos clients d'être compétitifs sur le marché. Nous offrons un service efficace et attentif qui est inégalé dans le secteur. Et le secteur reconnaît la réussite de Deville.

« J'ai 28 ans d'expérience dans le domaine de la machinerie et j'ai travaillé avec plus de neuf fabricants de matériel. Je peux donc vous dire en toute sincérité que votre équipe et votre entreprise sont extraordinaires, et je comprends tout à fait pourquoi Deville est un chef de file. »

Doug Hillistad, Bakery Systems and Solutions, Inc., Illinois, États-Unis

Reconnaissance

En 2018, Deville :
- a fait son entrée au palmarès « Growth 500 » au Canada
- a reçu le prix Alpha 2018
- a obtenu un prix MercadOr

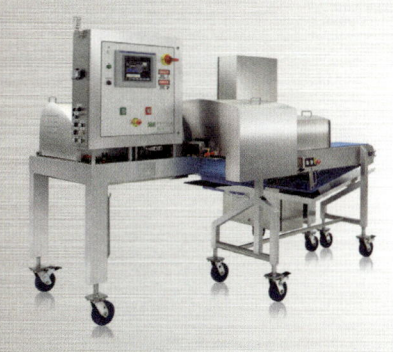

DEVILLE TECHNOLOGIES

www.devilletechnologies.com

NANOPHYLL

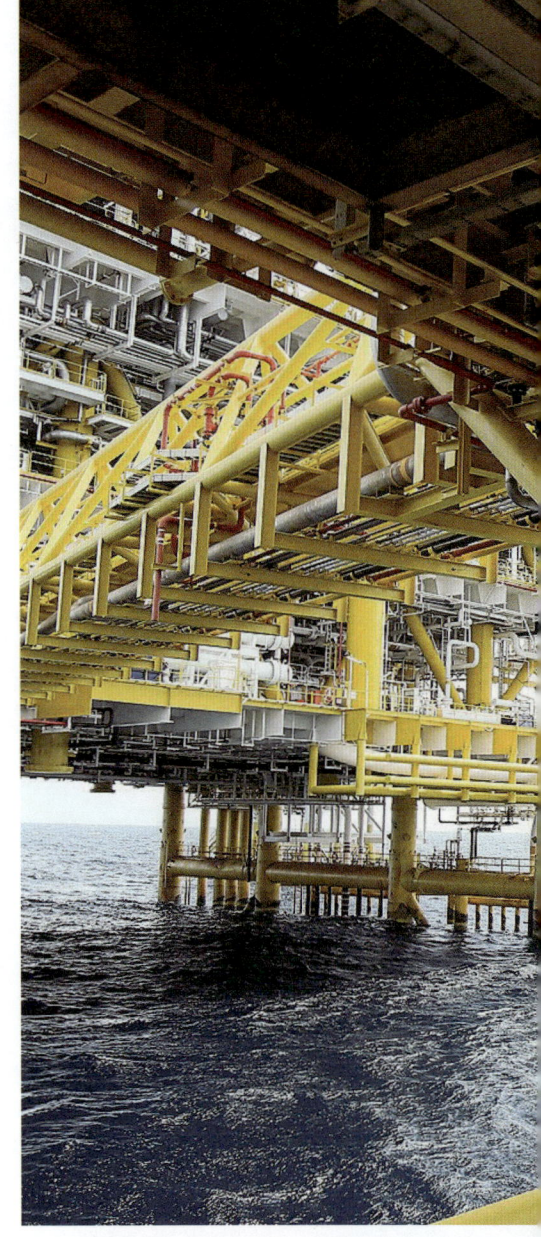

Founded in 2015, Nanophyll is headquartered in Montreal, QC, with laboratories and production in Hamilton, Ontario. Nanophyll has developed and is marketing hydrophobic anti-stick nanocoatings that prevent fouling, corrosion and ice buildup. Treated materials have easy clean, anti-graffiti and anti-microbial properties. Our coatings are environmentally friendly, simple to apply and scalable for industrial adoption.

Nanophyll is exclusive in having developed an Innovative technology platform of functionalized nanoparticles that bring everyday paint and coatings Into the cutting edge of chemistry and nanotechnology.

Due to the concentration of universities and research centers, Montreal has been the ideal proving ground for our growth and expansion across international markets.

Nanophyll continuously drives innovation by leveraging client responses to our relentless questioning of their processes, costs and risks with a goal of 'how can this be done better?' Through this friendly inquisition; market and technology gaps have been identified and capitalized on.

Through our numerous patent applications, foreign companies and institutions have approached Nanophyll. These contacts have led to many successful projects and customer adoption in our targeted markets. Besides media recognition, Nanophyll was awarded 'Most Innovative Product' by the Toronto Construction Association at their annual luncheon in November 2018.

nanophyll.com

INNOVATE MONTRÉAL

NANOPHYLL

2300 Alfred Nobel | Montreal, Quebec | H4S 2A4 | (514) 827-2468

RAMPART
BENEFIT FROM OUR EXPERIENCE AND EXPERTISE TODAY!

Rampart manufactures and distributes an array of products to create perfect work environments for commercial or institutional spaces. From partitions systems, demountable walls, acoustic panels & baffles, cubicles and panel systems, we have customized our products to fit even your most complex projects.

Mission
Our goal is to provide our customers with current, progressive systems and products; consequently creating office environments that meet and exceed the specific needs and expectations of our clients, because we want to offer them the best experience: a healthy environment and an impeccable service.

History
Rampart Partitions Inc. was founded in 1973 by Karel C. Elhen, former Vice-President of Manufacturing and Engineering at Modernfold Canada. When Modernfold decided to close its Canadian operations, Karel C. Elhen started Rampart Partitions Inc. and brought with him an experienced team. Current president, Robert Elhen – Karel's son and graduate engineer – joined the company in 1978.

Rampart began as a manufacturer of folding doors, but soon diversified its product line. Acoustic wall panels were added 1981 and in 1983, Rampart entered the office and contract furnishing market with its successful launch of the RS1000 Office System. A modular panel system featuring a wide range of integrated furnishings and accessories, the RS1000 was the impetus and inspiration for Rampart's current line of office systems including the popular Variations Panel System.

Sharing the same passion for creating better work environments, Steve and Karl, Robert Elhen's two sons, also joined the company receiving their bachelor of engineering, continuing the tradition and maintaining Rampart's mission to offer high quality office environments along with professional service and a focus on their clients.

INNOVATE MONTRÉAL

(L-R): Karl Elhen, Robert Elhen and Steve Elhen

"Quality means doing it right when no one is looking." Henry Ford

Evolution

Passionate engineers from generation to generation, we pursue our mission of excellence. Today, Rampart continues to maintain its relevance by staying in tune to current trends, listening to our clients, and continuing to adapt and progress within today's constant technological and environmental changes.

RAMPART

Phone: +1 (800) 724-6600
Email: info@rampart.ca
www.rampart.ca

INNOVATE MONTRÉAL

3DPARTFINDER
FROM 3D DATA TO BUSINESS INTELLIGENCE

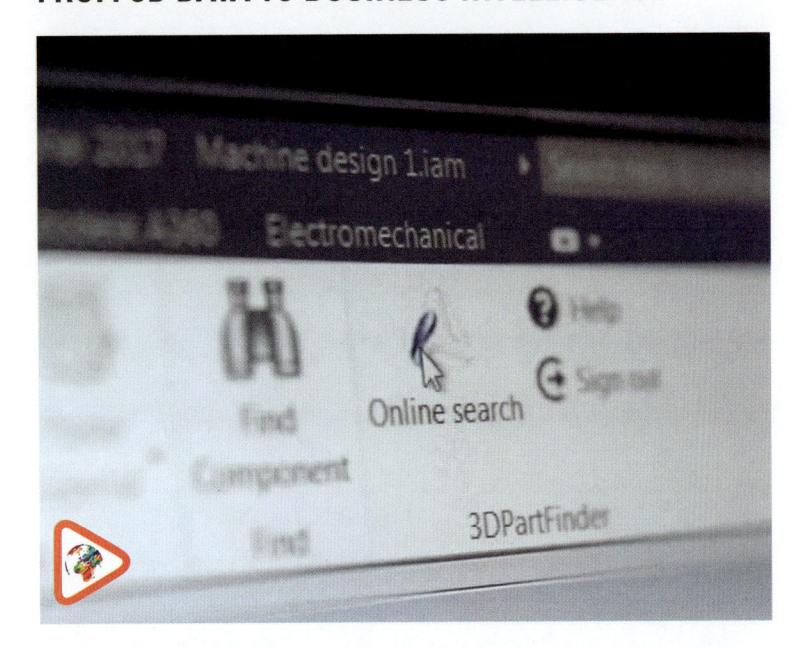

At last, a disruptive technology in the world of search engines for the industry!

Nowadays most products are designed in 3D before they hit the road. Although these new products will most likely contain an innovation, not every part needs to be created from scratch. A new car might feature a new engine while many of its other components might remain the same. This applies for most of the industrial equipment. When a new product is released, typically 15-21% of its components are duplicates or nearby duplicates of parts found in products available in their current catalog. 3DPartFinder puts an end to this nonsense!

Tight schedules, the ease of creating new parts and, more importantly, the lack of tools to avoid creating those similar parts are the main contributors to part proliferation. Just think for a moment how many "brackets" with different shapes there are in your car. Now if you are a designer in the automotive industry and search for a specific part using the key word "bracket", you end up with too many results and not enough time to open all the 3D files only to find out they have the wrong shape and size for your application. Fact: you can hardly describe a unique shape using words!

This is where 3DPartFinder, 3DSemantix's shape-based search engine, comes into play. 3DPartFinder does for parts what Google® does with text: It finds and displays parts identical or similar to the inquiry using a 3D model as the search key!

Suitable matches are displayed in 3D and are ranked according to their level of similarity. The benefits are cost reductions and a shorter development cycle. Moreover, the knowhow of the company is translated into their designs. When someone finds an existing part relevant to its design it automatically accesses the knowhow to reuse it or to inspire his new design.

Montreal is a world leading 3D cluster!

Montreal has been a hub for 3D technologies for several decades. Whether you think of graphics and imaging cards, 3D Computer Aided Design systems

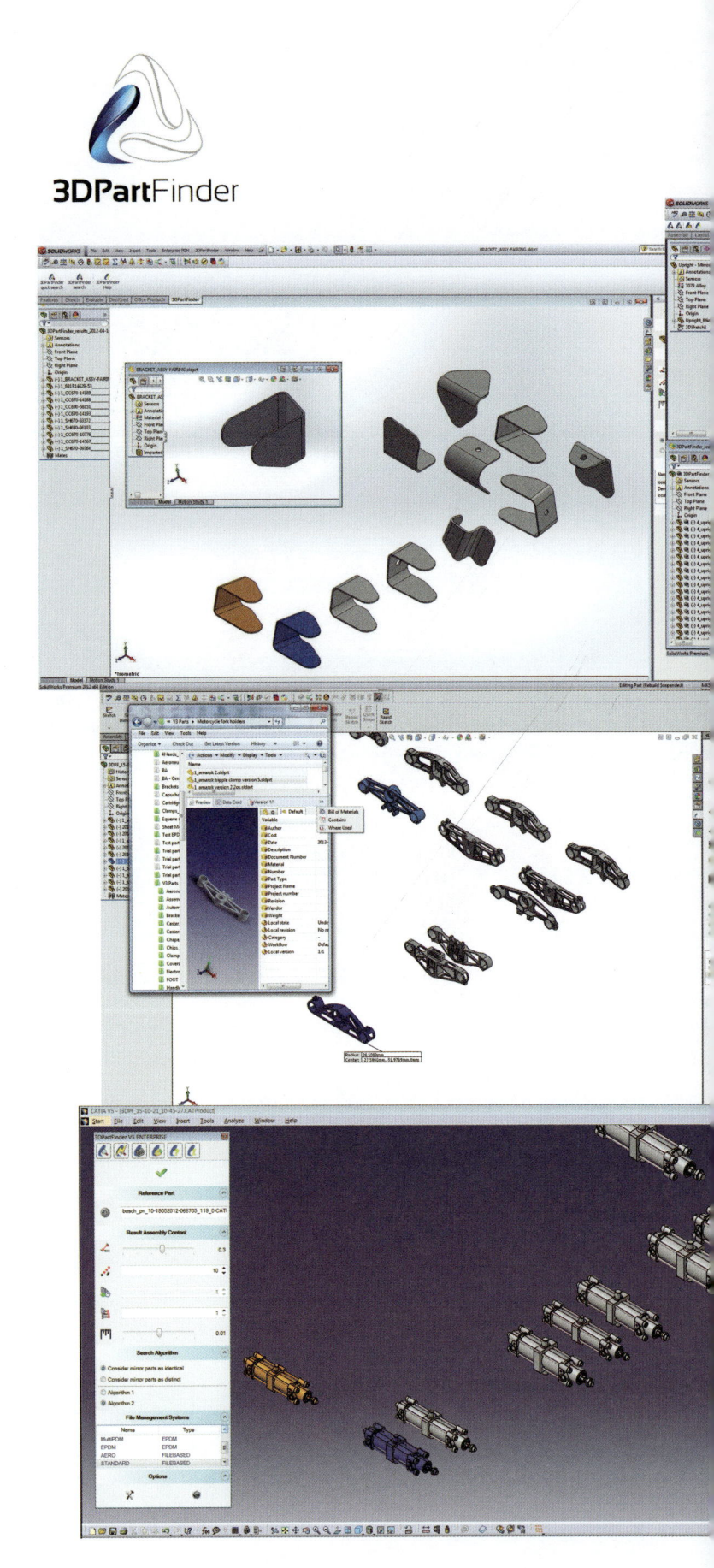

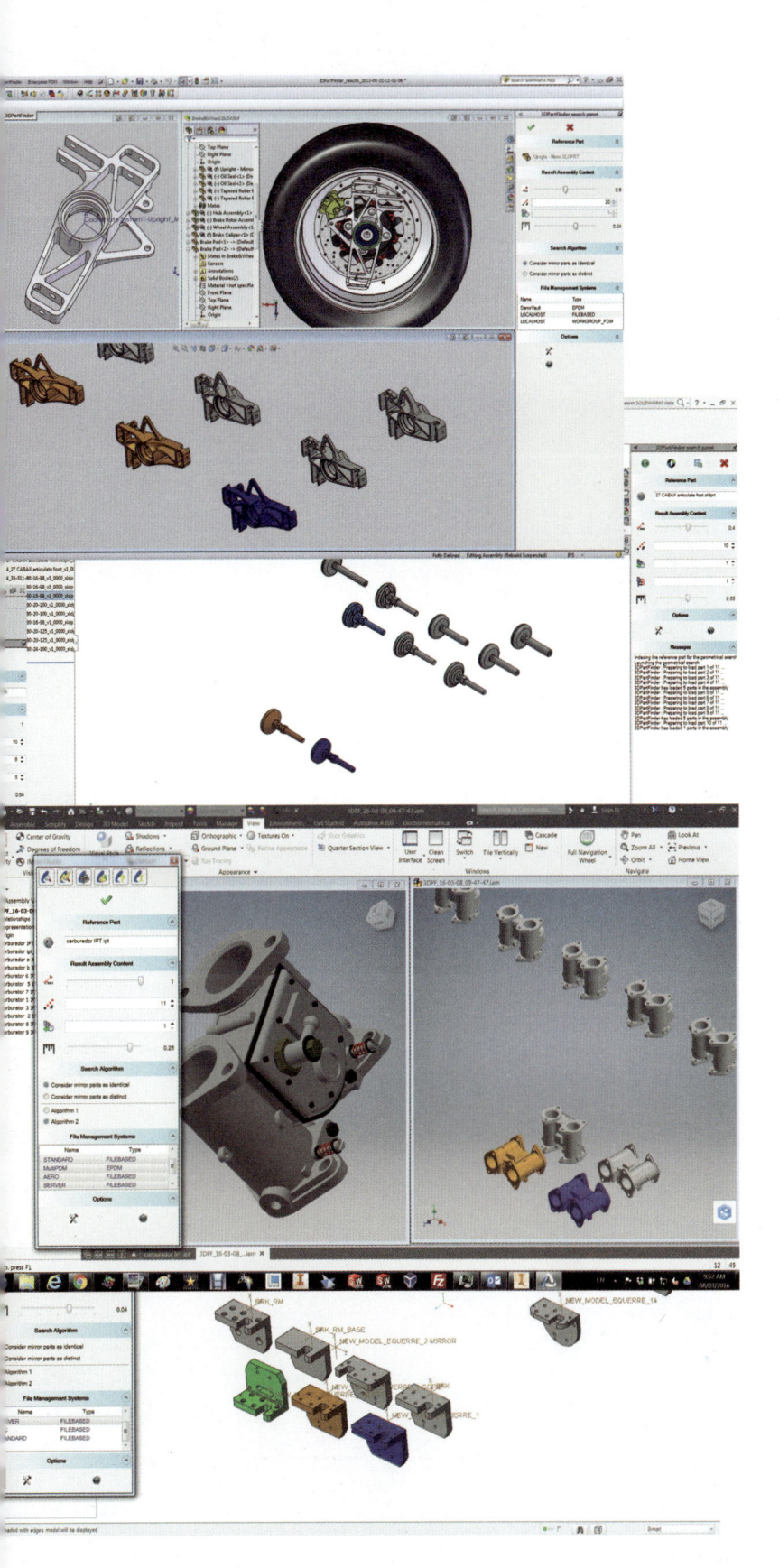

(CAD), 3D Gaming software, 3D scanning cameras, 3D special effects in movies, many products in the field of 3D were born in Montreal. Not surprisingly, 3DPartFinder shape-based search engine was invented here in Montreal.

3DSemantix was founded in 2011 by passionate entrepreneurs with world class expertise in 3D model analysis and 3D data extraction. 3DPartFinder is the result of more than 12 years of research and a spin-off of ÉTS Engineering University.

3DPartFinder on the web

3DPartFinder allows Manufacturing companies to reuse their parts and all data related. Following a strong demand from the industry, 3DSemantix is now introducing 3DPartFinder for the internet to connect directly Part Manufacturer with Product Designers. This ecosystem is in line with Industry 4.0 strategies pursued by manufacturers and an outstanding solution for the factory of the future!

Whether you work in the aerospace, the automotive, the industrial equipment or the food industry, when you design new parts 3DPartFinder will assist you in making better decisions.

We invite you to join Boeing, MDA Satellite Systems, Siemens, CCM and several others who have adopted 3DPartFinder to reduce cost and go to the market more rapidly!

www.3dpartfinder.com

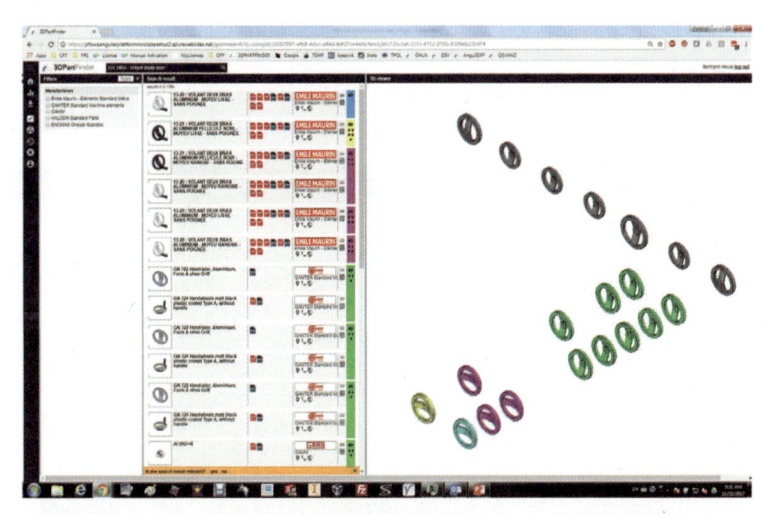

INNOVATE MONTRÉAL

ORA GRAPHENE AUDIO INC.

Ora Graphene Audio Inc. is a Montreal-based startup that engineers advanced nano-materials for the audio industry. Their team works with the exciting properties of graphene, the strongest and lightest material known to man, to deliver smaller/lighter, more energy efficient speakers, all while remarkably improving sound quality.

ORA

GRAPHENE AUDIO

The company's acoustic experts and materials scientists have dedicated the last few years developing GrapheneQ, a patented material with a rare combination of high stiffness, low density and great damping factor, making it the 'holy grail' material for loudspeaker membranes.

While Ora launched a very successful crowdfunding campaign for a premium pair of headphones featuring their proprietary graphene membranes, the technology has also caught the attention of the biggest consumer electronics brands, already engaging Ora to develop solutions for their devices. There are three main reasons why GrapheneQ has audio engineers excited:

1) **New levels of fidelity**
   The high stiffness of graphene means that an acoustic membrane won't distort as it is pushed back and forth, pushing 'speaker breakup' to supersonic frequencies.
2) **Reduction of power consumption**
   Loudspeakers are incredibly inefficient. Less than 1% of the power from an amplifier is actually converted into sound. The low density of graphene means that it takes less energy to move the membrane, allowing for significant improvements in the battery life of wireless audio devices.
3) **More Volume/Smaller Devices**
   The low density of graphene also translates to higher sound pressure levels (SPL), enabling audio engineers to design smaller/louder speakers.

To date, other than GrapheneQ, there have been very few cases of graphene enabled applications hitting the market where the vast majority of the product's content (95% in Ora's case) is actually graphene. In fact, Ora not only developed an ideal material for the audio industry, they also established and patented an innovative manufacturing technique, which is easily scalable, yields membranes at commercially viable costs, and allows for the formation of the material into complex geometries with very high precision.

Given the natural fit between GrapheneQ's near-term potential and the pain points associated with acoustic transducers, Ora expects their technology to be adopted across audio categories extremely rapidly. Whether they be headphones, portable speakers, televisions, hearing aids or even smartphones, all audio transducers today could benefit from the killer mechanical properties that GrapheneQ provides.

ora-sound.com

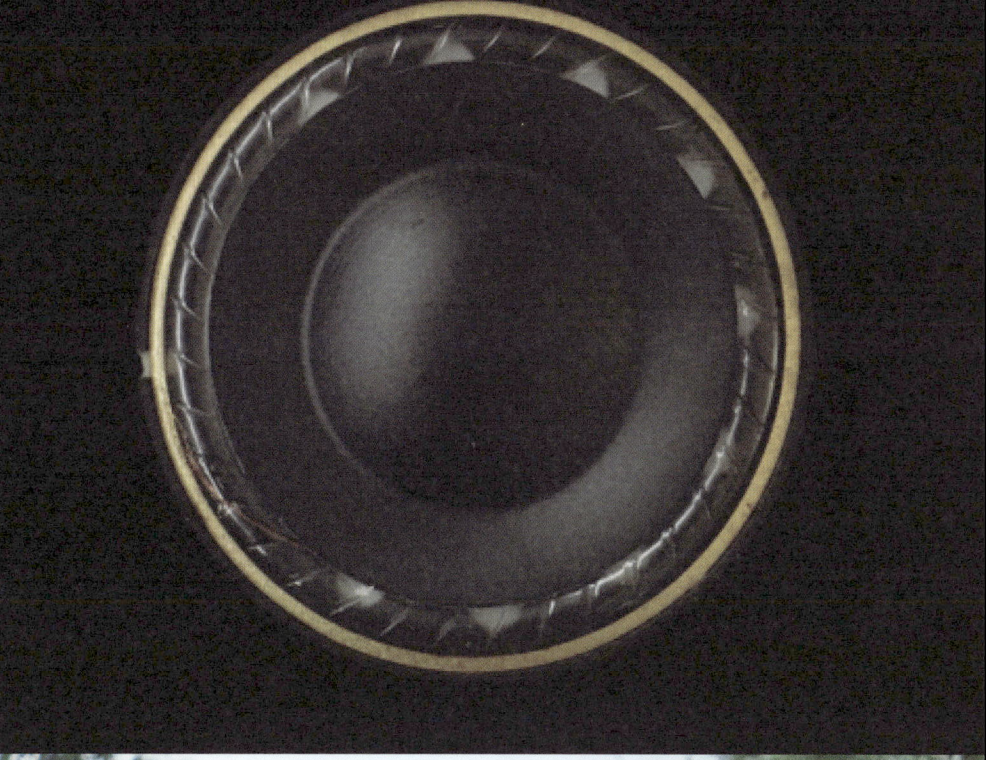

INNOVATE MONTRÉAL

STEFANKA
ENGINEERING THE FUTURE OF FASHION

Step inside an old fur coat factory in Montreal and you'll find a young software company working to reshape the fashion industry. Stefanka digitizes body data to help shoppers navigate through thousands of clothing options and instantly find the right cut, style and size for them. The end goal? Drastically reducing inefficiencies across the apparel supply chain and ushering the fashion industry into a more sustainable era.

Fashion's Ugly Truth

Beneath all the beauty and glamour of fashion lies an ugly truth: the fashion industry is one of dirtiest in the world, second only to oil. According to a recent report by the Global Fashion Agenda and The Boston Consulting Group, the sector's CO_2 emissions are expected to balloon by more than 60%, to nearly 2.8 billion tonnes per year by 2030. Fast fashion relies heavily on labour and raw materials, both of which make the industry particularly vulnerable to changes in the environment.

Fashion production is now plowing through resources at a faster pace than ever. At the same time, the constantly changing sea of options and trends makes it harder for consumers to figure out which sizes, cut and style are right for them. The after-effects of unplanned mass production make matters even worse: 73% of the world's clothing ends up in landfills, less than 15% of clothes are recycled and less than 1% of material used to produce clothing is recycled into new clothing.

The Company's Roots

With such a massive production of clothes, why is it still hard and time-consuming for shoppers to find the right size? How come brands aren't adapting their operational structures to better meet the not-so-distant challenges of climate change? Wouldn't they want to reduce expenses caused by wasted fabric, unsold inventory and returns? Are they not seeing the impending rising costs and restrictions on crops, water and fossil fuels? Those are the questions Elizabeth Stefanka asked herself back in 2014 when thinking about founding her company – one that would leverage technology to address the inefficiencies of the apparel industry.

How to Transform an Industry

The platform developed by Stefanka uses shoppers' body measurements to help them instantly find the right fit for any piece of clothing. Whether shopping in brick-and-mortar locations or online stores, the platform puts product and sizing recommendations right at consumers' fingertips. Not only do they get

INNOVATE MONTRÉAL

About the Founder

Elizabeth Stefanka is the CEO and founder of Stefanka Inc. She worked in seven different countries before launching her company in 2014. Elizabeth holds a master's degree in International Business from HEC Montréal and a bachelor's degree in Consumer Science from Laval University in Canada. Prior to pursuing graduate studies, Elizabeth also attended HEC Montréal's Summer School of Management, Creativity and Innovation, completed an undergraduate degree at the European Packaging School in France and studied fashion design in Quebec City. She is currently based in Montreal, Canada.

To learn more about Stefanka, visit www.stefanka.tech. To get in touch for business inquiries or career opportunities, reach us at info@stefanka.tech

the right fit, but they also enjoy a consistent and engaging shopping experience every time they shop, at any location.

Every time consumers interact with the platform, retailers and manufacturers get new, valuable data they can use to revolutionize the way they do business. For instance, hyper-accurate body dimension data allows garment makers to adapt their design to the morphology of specific populations and regions, increasing the likelihood that their products will move off the shelves. It also lets them better predict how much fabric they'll need, how many garments to produce in each size and which ones are likely to sell at full price, reducing waste and boosting their bottom line. For retailers, it means happier customers who like what they're wearing, which translates into reduced expenses and lower carbon emissions for delivery and returns.

Stefanka's size management technology also offers major advantages to uniform suppliers. Traditionally, uniform suppliers send staff out to their clients' locations to take body measurements by hand. By digitizing their fitting assistance, they can greatly reduce the need for this costly and time-consuming service. Digital body data also empowers suppliers to better anticipate made-to-measure sizes, deliver them in record-breaking time or outright eliminate the need for them. And with accurate data, warehouse management and order fulfillment can recalibrate their activities according to demand. Increasingly, uniform companies have come to embrace sizing technologies, which, combined with the retail sector, can launch the fashion industry's transformation toward more sustainable practices.

INNOVATE MONTRÉAL

DRONE ÉLITE
PHOTOS | VIDÉOS AÉRIENNES

UAV inspecting aircraft fuselage

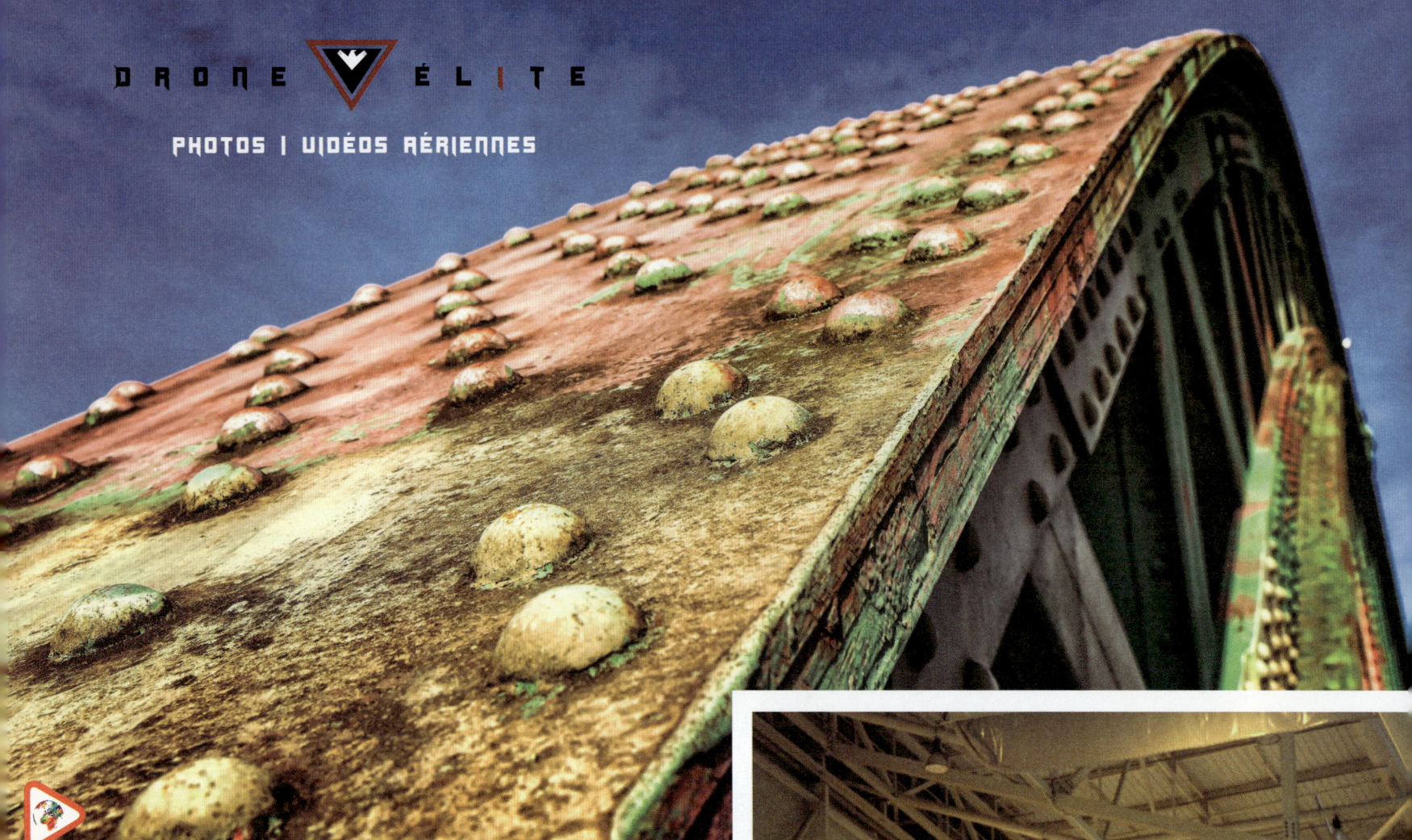

UAV used on construction sites

Genesis
Born from the successive innovations in technology throughout history, aircrafts evolution is phenomenal and extremely impressive. Since the first time Man Flew in the Air, the Aviation domain has not stopped progressing. Drones, or unmanned aircrafts, are older than the popular belief, in fact History quotes;

"The earliest recorded use of an unmanned aerial vehicle for war fighting occurred on August 22, 1849, when the Austrians attacked the Italian city of Venice with unmanned balloons loaded with explosives known as Austrian balloons. At least some of the balloons were launched from the Austrian ship Vulcano."

Mission
Drone Elite is here to make sure this technology benefits the professionnals, the Big Film Makers, but that it is also available for anyone who desires a good aerial footage of his wedding, festival, special event or simply a family gathering.

By professionals we mean construction engineers, aerospatial engineers and architects but also agricultural farmers who need to better their crops and have a quality control over their fields.

The main goal of Drone Elite is to flood the market with drones working in congruity with professionals to help them in their everyday tasks, save time for everyone, and make work fields a lot more secure.

UAV Crops Thermal Inspection

UAV 3D Mapping for blueprint

Usages

Firstly, unmanned aircrafts can be used for simply capturing the beautiful moments that we share with our loved ones, family and friends; but also co-workers, business conferences and so on. Millions of users employ it as a hobby, especially in the movie making industry, drones are more and more popular every year as they simplify tasks but also reduce elevated costs for filming aerial footages. On the other hand, the magic lies in its professional utility as an inspection tool allowing to provide faster workloads and more precise than any human could accomplish.

Today Drones can inspect buildings, bridges and even airplanes like the Airbus company in Europe are using on their large aircrafts in order to reduce time consumption and facilitate the job for the engineers.

New technology gets developed yearly as add-ons made for drones like infrared and thermal cameras capable of detecting slight defects invisible to the naked eye such as drowned areas on a farm field or a potential weakness in an aircraft's fuselage. Also, drone software is getting more sophisticated and intelligent, capable of completing difficult tasks with multiple waypoints when 3D mapping a complex structure.

DRONE ÉLITE

PHOTOS | VIDÉOS AÉRIENNES

www.Droneelite.ca

Joseph Massoud

Almost always the tallest guy in the room, Joseph never failed to catch the eyes with his charisma and enthusiasm, big smile and loud laughs. Always looking for the next challenge, even video games will be played at the hardest difficulty possible. As a university graduate in international business law and relations, Joseph did not think a 9-5 shift daily would satisfy his desire for innovation. A few years back he started working as an aerial photographer renting small size planes hopping on board with his Canon 5D as his weapon of choice, as he would fly all over east of the Canadian territories from Ontario, Quebec, New Brunswick and even Prince Edward's Island, taking pictures for large agricultural companies and construction sites.

My JET
LUXURY TRAVEL PILLOW

LUXURY TRAVEL PILLOWS TO BEAT ALL OTHERS

THE STORY

Creator Dr. Micheal Majette tells the story of why he decided to combine his wants and needs as a traveling consumer with his knowledge and experience as a physician to create the perfect all-in-one pillow: "Since I was a child I have had a spirit of serving others. I have always been concerned with the comfort of those around me and have found that helping a person in need brings me great joy. That same spirit has benefited me well as a physician. Like many of my colleagues, I often find myself treating the same conditions of chronic neck and back pain repeatedly. My goal is always to help each patient achieve a better quality of life through a combination of in-office care, suggestions for at-home care and products that aid in expedited recovery.

"A common complaint I am presented with by many patients is pain associated with travel. As an avid traveler myself, I was always on the pursuit to find products, especially travel neck pillows, that enhance the "getting there" part of the travel experience. I have tested hundreds of different travel pillows hoping to find one I could not only use myself but also recommend to patients. This goal seemed simple, but after over a decade of searching, I learned nothing like that existed."

"What I found through my research is that there are endless amounts of neck pillows on the market, but none were exactly what I wanted. Most are made of cheap materials and don't offer the structural integrity and design required for long-term use. I greatly value the artisanal skills and passion that go into creating a product by hand. That one of a kind quality you can only achieve with non-mechanized production. This lack of focus in design quality is a common theme among most travel pillows on the market today.

"This is where my story begins. My search for the perfect all-in-one pillow has led me to the creation of MyJet Luxury Travel Pillow. Hand-made of quality materials with a patented inner skeletal system for ultimate support, the MyJet Luxury Travel Pillow stands the test of time and has been thoughtfully designed with the same level of care that I show all my patients.

I love this product because its uses have become unlimited. It has revolutionized the way we think of the common travel pillow. Whether it's used for flying across the country, watching TV in the comfort of your own home or to relieve neck tension after a long day at work, I truly hope this product enhances your life as much as it has mine."

Each pillow will be shipped with:

- Extra foam blocks for adding or subtracting additional padding/support to create the perfect fit for you.
- One elastic 3-button strap, allowing for connection to any headrest or existing pillow.
- Lifetime warranty against manufacturing defects.

Pillow types:

- **Coach class**: Will consist of 2 color schemes, all breathable, lightweight, durable cloth material. You can always upgrade your pillow to a higher level cover at any time.
- **Business class** (the most popular): Will consist of 4 different leather and cloth combinations. Also features a black suede inner-lined pocket on the top half to add temperature control packs for heat or cold and LED light.
- **First class**: Coming soon. This version creates a user experience unlike any other. Includes all the above items, custom leather cover, superior Bluetooth remote phone and speakers and first of its kind surround sound.

What makes the MyJet Travel Pillow Unique:

- Customizable to all body shapes and any seat position using adjustable foam levels.
- Adjustable patented internal frame and elastic strap not only hold the neck and head in perfect position, but also help to decompress nerves in the neck and shoulder to relieve pain.  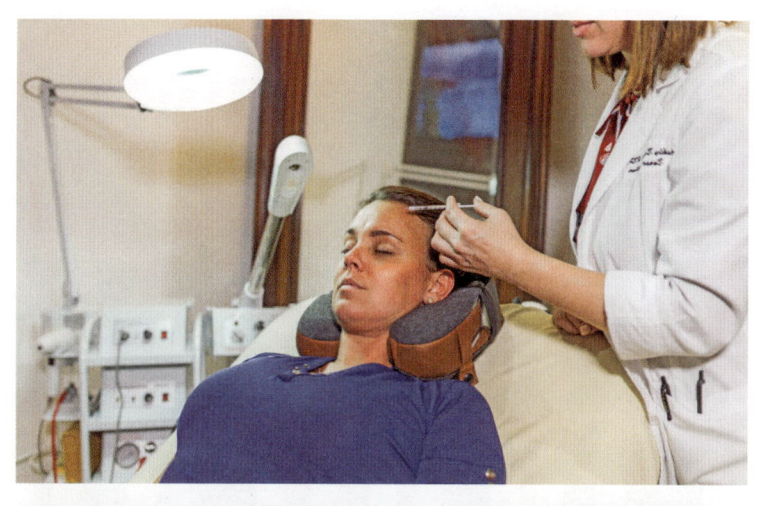 
- The high-quality materials used in creating the handmade covers improve with time and use.
- The ability to make the pillow warm or cold without the use of batteries or power provides an unmatched level of comfort.

TESTIMONIALS

"I can't say enough about this pillow! Last year I took it on a mission's trip to Africa. After 16 hours in my economy seat, I was so thankful to have this pillow with me. My favorite feature is the strap that connects it to the back of your headrest. Anyone who's been on an airplane knows it's impossible to get comfortable in an economy airline seat and the typical travel pillow doesn't prevent you from falling over onto your neighbor's shoulder. With this pillow, I was able to comfortably fall asleep without worrying about my head shifting to the side. Definitely one of my best travel purchases!!" - Patsy C.

"I have had issues with my neck for over 20 years. Even after surgery, I still suffer from pain. I don't travel that often, but my Doctor recommended the MyJet pillow for when I'm at home relaxing and watching TV. It really helps relieve the pressure and tension on my neck." - Tom B.

http://globaltravelinnovations.com

INN O VATE MONTRÉAL

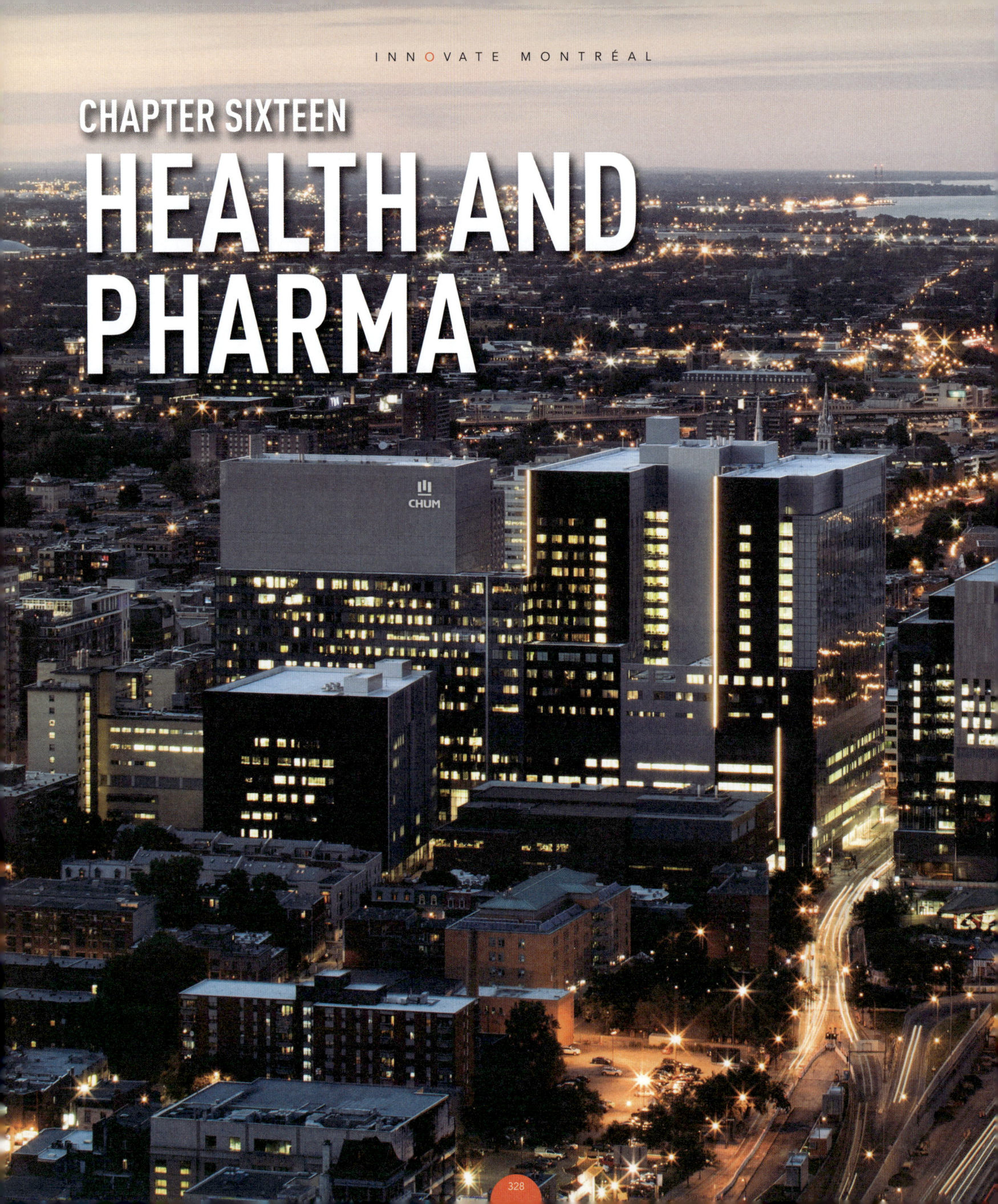

CHAPTER SIXTEEN
HEALTH AND PHARMA

INNOVATE MONTRÉAL

CHUM

Photo Adrien Williams

INNOVATE MONTRÉAL

THE CHUM
L'HÔPITAL DE DEMAIN AU SERVICE DES PATIENTS
SERVING PATIENTS IN THE HOSPITAL OF THE FUTURE

Photo Adrien Williams

Le Centre hospitalier de l'Université de Montréal (CHUM) évolue et se transforme pour s'adapter aux changements constants de son environnement interne et externe. L'évolution des besoins et des demandes de la population, le progrès des connaissances et des technologies, ainsi que l'intégration de l'intelligence artificielle (IA) en santé génèrent ces changements perpétuels.

C'est pour s'adapter à ces changements que le CHUM est une organisation innovante. Le CHUM mise sur la créativité et l'intelligence individuelle et collective, amplifiées par l'intelligence artificielle, pour répondre à ces changements. Il met aussi en place un modèle d'organisation agile, de même qu'un écosystème d'innovation ouverte pour créer et maintenir un environnement propice à l'innovation.

Ce qui distingue le CHUM

Repenser l'hôpital de demain, c'est la grande réflexion et la belle aventure du nouveau Centre hospitalier de l'Université de Montréal (CHUM), qui regroupe sous un même toit les équipes de ses trois hôpitaux fondateurs depuis l'automne 2017. C'est également la genèse d'un projet de santé et de société d'envergure. Ce projet a grandement évolué au cours des deux dernières décennies et il continue de se définir encore aujourd'hui.

Le complexe hospitalier du CHUM se trouve en plein cœur du centre-ville de Montréal, occupant un quadrilatère complet, en plus d'être relié à un bâtiment de logistique par une passerelle et des tunnels, ainsi qu'à une station de métro. Hôpital universitaire affilié à l'Université de Montréal, le CHUM offre des soins spécialisés et surspécialisés à la population adulte québécoise. Sa mission se décline en cinq volets : soins, enseignement, recherche, promotion de la santé, et évaluation des technologies et des modes d'intervention.

Un complexe vaste et accueillant

L'architecture du CHUM fait le pont entre le passé et l'avenir : deux éléments patrimoniaux distinctifs, soit le clocher de l'église Saint-Sauveur (1865) et la maison Garth (1871), ont été démantelés puis reconstruits pierre par pierre. Ces éléments, tout comme les points de vue sur la ville, constituent des repères visuels facilitant l'orientation des patients, des visiteurs et du personnel du complexe hospitalier.

Le CHUM possède la plus grande collection d'œuvres d'art issue de la Politique d'intégration des arts à l'architecture du Québec : à terme, le public découvrira 13 œuvres réalisées par des artistes sensibles à la mission du CHUM.

La dernière phase comprendra d'autres cliniques, bureaux et stationnements, en plus d'une bibliothèque et d'un amphithéâtre.

Quelques données	16 000 travailleurs
• 268 000 mètres carrés	• 1 200 médecins, dentistes et pharmaciens
• 772 lits	
• 415 salles d'examen	• 4 000 infirmières et infirmières auxiliaires
• 39 salles d'opération	
• 30 000 équipements médicaux innovants	• 2 000 autres professionnels de la santé
• 500 000 visites par an	• 1 500 chercheurs
	• 6 000 étudiants et stagiaires
	• 900 bénévoles

Photo Adrien Williams

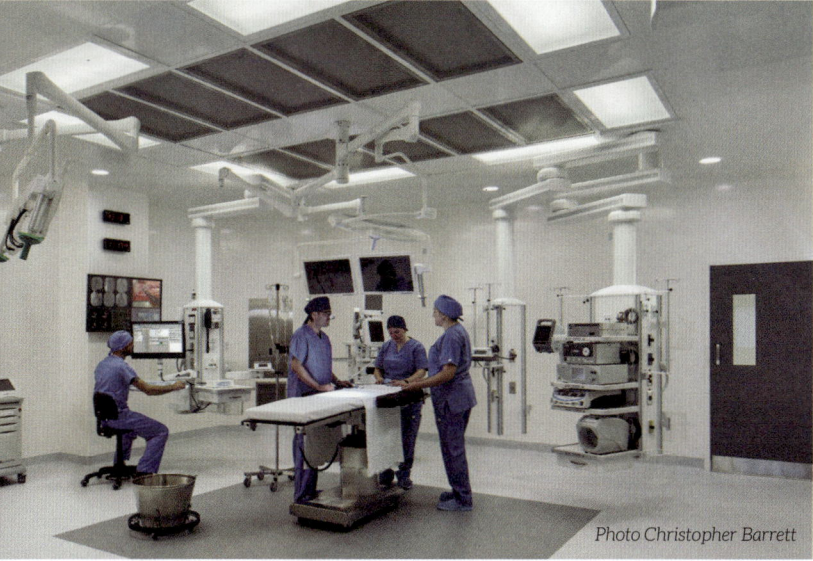

Photo Christopher Barrett

The Centre hospitalier de l'Université de Montréal (CHUM) is developing and changing to adapt to constant change in its internal and external environment. The changing needs and demands of the public, the advances in knowledge and technologies, and the integration of artificial intelligence (AI) into health care have triggered these continuing changes.

Striving to adapt to these changes has made the CHUM an innovative organization. The CHUM has tapped into individual and collective creativity and intelligence, augmented by artificial intelligence, to meet these changes. It has also introduced an agile organization model and an open innovation ecosystem to create and maintain an environment favourable to innovation.

What sets the CHUM apart

Rethinking the hospital of the future is the focus of discussion and the exciting adventure of the new Centre hospitalier de l'Université de Montréal (CHUM), which brought the teams of its three founding hospitals together under one roof in the fall of 2017. It is also the beginning of a major health care and social project. This project has changed a lot over the last two decades and is still being defined today.

The CHUM hospital complex is located in the heart of downtown Montreal where it occupies a full city block, in addition to being connected to a logistics building via a walkway and tunnels, and to a Metro station. A university hospital affiliated with the Université de Montréal, the CHUM provides specialty and subspecialty health care to the adult population of the province of Quebec. Its mission comprises five dimensions: health care, teaching, research, health promotion and the evaluation of technologies and intervention methods.

A complex that's both vast and welcoming

The CHUM's architecture acts as a bridge between the past and the future: two distinctive heritage features, namely, the steeple of the Holy Trinity Church (1865) and the Garth House (1871), were dismantled and rebuilt, stone by stone. These features, as well as the views of the city, provide visual cues that help patients, visitors and staff find their way through the hospital complex.

Innover pour mieux comprendre les besoins et humaniser le parcours patient et sa trajectoire de vie

- Des projet de recherche sont en cours pour mieux comprendre les mécanismes et les facteurs favorisant un système et des organisations de santé innovants et apprenants, répondant mieux aux besoins des populations et des intervenants de la santé.
- En consultation externe, le patient s'enregistre à l'une des bornes en passant sa carte d'assurance maladie sous le lecteur et prend ensuite le coupon précisant les étapes à suivre. Un bénévole est toujours sur place pour l'épauler et le rassurer.
- À l'urgence, le patient remplit un formulaire pour faciliter la première analyse de son état avant de voir le médecin. Liées à un logiciel d'intelligence artificielle, les questions s'adaptent en fonction des réponses précédentes; le formulaire est ensuite utilisé pour entamer la conversation entre le patient et son médecin.

Dans les deux cas, l'objectif est d'optimiser le parcours du patient et d'éliminer des étapes administratives au profit des soins et de l'échange humain

- À plus long terme, une plateforme numérique s'attardera aux interactions entre le patient et son entourage, son équipe de soins et sa communauté, et documentera les besoins de santé médicaux et non médicaux en milieu de vie réel. L'Hôpital et le Réseau Apprenant, Communicant, Enseignant (HoRACE) permettra de mieux coordonner, transformer et personnaliser le réseau de la santé.

Innover pour offrir un meilleur environnement

- 70 véhicules autoguidés réalisent 3 500 déplacements par jour en acheminant les médicaments, les plateaux-repas, les fournitures, les instruments, les équipements, la lingerie, les déchets et le recyclage. Les professionnels de la santé, étant libérés des tâches logistiques, peuvent se consacrer davantage aux soins des patients.
- Plus de 40 centrales de traitement d'air propulsent de l'air neuf en continu dans tout l'hôpital, favorisant un environnement contrôlé et adapté au contexte de soins du patient.
- Tous les circuits électriques du CHUM ont une redondance pour éviter une panne ou une interruption de service, assurant ainsi la continuité des services cliniques.
- Le système de gestion du bâtiment du CHUM dispose de 125 000 points de contrôle. La collecte et l'analyse de ces milliards de données permettra de continuer d'améliorer la performance des bâtiments intelligents en soutien aux activités cliniques.

Innover pour mieux répondre aux besoins (prévenir, guérir, traiter) en misant sur la créativité et l'intelligence individuelle, collective et augmentée de son écosystème

Le CHUM travaille sur de nombreux projets utilisant la créativité et l'intelligence humaine, augmentée par l'intelligence artificielle ou les nouvelles technologies, avec le souci de les apprivoiser et de les implanter adéquatement dans la pratique clinique et ce, avec l'apport des patients.

- Un projet de recherche vise à mieux diagnostiquer la dépression grâce aux montres intelligentes. Ce phénotypage digital permettrait d'éviter les rechutes grâce à un suivi continu.
- Un autre projet de recherche a recours à l'intelligence artificielle pour prédire les crises d'épilepsie, comme on prédit la météo, dans le but de les prévenir et, un jour, de les traiter localement.
- À l'Unité des grands brûlés, des patients ont pu éviter une amputation ou des complications grâce au leadership et à l'ingéniosité d'infirmières. Celles-ci ont utilisé et combiné des technologies de thérapie par pression négative pour des conditions médicales nouvelles. Elles ont même influencé la technologie du partenaire industriel. Le CHUM pourrait devenir un centre de référence au Canada en la matière.

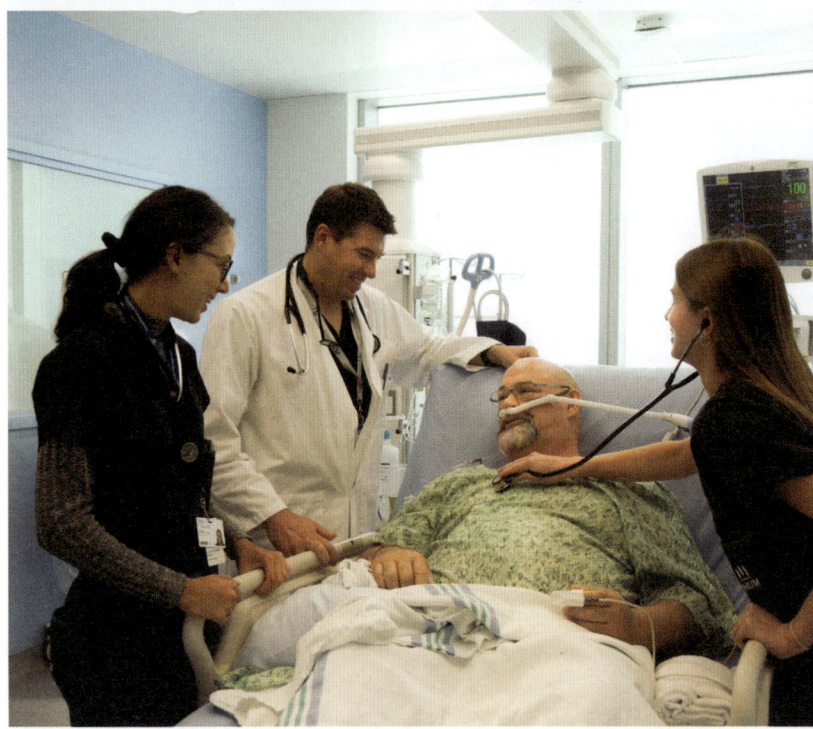

- Le Centre d'intégration et d'analyse des données du CHUM (CITADEL) bâtit et gère le vaste entrepôt de données des patients du CHUM afin de contribuer à l'avancement des connaissances en plus de la recherche, et de générer des projets novateurs pour améliorer la santé et le mieux-être de la population du Québec et d'ailleurs dans le monde.
- Le CHUM déploie le projet « VIA CHUM » en offrant un accompagnement stratégique aux entreprises qui souhaitent valider leurs innovations technologiques en milieu clinique réel, dans les laboratoires vivants du CHUM.
- Pour faire vivre cet écosystème, les équipes du CHUM et de l'ensemble du réseau partagent et échangent sur les projets d'avant-garde en cours à l'occasion d'Innove-Action, un événement d'innovation annuel phare du CHUM. Plusieurs autres événements tout au long de l'année font vivre l'écosystème d'innovation du CHUM.

Photo Laura Peters

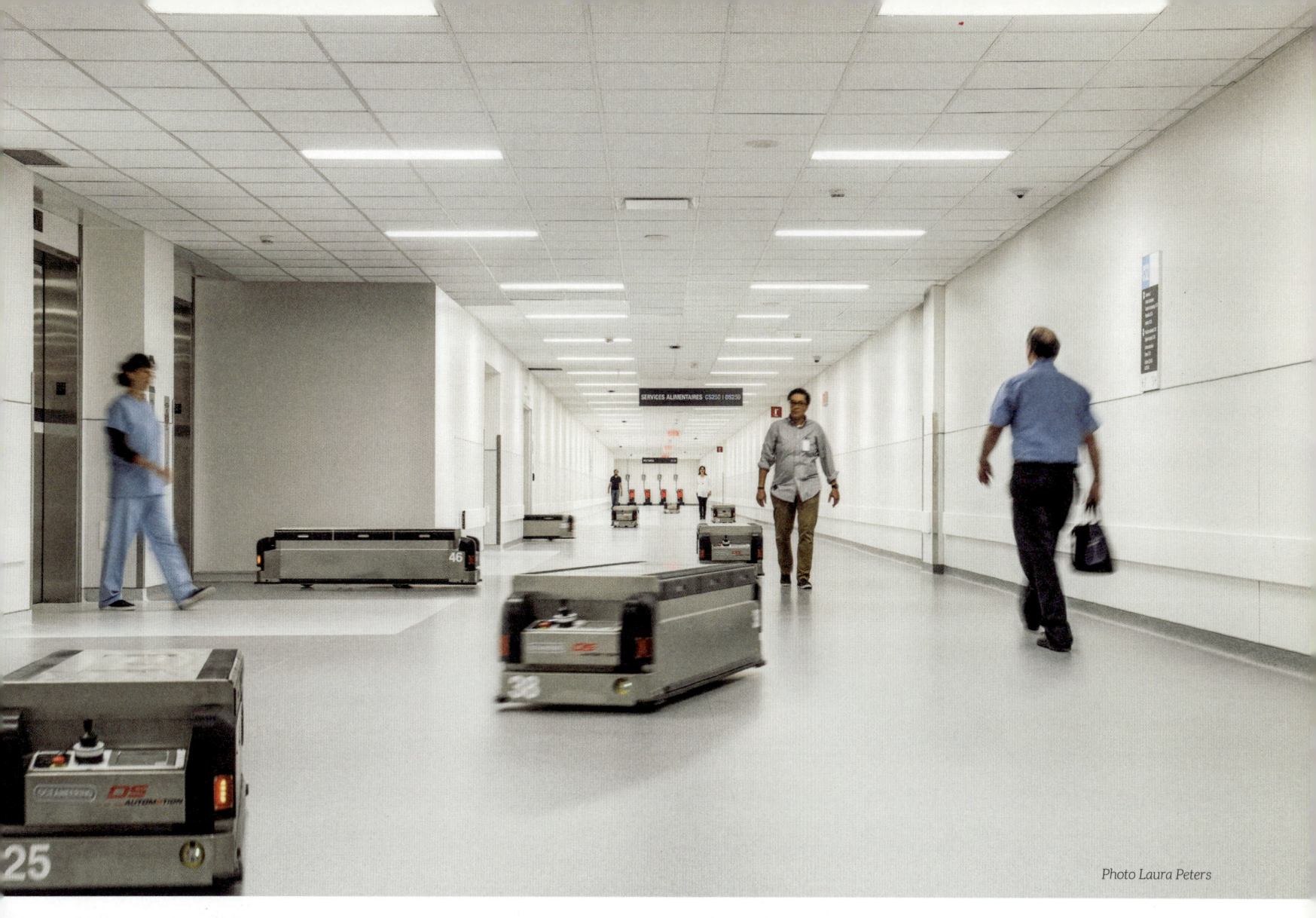

The CHUM has the largest collection of works of art, implemented under the *Politique d'intégration des arts à l'architecture du Québec*: eventually, the public will be able to discover 13 works of art created by artists mindful of the CHUM's mission.

A final phase will house other outpatient clinics, offices, parking facilities, a library and an amphitheatre.

Some figures
- 268,000 square metres
- 772 beds
- 415 examination rooms
- 39 operating rooms
- 30,000 pieces of innovative medical equipment
- 500,000 visits per year

16 000 workers
- 1,200 doctors, dentists and pharmacists
- 4,000 nurses and nursing assistants
- 2,000 health professionals
- 1,500 researchers
- 6,000 students and trainees
- 900 volunteers

Innovation to better understand needs and humanize the patient's hospital experience and their lifelong health care trajectory

- Research projects are under way to better understand the mechanisms and factors that promote innovative learning health systems and organizations, to better meet the needs of the public and health care staff.
- In outpatient clinics, patients register at one of the terminals by scanning their health insurance card and taking a ticket that informs them of the procedure to follow. A volunteer is always present to assist and reassure patients.
- In the emergency department, patients complete a form to facilitate the initial analysis of their condition before seeing the doctor. Connected to artificial intelligence software, questions appear based on the patient's previous answers and the form is then used to initiate the conversation between the patients and their doctor.

In both cases, the goal is to optimize the patient's hospital experience and to eliminate administrative steps in favour of health care and human dialogue.

- In the longer term, a digital platform will focus on the interactions between the patients and their family members, health care team and community, and will document their medical and non-medical health care needs in real-life settings. The *Hôpital et Réseau Apprenant, Communicant, Enseignant* (HoRACE) will make it possible to better coordinate, transform and personalize the health care system.

Innovation to provide a better environment

- 70 automatic guided vehicles make 3,500 trips every day, transporting medication, meal trays, supplies, instruments, equipment, linen and waste and recycling material. The staff, no longer required to carry out such logistics-related tasks, has more time to devote to patient care.
- More than 40 air handling units continuously supply fresh air throughout the

INNOVATE MONTRÉAL

Innove-Action 2018

Innover en recherche, ses forces vives
Le Centre de recherche du CHUM (CRCHUM) a été inauguré en 2013. Il représente la première phase du nouveau complexe hospitalier. Le CRCHUM est le seul établissement en milieu hospitalier au Québec à couvrir tout le continuum de la recherche : recherche fondamentale, recherche clinique et recherche en santé des populations.

Ses axes de recherche sont les suivants: cancer, cardiométabolique, immunopathologie, neurosciences, imagerie et ingénierie, ainsi que le Carrefour de l'innovation et de l'évaluation en santé.

Tout nouvel outil de gestion, traitement, appareil ou médicament utilisé dans l'hôpital est issu de travaux de recherche. D'ailleurs, la recherche constitue la base même de l'innovation, élément fondamental dans l'application de toute découverte à la prévention, au diagnostic et au traitement des maladies.

Innover par l'École de l'intelligence artificielle en santé, un leader mondial
Le CHUM a mis sur pied la première École de l'intelligence artificielle en santé (ÉIAS) au monde. L'ÉIAS se concentre sur le développement des capacités humaines et l'implantation de l'IA en milieu réel. Elle permet à sa communauté de se développer, d'appliquer l'IA à la santé et d'en mesurer les impacts sur les patients, les équipes, le système de santé; elle permet aussi d'étendre les connaissances et les compétences à l'échelle mondiale.

L'ÉIAS aborde des thèmes importants, tels que l'acceptabilité sociale à l'endroit de l'IA en santé, la transformation des métiers, des professions, des pratiques et des équipes, de même que l'organisation du réseau de la santé. Cette école dispense des cours, des formations et des activités d'apprentissage variés à un ensemble de publics, dont les patients et les citoyens. À ce jour, l'ÉIAS est issue d'un partenariat entre le CHUM, l'Université de Montréal et HEC Montréal.

Innover grâce à la Fondation du CHUM
La Fondation du CHUM a pour mission de faire rayonner l'établissement et de lui assurer une source de financement complémentaire. Depuis 20 ans, la Fondation du CHUM agit comme un catalyseur et elle est une véritable force motrice dans la concrétisation des innovations du CHUM, grâce à une multitude d'initiatives. La Fondation a elle-même innové récemment en aménageant des bornes de don interactives, une première en Amérique du Nord. Cette nouvelle pratique de don fait appel à la simplicité du geste du paiement sans contact, par carte ou depuis son téléphone mobile, tout en répondant à l'envie spontanée des visiteurs de donner au CHUM.

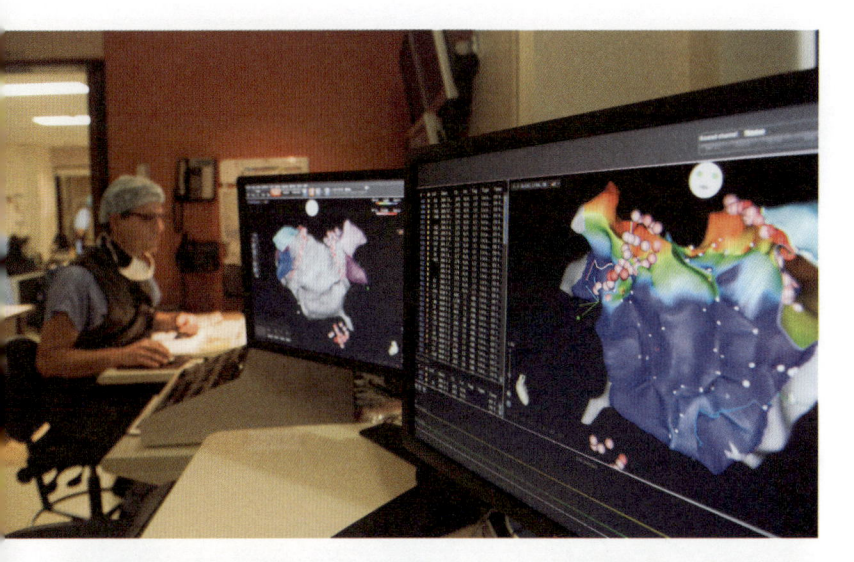

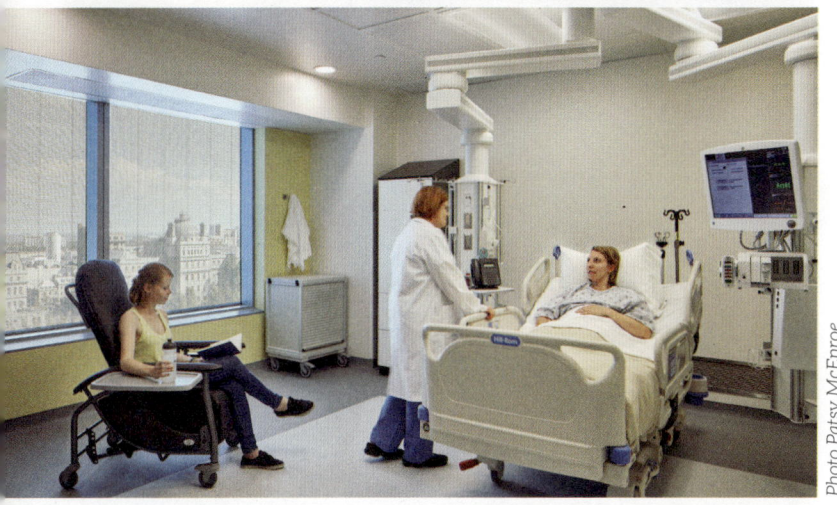

conditions. They even influenced the industry partner's technology. The CHUM may become a referral centre in this field in Canada.
- The CHUM's Centre d'intégration et d'analyse des données (CITADEL) builds and manages the CHUM's vast patient data warehouse in order to contribute to the advancement of knowledge and research and to generate innovative projects to improve the health and well-being of the people of Quebec and worldwide.
- The CHUM has also implemented the VIA CHUM project, that provides strategic support to companies wanting to validate their technological innovations in real clinical settings in the CHUM's living laboratories.
- To sustain this ecosystem, the teams at the CHUM and throughout the entire network share and discuss their current leading-edge projects during Innove-Action, a key innovation event hosted annually by the CHUM. Several other events throughout the year sustain the CHUM's innovation ecosystem.

Innovation in research, its lifeblood

The CHUM Research Centre (CRCHUM) opened in 2013, representing the first phase of the new hospital complex. The CRCHUM is the only hospital-based institution in Quebec to cover the entire research spectrum: basic, clinical and population health research.

Its research themes are the following: cancer, cardiometabolic diseases, immunopathology, neuroscience, imaging and engineering and the Health Innovation and Evaluation Hub.

All new management tools, treatments, devices or drugs used in the hospital are the result of research work. Research is the very foundation of innovation – it is a key element in applying any discovery intended to prevent, diagnose or treat diseases.

Innovation by the School of Artificial Intelligence in Health, a global leader

The CHUM founded the world's first School of Artificial Intelligence in Health (SAIH). The SAIH's focus is the development of human capabilities and the real-world implementation of AI. The school allows its community to develop, to apply AI to the field of health, to measure its impacts for patients, teams and the health care system, and to disseminate knowledge and skills worldwide.

The SAIH deals with important themes such as the social acceptance of AI in health care, transformations to occupations, professions, practices and teams, as well as the organization of the health care network. This school offers a variety of courses, training sessions and learning activities to many audiences, including patients and citizens. To date, the SAIH is the result of a partnership between the CHUM, Université de Montréal and HEC Montréal.

Innovation with the help of the Fondation du CHUM

The mission of the Fondation du CHUM is to provide the institution visibility and an additional source of funding. For 20 years, the Fondation du CHUM has been a catalyst and a true driving force behind the innovations accomplished by the CHUM through its many initiatives. The Fondation itself innovated recently by setting up interactive donation terminals, a first in North America. This new way of making a donation exploits the simplicity of contactless payment, using a card or a cell phone, while providing a solution to visitors' spontaneous desire to give to the CHUM.

Photo Patsy McEnroe

hospital, creating a controlled environment suited to a patient-care context.
- All the CHUM's electric circuits are redundant to avoid a power outage or service interruption, thus ensuring the continuity of clinical services.
- The CHUM's building management system features 125,000 data points. Collecting and analyzing these billions of pieces of data will allow it to continue to improve the performance of the smart buildings that support the clinical activities.

Innovation to better meet needs (preventing, healing, treating) by tapping into the individual, collective and augmented creativity of its ecosystem

The CHUM is working on many projects that use human creativity and intelligence, and intelligence augmented by artificial intelligence or new technologies with a view to mastering them and implementing them appropriately in clinical practice, with the help of patients.

- A research project aims to better diagnose depression by using smart watches. This digital phenotyping would allow patients to avoid relapses through ongoing monitoring.
- Another research project uses artificial intelligence to predict epileptic seizures similar to the way we predict the weather, with an eye to preventing seizures and to one day having the ability to treat them locally as well.
- At the Major Burns Unit, patients were able to avoid amputation or complications thanks to the leadership and ingenuity of the nurses. The latter used and combined negative pressure therapy techniques for new medical

www.chumontreal.qc.ca

DIALOGUE
HELPING DEMOCRATIZE ACCESS TO HEALTHCARE

With Canadian healthcare costs increasing and the pressure for companies to implement employee health and wellness initiatives rising, healthcare innovation is blossoming through several technologies like telemedicine. Defined as "the remote diagnosis and treatment of patients by means of telecommunications technology", telemedicine is an integral part of the future of healthcare in Canada and Dialogue is proud to be at the forefront.

In 2016, Dialogue was founded to provide progressive, premium and affordable healthcare, accessible on mobile and online, for Canadian businesses. Dialogue has consistently focused on hiring top talent, developing proprietary cutting-edge technology to adapt to market demands, and providing the highest standard of care through a multi-disciplinary team of healthcare professionals. As a result, Dialogue has experienced explosive growth to offer access to care via chat, phone or video to hundreds of thousands of Canadians per year, and to serve several hundred companies ranging from less than 10 to more than 10,000 employees.

"For employers seeking to implement innovative workplace wellness programs that meet the needs of an on-demand generation, Dialogue is a compelling choice," says Cherif Habib, Co-Founder and CEO. Employees are empowered to be proactive about their health and the health of their families, and are able to benefit from the convenience of having an entire virtual healthcare team in their pocket. In turn, by offering telemedicine as a part of their health benefit plans, employers reap significant gains like standing out as an employer of choice, decreasing absenteeism, improving employees' work-life balance, and enhancing the health and well-being of employees for a happier and more engaged workforce.

Employees with access to Dialogue no longer have to ask themselves: How accurate is Google's diagnosis of my symptoms? Do I risk my time and my health waiting at the ER or the walk-in clinic for hours? Should I take time off work to drive an hour to the doctor before she leaves for the weekend? With Dialogue, employees are at the center of the healthcare experience: they are connected to a healthcare professional within minutes as often as they want and in any location within Canada, their prescription is delivered for free to their home or office, they can obtain a referral for a specialist or lab test, and so much more. Through a single interaction with Dialogue's service, it is evident: the digital revolution in the delivery of care is here. And Dialogue's growing team couldn't be more excited about what this means for the lives of Canadians.

Dialogue group photo

Cherif Habib, CEO and Co-Founder, Anna Chif, COO and Co-Founder, Alexis Smirnov, CTO and Co-Founder

Alors que les coûts des soins de santé au Canada continuent d'augmenter et que les entreprises désirent mettre en place de plus en plus d'initiatives en matière de santé et de bien-être, plusieurs nouvelles technologies comme la télémédecine prennent place sur le marché canadien. Définie comme «le diagnostic et le traitement à distance de patients au moyen de la technologie de télécommunication», la télémédecine fait partie intégrante de l'avenir des soins de santé au Canada et Dialogue est fière d'être à l'avant-garde.

Dialogue a été fondé en 2016 pour fournir aux entreprises canadiennes des soins de santé novateurs, de qualité, abordables et directement accessibles sur téléphone intelligent et en ligne. Dialogue s'acharne à recruter les meilleurs talents, à développer une technologie de pointe pour s'adapter aux demandes du marché et à fournir des soins de la plus haute qualité par l'intermédiaire d'une équipe multidisciplinaire de professionnels de la santé. Par conséquent, Dialogue a connu une croissance explosive pour offrir l'accès aux soins par clavardage, téléphone ou vidéo à des centaines de milliers de Canadiens chaque année, ainsi que pour desservir plusieurs centaines d'entreprises comptant de moins de 10 employés à plus de 10 000.

«Pour les employeurs qui souhaitent implanter des programmes de bien-être innovants en milieu de travail afin de répondre aux besoins, d'une génération qui exige des services sur-demande, Dialogue est un choix incontestable», a déclaré Cherif Habib, cofondateur et PDG. Les employés ont la capacité d'agir de manière proactive en ce qui concerne leur santé et celle de leur famille, et peuvent bénéficier de la commodité d'avoir toute une équipe de soins de santé virtuelle dans leur poche. En proposant la télémédecine dans le cadre de leurs régimes d'assurance maladie, les employeurs réalisent des gains importants, tels que se démarquer en tant qu'employeur de choix, réduire l'absentéisme, améliorer l'équilibre travail-vie et améliorer la santé et le bien-être des employés pour une main d'oeuvre plus heureuse et plus engagée.

Les employés ayant accès à Dialogue ne doivent plus se demander: est-ce que le diagnostic de Google est exact? Est-ce que je risque de perdre mon temps et de compromettre ma santé en attendant des heures à l'urgence ou à la clinique sans rendez-vous? Devrais-je m'absenter du travail pour conduire pendant une heure pour aller chez le médecin avant son départ pour le week-end? Avec Dialogue, les employés sont au centre de l'expérience des soins de santé: ils sont connectés à un professionnel de la santé en quelques minutes aussi souvent qu'ils le souhaitent et, où qu'ils soient au Canada, leur ordonnance est livrée gratuitement à leur domicile ou au bureau. De même, ils peuvent obtenir une référence pour un spécialiste ou un test de laboratoire, et bien plus encore. À travers une seule interaction avec le service de Dialogue, il est évident que la révolution numérique dans la prestation des soins est arrivée. Et l'équipe croissante de Dialogue est très enthousiasmée par ce que cela signifie pour la vie des Canadiens.

info@dialogue.co

CYCLENIUM PHARMA

Ben Franklin is credited with having said, "Out of adversity comes opportunity." That was certainly very true for the scientist-entrepreneurs who gathered around a café table in the winter of 2013 to found Cyclenium Pharma. Having just experienced the unexpected closure of their previous enterprise's research site and after unsuccessful attempts to license any of that company's assets, they faced a daunting industry landscape without a laboratory in which to work, no products to jump-start a new company, a very difficult funding environment, increasing competition in their technology focus area, and a great deal of uncertainty in the local biotechnology community. Undeterred, they did possess a very strong belief that the excellent potential in small molecule macrocycle drug discovery, a field that their prior firm had pioneered, had been barely scratched. As such, it was ripe for the novel strategy they had collectively conceived, which was envisioned to be able to overcome the deficiencies of then current approaches, and permit Cyclenium to make its own indelible mark in the area.

Adding to the challenge was that they were approaching the always arduous task of drug discovery from a chemistry platform perspective, which has significant advantages in being pharmacological target and therapeutic indication agnostic, with concomitant very broad practical applicability. Traditionally, however, most biotech companies are focused around a disease, a target or, occasionally, biological platform that can be directly related to these two, which permits easy and rapid categorization and valuation. In contrast, chemistry technologies are often un- or, at best, under-appreciated, despite being a fundamental part of most solutions. Nonetheless, armed with their own checkbooks, a number of highly intriguing structural design concepts, a few pieces of used scientific equipment, over 150 years combined pharmaceutical industry experience, a proven track record in progression of macrocyclic molecules from discovery into the clinic, and, of course, many dreams, the founding team intrepidly embarked on their vision to make "Today's Macrocycles for Tomorrow's Medicines" and joined what has since become a renaissance in the biotechnology industry in Montreal.

To translate their designs into reality, Cyclenium established itself as one of the first discovery firms to become resident at the non-profit NEOMED Institute in the Montreal Technoparc, which has served as a nurturing eco-system of research, contract and service organizations, and proven quite beneficial for companies in their early stages. The Cyclenium research team then combined their scientific acumen, keen technical insight, and never-say-die attitude to

INNOVATE MONTRÉAL

Cyclenium pharma

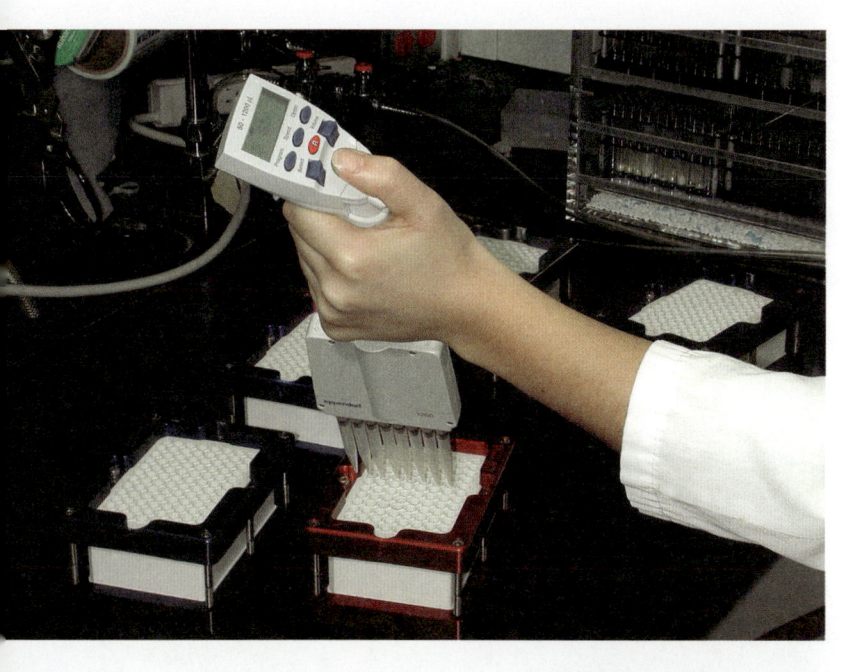

overcome the roadblocks inherent in every new research endeavor: technical difficulties, failed experiments, equivocal results, and strategic dead-ends. In particular, by leveraging their excellent knowledge base in macrocyclic drug discovery and exceptional depth of understanding of the unique properties of these spatially-defined chemical structures, they succeeded within the initial two years in creating the critical elements required for their proprietary CMRT™ ("smart") macrocyclic drug discovery technology and constructing the associated QUEST™ screening library. The true power of CMRT is perhaps best reflected in the broad diversity of therapeutic areas in which active programs have already originated from its application, including anti-infectives, central nervous system disorders, cystic fibrosis, and oncology.

Indeed, in its first five years of existence, Cyclenium Pharma has exploited that innovative technology to systematically build significant and sustainable value through utilizing a synergistic combination of drug discovery collaborations with large pharmaceutical firms desiring access to the unique capabilities of CMRT and risk-sharing partnerships to progress internal projects towards the clinic. Reaching that latter objective will be the primary goal of the next phase of growth, making the future decidedly much clearer and brighter than it appeared around that table only a few short years ago.

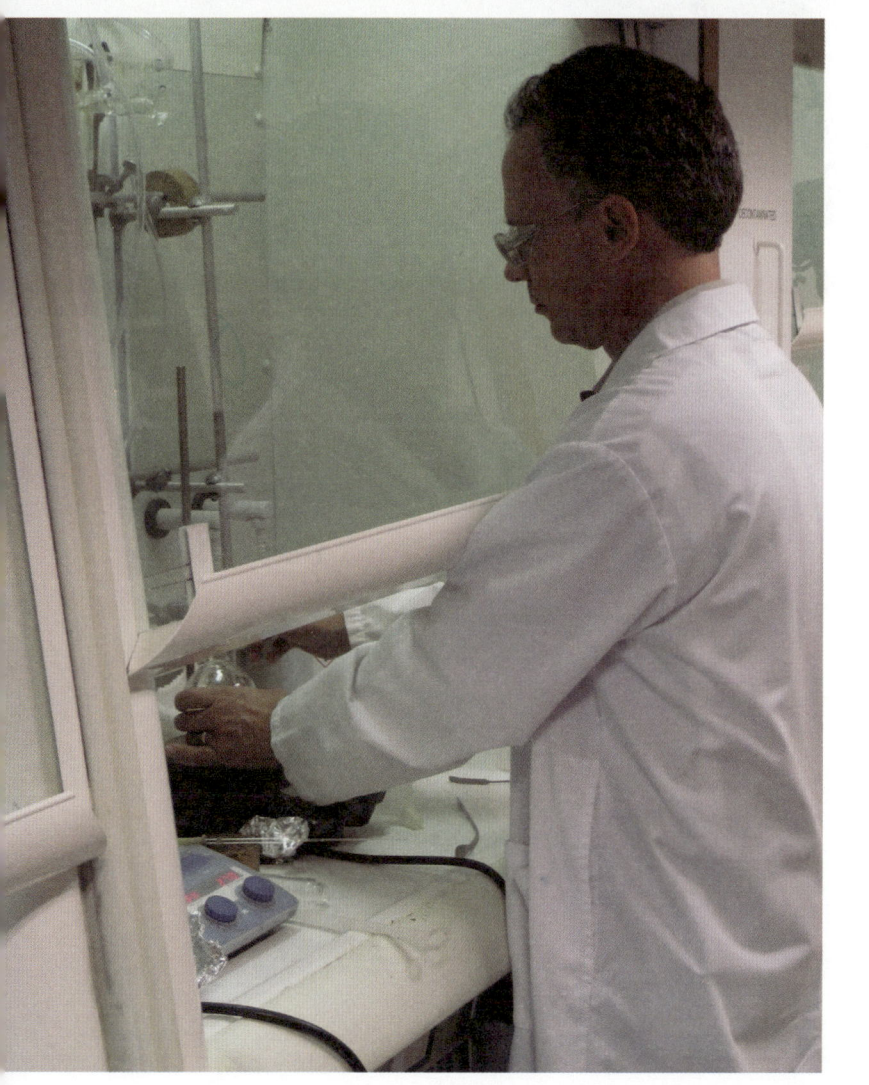

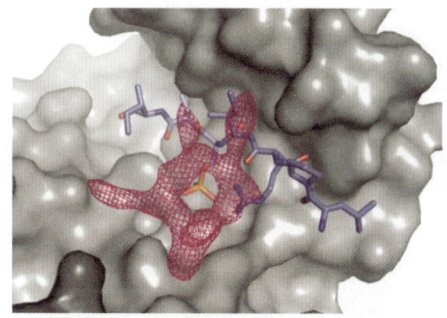

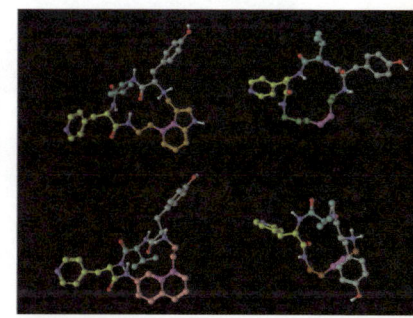

7171, rue Frederick Banting, Montréal
www.cyclenium.com

INNOVATE MONTRÉAL

GCBT
A NEW CHAPTER IN CANADIAN BIOPHARMACEUTICALS

Founded in 2014, GC Biotherapeutics Inc. (GCBT) has been established as GC's North American Headquarters and the strategic foothold to implement the company's vision of being a global leader in the healthcare industry. Furthermore, the formation of GCBT is in response to Canada's underlying necessity for a local plasma protein producer to improve and sustain the standards of bio-manufacturing self-sufficiency, and to mitigate the country's sole dependency on imports.

With an overall investment of over $400 million, representing the largest greenfield investment in the Canadian biopharmaceutical sector over the last decade, GCBT completed the installation of a state-of-the-art plasma fractionation facility in Montreal's Technoparc. This facility is fully-integrated which incorporates cutting-edge custom-designed equipment, transfer of process technologies from a fully-operational facility in South Korea and compliant with U.S and Canadian good manufacturing practices (cGMP).

GCBT is committed to being Canada's dedicated local biopharmaceutical partner and plasma fractionator. Contributing to the security necessary for a stable supply of high-quality plasma protein products, first serving the Canadian demand, then further exporting commercial plasma protein products and other bio-products to the U.S, Europe and Asian markets. GCBT is turning the page to a new chapter in the history of Canadian Biopharmaceuticals.

What are Plasma Protein Products?

Plasma protein products are essential therapeutic medicines manufactured by extracting targeted protein content from a source of human plasma. Human plasma, a scarce raw material only collected through human donors, is the largest component of blood and concurrently hosts vital proteins such as, but not limited to, immunoglobulins, albumin, and coagulant factors. By means of innovative biotechnological manufacturing processes, these proteins are extracted from plasma – termed "fractionation" and meticulously refined – termed "purification" to a commercially viable form, making plasma protein products available for medical treatments, namely in the practices of immunology, neurology and hematology.

Canadian Plasma Protein Market

Canada has one of the highest per capita consumption of immunoglobulins – a key therapeutic solution for the treatment of patients with infectious and immune diseases, and the main driver of the global plasma protein demand. The source of human plasma for the manufacture of immunoglobulins, used in Canada, is collected or imported from Canadians and Americans respectively. Post-collection, this plasma is transported to fractionation facilities in the U.S or Europe to be processed and returned to Canada. Presently, the Canadian market is entirely dependent on imports for its plasma protein product supply.

www.greencrossbt.com

GC – Devotion to healthy lives of people

Since 1967, GC has been safeguarding the public health of South Korea driven by its mission and sustained by its focus to generate vital healthcare solutions. In 1971, GC pioneered the production of human plasma-derived proteins in South Korea and was the sixth in the world to establish a biotech facility, capable of performing intricate-processes of plasma fractionation. With the establishment of the O'Chang site - the single-largest plant capacity in Asia and GCBT in Montreal, GC currently maintains the world's fifth largest plasma processing capacity.

GC has acquired unparalleled expertise in plasma fractionation and continues to research and develop safer and ever more effective next-generation products. Based on its innovative platform for immunity products and protein engineering, reinforced by its core business in biomanufacturing, GC is taking proactive approaches to tackle difficult challenges in the world's major markets by locating key business support functions in North America and China for a global infrastructure.

GC's vision is to evolve into a global leader, leading the future of the world's healthcare industry.

INNOVATE MONTRÉAL

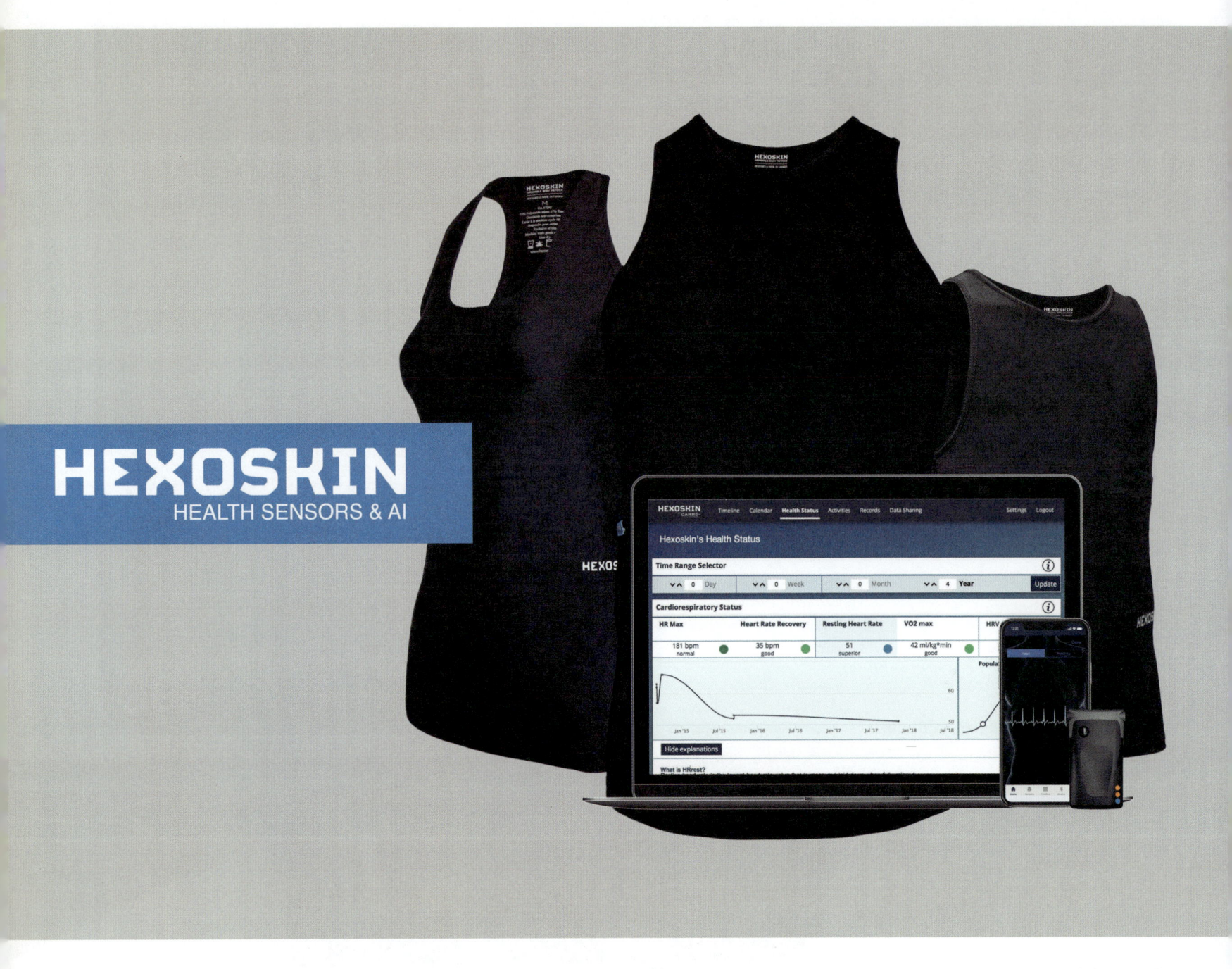

HEXOSKIN
HEALTH SENSORS & AI

Founded in 2006 in Montreal, Hexoskin is the leader in non-invasive sensors, software, data science & AI services. The company headquartered in the bustling Rosemont neighborhood, provides solutions and services directly to customers & researchers; and through B2B contracts in security, defense & aerospace, first responders, pharmaceutical, academics, and healthcare organizations.

Hexoskin's mission has always been to make the precise health data collected by its body-worn sensors accessible and useful for everyone. When the co-founders Pierre-Alexandre Fournier and Jean-François Roy started the company back in 2006, the existing technologies to report rich health data continuously didn't exist. Hexoskin took a different approach to non-portable and invasive monitoring solutions by releasing in 2013 the first washable smart shirts that captures cardiac, respiratory, and activity body metrics.

Hexoskin supported the evolution of its industry-leading Hexoskin Smart Garments to offer an easy and comfortable solution for continuously monitoring precise data during daily activities and sleep. Users are provided access the Hexoskin Connected Health Platform, an end-to-end system that supplies the tools to report and analyze precise data from the Hexoskin & third-party body-worn sensors. The platform offers apps for iOS, Android, and Watch OS devices. Users can access from anywhere an online dashboard with advanced reporting and analytics functionalities. Today, the Hexoskin Connected Platform is used worldwide and supported thousands of users and organizations to achieve their goals.

Hexoskin provides interoperable software solutions, secure and private infrastructure and data science services to support research and professional organizations. The system is designed to reduce the frequency of travel and allow remote communication between patients, study volunteers, caregivers, and researchers. Conscious of the need for its users to understand how the data is collected and interpreted, Hexoskin early took a transparent approach by opening and documenting its Application Programming Interface (API). Today,

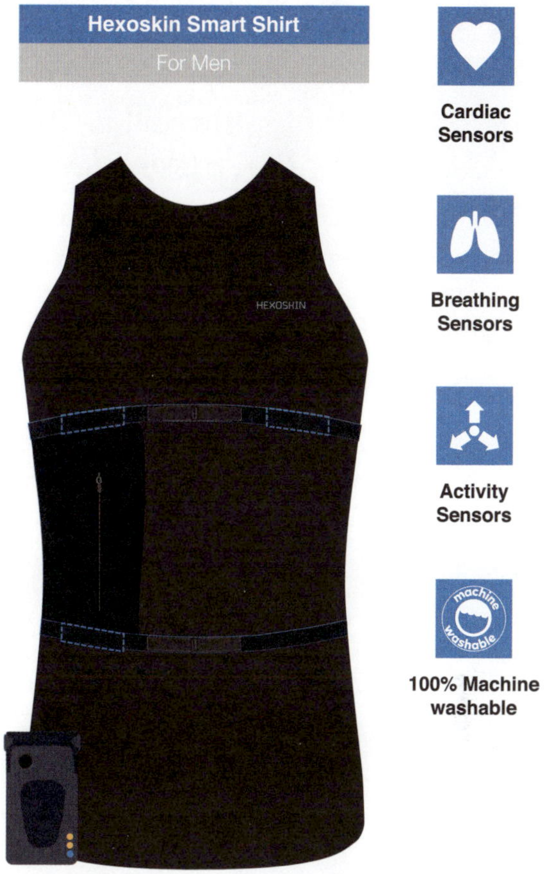

Hexoskin Smart Shirt
For Men

- Cardiac Sensors
- Breathing Sensors
- Activity Sensors
- 100% Machine washable

Hexoskin Smart Shirt
For Women

- Antibacterial Treatment
- Exceptional Breathability
- Exceptional Shape Retention
- Piling and Streching Resistant
- Excellent UV Protection

Pierre-Alexandre Fournier
CEO and Co-Founder

Jean-François Roy
CTO and Co-Founder

part of Hexoskin's success can be attributed to its community of developers and scientists that are leveraging its Connected Health Platform to create new applications and interventions not possible just a few years ago.

Since 2011, Hexoskin collaborated with the Canadian Space Agency on the Astroskin, a cutting edge Space Grade Smart Garment, now used in the International Space Station to monitor the astronauts' health in Space. The Astroskin Research Platform is also available to conduct research on earth.

Hexoskin hopes to bring the innovations developed for Space and its Hexoskin Connected Health Platform to support the growing need to provide patients' access to affordable and adapted healthcare services remotely.

5800 St Denis St #402a, Montreal, QC H2S 3L5
Phone: 1 888 887 2044
www.hexoskin.com

INNOVATE MONTRÉAL

<+> HACKING HEALTH

BORN IN MONTREAL, THIS NGO HAS A HUGE SOCIAL IMPACT ALL OVER THE GLOBE
NÉE À MONTRÉAL, CETTE ONG A UN IMPACT SOCIAL INCROYABLE PARTOUT DANS LE MONDE

Photo © Tim Kroesbergen @HackingHealth Nijmegen, photography by Sander Datema, Netherlands

Hacking Health is a movement born in Montreal in 2012. Seven years later, the organization counts 53 chapters over five continents and has headquarters at the CHUM (Centre Hospitalier de l'Université de Montréal). Our mission: bring together experts inside and outside the healthcare sector. In Montreal and all other cities, we catalyze and empower the ecosystems to build innovative, concrete solutions to healthcare challenges.

At first, our mission seems unrealizable. Healthcare institutions are rigid, administered in silos and health is regulated by complex and impenetrable authorities. Many times a month, we accomplish the impossible. In +15 countries, we break down silos and bring innovation to these institutions and their patients.

In Montreal and all over the world, Hacking Health volunteers organize energizing and entertaining events allowing unleashed creativity and collaboration. We bring together patients, healthcare professionals, physicians, technologists, designers, entrepreneurs, decision-makers, business leaders, politicians, researchers, administrators, and governments to work collaboratively and solve tangible issues. Partners from different domains support our actions globally and locally as we share the same values and vision of better healthcare for all.

Hacking Health volunteers organize 3-day to 3-month co-creation marathons better known as health hackathons or design challenges. During these events, multidisciplinary teams are set up and handed with a challenge: create a solution to a specific health problem. To build our community, our volunteers also set up cafes, discussions, meetups, and other networking events.

Hacking Health is a not-for-profit organization and until now, we have organized +120 health-focused hackathons with +15,500 participants. These events lead to concrete realizations like:
- *Smartcane*, a white cane to assist the blind and visually impaired which includes vibration-based GPS navigation, ultrasonic proximity sensors and artificial intelligence to identify objects and faces
- *Immune Check*, a web platform that tracks an individual's vaccination information
- *Croquette*, a virtual cat which helps kids to keep contact with a loved one who is at the hospital
- *jvpQuant*, an accurate, noninvasive measurement technique of central venous pressure
- and over 1,700 other innovative projects in healthcare

Curious? Want to learn more? Join us? Fund us?
Visit our website www.hacking-health.org/montreal

Luc Sirois & Hadi Salah - the founders of the organization

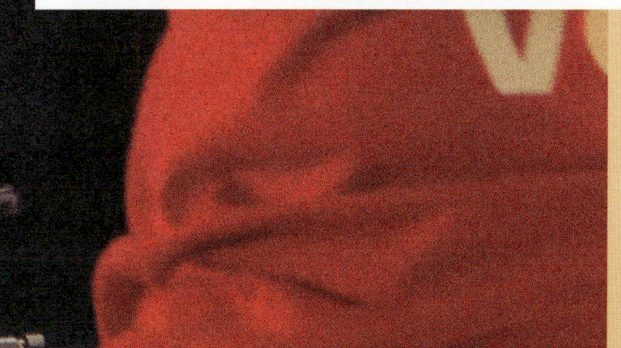

Hacking Health est un mouvement né à Montréal en 2012. Sept années plus tard, cette organisation compte 53 chapitres sur les cinq continents et a établi son siège au CHUM (Centre Hospitalier de l'Université de Montréal). Notre mission : rassembler divers experts du milieu de la santé et d'ailleurs. A Montréal et dans les autres villes, nous sommes le catalyseur et le moteur des écosystèmes pour construire des solutions innovantes concrètes aux défis du secteur de la santé.

Au premier abord, notre mission semble irréalisable. Les établissements de santé sont rigides, administrés en silos, et la santé est régulée par des organismes complexes et inaccessibles. Pourtant, plusieurs fois par mois, nous réalisons l'impossible. Dans +15 pays, nous brisons les silos et amenons l'innovation aux établissements de santé et aux patients.

A Montréal et partout dans le monde, les bénévoles de Hacking Health organisent des événements vibrants et énergiques qui facilitent la collaboration et permettent à chacun d'exprimer sa créativité. Nous rassemblons patients, professionnels de la santé, médecins, technologues, designers, entrepreneurs, gens d'affaires, politiciens, chercheurs, personnel administratif et du gouvernement pour un travail collectif qui va amener des solutions concrètes. Des partenaires issus de différents domaines soutiennent nos actions au niveau global et local, car ils partagent nos valeurs et la même vision d'une meilleure santé pour tous.

Nos événements, sous forme de marathons de co-création de 3 jours à 3 mois, sont connus sous le nom de hackathons santé ou design challenges lors desquels des équipes multidisciplinaires sont guidées pour résoudre précisément un problème de santé ou d'un institut de santé. Pour construire notre communauté, nos bénévoles organisent également des cafés, discussions, rencontres diverses sous le signe de la convivialité.

Hacking Health est un organisme à but non lucratif, et jusqu'ici, nous avons organisé +120 hackathons et rassemblé +15 500 participants. Ces événements ont abouti à des réalisations concrètes, avec par exemple :

- Smartcane, une cane blanche à vibrations pour personnes aveugles ou malvoyantes qui inclue une navigation par GPS, des détecteurs et l'utilisation de l'intelligence artificielle pour identifier les objets et les visages
- Immune Check, une plateforme pour suivre les vaccinations d'une personne
- Croquette, un chat virtuel pour maintenir le lien entre un enfant et un parent hospitalisé
- jvpQuant, une technique précise, non invasive pour mesurer la pression veineuse centrale
- et plus de 1 700 autres projets innovants en santé

Vous êtes curieux ? Vous voulez en savoir plus ?
nous rejoindre ? nous soutenir financièrement ?
Visitez notre site internet **www.hacking-health.org/montreal**

INNOVATE MONTRÉAL

MIMs

Our Mission
We help life-science companies use their big data and AI to maximize food and drug production.

Our Vision
We believe that life-science companies are ready to jump into the AI era.

Our Story
MIMs beginnings
Artificial intelligence and big data are transforming all industries, including life-science industries. However, to date, only a few life-science companies have adopted an efficient big data / AI policy. This low adoption rate is mainly due to the high technological challenges that you have to resolve. We customized our SAAS platforms to address these challenges and move life-science companies to the next level.

Thus, in order to give a solution to these problematics, three experts in Integrative Genomics, Bioinformatics and Artificial Intelligence, decided to combine their 30 years cumulative experience and their expertise to create "My Intelligent Machines" (MIMs). It is a Montreal-based company founded in 2016 by Sarah Jenna, Abdoulaye Baniré Diallo and Mickaël Camus.

MIMs Technology
MIMsOmic is built around an information technology that is a goal-oriented massive multi-agent system. This AI manages massive amounts of knowledge in life sciences aggregated from public databases. MIMsOmic uses this knowledge and considers the data and associated metadata

Mickaël Camus
Cofounder & COO/CTO

Sarah Jenna
Cofounder & CEO

Abdoulaye Baniré Diallo
Cofounder & CSO

uploaded by the user to run the appropriate bioinformatics and machine learning algorithms to capture key insights, patterns and trends from data. The user can also use semantic search to surf knowledge acquired by the AI. With MIMsOmic, life scientists can execute all the tasks required to transform data into actionable knowledge on their own, for a fraction of the actual cost of existing operations and time-efficient. To meet our client needs, our expert team build custom workflows and feed their knowledge management system both being operated through MIMsOmic.

Our Achievements

We establish ourselves as a leader AI company in life-sciences in Quebec, Canada and internationally. MIMs has been identified as part of the 10 tech companies in Montreal and Canada to watch in 2018 by the journal Betakit and by Microsoft within its Great Canadian Innovators 2018 Yearbook. Moreover, our CEO Sarah Jenna has been winning pitch competitions and has presented to over 15 panels such as TEDx, C-tribe and BIO in Boston to name a few. Our chief scientist Abdoulaye Baniré Diallo participated in many discussion panels and won many awards. His most prestigious award was the "Next Fellow Einstein 2018" in Kigali. This led him to be featured in TV5 Monde, Radio-Canada International, Le Point Afrique and New Times: Rwanda Leading Daily. Our CTO, Mickaël Camus expert in AI was invited to be part of many panels on AI such as the Quebec Commercial Delegation.

Meet the Team

Our team has three co-founders Sarah Jenna Ph.D. (CEO), Abdoulaye Baniré Diallo Ph.D. (CSO) and Mickaël Camus Ph.D. (COO/CTO) supported by a growing, dynamic and passionate team. The strength of the team resides within the synergy among the different expertise that is brought by the members combining many domains such as bioinformatics, biology, engineering & AI, cognitive informatics, web development, UX design, marketing and business.

4200 boulevard St-Laurent Suite 200, Montreal, Qc., CA. H2W 2R2 | www.mims.ai | adm@mims.ai

Virtual Rehab
PSYCHOLOGICAL REHABILITATION FOR VULNERABLE POPULATIONS

Face and defeat your addiction fears today using Virtual Rehab's service offering. The solution is in your hands. You can do it.

Leveraging Cognitive Beahavior & Exposure Therapy
One last shot? Take it or Leave it?

Presenting Addicts with Triggers to Confront Cravings
Capturing Actions & Reactions to Triggers

Preparation to Become and Effective Part of Society
Car Mechanic On-the-Job Training

Every person in life deserves a second chance. Substance use addicts along with offenders are no exception to this rule. In fact, they are the ones that are in most dire need for help, support, and development to become improved citizens upon their release from rehab centers, hospitals, and prisons/jails.

This can only be realized through correctional and rehabilitation programs that will prepare them to lead their future lives in a positive manner in order to avoid the possibility of repeated offenses and substance use addiction. Replacing one addiction with another is not the solution; rather we need to focus on addressing the root cause of the problem, which is mental health and psychological well-being.

There are approximately 255 million people suffering from substance abuse and roughly $100 billion are being spent on addiction treatments worldwide. In addition, according to the International Centre for Prison Studies, the global prison population is currently set at 10.5 million. Prison budgets are also currently set at roughly $35.2 billion dollars worldwide. These numbers are huge and both costly to the governments, tax payers, and society.

Virtual Rehab's evidence-based solution leverages the advancements in virtual reality technology, artificial intelligence, and blockchain technologies for pain management, prevention of substance use disorders, and rehabilitation of repeat offenders.

At Virtual Rehab, our innovative solution (supported by existing research) is intended to rehabilitate rather than just punish. Virtual Rehab's services extend to hospitals, rehab centers, correctional officers, inmates, along with other verticals. Although the scope of our existing solution includes pain management, psychological, and correctional rehabilitation, the Virtual Rehab team continues to explore new industries to further expand our global operations.

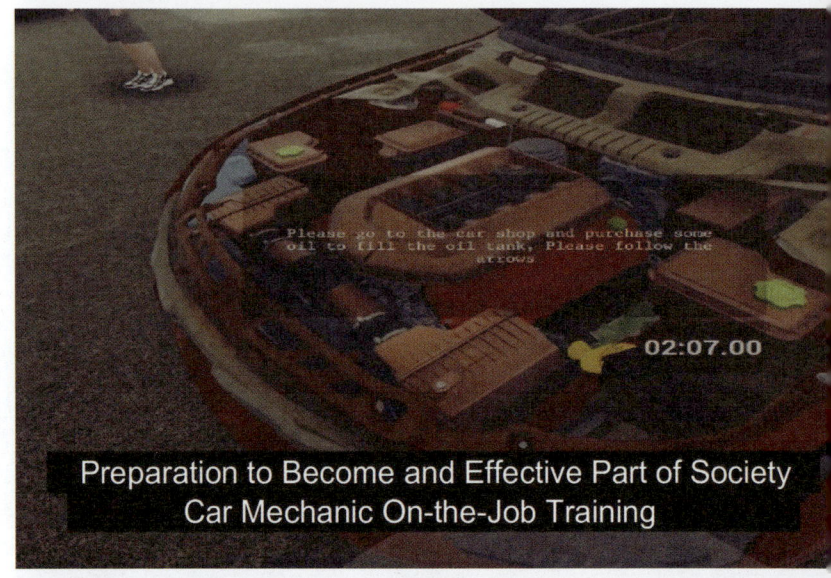

INN○VATE MONTRÉAL

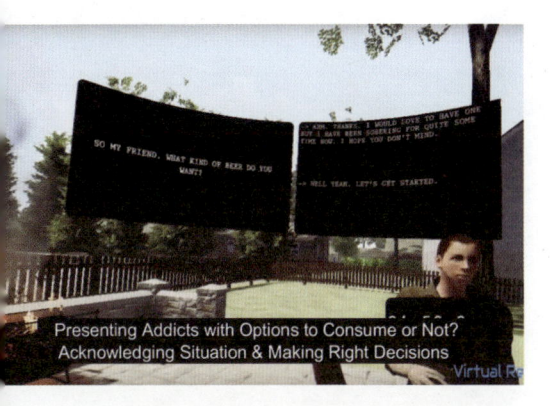

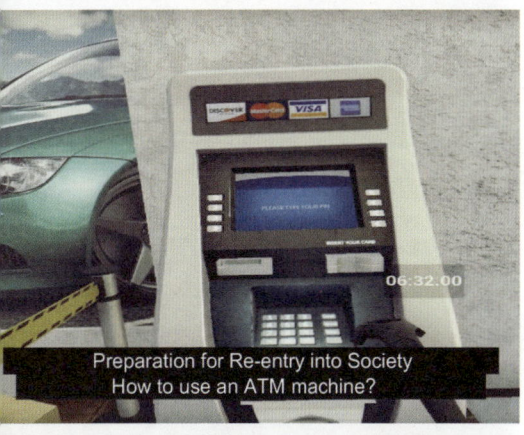

Presenting Addicts with Options to Consume or Not? Acknowledging Situation & Making Right Decisions

Preparation for Re-entry into Society How to use an ATM machine?

A Reward System to Promote Personal Change & Improved Mental Health

Making the Right Decisions when Addicted to Alcohol Should I Purchase More Booze?

The Virtual Rehab solution includes services in a telemedicine context and can extend to individual users of the Virtual Rehab solution to serve the B2C market, in addition to hospitals, rehab centers, correctional facilities, correctional officers, inmates, etc. to serve the B2B market. Furthermore, using blockchain technology, we can now reach out to those vulnerable populations directly, to offer help and reward, by empowering them with the use of Virtual Rehab's ERC20 VRH token within our network.

Virtual Rehab also has plans to open the first worldwide Virtual Rehab Therapy Centers (VRTC), which will combine both traditional therapy (psychologists, therapists, and medical doctors) along with the latest and greatest technology (VR, AI, and Blockchain).

Using the Virtual Rehab solution, 87% of participating patients have shown an overall improvement across six different categories; Problem Recognition and Acceptance, Openness to Change, Locus of Control, Decision-Making Influences, Emotional Intelligence and Regulation, along with Motivation and Resilience.

Virtual Rehab believes that putting a kid in the corner does not teach them how to be a better person but rather teaches them not to get caught. Therefore, we are in it for the social good and to help address the most vulnerable populations out there.

Virtual Rehab's solution assists in treating psychological problems (mental illness, emotional disorders, intermittent explosive disorder, and others). Virtual Rehab also allows participants to undergo correctional rehabilitation (substance abuse, sex offending, family violence, and others).

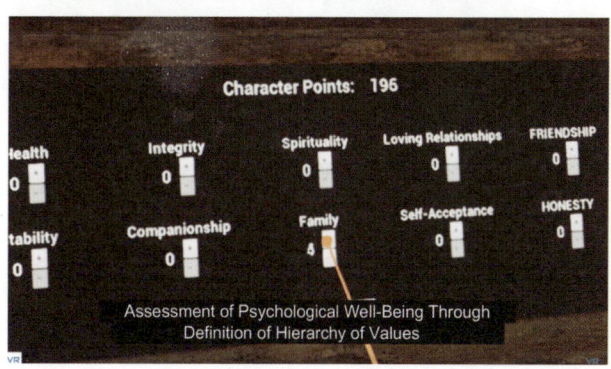

Assessment of Psychological Well-Being Through Definition of Hierarchy of Values

Virtual Rehab's all-encompassing solution covers the following pillars:

VIRTUAL REALITY
A virtual simulation of the real world using cognitive behavior and exposure therapy to trigger and to cope with temptations

BLOCKCHAIN
A secure network to ensure privacy and decentralization of all data and all information relevant to vulnerable populations

ARTIFICIAL INTELLIGENCE
A unique expert system to identify areas of risk, to make treatment recommendations, and to predict post-therapy behavior

$VRH TOKEN
An ERC20 utility token that empowers users to purchase services and to be rewarded for seeking help through Virtual Rehab's online portal

www.virtualrehab.co

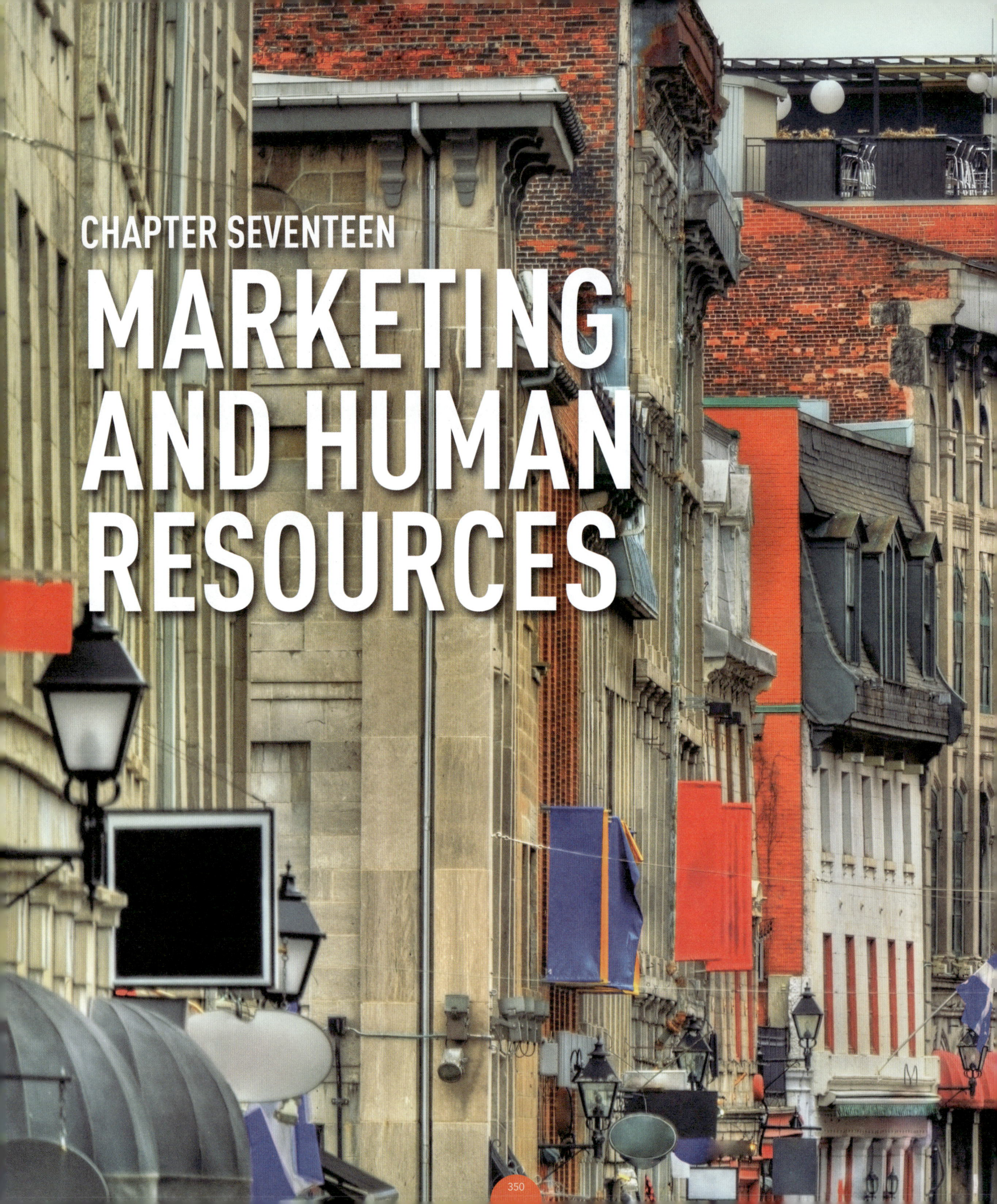

CHAPTER SEVENTEEN
MARKETING AND HUMAN RESOURCES

INN**O**VATE MONTRÉAL

INNOVATE MONTRÉAL

BRINGING BUSINESSES TO LIFE
HOW SHOPIFY IS EMPOWERING INDEPENDENT BUSINESS OWNERS EVERYWHERE

Shopify offers commerce tools to help businesses grow and succeed, with entrepreneurship at the heart of everything they do. They are dedicated to supporting thousands of local merchants in Québec and are proud to call Montréal home to one of their Canadian offices. Shopify Montréal invests in hiring Engineering, UX and Data Science professionals and focuses on the personal growth and development of their employees through autonomous development programs, coaching and flexible benefits. Shopify challenges and supports employees to hone their craft and make meaningful impact.

They are committed to helping independent business owners, big and small, achieve success. Below are some of the ways they help do that.

INN**O**VATE MONTRÉAL

START YOUR BUSINESS JOURNEY WITH SHOPIFY - ONE PLATFORM WITH ALL THE ECOMMERCE AND POINT OF SALE FEATURES YOU NEED TO START, RUN, AND GROW YOUR BUSINESS.

Start — your business journey
Find a business name, buy a domain, and create a brand.

Sell — everywhere
Use one platform to sell products to anyone, anywhere - online with your ecommerce store, online marketplaces, and social media, and in-person with point of sale.

Market — your business
Take the guesswork out of marketing with built-in tools that help you create, execute, and analyze campaigns.

Manage — everything
Use a single dashboard to manage orders, shipping, and payments anywhere you go. Gain the insights and knowledge you need to grow.

Award-winning support
Get the help you need, day or night, 24/7.

Shopify App Store
Add features and functionality to your business with 2,200+ apps that integrate directly with Shopify.

600,000
BUSINESSES POWERED BY SHOPIFY

1,000,000+
ACTIVE USERS

$82B+
SOLD ON SHOPIFY

shopify

www.shopify.ca

WORKLAND

SPECIALIZING IN ADVANCED RECRUITMENT TECHNOLOGIES & SOLUTIONS

POWERED BY A.I.

Wotkland's Vision:

Workland envisioned a world where it would take a few days to find the perfect job or recruit the ideal candidate, instead of taking a few months.

A world where people would be instantly connected with the right employers, with the right companies, with the right jobs, at the right time.

A world where employers would recruit based on fit, motivation, drive, ability and willingness to accomplish, seeing beyond CVs, right into the core of human potential.

A world where anything is possible and where there would be no career hurdles such as age, race, type or lack of experience, physical appearance and religious beliefs.

Julie Hubert
President/CEO
Workland

Seeing is BELIEVING

At Workland, we believe…

- That recruitment & job search MUST be done differently
- That the future of HR lies in a balance between technology AND human creativity
- In challenging the status quo in regards to employment & recruitment practices
- That the "right to be happy at work" should be considered a basic human right, available to all
- That some of the best work matches will result from looking beyond CVs and job descriptions
- That every human being has untapped potential that can be unleashed by being in the right job, in the right company, at the right time

Finally, we believe in UNICORNS!

INNOVATE MONTRÉAL

Our vision of Unicorns

For Workland, Unicorns represent the exceptionally talented and gifted, those born with an almost mystical drive to achieve greatness and contribute to the greater good through their special talents. Key individuals who have the ability to achieve the impossible if matched with companies who will believe in them and help them unleash their unlimited potential.

Workland's mission is to fast-track the match making process between the most talented UNICORNS and the right companies, making sure that both sides look beyond CVs and job descriptions.

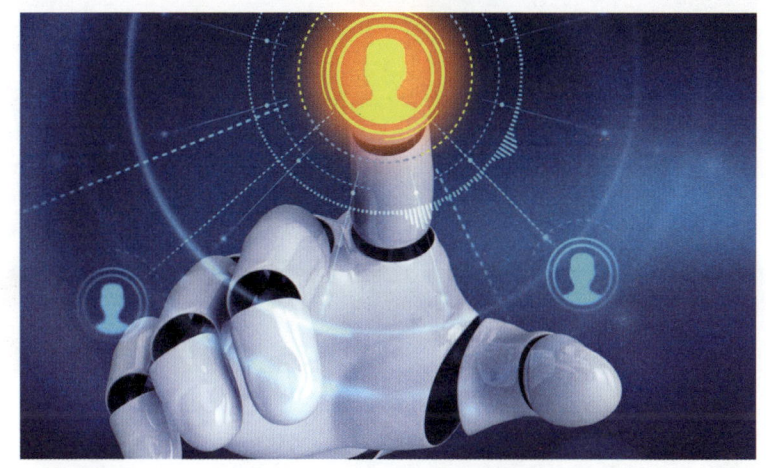

ATLAS by WORKLAND

The Recruitment Suite Powered by A.I.

WORKLAND created ATLAS, the first recruitment suite that allows the connection and automated "match" between candidates and employers, through embedded A.I. powered pre-selection and psychometric match making capabilities.

The advanced technology developed by Workland:

- Uses artificial intelligence to "mimic" the decision making process of recruiters and industrial psychologists within the same streamlined process

- Offers companies the possibility of customizing the A.I. behind the matching process

- Automates national & international digital candidate outreach campaigns

- Presents a virtual marketplace of complimentary HR technologies & services

- Gives access to a shared pool of candidates allowing for speed and efficiency through social collaboration

- Adaptable technology to solve tough recruitment challenges of organizations

- Integrates easily with existing HR systems

Create the future of HR with us @ workland.com
Workland, Montreal Qc

INNOVATE MONTRÉAL

DISTRICT M
THE FABRIC OF ADVERTISING
LA FIBRE DE LA PUBLICITÉ

How do we make programmatic advertising a healthy ecosystem? This is a question district m has been putting at the core of their mission since its inception, over five years ago. Founded in Montreal, district m started with the idea of giving publishers and website owners the means of doing what they love: create amazing content. In 2012, when Jean-Francois Côté, CEO of district m, was VP of Publisher Relations and Sales Operations at Mediative, he realized there were very few solutions for publishers to monetize their whole ad inventory and thus, were missing out on huge revenue opportunities.

JF, along with the other four co-founders Patrice, Seb, Dom and Ben, set out to build a solution that would address this problem, and so came Boost, a tool that could help publishers of all sizes get a clear view on how their ad spaces were performing and how much revenue they were making. Because no great entrepreneur has ever stopped at their first success, the team set out to find the next step. Now that they had a solution for publishers to access quality demand (i.e. advertisers and agencies), what if district m became the number 1 demand provider too? The district m mission became to build a programmatic advertising solution that would not only connect both ends of the advertising spectrum but offer innovative products that would help all parties maximize on today's infinite online advertising possibilities.

Today, district m is ranked as one of the top 10 most trusted ad exchanges in the world as it creates open and transparent marketplaces for publishers and advertisers. Since its inception, the company has served as a trusted monetization partner to 2,500 publishers globally by bringing incremental demand through over 350 unique brand partnerships and now processes over 14 billion ad requests daily. district m hires more than 90 tech, sales and marketing experts across its three offices in Montreal, Toronto and New York.

INNOVATE MONTRÉAL

Comment faire de la publicité programmatique un écosystème sain et transparent? C'est la question qui est au coeur de la mission de district m depuis ses tout débuts, il y a 5 ans. Fondé à Montréal, district m a débuté avec l'idée de donner aux éditeurs numériques les moyens de faire ce qu'ils aiment : créer du contenu de qualité. En 2012, quand Jean-François Côté, PDG de district m, était VP des relations éditeurs et des opérations de ventes chez Mediative, il réalisa que bien peu de solutions existaient pour aider les éditeurs à monétiser l'entièreté de leur inventaire publicitaire et donc, se privait d'une somme de revenus considérable.

JF et les 4 autres cofondateurs, Patrice, Seb, Dom et Ben, se sont donc donné comme mission de créer une solution qui pallierait ce problème : c'est ainsi que fut conçu Boost, un outil pour aider les éditeurs de tout type à avoir une vue d'ensemble claire sur les performances de leurs espaces publicitaires et sur les revenus que ces derniers généraient. Comme aucun entrepreneur ne s'arrête à son premier succès, l'équipe s'est attaquée à la prochaine étape. Maintenant qu'ils avaient une solution pour aider les éditeurs à accéder à une demande de qualité, pourquoi ne pas aussi devenir la source de demande #1? La mission de district m est alors devenue de construire non seulement des solutions programmatiques qui connecteraient les deux extrémités de la chaîne publicitaire, mais aussi d'offrir des produits novateurs qui aideraient tous les partis à maximiser les possibilités infinies qu'offre la publicité numérique.

Aujourd'hui, district m se classe parmi le top 10 des exchanges publicitaires les plus transparents, créant un marché plus ouvert pour les éditeurs et les annonceurs. Depuis ses débuts, la compagnie a été un partenaire de monétisation de confiance pour 2 500 éditeurs dans le monde en stimulant une demande croissante par l'entremise de plus de 350 partenariats de marques uniques et génère maintenant plus de 14 milliards d'ad requests par jour. district m engage plus de 90 experts en technologie, en vente et en marketing à travers ses trois bureaux de Montréal, Toronto et New York.

district m

5455 avenue de Gaspé, suite 730, Montréal, Québec, H2T3B3
www.districtm.net | 1.888.881.6930

INNOVATE MONTRÉAL

pronexia
new generation headhunters

Pronexia was founded in 2010 to do things differently. Like many businesses, the headhunting firm was born out of a need to revolutionize and elevate an old-school, uber-traditional, morally-questionable industry. Five minutes with Pronexia's founders, Moranne Elarar and Marina Byezhanova, and it becomes clear that they are anything but traditional – and it seems that from the outset, the odds were stacked against them. Launching in the midst of an economic recession and with a newborn baby each (they went on to have five kids between the two of them while growing the business), the two started in a tiny basement office, working countless hours with nothing but microwaved noodles and sheer grit pushing them forward.

Within three years' time, the business scaled and began to generate over $1 million in revenue. The team grew in headcount, bringing on key members in sales and recruitment that remain members of the team today. Headhunting and recruitment services evolved into a full-force marketing machine with the launch of Montreal's first-ever conference series on the topic of company culture. The Pronexia brand began to diversify: once known as a new-generation recruitment firm eventually became a notoriously well-managed, progressive player within the business community as a whole. Armed with a client base comprising of A-list companies of different sizes in technology, manufacturing, retail, and beyond, Pronexia became less of a recruitment agency and more of a full-service partnership firm that built relationships and consulted its clients on everything from hiring to culture to training and beyond.

Catering primarily to small and medium-sized organizations, Pronexia is a team of entrepreneurs who are passionate about working directly with entrepreneurs, aiming to bring value to founders and change-makers within a company. Experts at helping businesses fill executive-level, key roles within their companies, Pronexia understands entrepreneurship from the inside-out.

INNOVATE MONTRÉAL

Eventually, Pronexia opened a second satellite office in Vancouver, and continued to grow its presence across Canada. Making waves came naturally: they have been featured in publications including Inc., Success Magazine, Forbes, Yahoo News, Financial Post, Fast Company, as well as a number of radio and television programs. Creating buzz aside, the firm makes a mission of producing innovative content for its audience, passionate about bringing value to its community by refuting clichés and bringing fresh perspectives to the business world. Pronexia went on to rebrand itself for the next phase of its evolution as a strategic consulting firm, helping small and medium-sized companies across the country audit, understand, and improve their company culture.

While the days of microwaved noodles are far gone, a relentless commitment to its values remains: transparency, integrity, and a drive to continuously innovate have heavily influenced the company's success. Today, you might find the team's founders speaking at conferences, meetups, or to university classrooms across the globe – keeping it real at all times, of course. Anti-corporate, agile, and committed to bringing real value to its clients and to its audience, the firm remains anything but average. Part headhunting firm, part company-culture consultancy, part content machine: Pronexia continues to innovate its industry – and they have a ton of fun in the process.

www.pronexia.com

INNOVATE MONTRÉAL

EXPANDIFY MARKETING INC.

For a couple years now we have been innovating the Montreal ecosystem. We are the founders of Expandify Marketing Inc., Nicolas Buffone & Jonathan Durante, who worked in the hospitality industry for a combined total of over 10 years and amassed individual DEC's in both graphic design and business, respectively, which allowed us to develop a strong understanding of the hospitality industry and business world that led to creating a social media marketing company. We acquired knowledge on how the hospitality industry operates and combined it with our cutting-edge digital marketing skills, that resulted in the creation of Expandify Marketing Inc. in October of 2017.

Today, Expandify Marketing Inc. is a thriving Social Media and Internet Marketing Agency headquartered in Montreal, Canada that is disrupting the digital marketing industry. Expandify Marketing Inc. began with producing food and beverage marketing services for companies in the hospitality industry, and now serves over half a dozen industries including technology and entertainment. Expandify Marketing Inc. provides an all in one digital marketing solution to verified international businesses. Leveraging social media advertising strategies, including graphic design, motion graphics, photography, videography, copywriting, web design, display advertising and more has allowed Expandify Marketing Inc. to deliver tangible results to dozens of satisfied clients. Notably DreamHack Canada, Rock'N Deli, Edible Arrangements and Party Mania. What makes Expandify Marketing Inc. unique is we take customer relationships very seriously. We enjoy forming bonds with all our clients which creates healthy, long lasting business relationships. Our pride comes through displaying our client's beautiful company culture to the masses using tech, imagination and media!

INN O VATE MONTRÉAL

Our purpose, to bring brands and people closer together using imagination and media, is our corporate responsibility as a company. We are thrilled to contribute to the thriving Montreal entrepreneurial ecosystem. Expandify Marketing Inc. drives innovation through the use of technology and social media. We help companies scale by displaying their company image via social media and the internet, which is an amazing interconnected experience between businesses and consumers that develops into lifelong relationships which positively contributes to the Montreal business and innovation ecosystem.

(L-R): **Jonathan Durante**, Co-Founder, Vice-President and Treasurer and **Nicolas Buffone**, Co-Founder and President

www.expandify.ca | 514-973-2083 | info@expandify.ca

EXPANDIFY
Social media & Internet Marketing

MERINIO

INN**O**VATE MONTRÉAL

Our History

In 2016, one of our founders took his first step up the corporate ladder. He was elated to be marked for success at his first full-time job, but this new position was not all he had hoped. As a production supervisor at a large manufacturing company, he spent the majority of his days scheduling employees. Of particular frustration were the dozens of phone calls he made daily to replace absences and vacations – all of which had to respect reams of union rules and regulations. It was to avoid these situations that Merinio was born.

Founded at Centech, a startup incubator run by the ÉTS, Merinio began when four young engineering students came together under a common goal: to simplify the workforce management of large companies by automating their many repetitive, mundane tasks.

Through exhaustive market research the team discovered that the software industry for human resources management was dominated by large corporations that presented two options – commercial off-the-shelf or tailor-made software, the latter with an astronomic price tag. This left many companies with software that provided only partial solutions and required managers to pour time into manual workarounds, thanks to the lack of accessible software customization.

The Merinio team decided to build a solution that would adapt to each company's business management regulations, from scheduling to last-minute shift replacement. This focus on flexibility and accessibility, along with the time-saving benefits of automated calling, has made Merinio stand apart from our competition and attracted customers from diverse industries.

Our greatest strength is that we take time to fully understand the realities of each customer's business before developing their solution. By using software specifically tailored to their needs, our customers have made substantial savings in both money and time. These savings have attracted us the attention of media and various organizations. In addition to completing Centech and MTLab's incubator, we have won grants from the BDC Entrepreneurship Scholarship and Bourse Montréal Inc., participated in Creative Destruction Lab, and, thanks to our partnership with La Ronde, featured on the cover of the journal Les Affaires.

The innovative nature of our software, its ability to meet the needs of workers of all generations, enables Merinio to play a key role in many large organizations. We save managers almost 50% of their time; time that can then be invested back into value-added projects. In the words of Marie-Lou Faucher Bryère, HR

Division Manage at La Ronde, a Six Flags Theme Park: "All of our business units benefit from [Merinio's] software - with no exception - including our customers. They are not necessarily aware of it but one of the reasons that allow us to maintain the high quality of our service is the assistance of Merinio."

Our Vision

In addition to providing ongoing improvements to all of our customers, free of charge, our vision is to offer a platform that adjusts our customers' changing needs and wider economic realities. Currently our software optimizes labour costs, which in turn reduces the impact of recessions. However, in the future we aim to help businesses reduce the impact of labour shortages by proving various options for securing temporary staff. In addition, with projects on three continents, our goal is to simplify corporate personnel management around the world by offering workforce management software that adapts to the realities of our rapidly changing world.

Notre Histoire

En 2016, un de nos fondateurs gravissait les échelons de son premier emploi à temps plein. À son grand désarroi, son nouveau poste n'était pas aussi stimulant que ce qu'il avait imaginé. En tant que superviseur de production d'une grande entreprise manufacturière, il passait près de la moitié de ses journées à gérer les horaires de l'équipe et à effectuer des appels de remplacement. Par manque de temps, ses projets devaient constamment être reportés ou mis de côté afin de faire les dizaines d'appels nécessaires pour remplacer les employés absents, tout en naviguant à travers les nombreuses règles de convention collective qu'il devait respecter. C'est donc pour éviter ce type de situations que Merinio a vu le jour.

C'est dans les bureaux du Centech, l'incubateur de haute technologie de L'ÉTS, que l'entreprise a été créée. Quatre jeunes ingénieurs for étudiants en génie se sont regroupés pour atteindre un objectif commun, automatiser ces tâches répétitives pour simplifier la gestion de la main d'oeuvre des grandes entreprises.

Suite à une étude de marché exhaustive, ils ont constaté que l'industrie du logiciel pour entreprises était dominée par des grands joueurs qui n'offrent que deux options, une version standard du logiciel, ou une personnalisation complète à un prix astronomique. Bon nombre d'entreprises se retrouvaient donc avec des logiciels qui n'exécutent qu'une partie du processus et qui nécessitent une multitude d'actions manuelles pour ajuster les règles de décisions ou contacter les employés. Ils ont donc décidé de bâtir une solution adaptée aux règles de décision de l'entreprise, qui effectue tout le processus de gestion des effectifs, de la planification au remplacement de dernière minute. La démocratisation des logiciels personnalisés et l'automatisation des appels de comblement de quarts ont créé un facteur de différenciation qui a su plaire à des organisations dans divers domaines.

La force de Merinio se développe depuis le premier jour, prendre le temps de bien comprendre la réalité de chacun des clients et d'inventer la façon la plus simple de faciliter leur travail. Cette force a su faire la différence, ce qui a permis de créer des économies substantielles chez chacun de ces clients et d'attirer l'attention de nombreux organismes et médias. En plus d'avoir complété le programme du Centech et MTLab, nous avons eu la chance d'être lauréats de la Bourse d'entrepreneuriat de la BDC, la Bourse Montréal Inc., de participer au Creative Destruction Lab et de recevoir une couverture du journal Les Affaires grâce à notre projet avec La Ronde. Comme l'a si bien dit Marie-Lou Faucher Bruyère, Chef de division RH à La Ronde, un parc Six Flags : « Toutes nos unités d'affaires bénéficient du logiciel, sans exception, même les clients. Ils ne le savent pas, mais si on est capable de conserver ce niveau de service, c'est en partie grâce à Merinio.». L'aspect innovateur du logiciel et son adaptation aux besoins de toutes les générations de travailleurs ont permis à Merinio de se frayer une place dans de nombreuses organisations d'envergure comme celle-ci et de faire économiser près de 50% du temps de leurs gestionnaires, qui peut maintenant être investi dans des projets à valeur ajoutée.

Notre vision

En plus des améliorations constantes fournies gratuitement à tous nos clients, notre vision est d'offrir une plateforme qui permettra aux entreprises de naviguer à travers les cycles économiques. Notre solution actuelle permet d'optimiser les coûts de main-d'oeuvre, ce qui réduit l'impact des périodes de récession. Dans l'avenir, nous désirons offrir l'opportunité aux entreprises de diminuer l'effet de la pénurie de main-d'oeuvre sur leurs organisations en leur donnant un accès direct à du personnel temporaire, grâce à une initiative de partage de main-d'oeuvre. De plus, avec des projets sur trois continents, notre objectif est de simplifier la gestion du personnel d'entreprises aux quatre coins du globe en offrant un logiciel de gestion de main-d'oeuvre adapté à la réalité d'aujourd'hui.

www.merinio.com

INNOVATE MONTRÉAL

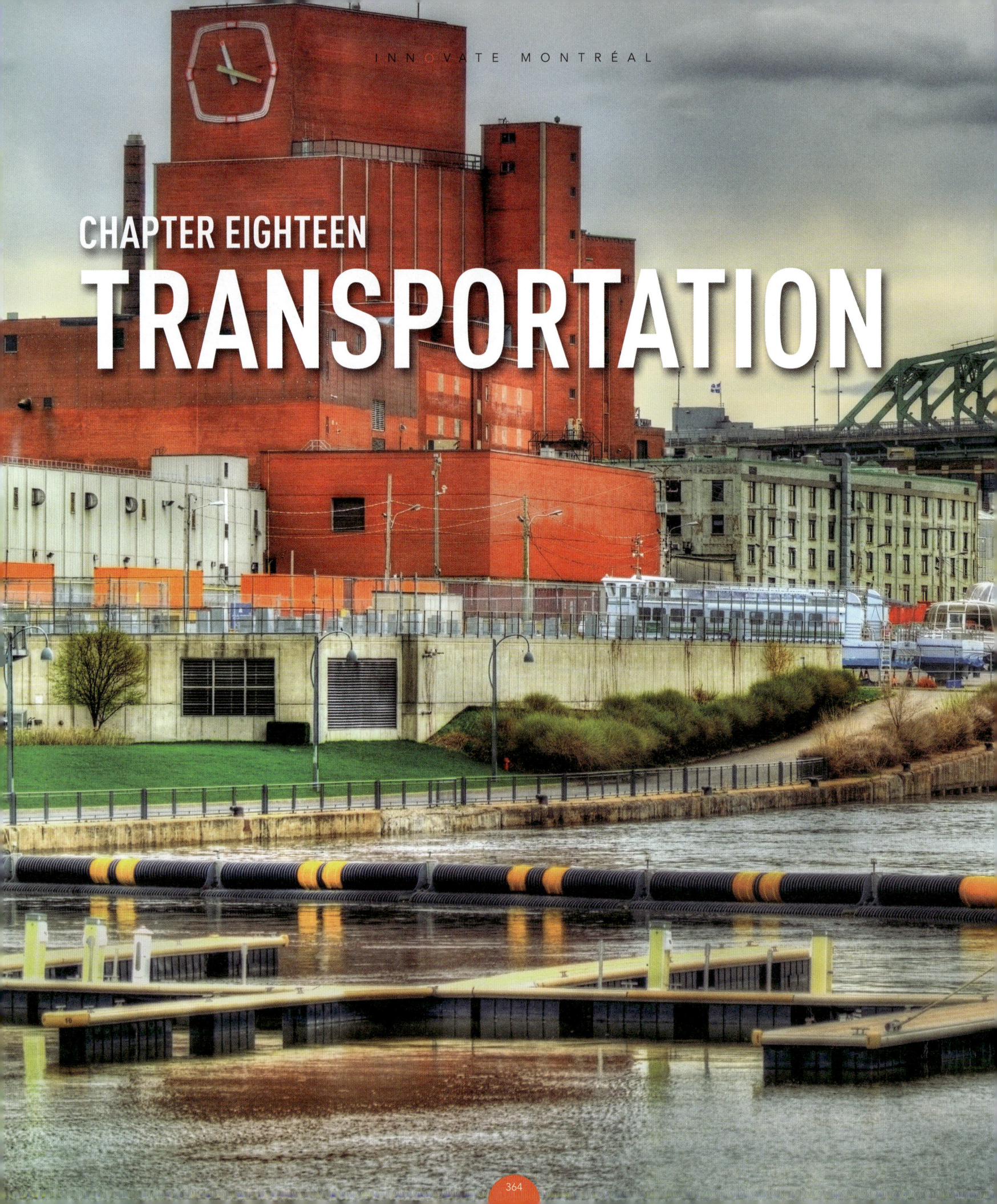

CHAPTER EIGHTEEN
TRANSPORTATION

INN O VATE MONTRÉAL

INN**O**VATE MONTRÉAL

30 YEARS OF INNOVATIVE MOBILITY!

Orange Traffic's LED Lane Control Signs control lanes in real time on the Jacques Cartier Bridge in Montreal

Variable Speed Limit LED Blank Out Signs increase fluidity and security in school zones

It was in 1988 that Orange Traffic entered into the traffic industry; lane control signs, blank out signs, traffic light cabinets, among others. The philosophy has always been to dedicate time, energy and investment to promote R&D development and make innovation a priority. After 30 years of experience, it's more than true; at Orange Traffic, we innovate. Always attentive to the needs of our customers, we know how to offer unique and innovative solutions to optimize fluidity and safety on roads.

Orange Traffic's team in front of our offices in Mirabel, QC

Innovation Made in Canada

Almost 25 years ago, Orange Traffic invented the pedestrian countdown that we see on the street today! A break-through innovation that increases safety of pedestrians around the world. Proudly made in Canada, it is in our office in Mirabel that we develop and manufacture countless traffic solutions with the highest quality standards in the industry. Working with our clients, we develop for them and with them turn-key solutions specifically made for their unique projects.

A Family Affair

Although innovating is a priority for us, the source of our success is our human capital. Orange Traffic is a team, it's a family. Our solidarity contributes to the success of the company and its growth. The spirit of innovation of our team is the manifestation of our constant desire for success and excellence.

Integrating ITS Throughout Smart Cities

Today, we enter the era of smart cities and Orange Traffic proudly takes initiatives in this movement through integration projects throughout Montreal and other cities. Integrating ITS (intelligent transportation Systems) increases mobility in cities to better citizens' quality of life with more fluidity on the roads.

Orange Traffic Innovates in Montreal

Montreal is known for being a vibrant city and the illumination of the Jacques

INNOVATE MONTRÉAL

Orange traffic

To prioritize public transportation when needed, Orange Traffic's LED Blank Out Signs are installed everywhere in Quebec City and can be controlled remotely

Cartier Bridge even added to this reality. The idea of the project was to illuminate the bridge to make it interactive with what is happening throughout the city in all its aspects; illuminated through by real-time social media activity and big urban data. Moment Factory thought about Orange Traffic to get a pulse of the traffic on the bridge to change the flow of the illumination. The data was collected with Peek's ADR Counters and Wavetronix radars.

Presently, we are working with KPH during the huge construction of the new Turcot Interchange. With both our radars and Bluetooth systems, performance reports are made daily for the MTQ to show statistics about the traffic flow by classifying and counting vehicles and detect their speed. This solution helps engineers find the best detours for all drivers during the construction of the new and optimal configuration.

An important upcoming project is the Louis-Hippolyte Lafontaine Tunnel using both our Citilog AID (Automatic Incident Detection) System to implement real-time incident detection systems in the LHL Tunnel. This solution will automatically notice the control center when an unfamiliar situation is detected

Orange Traffic took part of the illumination of the Jacques Cartier Bridge in Montreal with its detection and counting equipment installed on the bridge

for them to send the appropriate help onsite. The automation of this system saves a lot of time and money to the city and road users by optimizing fluidity at all times.

For more information about our innovative solutions, you can visit our website www.orangetraffic.com or call our team that will gladly work with you to develop traffic projects increasing fluidity and security in your area.

INNOVATE MONTRÉAL

INTERSECT
A PROUD MONTREAL-BASED PIONEER IN CONNECTED TRANSPORTATION

If you manage transportation systems or operate / develop solutions for vehicle fleets, you already know that modern cities are faced with many challenges, many of them related to mobility, data collection, and implementation of innovative processes. To accelerate innovation and optimize operations, modern cities and fleet operators need simple, efficient tools. Intersect has built a platform that allows you to take control of data collection devices, integrate systems, and create workflows that reflect your operational requirements.

With Intersect, cities and fleet operators no longer need to install and manage one hardware onsite per function, as all the software, updates and links can be done remotely. The platform is open, allowing more developers and innovators to create more solutions with reduced time to market and maximum flexibility.

Intersect offers a complete set of tools for developers and operators with APIs, functional blocks, complete existing applications and software development kits that enable the creation of simple or complex data collection and operation systems.

After five years of Research and Development Intersect is emerging as the IoT platform of choice when connected vehicles and urban data integration are required. With headquarters in Mirabel 30 minutes North of Montreal, this young high tech development team has put together a hardware and software package that includes connecting vehicles and things together to improve the quality of life in cities. The team is focused on applying the recent advances in technology to create easy to use building blocks, which in turn will allow others to create new functionalities and business models.

With the new paradigms of Artificial Intelligence, Big Data, and the Internet of Things changing the landscape, data integration has become the #1 challenge for cities, DOTs, and fleet operators. In order to make informed, timely and accurate decisions, you need good data!

INNOVATE MONTRÉAL

intersect

Intersect is built to allow every city or mobile asset owner to seamlessly collect and use all available data sources, in real-time, without the need for any software knowledge and with simple drag and drop operations. Furthermore, Intersect operates as an open platform, and any third party can create software to use that data to optimize operations or perform computations, in a secure and controlled environment.

Simply put, Intersect is the missing link to simplify systems integration for customized vehicle manufacturers as well as consultants and cities that need to combine operations with data collection to allow new optimizations and business models to take place.

With its on-board drivers supporting all major wireless technologies such as Bluetooth (2,4,5), WiFi, DSRC, 4G (cellular), Xbee, LoRa, and geolocation as well as multiple interfaces built-in, Intersect simplifies the process of creating mobile assets applications, with cost reductions up to six times over traditional integration techniques.

Over the years, the Intersect team has gained in-depth knowledge about connected vehicle technologies and Internet of Things tools that allow them to support its integration partners and facilitate the creation of new on-board telematics, functions and interactions. Some of its achievements include implementation of the first connected intersection and autonomous shuttle on open roads in Canada (2018), the first connected LED signs (2017), and many more innovative solutions for its clients and partners.

Contact us or visit our website at intersectiot.com for more details or to schedule a meeting.
Phone: 450-477-5262, 102 • 800-363-5913
Fax: 450-477-0047
intersectiot.com

INN**O**VATE MONTRÉAL

DUBUC MOTORS

Dubuc Motors has intentionally departed from the traditional automotive industry model by both exclusively focusing on electric powertrain technology and owning their vehicle sales.

In addition to designing and manufacturing their vehicles, the company intends to sell and service them through their own sales and service network. This is different from the incumbent automobile companies who typically franchise their sales and service. Dubuc Motors believes its approach will enable them to operate more cost effectively, provide a better experience for customers and incorporate customer feedback more quickly into product development and manufacturing processes. The global car market represents $905B yearly; the company aims to penetrate the premium car market, which accounts for $135B. Targeting the urban, trendy and cosmopolitan customer seeking a luxurious & exotic vehicle. There is currently a void in the luxury segment for clean, electric super cars that outperform conventional gas powered sport vehicles. Dubuc Motors intends to fill

INNOVATE MONTRÉAL

this gap with the introduction of the Tomahawk. The retail sale price is expected to be $150,000 with a strong focus on primary markets that include the United States, Europe and China.

The luxury car segment represents 6% in the United-States, accounting for approximately 1 million vehicles sold and with a strong concentration coming from California, Texas, Florida and New York. This is the initial serviceable market and the closest geographically to capture, Dubuc Motors believes it can comfortably sell 1 500 units yearly with a production facility of 150 000 – 200 000 square feet.

The Tomahawk is a vehicle powered by electric motors and is also considered an IPad on wheels because of its connectivity. This battery electric sports car uses electricity stored in the battery pack to power the electric motors and turn the wheels. When depleted, the batteries are recharged using grid electricity, either from a wall socket or a dedicated charging unit. A motor is mounted to each individual wheel allowing for an impressive amount of torque while sensors adjust each unit accordingly to the terrain for optimal control and stability.

Dubuc Motors works with partners in regards to batteries, motors and connectivity being that these suppliers are renowned in their respective fields and have already gained market trust. As a low-volume manufacturer of automobiles, it is necessary to have a lean manufacturing model in place to scale efficiently while respecting their core business model. The company engineer's in-house the components and parts and outsource the production as a means of replacing robotic needs, but also to keep a sensitive eye on quality control of their products internally while creating indirect jobs in the mix.

The Tomahawk promises comfort in a state of pure ecstasy, allowing for mind-blowing accelerations going from 0-60 in two seconds and best of all, with a 400 mile range. We believe we capture a wider demographic, whether it be the car aficionado, the tree-hugger or the person just looking to have a beautiful piece of machinery on wheels; the Tomahawk offers what no hybrid or conventional sports car can.

The Tomahawk provides first and foremost value with excellent performance, range, reliability, and safety at a reasonable price tag. "We engineer emotions and strive to be the fastest car in the world."

Mike Kakogiannakis
Founder & Chief Operating Officer
mike@dubucmotors.com

dubucmotors.com

GIRO
INNOVATOR TO THE PUBLIC TRANSIT AND POSTAL INDUSTRIES
INNOVATEUR POUR LE TRANSPORT PUBLIC ET LA POSTE

Every day, millions of people around the globe benefit from what we do. If you ride the bus in a major city or receive a parcel delivery, then one of those people could well be you.

We are GIRO. Our software products optimize public transport and postal services around the world.

From our base in Montréal, we have been helping our clients keep their operations efficient, cost-effective and attractive to customers for 40 years. Today, our products and services are making a difference in more than 25 countries.

A Culture of Innovation
We started as a small team spun off from a university research project. Innovation has always been our raison d'être. Now, more than 500 strong, we co-innovate with our clients to help them navigate the profound changes under way in the public transit and postal industries.

We allocate a third of our resources to R&D, and we have always maintained close ties with universities and research institutes. Our software tools incorporate the latest advancements from operations research.

Exciting Times Ahead
Deep learning, the subset of AI allowing software to train itself to perform tasks, holds great promise for GIRO's software tools. It opens the door to the software

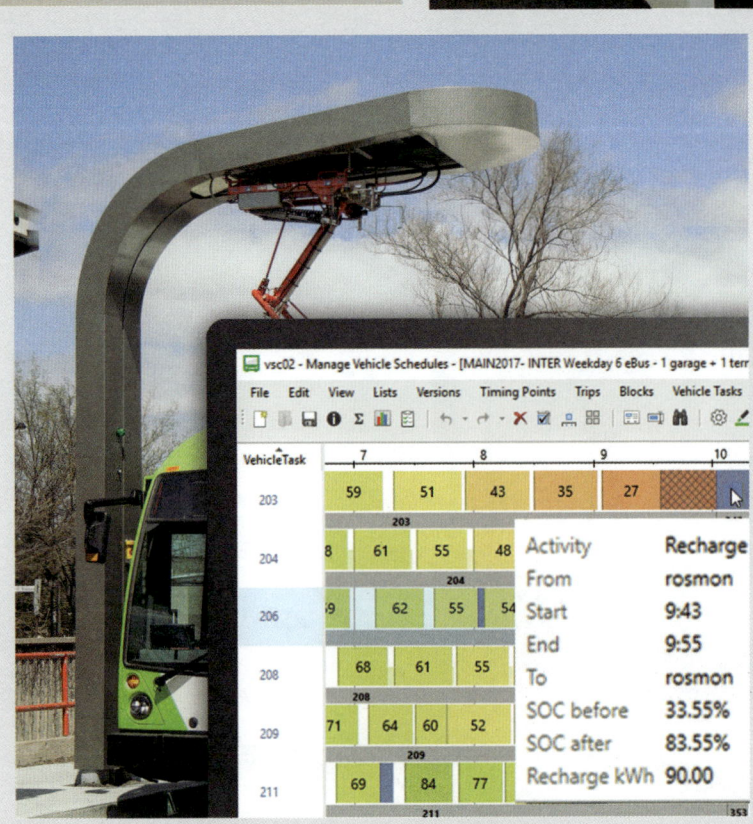

INNOVATE MONTRÉAL

GIRO

being able to teach itself to improve its optimization capabilities and better supporting decision-making. Our partnership for research into deep learning with the Institute for Data Valorization (IVADO) is just one example of innovative collaboration as we prepare for the exciting road ahead.

Our software already tackles the complexities of scheduling and operating public transport with electric buses. Other technological innovations, from autonomous vehicles to drones, will transform the delivery of public transport and postal services. We are up for the challenge!

Vous prenez le bus ou le métro chaque jour? Vous recevez des colis par la poste? Tout comme des millions d'autres personnes à travers le monde, vous bénéficiez de notre expertise au quotidien.

Nous sommes GIRO. Nos solutions logicielles permettent d'optimiser les réseaux de transport public et les services postaux à travers le monde.

Solidement établis à Montréal, nous aidons nos clients depuis 40 ans à améliorer l'efficacité de leurs opérations et à rendre leur service plus attrayant pour leur clientèle. Aujourd'hui, nos produits jouent un rôle clé dans plus de 25 pays.

Une culture d'innovation

L'innovation a toujours été notre raison d'être. À nos débuts, nous n'étions qu'une petite équipe née d'un projet de recherche universitaire. Aujourd'hui, avec plus de 500 employés, nous innovons en collaboration avec nos clients afin de les accompagner à travers les changements majeurs qui bouleversent le transport public et les services postaux.

Nous dédions le tiers de nos ressources à la R et D,

et maintenons d'étroites relations avec les universités et les centres de recherches afin que nos applications intègrent les plus récentes avancées en matière de recherche opérationnelle.

Des perspectives stimulantes

L'apprentissage profond (ou deep learning), une technique en intelligence artificielle permettant à un ordinateur d'apprendre par lui-même des tâches, s'avère très prometteur pour nos solutions, car il pourrait leur permettre d'améliorer par elles-mêmes leurs capacités d'optimisation et d'aide à la décision. Notre partenariat de recherche avec l'Institut de valorisation des données (IVADO) n'est qu'un exemple de collaboration qui pave la voie vers le futur!

Notre logiciel permet déjà aux sociétés de transport d'optimiser et de gérer la complexité liée à l'exploitation de bus électriques. Des véhicules autonomes aux drones, l'évolution technologique se poursuit et pourrait bien amener des transformations encore plus importantes dans nos secteurs d'affaires. Nous sommes prêts pour tous ces défis!

www.giro.ca

INN**O**VATE MONTRÉAL

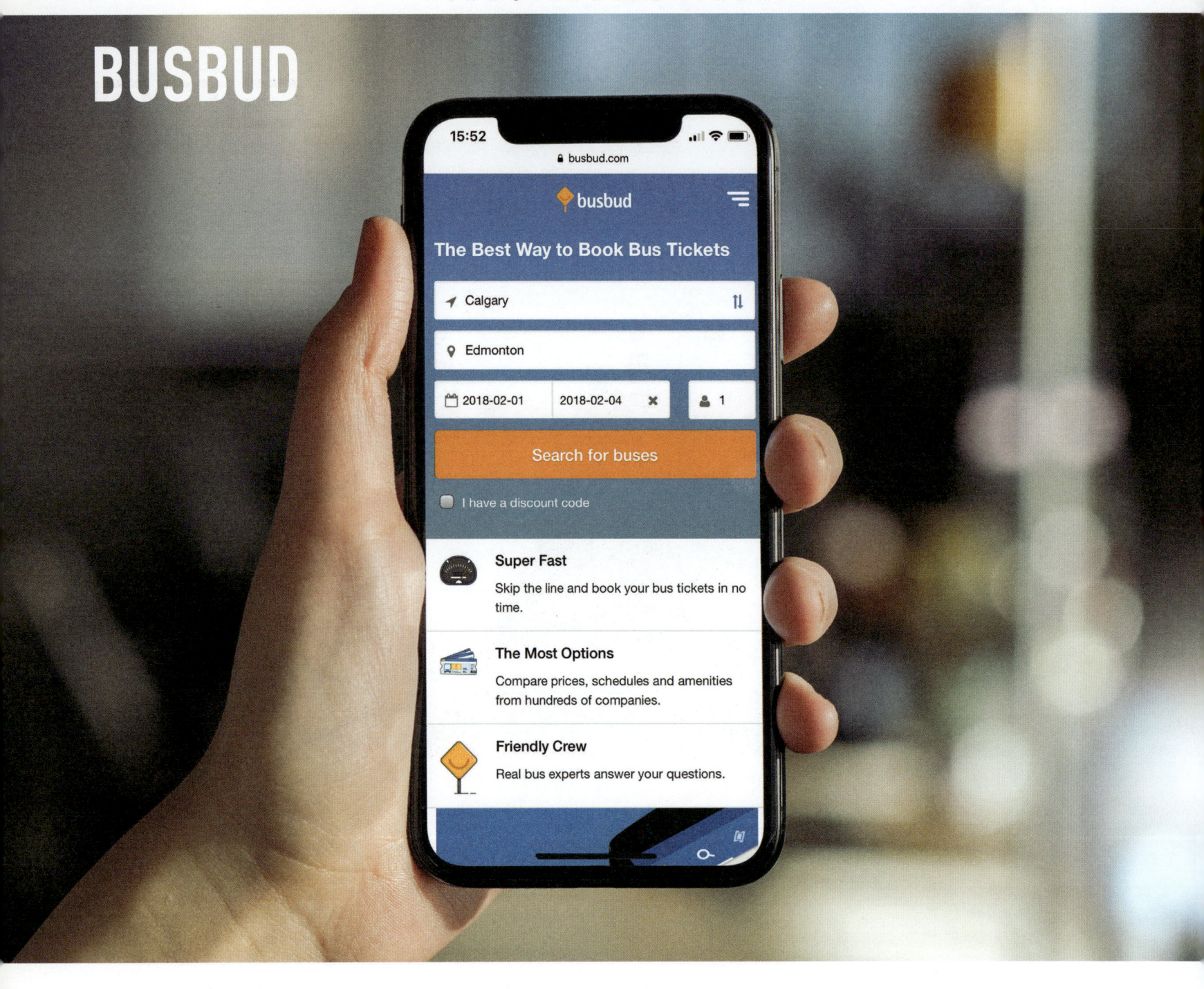

BUSBUD

Shortly after finishing his studies at Harvard, Busbud's CEO LP Maurice decided to go backpacking across Brazil, Argentina, Chile, Peru and Bolivia. As for many travellers on a budget, it became clear that intercity buses were the best way to get from here to there. However, language barriers, the overwhelming amount of bus companies, and the difficulty of finding clear and reliable schedules lead to much frustration. After his trip, LP returned to Montreal and teamed up with two long-time friends, Mike Gradek and Frederic Thouin, to discuss a new idea: Busbud. In a time when travelers can book a flight, hail a cab, and reserve a hotel room in a few clicks, there had to be a better way to buy bus tickets. Since 2011, there now is.

Today, with coverage in 20,000 cities over 87 countries, Busbud has the broadest bus coverage in the world. Travellers can also book tickets on the website or app in 11 languages and pay with 30 different currencies. Busbud is well on its way to achieve its mission of affordable, accessible, sustainable travel.

Busbud has raised $25M to date, including a $9M Series A in 2014 and a $14M Series B round of funding in 2018, led by Inovia Capital. Busbud's advisory board includes industry leaders from Expedia, Google, TripAdvisor, eDreams, and Luxury Retreats. With the recent financing, Busbud has focused on expanding its international network of 2,800+ bus operators and growing its team.

Based in Montreal's burgeoning Mile End, the Busbud's team now counts more than 50 employees hailing from a dozen different countries. Busbud's four core values are: "Going places, Independent spirit, Sustainability and Super helpful". Busbud believes in an open and connected world, where diversity, both within and outside the company, is an asset for success. In 2017, Busbud launched The Omnibus Project, an initiative to promote diversity in tech, with ambitious goals and concrete actions every quarter. The team has either participated and/or sponsored Ladies Learning Code, Women in Tech, Queer Tech, talks about gender bias, fundraisers for those in need, among many other projects.

INNOVATE MONTRÉAL

busbud

As part of its product roadmap, Busbud recently launched user travel reviews, an array of new payment options, and an improved mobile booking experience. Busbud has ambitious goals for the near future. More than just an online travel agency, Busbud is focused on developing new technologies, offering a top-notch post-purchase travel experience, as well as leveraging artificial intelligence during the booking process and travel experience. Busbud also continually works to enhance its API, add bus operators worldwide, and launch game-changing new features such as "interconnections", where travellers can book unique multi-leg journeys with several operators via one single purchase. Overall, Busbud helps travellers save money and time, while making a green travel choice

www.busbud.com

PARTICIPATORS INDEX

3DPartFinder	318	GC Biotherapeutics Inc. (GCBT)	340	OSMO Foundation	29, 62
4elements	208	Genetec	302	Panache Digital Games	242
ABB	292	GIRO	372	Prompt	30, 114
Aerial	174	GlobalVillage.world	1, 3, 4, 377	Pronexia	358
Agorize	182	GoMaterials	262	Quartier de l'Innovation (QI)	19, 56
Air Canada	38, OBC	Hacking Health	30, 344	R&D Partners	148
AJW Group	296	Herding Cats and Coders	36	Radio-Canada	94
Aperium	210	Hexoskin	342	Rampart	316
Automat	162	Imagia	172	Real Ventures	142
Autorité des marchés financiers (AMF)	98	Institut national du sport du Québec	102	Red Barrels	244
Blue Digital Agency	216	Intersect	368	RedWall Marketing	1
Busbud	374	IRYStec	166	Sauropod Studio	246
C2 Montréal	132	IVADO	88	Shopify	352
CAE	288	Karpman Consulting	300	Signal Space Lab	222
CEIM	118	Keatext	34, 160	Smooch	168
CITWeb	280	Kids Code Jeunesse (KCJ)	184	Société des arts technologiques [SAT]	196
ClassCompass	282	Kinova	306	Startup Open House	138
Compulsion Games	234	Kitfox Games	254	Startupfest	136
Concordia University District 3	122	Landish	260	Stefanka	322
Copper Branch	204	Lex Start	274	Stradigi AI	170
Crystaltech Nano	308	Lighthouse Labs	180	Talsom	272
Cyclenium Pharma	338	LuckyHammers	238	TandemLaunch	31, 126
Deeplite	164	Luffa Technologies Inc.	278	TechnoMontréal	28, 106
Desjardin Cooperathon	130	Lyrebird	176	Technoparc Montréal	22, 46
Desjardins	26, 92, 130	Maison Notman House	62	Technopolys	110
Desjardins Lab	92	Maxen	264	Thales	35, 298
Deville Technologies	312	McGill University	18, 72	the CHUM	24, 328
Dialogue	336	Men's Seasons	218	The Mindful Scholar	186
district m	356	Merinio	362	Thunder Lotus	250
Double Stallion Games	252	Mila - Quebec Artificial Intelligence Institute	158	Tourism Montréal	6
Drone Elite	324	MIMs (My Intelligent Machines)	346	TrackTik	276
Dubuc Motors	370	Mitacs	64	Trendigo	214
e180	212	Montréal International	8	Tuque Games	248
EA Motive Studios	230	Montréal NewTech	104	Typhoon Studios	236
Element AI	154	MTLight Collective	220	Ubisoft	224
ERA Environmental Management Solutions	258	MyJet Luxury Travel Pillow	326	Université de Montréal	16, 78
Expandify Marketing Inc.	360	Nanophyll	314	Université du Québec à Montréal (UQAM)	20, 84
FCM Recycling	294	Nectar	266	VenturX	150
Felix & Paul Studios	202	NEOMED Institute	68	Virtual Rehab	348
Flare Systems	284	Norsfell	240	WatchMojo	32, 190
FounderFuel	124	Ôplant Urban Farms	268	Workland	354
Front Row Ventures	144	Ora Sound	320	YogaTribes	216
Fundica	146	Orange Traffic	366	ZONETI	310

InnovationsoftheWorld.com
SHOWCASING THE BEST OF THE WORLD - CONNECTING MINDS - BUILDING COMMUNITIES

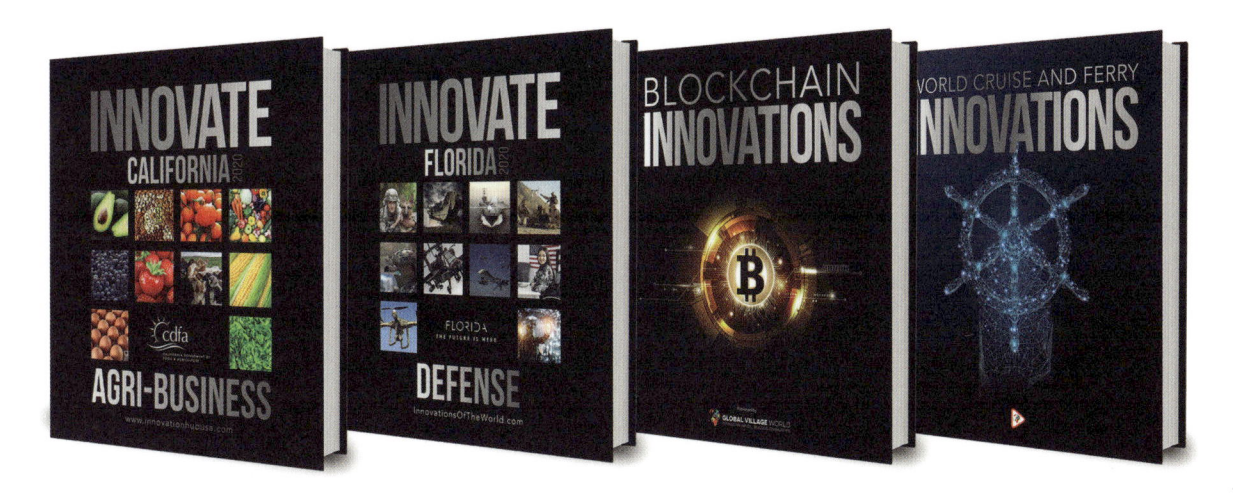

The Innovate series is a 300+ page in-depth study and AR video series that showcases the people and companies that are leading the race within the innovation and entrepreneurial ecosystems of each city and industry. A book with augmented reality videos, an online platform and a global network with a common goal of ensuring the brightest minds of the world connect and succeed.

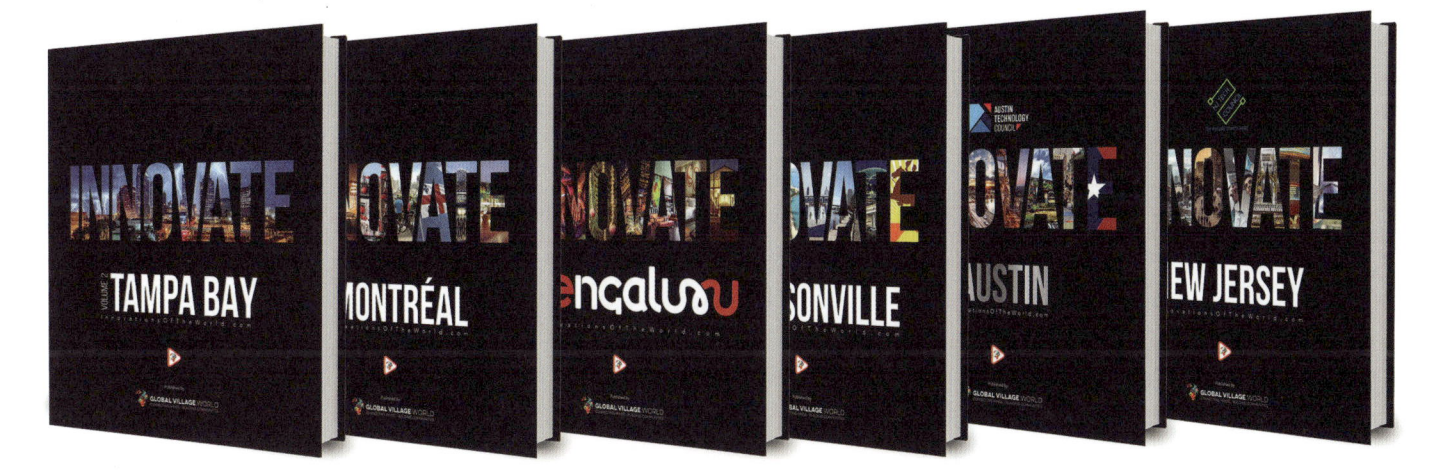

IT'S A KIND OF MAGIC...

Look for the Global Village Play Logo

DOWNLOAD THE GLOBAL VILLAGE AR APP
TO VIEW 100 AUGMENTED REALITY VIDEOS IN THIS BOOK!

To experience the future of print, **download the Global Village AR App** from the IOS or Android App stores. Open the App and hold it about 30cm above any page that contains an image with the "play" Icon.

Scan and watch images come alive

Make sure your back camera is pointing at the page. Click the Play button that appears onscreen and immerse yourself in the latest updated content with reference to that page.